中国区域经济发展

秦敬云　著

中国财经出版传媒集团

经济科学出版社
Economic Science Press

图书在版编目（CIP）数据

中国区域经济发展／秦敬云著．--北京：经济科学出版社，2023.5（2025.1 重印）

ISBN 978－7－5218－4633－1

Ⅰ.①中… Ⅱ.①秦… Ⅲ.①区域经济发展－概况－中国 Ⅳ.①F127

中国国家版本馆 CIP 数据核字（2023）第 049049 号

责任编辑：白留杰 杨晓莹
责任校对：靳玉环
责任印制：张佳裕

中国区域经济发展

秦敬云 著

经济科学出版社出版、发行 新华书店经销

社址：北京市海淀区阜成路甲 28 号 邮编：100142

教材分社电话：010－88191309 发行部电话：010－88191522

网址：www.esp.com.cn

电子邮箱：bailiujie518@126.com

天猫网店：经济科学出版社旗舰店

网址：http://jjkxcbs.tmall.com

北京密兴印刷有限公司印装

710×1000 16 开 22.25 印张 380000 字

2023 年 5 月第 1 版 2025 年 1 月第 3 次印刷

ISBN 978－7－5218－4633－1 定价：86.00 元

（图书出现印装问题，本社负责调换。电话：010－88191545）

（版权所有 侵权必究 打击盗版 举报热线：010－88191661

QQ：2242791300 营销中心电话：010－88191537

电子邮箱：dbts@esp.com.cn）

前　　言

区域经济学是研究经济活动空间布局，由经济学与地理学交叉而形成的学科。区域经济学最早可溯源至19世纪上半叶德国经济学家杜能所提出的农业区位论，并随着资本主义生产方式向全球扩张而逐渐产生了工业区位论、中心地理理论、住宅区位论等区域经济学的重要理论。因此，国外区域经济学主要研究包括生产活动区位、家庭区位、公共设施区位、空间均衡、区域经济动力学等区位问题，采用区域和多区域模型、区域投入产出分析、商品的空间流动、定性和定量统计分析等区域经济分析方法，在区域经济发展和区域经济政策方面研究区域经济的多目标决策、劳动力市场、能源和环境、结构创新与变革、发展中国家的区域政策等内容①。

区域经济学于20世纪80年代传入我国，如今属于应用经济学一级学科下的分支学科。我国仍然属于发展中国家，各地区经济发展水平差异较大，区域经济发展不平衡状态较为突出，经济活动在不同地区合理布局是我国经济发展过程中需要重点解决的问题。因而区域经济学在我国的研究内涵和方法多与发展经济学、产业经济学等相关学科相互联系、相互融合。由此，区域经济学在我国的研究内容也就必然会涉及经济活动的空间布局，地区乃至全国区域经济增长极的塑造，城市化进程与城乡协调统筹发展，区域产业发展与区域产业链、产业集聚等方面的内容。

遵循区域经济学的一般理论体系和区域经济学在我国的主要研究内容，本书将从区位理论、区域经济增长、区域产业发展、城市化、区域政策、区

---

① 彼得·尼茨坎普主编，安虎森等译. 区域和城市经济学手册（第Ⅰ卷）：区域经济学 ［M］. 北京：经济科学出版社，2001.

域经济体系和区域发展战略等七个方面研究我国的区域经济发展问题。但本书每一章的内容也都会选择某一特定视角，研究该区域经济理论下我国的特定区域经济发展问题。针对区位理论与区位决策问题，主要从介绍区位理论演进历程出发，探讨新中国成立尤其是改革开放以来我国经济活动所面临的工业、服务业、城市居民住宅和外商投资区位选择问题；关于区域经济增长，则主要在介绍影响区域经济增长主要因素的基础上，分析各因素在我国区域经济增长中面临的一些特殊现象与演变路径；从我国的区域产业发展趋势开始探讨我国的区域产业发展问题，在分析我国区域产业发展的梯度差异、一体化等问题的基础上，重点研究我国区域产业发展中的产业集聚趋势和特殊地区的产业集聚状况；关于我国区域经济发展中的城市化问题，则以有别于一般城镇化率预测的方法对我国未来中长期城镇化率演变趋势做出判断，并探讨我国城市化进程中的城市群发展问题；从介绍区域政策的一般含义出发，梳理我国的区域政策演变历程，尤其是改革开放以来从不均衡到均衡再到不均衡的区域经济发展政策，以及党的十八大以来区域全面发展政策；在对我国区域经济体系演变历程与趋势分析的基础上，采用改革开放以来的地区制造业细分产业和工业产品产量数据检验了我国的区域分工协作问题；最后探讨了我国在新常态下，以京津冀协同、粤港澳大湾区、长三角一体化和成渝双城经济圈等为主体的重大区域发展战略，并从"一带一路"下构建我国地区联系网络角度分析我国区域发展战略的演变趋势。

本书是笔者在长期关注我国区域经济发展问题的基础上，针对我国区域经济发展问题展开研究的一次新尝试。本书注重将区域经济理论与我国区域经济发展的实践相结合。书中提出了一些独到的见解和观点。比如针对我国不同历史时期的工业企业、服务业、住宅和外商直接投资的区位选择策略分析，都与一般文献研究的结论颇有不同。从产业相似性尤其是产品层面对我国区域分工协作的检验，在一般文献研究中也并不多见。而从促进对内开放，串联我国不同区域发展战略，形成全国整体区域经济一体化发展角度分析"一带一路"，与一般文献仅将其视为促进我国与沿线国家合作、产能输出等研究结论相比，也更有新意。

当然，由于笔者对我国区域经济发展问题的认识可能存在不足，加上研究能力的限制，本书难免存在一些不足之处，衷心希望同行专家、各级领导和其他区域经济工作者提出宝贵意见，以便于进一步修改和完善。

　　本书可作为高等院校经济类、管理类、地理类和城市规划专业从事相关教学科研工作的参考阅读材料，也可供区域规划、国土规划以及政府相关职能部门的工作人员参考使用。

秦敬云

2023 年 3 月

目 录
录
Contents

>   >   >   >   >   >

第一章　我国经济发展中的区位选择

第一节　区位理论的演进历程

一、20 世纪以前资本主义工业生产的区位理论演进

（一）资本主义工业革命时期杜能农业区位理论

资本主义生产方式产生之后，到 19 世纪初期，英国已经完成了工业革命，德国等欧洲主要资本主义国家的工业革命仍如火如荼地进行。18 世纪中期蒸汽机的产生使得资本主义的生产方式由早期的手工作坊式生产进入了机器大工业生产时代。但此时的资本主义生产仍然主要是围绕农产品的加工，其产品以解决人们基本的衣食需求为目标，比如纺织业、食品加工业、木材加工业等。因此，机器大工业的生产需要更多来自农业的产品作为其原材料，而城市工业生产的产品也需要及时地运送到农村进行销售。在这种情况下，如何围绕城市形成农业的良好布局，减少来自农业产品原材料运输到城市和城市工业制成品运送到农村的运输成本，成为当时经济学家重点考虑的问题。由此，杜能从假想的、地理上孤立的城市出发，通过分析城市外围均质土地上的作物种植，认为随着与城市中央商务区距离的增加，所种植农产品的运费与其销售价格之比呈递减趋势。从而在城市的周围，形成以某一种农作物为主的杜能圈，即以城市为中心，由里向外依次为自由式农业、林业、轮作式农业、谷草式农业、三圃式农业、畜牧业的同心圆结构。

（二）资本主义工业革命后马歇尔的古典区位理论

19世纪中后期，欧美主要资本主义国家工业革命均已完成，铁路已经代替河流成为主要的运输手段，大大便利了原材料和产品在城乡之间的运输，同时提高了运输速度，降低了运输成本。单纯的运输成本不再是决定厂商区位选择的唯一因素。而且，资本主义生产方式经过长达数十年甚至是上百年的发展，其生产过程中的加工对象也不再是以简单的农产品加工为主，产品的种类和范围也有了极大的拓展。运输成本之外的因素，比如技术进步、外部效应等对资本主义生产方式的影响更加重要。马歇尔（1890）发现，一些主要依赖工匠技能的特定产业部门在特定地区集聚，对于提高生产效率更加有利。据此，马歇尔提出了外部经济和内部经济理论。他认为，许多性质相似的小型企业集中在特定的地方能够获得内部经济，以及熟练劳动力、专门化的服务、交通与基础设施的改善以及知识和技术的快速传播等外部经济效应。正是对这些问题的研究，形成了马歇尔的古典区位理论。

马歇尔的古典区位理论关注的对象仍然是企业本身。但是，与资本主义生产方式的扩张相伴随的是地域间大规模人口移动，尤其是产业与人口向大城市集中的现象极为显著。因此，韦伯工业区位论（1909）针对经济区位条件下资本、人口向大城市移动（大城市产业与人口集聚现象）背后的空间机制展开分析。韦伯从运输成本定向、劳工成本和集聚与分散因素三个视角分别分析它们对工业区位的影响，将抽象和演绎的方法运用于工业区位研究中，建立了完善的工业区位理论体系。韦伯的工业区域理论通过对运输、劳力及集聚因素相互作用的分析和计算，提出了最小费用区位原则，并以工业产品的生产成本最低点作为配置工业企业的理想区位。

二、资本主义产销矛盾扩大与商业区位理论

无论是杜能的农业区位理论、马歇尔的古典区位理论还是韦伯的工业区位理论，研究的重点都是资本主义工业企业。这在资本主义生产方式产生之初是极为正常的。因为资本主义生产方式产生之初，物质相对匮乏，生产的产品也大多用于满足人们的基本生存需求，因而所生产的产品由于满足了人

们的物质欲望而基本不用担心产品的销售问题。但是随着机器大工业生产方式的扩张，资本主义生产能力的扩大与人们相对较低的购买力之间的矛盾愈加突出，产品市场的扩大成为资本主义生产方式亟待解决的问题。由此，商业活动逐渐获得了快速发展，并因此产生了商业区位理论。

（一）商业区位理论

尤哈特（1882）最早论证了商业区位理论。该理论的主要特征是以商品运费最少、运输距离最短而盈利最大为目的，在销售范围中寻求获得利润机会最多、商业覆盖率最大的区位模式。但是尤哈特的分析由于其所处时期商业的相对重要性不足而仅仅是提出了诸如最优工业区位、原料指数、区位三角形、等差费用曲线等基本是从工业区位布局中移植过来的概念，而对于商业区位选择没有更多的指导意义。

20世纪初期，资本主义生产方式的产销矛盾越来越突出，对解决这一矛盾寻求理论支持的渴求也越来越强烈。于是，克里斯泰勒（1933）创立了研究市场区位的中心地理理论，提出了用以说明提供不同服务的村庄和城市的等级制度为何会出现，以及这种等级制度又为何因地而异的一般理论模型①。克里斯泰勒的中心地理理论为城市地理学和商业地理学奠定了重要的理论基础。

（二）资本主义生产方式下城市空间扩张和地租梯度变化主导的区位理论演进

20世纪30年代，区位理论的演变仍然主要围绕工业企业的生产原料和产品销售展开，关注资本主义机器大生产过程中如何通过工业企业的区位选择降低其生产成本，即使是商业区位理论其目标也是寻求商业企业如何进行区位选择以缓解资本主义产销矛盾的问题。但自20世纪初期开始，西方资本主义国家城市化进程开始加速，区位理论的演变主线也因此逐渐转向了城市的地域空间利用，以探讨城市空间扩张和土地地租的梯度变化，来探索企业和

---

① 姜鑫，罗佳. 从区位理论到增长极和产业集群理论的演进研究 [J]. 山东经济，2009（1）：19-25.

家庭依据个体成本最小化而进行的区位选择问题。

在这一演变主线下，20 世纪 30~50 年代先后出现了同心圆地带理论、扇形理论、多核心理论和中心商务区土地利用模式。以伯吉斯（E. W. Burgess，1925）的同心圆理论为例，该理论认为，城市土地利用空间结构基本模式为城市各功能用地以中心区为核心，自内向外作环状扩展成 5 个同心圆用地结构。5 个同心圆中的居民和企业分布由内而外大致体现为，第一环带是城市中心商业区，主要布局大商店、办公楼、剧院、旅馆等企业；第二环带为过渡地带，主要布局老式住宅和出租房屋以及轻工业、批发商业、货仓等；第三环带由于租金低和交通便利，因而主要是工人住宅区；第四环带是高收入阶层住宅区；第五环带为通勤人士住宅区。伯吉斯同心圆的动态演变则主要体现为各环地带自内向外的"入侵与继承"过程。霍伊特（Homer Hoyt，1939）的扇形理论和麦肯齐（R. D. Mckenzie，1933）、哈里斯和乌尔曼（C. D. Harris and E. L. Ullman，1954）等的多核心理论对城市空间结构与企业和家庭区位选择的分析路径基本相似，只是扇形理论强调城市企业和家庭的布局主要沿交通线路和自然障碍物最少的方向呈扇形布局，而多核心理论则认为城市除中心商业区外还有工业中心、批发中心、外围地区的零售中心等，企业和家庭的区位选择也因此更加复杂、多样。

三、20 世纪 50 年代后的区位理论演进

（一）城市化进程完成后的家庭区位决策

20 世纪 60~80 年代，西方资本主义国家城市化进程已经基本完成，基于城市空间结构与土地利用的区位理论则主要集中于家庭区位问题，即居民因生命周期、可达性以及与地方住房市场相关因素选择住房的区域内迁移，以及居民因就业变动和就业机会有关的区域间迁移[①]。对于家庭区位问题的研究，阿隆索（1964）在其建立的新古典城市竞租模型中从城市内部土地利用和交通系统的关系来研究住宅区位问题，之后穆特（1969）、奎格利（1973，

---

① 彼得·尼茨坎普主编，安虎森等译. 区域和城市经济学手册（第 I 卷）：区域经济学 ［M］. 北京：经济科学出版社，2001.

1976）和西格尔（1979）等则沿着住房选择与流动性的联系，从微观模型路径研究家庭的居住选择，而与之伴随的则是沃尔伯特（1965）、古德曼（1976）、汉讷西克和奎格利（1978a，1978b）、奥纳卡（1981，1983）沿着住房选择与流动性的联系，从宏观模型研究家庭的居住选择行为。

（二）全球化时代基于全球"价值链"的要素区位决策

20 世纪 80 年代后，区位理论的演进进一步受到经济全球化和区域经济一体化进程的影响。在这一时代，全球化竞争压力加剧促使跨国公司的国际战略发生了根本性转变，即由注重资源、效率和市场的横向战略转向寻求"协同效应"的纵向战略，顺沿"价值链"方向把不同的生产、经营环节配置到全球最有利的区位[①]。因而区位理论的发展在资本、技术、信息乃至劳动力的全球流动导致生产活动和居民住宅的区位选择都出现了新的发展趋势。其中最典型的是衍生于增长极理论、由麦克·波特（1990）提出的产业集群理论及之后围绕产业集群理论对企业、政府乃至居民住宅区位选择的研究。

第二节 我国区域经济发展中的区位选择

一、我国的工业区位选择

（一）关于我国经济发展中区位选择问题的一般探讨

关于我国经济发展中的区位选择问题，不少学者都曾做过相关研究。李为（1983）在研究影响我国轻纺工业企业如何选择工厂区位时曾提出，我国改革开放后影响轻纺工业区位选择的因素，主要包含相互联系、相互制约的原材料、能源、消费、运输、用水、劳动力和集聚七个方面的因素[②]。在 20世纪 80 年代我国快速发展的轻纺工业，应当对西方工业区位理论的观点采取批判吸收的态度，如此方能对轻纺工业的区位选择提出适合我国国情的思路。

---

① 林巍，廖伟. 跨国公司区位选择的产业集群导向 [J]. 经济纵横，2007（2）：17 - 20.
② 李为. 关于我国轻纺工业区位选择因素的探讨 [J]. 地理学报，1983（9）：273 - 283.

这对于指导我国轻纺工业布局的实践，避免因为相关工业企业区位布局的盲目性与主观随意性而导致严重的资金和资源浪费，对我国社会主义初级阶段的经济建设有重要的意义。事实上，在新中国成立后我国各时期的工业区位选择，也在诸多方面体现出与韦伯的工业区位理论相一致的地方。20世纪五六十年代新中国成立初期，国家在计划经济体制下采取行政手段和经济手段（在西部地区给予职工相较于东部地区更高的工资和福利待遇，并给予在高原地区工作的职工高原补贴），将大量来自东部地区的技术人员和管理人员吸引到西部地区的各级各类企事业单位开展工作，并在西北、西南和东北地区等更加靠近原材料的地方布局相关行业的工业企业，这实际上就是韦伯工业区位论中基于运输成本指向的工业企业区位选择方式。

改革开放后，在始于20世纪80年代经济全球化和区域经济一体化趋势的推动下，经济发展水平较低的我国，存在以下三个方面的成本优势：一是在城镇本就存在大量剩余劳动力，同时因为农村改革后劳动生产率提高而释放出的农业剩余劳动力大量向城市非农产业转移而形成的劳动力无限供给的状况下，我国的劳动力工资极低；二是由于劳动力成本极低，因此生产资料、工业产品的价格大大低于西方资本主义发达国家；三是在改革开放后给予外资企业的政策优惠，因而外资企业在我国建厂的用地价格也低于西方资本主义发达国家，且政策优惠下的税收减免甚至免征带来的非生产成本大大降低。

因此，在国际货物运输价格因为能源价格、运输工具导致单次运量增加从而单位产品运输成本不断降低的背景下，欧美发达地区和亚洲包括日本、韩国、新加坡和中国台湾、中国香港等地的工业产业逐渐向我国东南沿海地区转移，是符合韦伯工业区位论中基于运费指向和劳动力成本指向条件下工业企业的区位转移预期的[①]。而从韦伯的工业区位理论研究我国的产业集群形成和发展过程，同样可以得出有价值的结论和政策建议。比如刘强（2008）采用因子分析方法对我国产业集群区位选择初始条件的研究就表明，产业集群的形成主要与以下五种效应有关，即基于原材料和劳动力工资等生产成本因子的区位指向效应；基于企业创办者具有先进管理理念和管理水平的企业

---

① 沈志远，高新才．用韦伯的区位论方法对新中国制造业工业区位的思考［J］．社科纵横，2011（10）：22-24．

家行为因子而产生的衍生效应；基于更好市场设施和交易保障条件下的交易成本因子带来的企业网络效应；基于集群所在地人文素质和社会经济发展环境等对相关行业企业产生的诱导效应；以及由于规模经济效应因而对周边地区资金和人力资源产生的循环累积因果效应①。

此外，从产业链角度对我国工业企业的区位选择进行研究，也得出了与韦伯工业区位论相一致的结论。祁苑玲等（2006）对淄博市新工业区位的研究也表明，以规模经济为主要特征的石化工业，更易于形成围绕大型核心企业发展的地理格局，并以为大型核心企业提供配套产品或服务而繁衍和集聚了大量的下游企业；依靠于多渠道营销网络实现产品销售并获取市场信息，并且对原材料依赖程度逐渐降低的建筑陶瓷业的区位选择，则体现为从靠近原料地转向依托专业市场，以利用专业市场为建筑陶瓷企业的产品及相关配套产品如陶瓷机械、建筑陶瓷原料、其他配料、辅助材料提供良好的交易场所和畅通的营销渠道；而劳动密集型的纺织业区位变化，则体现为向具有更低劳动力成本的低成本区位扩散②。

（二）改革开放前国家区域规划引导下的分散式企业区位选择

1. 改革开放前我国工业生产均为公有制工业企业单位完成

在改革开放前的计划经济时代，我国工业企业的区位决策，主要是体现国家区域规划需要，而非企业自身的经营决策需要。

新中国成立后，在经济建设过程中既没有可以承接的经济发展基础，也没有更多可供选择的经济建设和发展模式，而只能学习苏联的计划经济体系，因而所有的生产经营活动都是遵循国家发展计划的。根据相关资料，1953～1957 年，我国实施"一五"计划期间，确立新中国社会主义经济建设的主要任务是为我国的工业化打下坚实的基础。因此，需要集中人力、物力和财力，围绕苏联援助我国建设的 156 个项目为核心，组成 694 个建设单位，推进我国以东北地区为重点的工业建设。与此同时，在对农业和手工业进行社会主

---

① 刘强. 区位理论、区位因子与中国产业集群形成机理 [J]. 河南社会科学，2008（1）：64 - 66.

② 祁苑玲，王缉慈，任宝. 关于老工业基地淄博市工业区位变化的地理学思考 [J]. 地理学报，2006（1）：7 - 12.

义体制改造的基础上，发展一些集体所有制的农业生产合作社和手工业生产合作社，以缓解新中国成立后生产和生活物资紧缺状况，满足人们的基本生活需求。将原有私有制下的资本主义工商业，转化纳入多种形式下的国家资本主义轨道，以便于对这些私有资本主义工商业做进一步的社会主义改造①。

"一五"计划成功实施后，对生产资料私有制向公有制转变的社会主义改造基本完成，社会主义公有制经济成分在国民经济中占据了绝对的优势。根据《新中国五十年统计资料汇编》中的相关统计数据，社会主义改造完成后，1957年我国工业企业单位数为16.95万个，到改革开放初期的1979年达到35.50万个，增长了1.09倍；工业总产值则从1949年的140.00亿元增加到1979年的4681.30亿元，以1952年为基准增长了17.04倍②。如图1－1、图1－2所示，到1957年，我国工业企业单位数为16.95万个，其中国有和集体工业企业数量分别为4.96万个和11.99万个，分别占29.26%和70.74%，已经没有私营工业企业单位。同时，1957年实现工业总产值704.00亿元，其中国有和集体工业企业分别为378.50亿元和134.00亿元，分别占53.76%和19.03%，合计占比为72.8%③。但到1958年，国有和集体工业企业占全国工业总产值的比例即达到100%，私营工业企业对全国工业生产的贡献降低至0。国有和集体工业企业单位数与工业总产值占全国的比例达到100%的状况，一直延续到改革开放之后的1980年，国有企业和集体工业企业占全国工业企业单位数的比例分别为18.69%和65.76%，产值比例分别为75.97%和23.54%，两项比例加总分别为84.45%和99.51%，自1957～1958年以来首次低于100%，并在之后随着民营经济的发展和外资企业的进入而逐渐降低。

---

① "一五"计划. 国史网, 2009 年 8 月 21 日, http://www.hprc.org.cn/gsgl/dsnb/zdsj/200908/t20090821_3955870.html.

② 以 1949 年为基准则增长了 31.39 倍。

③ 1957 年国有和集体工业企业数量占比和产值占比差异，并没有权威文献解释。但据作者的认识，原因应当是：到 1957 年底国有和集体工业企业数量占比为 100%，即完成对私有工业企业的公有化改造。但对私有制工业企业的公有化改造是在 1957 年陆陆续续完成的，而只有对私有工业企业公有化改造完成之后该企业的产值才被计入国有和集体工业企业产值之中，而之前则被计入私有工业企业产值中，因而存在同一个企业在 1957 年的产值被分段计入公有制企业和私有制企业产值的情况，从而造成 1957 年公有制企业数量占比和产值占比之间的差异。而在 1957 年改造完成之后，自 1958 年开始，已不存在同一个企业的产值在不同阶段被分别计入公有制或私有制企业产值的问题，因而公有制企业数量占比和产值占比均为 100%。

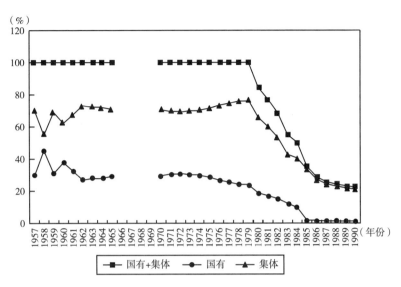

图 1 - 1 1957 ~ 1990 年我国国有、集体工业企业占全国工业

企业单位数的比例演变趋势

注：1957 年以前和 1966 ~ 1969 年的工业企业单位总数和国有、集体工业企业单位数的数据缺失。

资料来源：依据《新中国五十年统计资料汇编》中的相关数据计算制作。

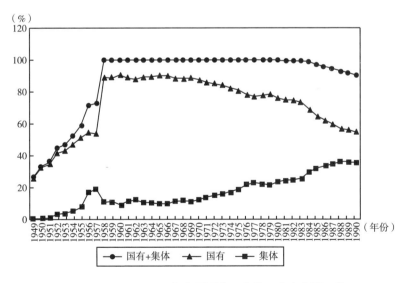

图 1 - 2 1949 ~ 1990 年我国国有、集体工业占全国工业

总产值的比例演变趋势

资料来源：依据《新中国五十年统计资料汇编》中的相关数据计算制作。

因此，改革开放前我国工业企业单位全部为公有制的国有和集体工业企业，工业总产值也均为国有企业和集体工业企业创造。而在公有制工业企业中，生产资料的所有权全部归国家所有；国家直接任命企业的领导干部且具有相应的行政级别；企业到底是采取厂长负责制还是党委领导下的厂长负责制以管理和维系企业的生产经营活动，企业聘用和解聘职工的权限，企业的工资标准和福利发放，哪些成本属于企业的合理开支范围，企业的利润应当上缴的比例和上缴方式，都由国家统一规定；企业的生产活动、产品种类和数量，也都由国家根据社会需要制定生产计划，并经过相关的行政管理体系层层下达，并以是否完成国家规定的生产计划来对企业的绩效进行考核①。

2. 工业企业的生产和区位布局必然完全服从于国家计划

（1）"一五"计划时期向中西部地区倾斜的工业企业区位选择。为改变旧中国重工业主要集中于东北和华北、轻工业则集中于上海及其周边地区②的不合理状况，"一五"计划时期开展了以苏联援建的156项工程为核心、以900余个大中型项目（限额以上项目）为重点的工业建设。这些项目的区位选择，主要考虑均衡布局生产力以改变落后地区的经济面貌、就近资源以充分利用原有基础设施、充分发挥地理交通优势、便于接受苏联援助和保护、军事国防等因素③。

在这些因素的影响下，以156个项目为核心的重点工业建设项目中，布局在工业基础比较薄弱的内陆地区的项目占有较大的比重。比如在矿产资源丰沛、能源供应能够得到保障的中西部地区，就布局了更多对资源和能源依赖程度较高的钢铁企业、有色金属冶炼企业和化学化工企业。对于机械加工类的企业，则将其布局在原材料生产基地附近，以满足原材料生产过程中机械消耗快且量大的需求。在上述工业布局的总体思想指导下，在中西部地区布局的能源项目包括陕西铜川王石凹煤矿立井、陕西西安热电站、新疆乌鲁

① 杨君昌. 论国有企业从计划经济走向市场经济 [J]. 财经研究, 1997（12）：3 - 11.
② 中国社会科学院，中央档案馆. 1949 - 1952 中华人民共和国经济档案资料选编：工业卷 [M]. 北京：中国物资出版社，1996：3 - 7.
③ 彭秀涛，荣志刚. "一五"计划时期工业区规划布局回顾 [J]. 四川建筑, 2006（12）：44 - 46.

木齐热电站、湖南鄩县热电站、甘肃兰州热电站、四川成都热电站、（原）四川重庆电站、云南个旧电站，有色金属冶炼加工项目如云南锡业公司、白银有色金属公司、东川矿务局、会泽铅锌矿；石油化工类的企业则主要包括兰州炼油厂、兰州合成橡胶厂、兰州氮肥厂，以及机械加工制造企业兰州石油机械厂、兰州炼油化工机械厂、西安高压电瓷厂、西安开关整流器厂、西安绝缘材料厂、西安电力电窗容器厂等。

除了 156 个核心重点工业项目中布局于中西部地区的能源项目、有色金属冶炼加工项目、石化项目和机械加工项目外，国家还在中西部地区配套了相关产业的其他项目，因而在总体上向中西部地区倾斜布局工业项目的过程中，相当于"一五"时期对中西部地区展开了一次大规模的投资，从而大大地改变了西部地区相对于东部地区而言的落后面貌，有力地促进了西部地区的经济发展，加快了西部地区的城镇化进程①。

（2）城市内部工业企业的分散式区位布局。在城市内部，工业企业的区位选择也呈较强的分散性。改革开放前，我国经济社会发展过程中普遍存在企业办社会、事业单位办社会的现象。所谓的"企业办社会"，是指企业除了要从事生产经营活动之外，还需要承担本应由政府或专门的社会组织承担的福利性、供给性和安置性的社会职能②。具体体现形式就是企业要建设面向本企业职工的住宅，创办面向本企业职工的医院和子弟学校、幼儿园和托儿所，提供面向本企业退休职工的福利并组织相关社群活动，甚至需要建设属于企业自己的公共设施。这些企业生产经营活动之外的事务，大大地分散了企业本应从事专业化产品生产的资源、人力，并在客观上造成了企业臃肿的组织结构。广泛存在的"企业办社会"现象，导致企业的生产经营活动场所和职工的生活活动场所是高度重叠的，以解决当时经济发展水平较为落后情况下，主要依赖于慢速公共交通带来的企业员工通勤问题。高度重叠的企业生产活动场所和生活活动场所大多分散位于离城市中心区距离不远的城市边缘，甚至很多企业就分散位于城市中心区。这些企业直到 20 世纪 90

---

① 董志凯．"一五"计划与 156 项建设投资［J］．中国投资，2008（1）：108－111.
② 辛小柏．建立现代企业制度必须解决"企业办社会"［J］．经济理论与经济管理，1997（2）：20－26.

年代中期，随着我国城市规划的不断调整，郊区工业园的不断建设，才陆续迁出。

（三）改革开放后工业园区建设引导工业企业从分散分布向集中分布转变

改革开放后，工业企业的产品生产由指令性计划转向指导性计划引导下面向市场需求的生产和销售活动，因而工业企业的区位选择总体上体现为交通（成本）指向和城市规划指向，工业企业的区位分布从分散分布向集中分布转变。

1. 我国工业企业向区位集中分布转变的背景

这一时期我国工业企业区位选择方式转变的背景主要包括以下四个方面：

（1）社会主义市场经济体制改革方向的确立，指令性计划向指导性计划再向市场调节转变。首先，我国的改革开放经历了计划经济为主、有计划的商品经济、社会主义商品经济，最终确立社会主义市场经济体制的改革历程。1978 年，党的十一届三中全会确立了我国要将工作重心转移到经济建设的改革开放之路。但在长期计划经济体制下，以国家统一下达生产指标并实行统购统销的指令性计划管理下，低效率的生产方式，其改革方向的确定却并不容易。尽管 1979 年就提出我国改革开放的取向是市场化，即以市场作为资源分配和产品销售的主要手段。但从后来的改革开放进程来看，这一思想在当时也仅仅是作为改革开放的长期目标而提出的。后续关于改革开放方向的选择、目标的设定，都经历了漫长的过程。这个过程包括：一是 1981 年党的十一届六中全会通过的《关于建国以来党的若干历史问题的决议》，提出了"计划经济为主，市场调节为辅"，仍然坚持了国民经济和社会发展中计划经济的主体地位，即我国的改革开放是在计划经济主体基础上辅以市场调节的改革开放①。尽管市场调节只是辅助性的，但却在解决返城知青就业，从而增加城镇居民日常生活用品供给和丰富城镇居民生活方式方面发挥了巨大的作用。由此，在 1984 年 10 月通过的《中共中央关于经济体制改革的决定》中，提

---

① 中共中央文献研究室．十一届三中全会以来党的历次全国代表大会中央全会重要文件选编（上）［M］．北京：中央文献出版社，1997：211.

出了"在公有制基础上的有计划的商品经济①"，虽然仍然坚持商品经济必须是在计划引导下发展，但却在给予改革开放以来蓬勃发展的商品经济合法地位的同时，从国家政策角度将其纳入了国家经济发展的轨道。商品经济的快速发展，加上农村家庭联产承包责任制的实施，使得城乡居民的收入大幅度提高，从而加剧了国内生活消费性商品的短缺状况，导致了 1986～1989 年我国改革开放后第一波较高的通货膨胀，其中 1988 年的通货膨胀率达到了18.8%。改革开放以来市场在解决我国物资短缺、创造就业等方面发挥的巨大作用，以及生活消费品短缺的现实状况，促使 1987 年党的十三大进一步强化了市场在我国社会主义经济发展中的地位与作用，提出了"社会主义有计划商品经济的体制应该是计划与市场内在统一的体制②"的观点，确立了我国改革开放的目标就是要发展社会主义商品经济，并在 1989 年 11 月通过的《中共中央关于进一步治理整顿和深化改革的决定》中重申"我国社会主义经济是建立在公有制基础上的有计划商品经济③"，从而确定了我国的社会主义经济属于社会主义商品经济的性质。1992 年邓小平同志南方谈话提出了"计划和市场都是经济手段""社会主义的本质就是要解放生产力"，社会主义必须大胆吸收包括资本主义在内的先进文明成果，抓住机遇发展经济。邓小平的南方谈话冲破了长期以来人们一直把计划经济和市场经济看作是社会基本制度范畴的思想束缚④，破除了市场经济只能是资本主义而社会主义只能搞计划经济的认识。这为党的十四大正式形成我国的改革开放目标确立了强大的理论导向，"我国经济体制改革的目标是建立社会主义市场经济体制"意味着，市场能够也必须在我国的社会主义建设中，发挥对资源配置的基础性作用⑤。1993 年党的十四届三中全会通过的《中共中央关于建立社会主义市场

---

　　① 中共中央文献研究室. 十一届三中全会以来党的历次全国代表大会中央全会重要文件选编（上）[M]. 北京：中央文献出版社，1997：342，350.

　　② 中共中央文献研究室. 十一届三中全会以来党的历次全国代表大会中央全会重要文件选编（上）[M]. 北京：中央文献出版社，1997：461.

　　③ 中共中央文献研究室. 十一届三中全会以来党的历次全国代表大会中央全会重要文件选编（上）[M]. 北京：中央文献出版社，1997：32.

　　④ 陈炎斌. 论社会主义市场经济体制形成和发展的四个阶段 [J]. 党的文献，2009（1）：50 - 58.

　　⑤ 中共中央文献研究室. 十一届三中全会以来党的历次全国代表大会中央全会重要文件选编（下）[M]. 北京：中央文献出版社，1997：170.

经济体制若干问题的决定》，则在建立社会主义市场经济体制这一目标下，明确了社会主义市场经济体制的基本框架。从上述关于我国改革目标确立过程来看，社会主义市场经济体制的确立经历了人们从计划经济体制逐步放开、在实践中不断检验、在理论中不断探索、在改革开放的成效中不断提升的过程。

其次，在社会主义市场经济体制这一改革目标确立的过程中，我国的国民经济宏观调控方式也经历了从指令性计划向指导性计划再到市场调节的转变过程。指令性计划调节方式意味着由国家直接分配生产任务，并在生产任务的分解过程中确定了企业、个人社会劳动时间①。与指令性计划的刚性相比，指导性计划介于指令性计划与市场调节之间，国家通过经济杠杆的指引作用和相关政策可能实现的经济效益诱导促进企业完成国家生产发展计划，企业的生产经营活动有较大的弹性幅度②。而市场调节则是企业完全依据价值规律，以市场价格作为制定产品生产和销售计划的信号，在符合国家大政方针下，通过市场价格的波动自发调节产品的生产和销售计划③。改革开放初期，我国国民经济的宏观调控中同时存在指令性计划、指导性计划和市场调节三种形势。但指令性计划随着改革开放的进程逐渐减弱，指导性计划先增强后减弱，而市场调节则不断增强。这一过程大致是：1982 年党的十二大报告提出，"要正确划分指令性计划、指导性计划和市场调节各自的范围和界限④"，总体的要求是逐渐减少国家指令性生产和物资分配计划种类；1987年，党的十三大提出了"国家调节市场，市场引导企业"的经济运行机制，并且明确指出，以指令性计划为主的原国家计划委等部门直接管理的经济运行方式，与社会主义商品经济发展要求是不相符合的⑤。随着对指令性计划与社会主义商品经济发展不相符合认识的加强，以及指令性计划逐渐退出我国

---

① 洪银兴. 指令性计划和指导性计划的划分范围新探 [J]. 南京师范大学学报（社会科学版），1983（4）：16 – 19.

② 凌澍. 指令性计划、指导性计划、市场调节的范围和界限 [J]. 财贸经济，1983（1）：58 – 59.

③ 魏礼群，韩志国. 近年来关于指令性计划、指导性计划和市场调节三种管理形式讨论综述 [J]. 经济学动态，1984（1）：31 – 38.

④ 中共中央文献研究室. 十二大以来重要文献选编 [M]. 北京：人民出版社，1986：23.

⑤ 王健. 市场导向经济体制改革的六个发展阶段 [J]. 人民论坛，2018（33）：21 – 23.

宏观调控，指导性计划作为计划经济与市场调节的基本形式逐渐增强①，其目标是让企业以各级经济管理部门下达的计划指标为导向，根据自身的生产能力和市场上对企业产品的需求，以及生产资料的供需状况组织生产和经营活动②。很难确定指导性计划在我国改革开放过程中退出国民经济宏观调控的时间，但一些时间点和相关政策文件的出台，都意味着指导性计划逐步减弱并最终退出了我国的宏观经济管理之中：1993 年开启建设社会主义市场经济体制，市场在我国宏观经济调节中的逐步增强，意味着我国国民经济调控的计划性逐渐减弱；2003 年 10 月，党的十六届三中全会通过《中共中央关于完善社会主义市场经济体制若干问题的决定》，意味着我国社会主义市场经济体制建成，国民经济调控的计划性进一步减弱；2013 年 11 月，党的十八届三中全会指出，"经济体制改革的核心问题是处理好政府和市场的关系，使市场在资源配置中起决定性作用"，以及 2014 年我国首次将国民经济发展的五年计划改为五年规划，2017 年党的十九大报告提出"加快完善社会主义市场经济体制"，都标志着计划性意义较强的指导性计划被市场调节方式全面取代。

（2）国有和集体所有制工业企业无论是数量还是产值比重都在不断下降。如图 1 - 3 所示，改革开放后的 1978～1999 年，以国有企业和集体所有制企业为代表的公有制工业企业占工业企业单位数量的比重从 100% 下降到了 1999年的 21.70%，产值比重也从 1978 年的 100% 下降到 1999 年的 63.58%。但是，尽管包括国有和集体所有制在内的公有制工业企业无论在数量还是产值中所占比重都在不断下降，但在这一时期，一方面，国有和集体工业企业尽管在数量上已经不占优势，但在产值上仍然占据主导地位；另一方面，国有企业和集体所有制企业的规模更大，以 21.70% 的企业单位数量，创造了 63.58% 的工业产值，也即私有或民营企业在此期间的规模仍然相对较小。

---

① 沈立人. 指导性计划：计划经济与市场调节相结合的基本形式 [J]. 改革，1991 (1)：66 - 71.

② 宋涛. 逐步全面实行指导性计划 [J]. 经济研究，1985 (6)：36 - 37.

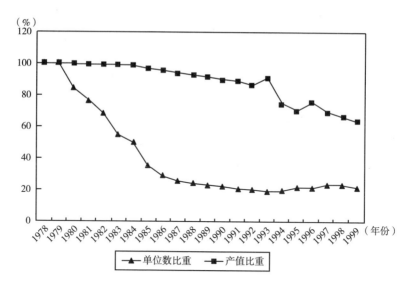

图 1 - 3　1978 ~ 1999 年我国公有制工业企业数量和产值比例演变趋势

资料来源：依据《新中国五十年统计资料汇编》中的相关数据计算制作。

（3）公有制企业开展建立现代企业制度方面的改革。关于在我国建立现代企业制度，早期的探索来自 20 世纪 80 年代末对国外经验的考察。80 年代后期，我国组织了对泰国"正大集团"的考察。考察中发现，在传统的以个体农户为主体的农业生产中，引入现代企业制度把分散的个体农户组织起来，形成规模化的现代生产经营方式，成功地解决了高度分散的农产品供给与集中的农产品需求之间发生的经常性冲突问题[①]。1992 年，党的十四大报告中将"国营企业"改为"国有企业"，在剥离企业与政府经营关系的同时，也提出了要在国有企业建立现代企业制度[②]。1993 年 11 月，党的十四届三中全会通过的《中共中央关于建立社会主义市场经济体制若干问题的决定》中，明确指出国有企业的改革方向是"要转换国有企业经营机制、建立产权清晰、权责明确、政企分开、管理科学的现代企业制度[③]"。2003 年 10 月，党的十六届三中全会通过《中共中央关于完善社会主义市场经济体制若干问题的决

---

① 发展研究所赴泰"正大"考察团. 利用现代企业制度组织农产品生产——泰国"正大集团"考察报告［J］. 管理世界，1988（2）：157 - 165.

② 中共中央文献研究室. 十四大以来重要文献选编（上）［M］. 北京：人民出版社，1996：24.

③ 中共中央文献研究室. 十四大以来重要文献选编（上）［M］. 北京：人民出版社，1996：520 - 524.

定》，进一步明确要构建现代企业制度的重要基础，即建立"归属清晰、权责明确、保护严格、流转顺畅"的现代产权制度①。2013 年 11 月，党的十八届三中全会通过的《中共中央关于全面深化改革若干重大问题的决定》指出，我国"国有企业总体上已经同市场经济相融合②"。至此，在经历了改革开放以来扩大企业自主权、实行经营承包责任制、初步建立现代企业制度等阶段之后，我国的国有企业真正变成了独立的法人实体和市场主体，而不再是传统计划经济体制下国家行政机构的附属物③。

（4）各地区设立的工业园区、经济技术开发、高新技术开发区成为我国工业企业发展的重要平台。我国工业园区的建设，起始于 1980～1981 年先后设立的深圳、珠海、厦门和汕头四个经济特区。经济特区的设立，大多始于所在地区的一部分地方，而后扩展到地区大部或全部。以厦门为例，1980 年 10 月设立厦门经济特区时，仅包括厦门市湖里区一块 2.50 平方千米的地方，之后才于 1984 年扩展到厦门全岛，后来又在厦门设立的集美、杏林和海沧三个台商投资区中实行经济特区的政策。而最早设立的厦门经济特区所在的 2.50 平方千米土地，即类似于后来各地设立的经济技术开发区、工业园等。在经济特区取得成功后，1984 年末和 1985 年初，国务院在批复沿海 14 个开放城市对外开放工作规划方案的同时，先后批准在大连、秦皇岛、宁波、青岛、烟台、湛江、广州、天津、南通、连云港、福州 11 个市设立经济技术开发区，1986 年和 1988 年又先后将上海市已经开发的闵行、虹桥、漕河泾等新区列为经济技术开发区，同年设立了海南经济特区。至此，在我国沿海地区共设立了 5 个经济特区以及在沿海开放城市共开办的 14 个经济技术开发区④。这些特区和开发区，成为我国对外开放过程中，外资、外企进入我国的重要窗口。

20 世纪 80 年代先后建立的经济特区和在沿海开放城市设立的经济技术开

---

① 中共中央文献研究室. 十六大以来重要文献选编（上）[M]. 北京：中央文献出版社，2005：467.

② 中共中央关于全面深化改革若干重大问题的决定 [N]. 光明日报，2013 年 11 月 16 日.

③ 郭飞. 中国国有企业改革：理论创新与实践创新 [J]. 马克思主义研究，2014（4）：40 – 52.

④ 何椿霖. 中国经济特区与沿海经济技术开发区年鉴（1980—1989）[M]. 北京：改革出版社，1991：12.

发区，主要还是基于试验性质的对外开放窗口。但在 20 世纪 90 年代之后，特别是邓小平南方谈话之后我国改革开放的步伐加快，各类开发区或工业园区在我国各省、市、县、乡镇甚至村里，如雨后春笋般出现。据相关资料估算，到 1996 年，共有省级开发区 400 多个，其他乡以上开发区近万个[①]。这一时期出现的各级各类工业园区或开发区，不仅数量多，而且类型多样，既有非政策性的、以地方性工业企业集聚为目标的工业园区、工业集中区，也有国家政策性的开发区，如自由港区、保税区、高新科技产业开发区、边境合作经济区、自由贸易试验区，产业结构也从单一的轻加工业扩展到汽车、电子、计算机设备、化学化工、装备制造业等多种产业。在这些工业园区中，不同背景、由国家不同部门设立、具备不同功能的经济技术开发区、高新区和综合保税区是最具代表性的三种。这三种开发区的基本情况如表 1-1 所示。据国家发改委的相关数据显示，截至 2018 年，我国共有省级各类工业园区 1991 个，其中数量排名前列的分别有河北 138 个、山东 136 个、河南 131 个、四川 116 个、湖南 109 个、江苏 103 个、广东 102 个、湖北 84 个、浙江 82 个、江西 78 个、福建 67 个[②]。

表 1-1 　　　　　　　　　　我国政策性开发区类型对比

类型	经济技术开发区	高新技术产业开发区	综合保税区
功能特点	以加工制造业为主，以提高经济总量为目标	以发展高新技术产业为主	具有出口加工、保税物流、转口贸易等功能
主管部门	商务部	科技部	海关总署
发展背景	1984 年 5 月 4 日决定开放 14 个沿海开放城市，并在有条件的地方兴建经济技术开发区	发端于 1988 年国家高新技术产业发展计划——火炬计划，同年"中关村"前身北京高新区成立	1990 年 6 月国务院批准第一个海关特殊监管区开始，出现保税区、保税物流园、综合保税区等
截至 2021 年数量	230 个	173 个	168 个

---

① 刘群．我国工业园区发展现状及建议 [J]．中国国情国力，2011（5）：27-29.

② 国家发展改革委等部门．中国开发区审核公告目录（2018 年版）[N]．2018-2-26，http：//www.gov.cn/zhengce/zhengceku/2018-12/31/content_5434045.htm.

类型		经济技术开发区	高新技术产业开发区	综合保税区
区域分布	东部	102 个	70 个	93 个
	中部	55 个	46 个	26 个
	东北	22 个	16 个	9 个
	西部	51 个	41 个	40 个
典型案例		苏州工业园	上海张江高新区	天津港综合保税区

资料来源：（1）2021 年中国国家级经济技术开发区数量、生产总值及主要经开区现状及影响，2022 年 7 月 12 日，https：//3g.163.com/dy/article/HC2K4DEM05387IEF.html；（2）科学技术部火炬高技术产业开发中心网站，2022 年 7 月 1 日，http：//www.ctp.gov.cn/gxq/gxqmd/202207/a2db909ac4294a7e9712d23b04ebff7e.shtml；（3）海关律师网，2022 年 2 月 2 日，https：//www.customslawyer.cn/portal/news/detail/id/65029.html；（4）商务部官方网站，2021 年 6 月，http：//www.mofcom.gov.cn/xglj/kaifaqu.shtml.

除上述三种政策性国家级开发区之外，我国还有边境合作经济区 17 个，分布在内蒙古 2 个、辽宁 1 个、吉林 2 个、黑龙江 2 个、广西 2 个、云南 4 个、新疆 4 个[①]；上海洋山、天津东疆、大连大窑湾、海南洋浦、宁波梅山、广西钦州、厦门海沧、青岛前湾、深圳前海湾、广州南沙、重庆两路寸滩、张家港、烟台和福州共 14 个保税港区；以及上海、天津、福建、辽宁、浙江、河南、湖北、重庆、四川、陕西等 21 个自由贸易试验区。

2. 工业企业区位选择和集中分布的具体表现

改革开放后，我国工业企业的区位选择和集中分布，具体体现为：

（1）运输成本指向下沿交通干线集中式分布。在我国改革开放确立为社会主义市场经济体制，国家宏观调节方式由指令性计划向指导性计划并最终向市场调节方式转变下，适应市场需求而蓬勃发展的私营企业，在自主生产自负盈亏的生产经营过程中，面对竞争性产品市场和要素市场上相对固定的产品价格、要素价格和中间投入品价格的情况下，必然向运输成本更低的交通干线沿线集中分布，以尽可能地降低原材料输入和产品输出的运输成本，通过提升市场可达性显著且稳健地提高企业生产率[②]。改革开放后，我国工业

---

① 商务部官方网站，2021 年 6 月，http：//www.mofcom.gov.cn/xglj/kaifaqu.shtml.

② 刘冲，吴群锋，刘青. 交通基础设施、市场可达性与企业生产率——基于竞争和资源配置的视角 [J]. 经济研究，2020，55（7）：140–158.

企业最初沿交通干线沿线的区位选择主要在铁路沿线、国道沿线集中式分布。比如长三角地区，工业的分布始终围绕着由沪宁—沪杭铁路与京杭大运河组成的运输通道或者长江干流航道展开，使得沪宁杭经济带成为我国发展水平最高、产业结构演进特征最为鲜明的交通经济带①。

（2）工业园区内工业企业的集中分布。改革开放后，尤其是 20 世纪 90 年代以来，我国各地建设了各级各类且数量众多的工业园区。工业园区的建设和发展，有利于各地推动工业企业向工业园区集中，从而在非农产业更高薪资收入的吸引下拉动了农村劳动力向城镇、向城市甚至是跨区域的转移，并在人口城镇化和城市向郊区扩展的过程中为城市非农产业的发展提供了更多的土地资源。在这种滚动发展模式下，通过板块效应拉动区域经济增长为目标②，在工业园区形成基于横向或纵向产业链的工业企业集群化发展，成为驱使工业企业向工业园区集中分布的主要动因。改革开放后我国工业企业向工业园区的聚集分布，主要是先圈地后引企业的模式，即地方政府根据地区经济或产业发展的需要，选择并划定一块区域，在建设相关基础设施的基础上，作为招商引资吸纳企业的目标地。也有工业园区的形成和发展是反过来的，即部分企业基于某一地区的特有区位优势而自发集中布局，之后地方政府为加强该地区在地方经济发展中的作用而通过基础设施建设、强化管理、优化提升等方式形成工业园区作为工业企业的有效载体③。在工业企业不断向工业园区集中分布的趋势下，工业园区在各地区经济发展中的地位也日益重要。

如表 1-2 所示，2005~2021 年，国家级经济技术开发区占全国国内生产总值的比重从 4.50% 提高到 12.00%；工业增加值从 7.80% 提高到 18.60%。并且国家级经济技术开发区内地区生产总值中工业增加值的比重大大高于全国整体的工业增加值比重，2021 年这一比例为 61.30%，远高于全国的 32.60%，说明工业在国家级经济技术开发区发展中占据更加主导的地位。

---

① 张文尝. 工业波沿交通经济带扩散模式研究 [J]. 地理科学进展，2000（4）：335-342.
② 何胜友. 推进中小企业向园区集中的实践与探索 [J]. 上海农村经济，2005（1）：17-20.
③ 杨颖. 企业集群与工业园区的组织关联机理分析 [J]. 长江论坛，2004（4）：32-37.

表1-2 部分年份国家级经济技术开发区主要指标数值及占全国比重

项目		国内生产总值（亿元）	工业增加值（亿元）	税收收入（亿元）	进出口总额（亿美元）	外商实际投资（亿美元）
2005 年	数值	8195.20	5981.35	1219.28	2252.35	130.23
	比重（%）	4.50	7.80	4.00	15.80	21.60
2011 年	数值	41357	30034	7288	6594	429
	比重（%）	8.80	15.90	8.10	18.10	37.00
2021 年	数值	137000	84000	22000	13465	684
	比重（%）	12.00	18.60	12.90	22.30	39.40

资料来源：（1）国家级经济技术开发区发展报告（2006），http：//www.fdi.gov.cn/pub/FDI/gjjjjkfq/gjjkfqzl/fzbg/fzbg2006/default.htm；（2）国家级经济技术开发区发展报告（2012），http://ezone.mofcom.gov.cn/zt/fzbg2012/；（3）2021年中国国家级经济技术开发区数量、生产总值及主要经开区现状及影响，2022年7月12日，https://3g.163.com/dy/article/HC2K4DEM05387IEF.html.

（3）分散布局于城市市区的工业企业随城市规划而向城市外围工业园区或工业集中区的迁移。城市规划的不断调整是分散布局于城市市区的工业企业向城市外围工业园区或工业集中区集中分布的主要动力。这是因为，一方面，1995年我国城镇人口比重达到30%，进入快速城市化阶段。随着城镇人口的不断增加，改革开放前延续下来的企业办社会造成的城市功能布局混杂，以及工业企业在城市市区的生产所带来的环境污染等问题，越来越不适应城市经济社会发展的需求。因此，按照功能分区在城市规划中对城市布局进行调整，迁出散布于城市市区的工业企业以改善城市居住和生活环境成为必然选择。另一方面，基础设施尤其是城市环城道路的建设完善，使得将散布于城市市区的工业企业集中迁建于城市外围的工业集中区成为可能。因此，各地在调整城市规划的过程中，都在城市外围建设了工业集中区或开发区，以接纳由城市市区迁出的工业企业。比如西安市在2004年颁布的《西安工业振兴计划》中，就确定要通过大企业合资搬迁、市区中小企业搬迁改造、新的工业项目招商，将二环路以内的工业企业迁入开发区和统一规划布局的园区发展[①]；兰州市于2008年3月通过的《兰州市工业企业出城入园规划》，目标是将市中心城区内的46户工业企业，迁入外城工业园，以推动生产要素集聚

---

① 赵勋. 退二转三设立工业园区以人为本改善城市环境——今年城内工业企业迁出［N］. 西安日报，2004年3月22日.

和产业升级、提升工业整体实力和城市化协调发展[①]；作为典型的工业型城市焦作市，随着中心城区的不断发展，中心城区的传统产业企业，面临技术落后、设备老化、运营成本高、环保压力和发展空间严重不足等问题，因而于2008年开始工业企业外迁，以提升企业的发展空间，优化城市协调发展，提高城市环境质量[②]；重庆市于2001年启动工业企业环保搬迁，2007年前先后有重庆市主城区的第一批企业29户和第二批企业53户搬出主城，加上第三批企业以及重庆钢铁公司、长安集团、建设集团、嘉陵集团、前卫仪表厂等企业，到"十一五"末期即有上百户企业搬迁出重庆主城区[③]，进入相应的工业园区；杭州市则分别在20世纪80年代、90年代和本世纪初启动三轮城区工业企业的搬迁，将与城市规划、城市建设、风景文物保护等不相符合的工业企业迁入外城工业园[④]。此外，青岛市于2008年10月启动176个老城区企业的搬迁改造[⑤]，南京市1992~2005年有192家企业搬迁[⑥]，福州市到2006年在实施"东扩南进西拓"城市发展战略过程中从城市中心区整合、搬迁、关停企业有300多家[⑦]，等等。

（四）20 世纪 90 年代末以来工业企业从行业分散分布转向行业聚集分布

1. 我国工业企业从行业分散布局向行业聚集式分布的背景

（1）我国工业企业在融入全球价值链的过程中面临国际竞争压力加大。20世纪80年代以来，冷战后全球开放潮流形成庞大的市场需求，以及生产过程日益复杂化、曲折化，加上跨国公司为追逐更多的利润而向全球转移产业，加速了经济全球化的进程。在经济全球化的过程中，利用发达国家先进技术和高端人才、发展中国家廉价的原材料和劳动力，基于产品从研发设计到原

① 崔凌云，肖玉香. 我市六户企业将迁出城区 [N]. 兰州日报，2008-3-27，第001版.
② 孙国利，张蕊. 中心城区工业企业在腾挪中强健 [N]. 焦作日报，2008-3-31，第001版.
③ 郭晓静，童超. "十一五"末我市将有上百户工业企业搬出主城 [N]. 重庆日报，2007-8-8，第001版.
④ 何明俊，应联行，高洁. 杭州主城区工业企业合理搬迁的难题及对策研究 [C]. 2005城市规划年会论文集，663-667.
⑤ 林刚. 176个搬迁改造项目翘首以待 [N]. 青岛日报，2008-10-10，第011版.
⑥ 申琳. 南京工业企业大搬迁启动 [N]. 人民日报，2005-8-25，第006版.
⑦ 王立. 福州：二环路工业企业要迁出市区 [N]. 中华建筑报，2006-4-1，第002版.

材料采购、零部件的生产到制成品的组装、从全球市场销售出发的物流配送和专业化的销售渠道、售后服务等环节的分割[1]，形成为了实现商品或服务价值而连接生产、销售、回收处理等过程的全球价值链[2]，能够为跨国公司带来更多的利润。与此同时，尽管发展中国家通常都位于全球价值链的低附加值环节，但却可以在经济发展水平较低的情况下引入外资打破贫困陷阱，并通过跨国公司在本地生产过程中，雇用本地劳动力而带来的就业增加提高本地劳动力的收入和生活水平，通过技术溢出、管理能力溢出事实上起到了促进本地生产经营水平的提高，通过外汇创造让发展中国家有能力引进促进本地经济发展的发达国家成套设备，从而能够实现工艺流程升级、产品升级、功能升级和跨产业升级[3]，以驱动地方产业升级和区域经济的发展。

改革开放尤其是 20 世纪 90 年代以后，中国凭借人口城镇化进程的加快、无限劳动力供给而带来的低廉劳动力成本，以及不断降低的交易成本优势，加上我国不断改善的基础设施水平，因而外资大量进入开展贴牌代工或加工贸易，驱动我国制造业融入由国际大买家或跨国公司所主导和控制的全球价值链生产分工体系中[4]，成为世界工厂。在我国工业企业融入全球价值链的过程中，我国的货物出口贸易从 20 世纪 90 年代中期开始快速增长，1994 年超过 1000 亿美元，2000 年超过 2000 亿美元，2007 年超过 1 万亿美元，2012 年超过 2 万亿美元，期间年均增长率超过 16%，并且除 1996 ~ 1999 年东南亚金融危机、2001 年"9·11"事件带来的全球经济衰退、2008 ~ 2009 年美国次贷危机带来全球经济衰退和 2012 年受欧债危机影响之外，其余年份每年的出口增长率均超过 20%。

但与此同时，在全球价值链的"嵌入效应"下，后发工业国普遍面临可能陷入"低端锁定"的国际分工地位[5]。我国的工业企业在融入全球价值链

---

① 黎峰. 全球价值链下的国际分工地位：内涵及影响因素 [J]. 国际经贸探索，2015，31（9）：31 – 42.

② 张辉. 全球价值链理论与我国产业发展研究 [J]. 中国工业经济，2004（5）：38 – 46.

③ Humphery J. and Schmitz H. How Does Insertion in Global Value Chains Affect Upgrading in Industrial Cluster? [J]. Regional Studies，2020（a），36（9）：1017 – 1027.

④ 刘志彪，张杰. 从融入全球价值链到构建国家价值链：中国产业升级的战略思考 [J]. 学术月刊，2009（9）：59 – 68.

⑤ 丁宋涛，刘厚俊. 垂直分工演变、价值链重构与"低端锁定"突破——基于全球价值链治理的视角 [J]. 审计与经济研究，2013，28（5）：105 – 112.

的过程中，同样面临"低端锁定"问题，因而在国际市场上，我国的出口产品主要依赖于较低要素成本带来的价格优势。但这种优势的替代性也很强，东南亚、南亚、拉丁美洲、非洲地区同样具有很强的要素成本优势，甚至在我国出现劳动力的刘易斯转折之后，我国的要素成本相对于上述地区已经不具优势。因此，通过企业的集群化布局，实现产业集聚带来的集聚效率，即马歇尔外部性，成为我国工业企业区位选择与区域布局的必然选择。

（2）我国工业产业集群化发展。20 世纪 90 年代，浙江块状经济和广东专业小镇的不断涌现，标志着产业集聚在我国的形成和发展。

改革开放之初，珠江三角洲地区通过从境外引进原材料、技术设备、市场销售渠道，与本地农村的土地、厂房、劳动力等要素结合，即"三来一补"（来料加工、来样加工、来件装配和补偿贸易）的加工贸易方式，在适应农村乡镇企业灵活机动优势的基础上迅速投产出口①，既提高了珠三角经济发展的创汇能力，也在不断发展中为珠三角 20 世纪 90 年代专业镇的发展打下了坚实的基础。"三来一补"业务方式，在改革开放初期我国沿海地区投资环境尚不完善，法律法规尚不健全的情况下，担当了外商投资先行试验田的角色，并在 1994 年占到了广东省外贸出口创汇的 1/3②。2001 ~ 2002 年广东省"三来一补"企业从业人数超过 350 万人，年平均出口总值近 300 亿美元③。在珠三角各村镇快速发展的"三来一补"企业，到 20 世纪 90 年代初开始向中外合资企业、自营出口企业和租赁承包企业等多种形式转型④，并在生产规模不断扩大、企业数量不断增加、技术力量不断增强的情况下，利用其靠近大城市的优势，承接大城市大中企业零配件加工等外包业务，加上外资企业集中分布所建立起来的配套联系⑤，从而在珠三角出现了一些布局相对集中、产供销一体化、以村镇经济为单元的规模超过

---

① 吴象，包永红，陆文强. 珠江三角洲"三来一补"发展考察 [J]. 改革，1988（6）：87 - 92.

② "三来一补"十六年 [J]. 广东大经贸，1995（5）：10 - 14.

③ 胡燕妮，尚平. 广东全力支持"三来一补"企业转型升级 [N]. 中国市场监管报，2009 - 8 - 6，第 A01 版.

④ 喻晓明."三来一补"企业的转型 [J]. 国际经济合作，1992（6）：9 - 10.

⑤ 王君. 珠三角专业镇经济崛起之谜 [J]. 现代乡镇，2003（7）：41 - 43.

十亿、几十亿甚至百亿元的产业组织形态，这就是珠三角以专业镇为依托的产业集群。

浙江"块状经济"，是指某一或某些特色优势产业，在一定的地域范围内集聚形成专业化产销基地，并带动当地经济和社会发展形成具有横向或纵向联系的"一乡一品、一县一业"的区域经济组织形式①。与珠三角专业镇不同，浙江省的块状经济形成和发展过程主要有以下几个方面的原因。一是人脉关系与专业化技术。改革开放之后发展起来的浙江中小企业虽然主要从事生产成本和进入门槛较低的劳动密集型产业，但这些劳动密集型产业的生产却需要相当的知识、技术、艺术水平，在劳动密集型产业中属于高技术含量的行业。而且，尽管"块状经济"生产的产品种类和型号都相对比较单一，但对于能够获取专门信息、专门渠道和具备较高技术水平的人才却十分看重，尤其年富力强的技工的作用十分突出②。在这种情况下，专业化于某一产品生产的浙江中小企业，通过人脉关系，逐渐在某一区域聚集了众多具有相同或相似技术、生产相关联产品的同类中小企业，形成集群化生产模式。二是浙江省管县财政体制的作用。我国在 1994 年实行分税制。但浙江成为全国唯一保留省管县财政体制的省份。在省管县财政体制下，各县能够直接到省里争取项目资金。与此同时，浙江省又将行政大权层层下放，有效解决了行政"市管县"的矛盾③。这种情况下，很多县、县级市都可以集中力量发展自己的特色产业。义乌小商品、嵊州领带、海宁皮革、乐青低压电器、嘉善西塘古镇的纽扣等，都是这种情况下发展起来的浙江块状经济典型代表。

除了珠三角专业镇、浙江块状经济之外，在 20 世纪 90 年代至 21 世纪初，以乡镇企业为基础发展起来的苏南模式、以华人华侨等海外侨资为基础发展起来的福建泉州市民营经济，都是我国工业产业集群化发展的代表。

2. 我国工业企业从行业分散布局向行业聚集式分布的体现形式

我国工业企业的行业集中式分布主要体现为基于区域内产业链和区际产

---

① 黄勇. 浙江"块状经济"现象分析 [J]. 中国工业经济，1999（5）：58－60.

② 新望. 解读浙江"块状经济"[J]. 中国改革，2003（8）：65－68.

③ 顾春. 块状经济是如何长大的——浙江调查 [N]. 人民日报，2010－8－9，第010版.

业链（产业链环节）为主导的集中分布方式。

（1）区域内产业链主导的企业集中式区位分布。产业链是基于产业上游到下游各相关环节的由供需链、企业链、空间链和价值链这四个维度有机组合而形成的链条①。区域内产业链则是从产业链起点到终点的各环节都分布在一个区域内的产业链。而区域内产业链主导的企业集中式区位分布，则表示在集聚分布的工业企业中，相互之间主要体现为产业链的纵向分工，并依靠企业之间的相互配套作用而实现专业化分工、分工深化降低交易成本等马歇尔外部性。

区域内产业链主导的企业集中式区位分布，多出现在产业链较短、企业之间的分工专业化不十分复杂、资源和原材料的生产和采购能够在本地完成的行业，如产品不便运输或储存、无论是最终产品还是中间投入品的生产过程都相对简单的劳动密集型工业、建材工业、农业等。这种产业链条的空间跨度相对较小，单个企业的规模也可以比较小。浙江的块状经济、福建泉州市的鞋服产业集群等，总体上属于区域内产业链主导的企业集中区位分布模式。某些处于发展初期的产业链条，也可能分布在某一区域内，但随着产业链环节的延伸和市场空间的扩展，集群企业可能随着区内产业链发展成为区际产业链而向其他地区转移，或寻求其他地区的企业参与产业链的专业化分工生产。

（2）区际产业链主导的企业集中式区位分布。区际产业链是指由于产业链环节较多，因而需要区域之间展开协作才能完成产品生产全过程的产业链。区际产业链因为产业链所涉及的产业规模庞大，需要参与产业链的企业数量多、规模大，产业链条的时间和空间跨度大，产品交易、技术合作、责任分担等产业联系为纽带，各环节之间的联系复杂而多变。区际产业链一般体现在复杂生产的产品中，比如汽车、飞机、计算机和电子信息产品等。据估算，一辆美国轿车，美国本土生产的价值只占其总价值的37%。我国的大飞机C919项目同样是众多配套企业协同完成的，涉及的Ⅰ类供应商有39家（其中合资企业2家、外资企业16家、中资企业21家），Ⅱ类供应商有25家，Ⅲ

---

① 吴金明，邵昶．产业链形成机制研究——"4+4+4"模型［J］．中国工业经济，2006（4）：36－43．

类供应商有 57 家以及 3 家协作单位，总计 124 家①。区际产业链主导的企业集中式区位分布，意味着由于产业链环节的跨区域甚至是跨国分布，集中分布于本区域内的企业集群所生产的产品或服务只是整条区际产业链的某一个组成部分，而区域内该产业链环节的企业集聚分布，主要依靠整体规模参与区际产业链的专业化分工，从而获得规模经济性、信息优势。珠三角的电子信息制造业产业集群总体上是由区际产业链主导的企业集中式区位分布而形成和发展起来的。

二、我国的服务业区位选择

我国服务业的区位选择主要是改革开放之后才有所体现。由于服务业发展适应的是消费者消费取向，因而服务业的区位选择先后体现了改革开放初期到 20 世纪 90 年代向人口集中的城市中心集聚，90 年代末期到本世纪西方国家仓储式商业服务业进入中国后，零售、餐饮等服务业在成本和量贩式消费模式驱动下向城市周边的交通出入口扩展，以及在电子商务快速发展背景下服务业区位选择转向消费者群体类别聚集区的差异化区位选择，以满足体验式消费和差异化偏好的消费需求。

（一）改革开放初期服务业的区位选择围绕城市中心的向心聚集分布

改革开放初期到 20 世纪 90 年代，随着我国居民收入的提高，对商业服务业的需求不断增长、商业服务业企业数量不断增加的情况下，无论是本地商业服务业企业还是 20 世纪 90 年代之后的连锁商业服务业企业以及外资商业服务业企业，在区位选择上都体现为由城市中心向外辐射布局。原因主要有以下几个方面。

1. 我国大多数城市都呈单中心空间结构

如表 1 - 3 所示，到 1990 年，我国大多数城市仍然是单中心空间结构②。

---

① 大飞机 C919 产业链深度分析：大国重器，因大而生［Z］. 未来智库，2020 - 2 - 24，https：//baijiahao. baidu. com/s？id = 1659412721130448977&wfr = spider&for = pc.

② 叶昌东，周春山. 近 20 年中国特大城市空间结构演变［J］. 城市发展研究，2014，21（3）：28 - 34.

而对于单中心城市，其经济活动区位布局的主要特征即是人口和工商业活动高度集中于狭小的建成区内，因而市中心区人口密度高、工业企业多、工业区与居住区犬牙交错①。

表1-3　　　　1990年、2000年、2008年我国特大城市空间结构类型

城市	1990年	2000年	2008年	城市	1990年	2000年	2008年	城市	1990年	2000年	2008年
鞍山	Sc	Sc	Sc	淄博	Sc	B	R	烟台	Sc	Pc	B
北京	Sc	Sc	Sc	东莞	Sc	B	Pc	西宁	R	R	R
长春	Sc	Sc	Sc	佛山	Sc	Pc	Pc	长沙	Pc	Pc	Pc
成都	Sc	Sc	Sc	贵阳	Sc	Pc	Pc	福州	Pc	Pc	Pc
大同	Sc	Sc	Sc	杭州	Sc	Pc	Pc	广州	Pc	Pc	Pc
邯郸	Sc	Sc	Sc	汕头	Sc	Pc	Pc	吉林	Pc	Pc	Pc
昆明	Sc	Sc	Sc	天津	Sc	Pc	Pc	南昌	Pc	Pc	Pc
洛阳	Sc	Sc	Sc	厦门	Sc	Pc	Pc	南京	Pc	Pc	Pc
南宁	Sc	Sc	Sc	包头	Sc	Pc	B	上海	Pc	Pc	Pc
西安	Sc	Sc	Sc	大连	Sc	Pc	B	唐山	Pc	Pc	Pc
沈阳	Sc	Sc	Sc	海口	Sc	B	B	武汉	Pc	Pc	Pc
苏州	Sc	Sc	Sc	淮南	Sc	B	B	重庆	Pc	Pc	Pc
太原	Sc	Sc	Sc	济南	Sc	Pc	B	兰州	Pc	Pc	B
合肥	Sc	Sc	R	宁波	Sc	Sc	B	徐州	B	B	B
无锡	Sc	Sc	B	青岛	Sc	Pc	B	深圳	Sc	B	B
郑州	Sc	Sc	R	齐齐哈尔	Sc	Sc	Sc	乌鲁木齐	B	B	B
抚顺	B	B	B								
哈尔滨	Sc	R	R	石家庄	B	B	R	呼和浩特	B	B	B

注：Sc 为单中心组团状；B 为带状；R 为放射状；Pc 为多中心组团状。

资料来源：叶昌东，周春山.近20年中国特大城市空间结构演变 [J].城市发展研究，2014，21（3）：28-34.

---

① 石忆邵.从单中心城市到多中心域市——中国特大城市发展的空间组织模式 [J].城市规划汇刊，1999（3）：36-39，26.

2. 城市交通设施条件差

受城市交通通达能力的约束，商业服务业只能将区位选择布局于城市市区中心或附近。城市交通是社会成员特别是其中最具有活力的部分参与社会活动的重要条件，是城市生活的基本需求和社会财富的基本分配内容①。改革开放初期，我国经济快速发展，客流量迅速增加，但能够用于城市交通建设的资金、资源和技术都很有限，因而城市道路系统不适应日益增长的车流量需求，公交系统的技术设施、管理水平、服务质量不能满足客观需求②，城市交通状况仍然十分落后。当时的城市交通存在的主要问题包括：一是道路系统上存在道路少、布局不合理、道路功能不明确等现象，交通结构上存在公共交通发展不足、缺乏大运量快速交通、城市立体交通体系尚未形成，而且交通管理不科学③。二是城市轨道交通尚处于起步阶段。新中国成立之后，我国虽然从 1964 年即开始兴建地铁，但到 1990 年也只在北京市和天津市建成并实现运营。到 1995 年上海市地铁 1 号线投入运营，全国仅有北京市、天津市和上海市开通了地铁，总线路也仅仅 65.50 千米④。正是由于城市道路交通和轨道交通发展水平低，因而市民乘车难、交通堵塞、平均车速低，居民乘公共汽车出行平均所需时间远超国外。

3. 消费者的消费需求

改革开放初期，我国经济快速发展虽然带来了城市居民收入水平的不断提高，但总体上仍然处于较低的水平，因而城市居民对于商业服务业的需求无论是在数量还是频率上都比较低。

如图 1 - 4 所示，改革开放以来，我国城镇居民收入大致经历了 1992 年之前、1993 ~ 2005 年和 2006 年及之后三个阶段，三个阶段的曲线斜率越来越大，表明居民收入的增长速度也明显越来越快。20 世纪 90 年代初期，我国城镇居民可支配收入不到 5000 元，其中 80% 以上用于生活消费性支出；40% 以上用于食品消费支出。因此，此时的城市商业服务业也同样以满足城镇居民

①　黄天其. 城市交通问题的社会学思考［J］. 改革，1990（4）：67 - 70.

②　张喜，王巨铮. 我国城市交通问题自议［J］. 经济地理，1990（1）：61 - 65.

③　刘琦. 商品经济发展形势下的城市交通问题及其对策［J］. 中山大学学报（自然科学）论丛，1990（4）：99 - 104.

④　雷风行. 中国地铁建设的概况及发展思路［J］. 世界隧道，1996（1）：1 - 6.

生活消费为主导。而城市居民生活消费性需求的消费行为，客观上需要商业服务业围绕城市市区中心呈向心聚集分布，以便于消费者在交通出行等制约条件下，满足一站式购物的消费需求。

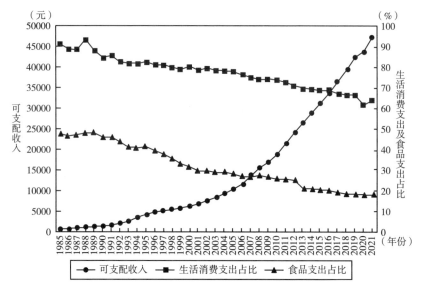

图 1-4　1985～2021 年我国城镇居民可支配收入与

消费支出比例演变趋势

资料来源：依据历年《中国统计年鉴》和《新中国五十年统计资料汇编》中的相关数据计算制作。

（二）20 世纪 90 年代后期开始向城市周边的交通出入口扩展分布

1. 20 世纪 90 年代后期我国城市商业服务业区位选择的背景

（1）随着我国居民收入的不断提高，居民消费需求也在不断发生改变。如图 1-4 所示，随着我国城镇居民收入的不断提高，居民生活消费性支出占城镇居民可支配性收入的比重在不断降低，尤其食品消费支出所占比例，2001 年下降到 30% 以下，从而城镇居民有了更多的收入用于其他产品或服务的消费。从表 1-4 所示的城镇居民消费结构演变来看，反映居民生活水平和质量的居住、交通通信、文教娱乐、医疗健康等方面消费支出所占的比重越来越高，城镇居民的四项消费支出所占比重加总从 1990 年的 18.80%（四项比重依次分别为 4.80%、3.20%、8.80%、2.00%）提高到 2000 年的 39.60%，2020 年的 56.30%（四项比重依次分别为 25.80%、12.90%、9.60%、8.00%），表明居民生活水平和生活质量都在不断提高。

表 1-4　　　　　主要年份我国城镇居民消费结构演变数据　　　　单位：%

年份	食品烟酒	衣着	居住	生活用品及服务	交通通信	教育文化娱乐	医疗保健	其他用品及服务
1990	54.20	13.40	4.80	8.50	3.20	8.80	2.00	5.20
1995	50.10	13.50	8.00	7.40	5.20	9.40	3.10	3.20
2000	39.40	10.00	11.30	7.50	8.50	13.40	6.40	3.40
2010	35.70	10.70	9.90	6.70	14.70	12.10	6.50	3.70
2015	29.70	8.00	22.10	6.50	13.50	11.10	6.70	2.70
2020	29.20	6.10	25.80	6.10	12.90	9.60	8.00	2.40

资料来源：依据 2021 年、2014 年《中国统计年鉴》中的相关数据计算得到。

（2）外资商业企业促使我国商业服务业经营模式发生了巨大的改变。外资零售业从 20 世纪 90 年代开始进入我国市场。外资商业服务业进入我国可以划分为四个阶段，如表 1-5 所示。1992 年之前，外资商业企业是禁止进入我国经营的。20 世纪 90 年代末期，中国零售市场的开放仍然只是针对一些特定区域和特定范围的有限开放，国家严格规定了外商投资在我国商业领域的存在形式、市场准入条件以及政府审批程序①。

表 1-5　　　　　我国商业服务业对外资企业开放的阶段划分

阶段	第一阶段	第二阶段	第三阶段	第四阶段
时间	1978～1991 年	1992～1999 年	2000～2004 年	2005 年以后
本质	禁止期	试点期	加入 WTO 后过渡期	外资扩张加快期
主要业态	—	百货店	超级市场、连锁店、仓储店、便利店、批发	超级市场、连锁店、仓储店、便利店、批发等
开放地点	—	北京、上海、广州、天津、大连、青岛和 5 个经济特区	省会、自治区首府、直辖市、计划单列市和经济特区	全面对外开放

---

① 龙玲. 外资零售业在中国的发展状况及其影响分析［J］. 财贸经济，2001（11）：54-56.

| 特征 | 有条件地允许生产型"三资企业"在境内建立营销网点和销售体系,销售政策许可的产品,但不能从事专业零售经营 | 合资或合作,中方股份51%以上 | 连锁(三家以上中方股份不少于51%,三家以下不少于35%);批发(中方股份不少于51%)、三家以下便民店、专业店、专卖店连锁(中方股份不少于35%) | 网点增加快,向二、三级城市延伸,并购的步伐加快 |

资料来源:(1)秦兴俊,郑淑蓉.中国外资零售业30年发展〔J〕.山西财经大学学报,2008(6):45-50;(2)1992年:《关于在商业零售领域利用外资问题的批复》;1999年:《外商投资商业企业试点办法》。

　　相关政策规定包括:1992年7月国务院在《关于在商业零售领域利用外资问题的批复》中指出,允许外商在"北京、上海、天津、广州、大连、青岛和五个经济特区各试办一至两个中外合资或合作经营的商业零售企业",享有进出口经营权,但"进口商品限于在本企业零售的百货类商品,年度进口总量不超过本企业当年零售总额的30%";1995年6月《外商投资产业指导目录》的"限制外商投资产业目录(乙)"中,明确"内外贸、旅游、房地产及服务业(不允许外商独资)""国内商业(中方控股或占主导地位)";1999年6月,经国务院批准,国家经贸委、外经贸部联合发布了《外商投资商业企业试点办法》,将试点地区扩大到"省会城市、自治区首府、直辖市、计划单列市和经济特区";在经营方式上,扩大到连锁商业(连锁经营三家以上中方股份不少于51%,三家以下不少于35%)、批发(中方股份不少于51%)、连锁经营3家以下的便民店、专业店、专卖店(中方股份不少于35%)。加入WTO之后,外资商业企业加快了进入中国的步伐。到2008年,沃尔玛、家乐福、麦德龙、欧尚、莲花、乐购、普尔斯马特、万客隆、太平洋百货、百盛购物中心、百安居等都已经在我国的多个城市营业,其中国际零售三巨头沃尔玛、家乐福、麦德龙到2006年底在中国开设的店铺数量就已经分别达到71家、103家和33家[①]。

　　(3)城市空间结构由单中心向多中心演变。如表1-3所示,我国城市的

────────────

　　① 秦兴俊,郑淑蓉.中国外资零售业30年发展〔J〕.山西财经大学学报,2008(6):45-50.

空间结构随着城市经济社会的发展而逐渐由单中心为主向多中心为主演变。即使是如表中所示，到 2008 年仍为单中心空间结构的北京、成都等城市，也事实上已经形成了多个功能组团。多中心城市空间结构，需要城市在各个中心、次中心或各功能组团建设与之相配套的城市功能单元。

2. 城市商业服务业的区位选择向城市外围扩散分布的体现

（1）我国的商业服务业经营模式发生了巨大的改变。20 世纪 90 年代，外资商业服务业企业进入我国经营之后，我国城市的商业服务业经营模式发生了巨大的变化。以零售业为例，20 世纪 90 年代之前，我国零售业是以国有大型百货商场为主体的单一业态阶段。而在外资商业企业进入我国之后，到 21 世纪初，我国的商业零售业则呈现出百货商场、连锁超级市场、大型综合超市、便利店、仓储式商场、专业店、专卖店、购物中心等业态并行快速发展的局面。

（2）集购物、餐饮、娱乐于一体的城市综合体区位选择于城市边缘或近郊。选址于城市近郊经营的外资零售业大卖场，促进了我国城市边缘区或近郊区城市综合体的发展，比如万达广场、泰禾广场、世纪金源广场、万象城、太古汇等城市综合体，并在这些城市综合体的带动下，促进了城市建成区范围进一步向外扩张。

城市综合体是将城市交通、城市公共活动、城市休闲娱乐等城市活动空间的多项内容和城市商业、办公、居住、旅店、展览、餐饮、会议、文娱等建筑生活空间的多项内容进行整合，在各部分之间建立相互依存、相互助益的能动关系，形成多功能、高效率的综合体[①]。城市综合体是城市人口集聚、城市土地利用紧张状况下的必然产物[②]。但我国城市综合体在某一城市某个区域的形成和发展，大多数并不是人口聚集到一定程度之后的结果，而是人口在该区域集聚的原因。考察城市综合体在我国的发展，虽然 20 世纪 80 ~ 90 年代均选址于城市中心区或副中心区，但自 2008 年后快速扩张的我国城市综合体，其选择则比较类似于麦德龙、开市客（COSTCO）等大卖场，选址于城

---

① 董贺轩，卢济威. 作为集约化城市组织形式的城市综合体深度解析 [J]. 城市规划学刊，2009（1）：54 – 61.

② 马宗国. 我国城市综合体发展途径探讨 [J]. 城市发展研究，2011，18（6）：138 – 140.

市边缘区或近郊区。以福州市为例，现有的城市综合体，如东泰禾广场、五四北泰禾广场，在建设之初都处于福州主城区的边缘地带。但现在的福州城市空间结构中，东泰禾广场周边的晋安新东区、五四北泰禾广场的晋安五四北地区，都成为福州市的大型居住物业社区，俨然已成福州市的次级城市中心。而目前福州市仍在大力推动的城市综合体，如长乐印象汇、闽侯上街商贸中心，也同样处于如今福州主城区的边缘地带。

我国的城市综合体区位选址类似于大卖场，有相同之处也有不同之处。二者的相同之处都是因为城市边缘区或近郊区的土地价格相对较低，有利于大规模建设其发展所需的建筑设施。二者的不同之处则在于，大卖场的目标仅仅在于扩大商场产品销售，其选择主要在于方便消费者批量采购和往返交通。而我国城市综合体的目标则是以城市活动空间的聚集为其自身或周边未来的居住区服务，从而聚集人口，提升土地的价值，促进城市综合体物业开发商的其他产品销售。比如位于桂林市环城南二路内侧的七星区万达广场所在地块，原本属于桂林城市的边缘地区。在万达广场建成之前，同地理区域更靠近城市内侧的穿山体育馆附近人口聚集程度相对较低，因而住宅物业的价格也仅仅为每平方米五六千元。但在 2015 年 9 月万达广场开业前后，该地块的住宅物业迅速升高到每平方米超万元。即便后来因为房地产业的整体形势降到如今的万元以内，但依靠万达广场在周边聚集起来的人口流量，仍然极大地繁荣了相关商业活动，并同样形成了桂林城市的又一个次中心。

正是因为城市综合体的人口集聚功能，带动了城市的进一步向外扩张，导致城市综合体在周边区域发展的过程中，成为区域中心或城市副中心，加快了城市向多中心空间结构的演变。

（三）电子商务快速发展背景下服务业以消费者类别为导向的差异化聚集分布

1. 我国电子商务快速发展

2009 年以来，我国电子商务整体保持快速发展的势头，每年以我国 GDP 增长率 2 ~ 3 倍的速率增长[①]。如图 1 - 5 所示，2008 ~ 2021 年，虽然我国的电

---

① 李博群. 我国电子商务发展现状及前景展望研究 ［J］. 调研世界，2015（1）：15 - 18.

子商务交易额增长率和网络零售交易额增长率先后于 2016 年、2019 年下降到 20% 以下，但仍然高于我国的 GDP 增长率。尤其是 2020 年新冠肺炎疫情之后，两项增长率分别由 4.50% 和 10.90% 回升到 19.60% 和 14.10%，是我国 GDP 增长率的 2.42 倍和 1.74 倍。在我国电子商务的快速发展下，到 2021 年，我国的电子商务交易额和网络零售交易额分别达到了 42.30 万亿元和 13.10 万亿元。

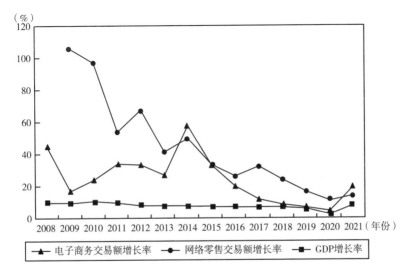

图 1-5　2008~2021 年我国电子商务和网络零售交易额增长率

资料来源：依据历年《中国电子商务发展报告》中的相关数据制作。

电子商务的快速发展，对我国传统线下零售业带来了巨大的冲击，但同时也对我国打破国际零售业巨头垄断工业制成品全球价值链的末端，即工业制成品在国际市场乃至国内市场销售被国际零售业巨头的垄断，做出了极为重要的贡献。

2. 电子商务快速发展背景下消费者选择行为变迁

（1）差异化。差异化意味着消费者希望其所购买的产品能够充分体现自己的认知，并以此形成众多不同偏好的消费需求。

现代经济条件下，消费者偏好呈现出高度的差异性和善变性。西方经济学从文化水平、收入高低、性别、年龄、宗教信仰等角度探讨消费者的偏好差异性。而在现代经济条件下，影响消费者偏好差异性的因素大大增加，社群（虚拟或现实的社群）、经济社会条件的改变（新技术或新产品的出现、新的生活方式）等因素都会对消费者偏好产生重要的影响。同时，消费者偏好还呈现出随经济社会的发展而快速变化的特点。

首先，随着收入的增加，人们需求从广度和深度两个方向都大大拓展了。人们需求广度的增加，即需求的种类增加。收入较低的时候，只能满足温饱。随着收入的增加，还会增加健康、教育、文化娱乐等非物质产品的需求。至于如今出现在美国的超级富豪太空游，则是消费者需求种类增加的进一步体现。人们需求在深度方面的拓展，则是人们需求的层次增加了，对所消费商品的质量、样式提出了更高的要求。

其次，信息的传递也会对消费者的偏好产生影响。消费者的消费需求会受到其所接触的消费者群体性交流的影响。也就是说，消费者的需求函数，除了如西方经济学所述取决于价格、收入等直接因素之外，其周边消费者的消费需求也是影响消费者需求的重要因素，从而产生了"搭便车"效应和攀比效应。但消费者群体性交流因素对消费者需求的影响，在互联网普及之前，会由于消费者所接触的消费者群体数量较少、交流不顺畅、信息传播速度较慢等原因，从而对消费者的需求影响较弱。而在信息网络普及之后，消费者所接触的消费者群体数量大大增加，信息的传递速度大大加快，从而消费者群体性交流因素对消费者需求的影响也大大增强。而与传统人与人面对面交流的实体性社群相对应的虚拟社群，则因为社群内成员具有某些相同或相似的特性，成为最重要的信息传递渠道之一，也成为现代经济条件下影响消费者需求的重要因素。

最后，消费者掌握的知识增多，文化水平的提高，面对不断推陈出新的技术和产品，其在有意无意间会主动参与到技术进步和新产品的设计之中，因而会将个人的偏好反映到新产品的创造进程中。尽管在市场营销理论中也注重邀请消费者参与产品的创新过程，但消费者的参与是被动的，因而可能不会对产品或技术的创新做出实质性的贡献。而且，在消费者知识水平和文化层次不高的情况下，能够参与的消费者数量是有限的，其对产品创新的作用有限，也很可能不能代表更广大的消费者偏好。而在现代经济条件下，消费者是主动参与产品或技术的创新，因而其能够更加积极地发挥主观能动性，从而对产品或技术的创新做出更大的贡献。而消费知识水平和文化层次的普遍提升，也会带来能够主动参与产品或技术创新的消费者无论是在数量还是在比例上都会大大增加，从而对产品或技术的创新产生更大的推动力，也能够代表更广大的消费者偏好发展趋势。

（2）标签化。标签化的含义是指消费者对于自身消费选择的认知，往往体现为对一些代表性消费者的追随，并以代表性消费者的消费选择作为区分与其他消费者之间差异的标签。事实上，消费者的高度差异性和善变性，导致消费者对于自身偏好的完美认知，即使对于具备越来越高知识文化水平的消费者而言，也是非常困难的。因此，消费者对于自身偏好的认知，呈现出碎片化和参照化两个趋势。所谓碎片化，即消费者对自身的偏好，往往只能从不同的角度认知自身某一方面的偏好，往往难以构建起自身完美的偏好认知体系。所谓参照化，则是消费者通过某一或某些信息传递渠道，看到其他消费者的某一消费偏好之后，会结合自己与该消费者的特征或特性对比，从而确定自身与之相同或相似的偏好。

关于消费者偏好的标签化，在互联网普及之前，主要依靠代言人的广告来实现。尽管在平面媒体的广告中，代言人的广告词或示范性使用主要着重于产品的介绍，但人们在依据广告做出产品消费选择的时候，都或多或少带有对广告代言人某一特性的认可。否则，该广告的消费促进效应就会大大降低。

在互联网普及之后，特别是近年来以微信为代表的社交媒体、以抖音为代表的短视频平台、以微博为代表的文字交流平台，大大拓展了消费者偏好标签化的内涵。首先，消费者的标签化已经不再局限于以明星为代表的广告代言人，而是更多地体现为普通大众。由于以明星为代表的广告代言人，其收入水平、消费习惯、所接触的消费者群体或圈子，与普通大众都有很大的差别，因此，普通消费者往往难以在明星广告代言人身上找到更多与自身相同或相似的特性。社交媒体、短视频、微博等平台则给了更多普通消费者展示其特征或特性的机会。其次，普通消费者对自身特征或特性的展示，往往能够与普通消费者产生更多的共鸣。由于有更多的普通消费者（而不是少数的明星广告代言人）展示自身的特征或特性，从而对消费者不同偏好的揭示也就更加全面、丰富。

（3）群体化。大数据时代消费者选择的群体化特征体现在两个方面：一是消费者的分布群体化；二是消费者的决策群体化。

首先，消费者分布的群体化。尽管消费者的偏好是高度差异化的，但在现实经济社会中，消费者的偏好更多地体现为以社交媒体、短视频、微博等平台上某一特征为代表的群体化聚落。所谓消费者群体化分布，除了传统意义上的以收入、文化程度、肤色等为标志的族群聚落式分布外，更主要的是以标签化的消费者特征为体现形式的消费者群体化分布。因此，消费者偏好的群体化表示，差异化的消费者往往以作为标签的代表性消费者为标准，形成了多层次、涵盖多领域、不同数量的消费者群体。而且，与传统的消费者聚落式分布下同一个消费者通常只会分布在某一个或少数几个消费者聚落不同，标签化的消费者分布下同一个消费者可能分布在多个群体，由于消费者群体化分布的门槛小，因而消费者每一个潜在的偏好都可能促使其加入一个消费者分布群体。

其次，消费者决策的群体化。由于消费者选择的群体化特征，因而呈现出消费者偏好的多聚落群体化决策趋势。这就意味着，对某一产品或服务的偏好，可能因为某一或某些消费者的偏好转移，在边际效应递增的作用下，带来对该产品或服务消费者数量的大量减少。

3. 电子商务快速发展背景下服务业以消费者类别为导向的差异化聚集分布

电子商务的快速发展，在促进消费者选择行为发生改变的同时，也对服务业企业的区位选择产生了重要的影响。这种影响体现在：

一是服务业企业的区位选择，以客流量、交通可达性、购物环境等为评价指标的区位位置的重要性相对下降，而面向消费者偏好提供定制化产品或服务的重要性则不断上升。因为服务业企业区位位置的作用已经并越来越被互联网手段所替代，即使区位位置并不突出的企业，只要产品或服务能够满足消费者偏好的需求，也可以通过电商平台、开发应用程序（App）、微信小程序等方式来扩大产品或服务的销售范围和销售量，从而弥补区位位置劣势带来的不利影响。

二是在传统区位位置重要性相对下降的背景下，体现消费者偏好差异性和偏好变迁的消费者群体性区位的重要性在不断上升。服务业产品需要其在进行区位选择的时候能够适时发现消费者偏好的差异性和变迁，并因此做出快速的响应。而且，服务业产品有其特殊性，即需要将服务性产品快速、保质保量地送到消费者手中。因此，在电子商务快速发展的背景下，服务业企业的区位选择具有明显的以消费者类别为导向的差异化聚集分布，即各类服务业企业可能在整体规模宏大（信息网络时代企业边界的扩大）但单体规模缩小（以满足快速变化的消费者偏好的需求）的发展趋势下，向各类消费者群体聚居区集中化分布，以满足某一类消费者的不同消费需求。

三、我国的住宅区位选择

（一）计划经济时代我国的分散集中式住宅区位分布

计划经济时代，我国城市居民的住宅区位选择体现为以企业办社会为主要特征的分散式集中住宅分布特征。分散式主要体现为因工厂的分散布局导致居民住宅的相对分散，而集中则体现为同一个企业或单位的职工集中居住。

如图1-6中的图Ⅰ所示，假定某一城市有众多A、B、C类企业分散布局于城市的不同区位。在企业办社会的总体原则下，每个企业都会在其使用的土地范围内规划出相应的生活区，并在生活区内建设居民住宅供本企业的员工居住。由于没有实行住房货币化，因此A、B、C企业的员工均不能也无须到企业所在地以外的地方购买住房居住。加上本章前面关于城市交通问题的分析中所述城市居民的通勤不便，企业员工居住在企业生活区的住宅内就是其住宅区位的最佳选择，即城市居民的住宅区位选择体现为同一企业员工集中居住于企业自身建设的居民住宅中。因而计划经济时代，我国城市居民的住宅区位选择体现为企业分散布局下同一企业员工集中居住的区位选择特征。

我国城市居民的这种住宅区位选择模式，即使在改革开放之后仍然延续了相当长的时期。事实上，直到1998年12月31日，即在全面取消福利房制度截止日之前的东部地区，以及迄今为止的部分西部地区，都仍然存在着企业办社会的现象和福利房分配制度。在福利房分配制度下，尽管可能面临临近工厂生产区域而居住环境相对较差，但由于所住居民的高度同质化、通勤时间短，因而本单位住房仍然是本单位员工住宅区位的最优选择。

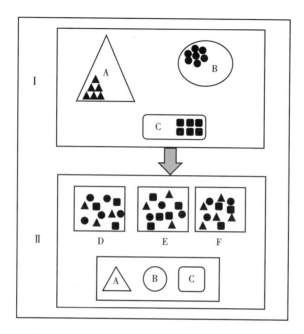

图 1-6　计划经济时代与住房货币化改革后我国住宅区位选择变迁

（二）住房货币化改革后我国的集中分散式住宅区位分布

1. 住房货币化改革与我国住宅区位选择模式的转变

1980 年，我国提出了住房制度改革，并于 1981 年推出了职工购房三三制，即企业职工可以 1/3 的房价购买住房。1990 年取消职工住房购买三三制，而要求购房者支付房价全款。1994 年实行的城镇住房制度改革主要针对已建的公有住房，即企业员工可以成本价购买已建公有住房并拥有住房所有权，或以标准价购买公有住房并在 5 年后拥有住房所有权，同时建立全面的住房公积金制度，诞生了房改房。1998 年我国住房制度改革进一步深化，取消了福利房制度、建立了住房货币化分配制度。福利房制度的取消和住房货币化分配制度的启动，促使我国房地产业进入快速发展阶段。

福利房制度的取消和住房货币化分配制度下快速发展的我国房地产业，带动了钢铁、水泥等上游产业和建材装饰、家具等下游产业的协同发展，在提供大量就业岗位的同时，也让我国顺利渡过了 1997 年东南亚金融危机引发的全球经济危机、2008 年全球金融危机和 2012 年欧债危机诱发的全球经济危机①，从整体上推动了我国国民经济规模的快速扩大，也为国民经济的发展积累了资金以从事基础设施建设、技术研发和技术创新，为我国经济的可持续发展打下了坚实的基础。同时，在城市化进程和城市规划调整极大地影响了城市房地产业发展的同时，房地产业的发展也对我国的城市空间结构产生了深刻的影响。一方面，由于城市化的加速，城市人口不断增加，客观上需要城市发展将城市各组成部分、各功能区域、各产业的发展载体、各项基础设施建设作为城市内部专门化地域与网络组织构成的有机整体来规划布局，从而通过城市各空间节点的均质性与异质性、通达性与便利性等空间分异来影响房地产价格，即以城市空间结构的层次决定房地产的分级体系，以商务、工业、居住等功能用地的聚散程度确定房地产价格总水平和不同土地等级间价格差异幅度②。另一方面，房地产业的发展，也通过促进城市规模的扩大、引领城市空间扩展方向等方面深刻地影响着城市空间结构的变化。正如前文关于服务业区位选择中所述，城市综合体在我国的发展往往成为人口聚集的原因，因而在我国多数城市建设和发展的城市综合体，大多在聚集居住人口、商务人士和大量消费者前来购物休闲的基础上，最终成了多中心城市的重要副中心或次中心，大大拓展了城市的空间结构。即使是非城市综合体的大型城市居住区，也往往会通过居住人口的大量集中而带动周边商业设施的建设和发展，并进而发展成为多中心城市空间结构的重要中心之一。

我国房地产业的快速发展，在促进我国经济快速增长和影响城市空间结构改变的同时，也使得我国的住宅区位分布由之前的分散集中式布局向集中分散式布局转变。这种转变如图1-6所示，即由图Ⅰ转向图Ⅱ所示的住宅区位布局方式。在集中分散式住宅区位布局中，集中居住是指居民住宅区呈现出集群聚集式的分布特征，从而诸如D、E、F之类的大型居住区，分类居住区不断涌现。而分散式则是相对于之前同一个企业或单位职工的集中居住而言，人们的住宅区位选择呈现出分散的趋势，居民会依据自身的收入水平、受教育程度、个人偏好等因素，以及住宅的居住环境、配套设施等条件，自

---

① 唐小飞，刘伯强，王春国，鲁平俊. 我国房地产行业发展趋势影响因素研究［J］. 宏观经济研究，2014（12）：59-66，93.

② 范少言，刘建华. 深圳城市空间结构对房地产价格影响的初探［J］. 城市规划，1995（4）：4-6.

主选择居住地址，分散居住于 D、E、F 等居住区，不再以企业 A、B、C 的集中分布地区为住宅的优先区位选择。

2. **居民住宅区位选择演变趋势**

在我国居民住宅区位选择从集中分散式向分散集中式转变之后，居民的住宅区位选择还呈现以下三种同时并存的趋势：

一是沿着快速交通通勤线路向远离城市中心区的方向梯度聚集。由于城市中心区的土地价格随着我国经济增长和城市房地产业的快速发展而快速上升，因而城市中心的住房价格也不断提高，并大大超过了一般通勤者收入的承受能力。在这种情况下，通勤人员沿着快速交通通勤线两侧，以收入—房价比向远离城市中心区的方向梯度布局，成为城市居民住宅区位选择的主要特点之一。

以北京市为例，在轻轨 13 号线的规划和建设完成后，沿线地区分布了大量的住宅区。北京市轻轨 13 号线沿线分布了大大小小将近 70 个住宅小区，住宅区位选择体现明显的依赖于轨道交通减少通勤时间和成本的倾向。而在沿线的住宅小区中，又以靠近北京市中心区的住宅小区居多，西直门到知春路站之间分布了 21 个住宅小区，东直门到望京站之间分布了 25 个住宅小区，均分别超过沿线住宅小区总数的 30%。而在离市中心区相对较远的五环附近，住宅小区则分布比较稀疏。同样是北京市，15 号地铁从颐和园站到俸伯站之间沿线也分布了 31 个住宅小区，其中颐和园到望京站之间的距离虽然只有沿线总距离的 1/3，但却分布了 16 个住宅小区，超过沿线总数的 50%①。

天津市的情况与之类似。天津河西区有两条几乎平行的主要通勤线路：一条是地铁；另一条是城市快速道路。在这两条通勤线路沿线分布了河西区主要的居民住宅区，包括梅江生态居住区和小海地居住区，以及其他居住区 25 个，且几乎均匀地分布在两条通勤干线的两侧。

二是部分中高收入者的住宅向城市边缘或近郊区转移以追求住宅质量和环境的转变。虽然我国人多地少的基本国情，意味着即使在郊区也不能像西方发达国家尤其是美国那样拥有面积更大的住宅，而自 2006 年 5 月 31 日国土

---

① 北京地铁 15 号线住宅小区的分析依据 "http：//house. focus. cn/ztdir/15haoxian/index. php" 中所提供的信息。颐和园到望京站之间的地铁线路距离占 15 号线地铁线路总距离比例为笔者依据图中几何距离估算。

资源部发布通知一律停止别墅类房地产项目供地和办理相关用地手续，并对别墅进行全面清理则加剧了这一情况，但中高收入者的住宅区位选择向城市郊区转移以提高住宅质量和居住环境的趋势，在家用汽车普及之后仍然在一定程度上得到加强。当然，由于我国城市郊区的生活设施、公共设施、生活便利程度都远远不及城市市区尤其是市中心区，而且城市市中心区的住房因其价格高昂而成为居民财富的象征，因而中高收入者住宅区位向城市边缘区或近郊区的转移，大多是在城市中心住宅保留基础上改善需求引导下的住宅区位选择。

三是中小学教育资源引导下城市住宅的阶段性区位选择。我国的初中与小学属于义务教育，入学方式为居住地划片后就近入学。源于计划经济时代遗留下来的中小学教育资源分配不均衡问题，使得择校成为中小学阶段教育突出的社会现象。而在我国住房货币化改革后，以购买优质中小学教育资源附近的住房，具备居住地划片就近入学资格，成为最重要的择校途径。正因为如此，相关研究表明，中小学义务教育阶段的教育资源分布对房地产价格能够产生显著的影响。据相关研究，中小学义务教育的教育质量每下降一个等级，会导致所在学区的住宅价格大约降低 2.33%。而重点学校的增加，无论是初中还是小学阶段的省、市、区重点学校，每增加一所，则学校所属学区的住宅价格将会上升 6.07%。与学校间的距离同样会影响住宅价格，影响程度大致是住宅价格与学区内重点学校间距离的弹性系数为 5.80，即距离减小 1.00% 则住宅价格上升 5.80%[①]。尽管越靠近优质教育资源所在地区的房地产价格越高，但随着社会经济竞争的激烈程度越来越强，职业收入差距与受教育水平差距的关联性越来越大。在社会普遍日益认识到孩子教育重要性的情况下，通过购房以获得优质教育资源的入学资格，仍成为一种突出的社会现象[②]。因此，家有中小学阶段教育适龄儿童的城市家庭，呈现出在中小学教育资源引导下城市住宅的阶段性区位选择特征，即在家庭儿童进入义务教育的九年间，居住地向优质教育资源地区聚集。这种住宅区位选择虽然是阶

---

① 张珂，张立新，朱道林. 城市基础教育资源对住宅价格的影响——以北京市海淀区为例［J］. 教育与经济，2018（1）：27－34，96.

② 田智慧，林琳. 基于 GIS 的基础教育资源空间不均衡性及其对住宅价格的影响研究［J］. 安徽师范大学学报（自然科学版），2013，36（4）：376－380.

段性，而且短期投入巨大，但长期来看，尤其是此前住房价格不断上涨的趋势下，该项投资却既保证了孩子获得优质义务教育，又实现了资产的保值增值。未来这种阶段性的住宅区位选择模式是否会消失，首先取决于优质教育资源分配不均衡是否会被打破；其次是我国的住房价格上涨趋势是否会被逆转，但前者的作用要远大于后者。

（三）老龄化时期我国的住宅区位选择向城市中心的回归

首批住宅市场化之后的住宅购买者，尤其是早期为追求更优质的住宅环境和更宽大的住宅空间，而在住宅区位选择的过程中选址于城市边缘区、近郊区、环境宜人的远郊区的富裕群体，在步入老龄阶段后有回归城市市中心区的区位选择倾向。相较于城市边缘区、近郊区和远郊区，城市中心区拥有更好的医疗条件、养老服务设施等配套设施。在居家养老仍占主要、社区养老和机构养老选择意愿逐渐上升的背景下，无论是定期体检还是紧急救助，医疗服务对老人至关重要：以提高老年人生活质量甚至延长老年人生存年限的医疗服务，无论是医疗设备的先进性与完备性，还是医护人员的专业素质与规模构成，都是老年人选择居住区域时非常看重的因素。相比之下，郊区医院与城市中心区相比存在巨大的劣势，大多只能满足基本医疗服务的需求，而城市中心区的高水平医院则能够提供更加让人放心、成熟的医疗服务。加上城郊地区的养老住宅区大多地理位置较为偏僻，交通不便，在增加子女探望难度的同时，也给老人以"被抛弃感"①。因此，在城市养老成为未来发展趋势的情况下，老龄化时期我国的住宅区位选择有向城市中心回归的趋势。

第三节　外商直接投资（FDI）在中国的区位策略

一、我国利用外资的整体状况

改革开放以后到 2021 年底，我国实际利用外资总额达到 26969.08 亿美

---

① 中国城市养老服务需求调查课题组. 中国城市居民养老服务需求调查报告（2021）［R］. 2022：55 – 58.

元，其中外商直接投资（FDI）24903.10亿美元。如图1-7所示，1979～
2021年，我国实际利用外资金额不断增加。尽管受1997年东南亚金融危机、
2001年"9·11"事件、2008年美国次贷危机引发的全球金融危机、2012年
欧债危机的影响，我国实际利用外资金额在1998～1999年、2001年、2009年
和2012年出现了降低，但总体上呈现出不断增加的趋势，并分别在1988年
超过100亿美元、1996年超过500亿美元、2010年超过1000亿美元，2021
年达到1734.83亿美元。即使2020～2021年受新冠肺炎疫情的影响，我国实
际利用外资金额仍然分别比前一年增加52.34亿美元、291.14亿美元。

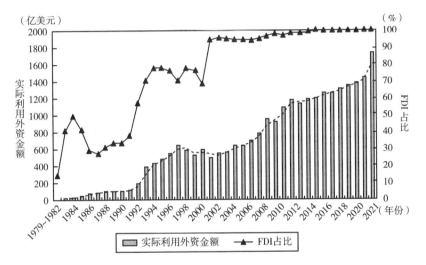

图1-7 1979～2021年我国实际利用外资及FDI占比演变趋势

资料来源：依据《中国统计年鉴（2022）》中的相关数据计算制作。

除了实际利用外资金额不断增加外，外商直接投资（FDI）占我国实际利
用外资的比例虽然从改革开放初期到1987年、1994～2000年出现过波动，但
整体上不断提高，并在2015年达到100%，即2015年之后，我国实际利用外
资金额全部为外商直接投资。

二、改革开放初期的市场指向型区位选择

外商直接投资在中国改革开放的不同阶段，其区位选择的策略是不一样

的。我国改革开放初期的市场指向型区位选择主要是指，外资企业进入我国的目的是针对国内或国外的市场需求，生产满足目标市场消费者所需产品的投资性区位选择模式。这种区位选择模式与我国改革开放之初生活消费性轻工业产业发展不足，处于短缺经济状态，以及在我国改革开放之初政策尚不健全、外商对我国尚不了解、对我国改革开放能否持续尚有疑虑等因素是密不可分的。

（一）新中国成立后到改革开放初期我国的工业产业发展状况

改革开放初期，由于长期计划经济体制导致我国产业结构畸形，重工业所占比例高，而以满足人民生活消费需求的轻工业所占比例低。如图1-8所示，尽管新中国成立后的1949年我国轻工业占比曾高达70%以上，但到1960年即下降到33.41%。与之相反的是重工业所占比重则不断上升，并在1979年之前的近十年中保持在55%以上。

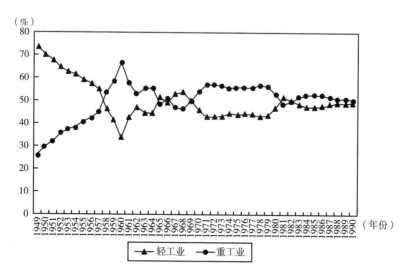

图1-8　1949~1990年我国轻重工业占工业总产值比例演变趋势

资料来源：依据《中国工业经济统计资料（1949~1984）》和《中国工业经济统计年鉴（1991）》中的数据制作。

与改革开放前我国轻重工业比例变化趋势相对应的是轻工业制成品和重工业产品产量的增长状况。1979年，我国轻工业产品的典型代表纱、布和成品糖的产量分别是 1949 年的 7.80 倍、6.30 倍和 12.50 倍。而与之相比较，1979 年重工业产品的典型代表生铁、粗钢和成品钢的产量则分别是 1949 年的 146.20 倍、214.80 倍和 189.00 倍，大大快于轻工业产品。与 1949～1979 年的同类数据对比，1979～2008 年，2008 年我国轻工业产品的典型代表纱、布和成品糖的产量分别是 1979 年的 8.10 倍、17.00 倍和 1495.50 倍，而 2008 年生铁、粗钢和成品钢的产量则分别只有 1979 年的 7.10 倍、7.30 倍和 23.00 倍[1]，轻工业产品产量的增长速度明显快于重工业。这与改革开放初期，随着经济社会的发展，人们为满足生活消费、解决温饱问题，对轻工业制成品的市场需求大量增加的实际情况是一致的。

（二）改革开放初始阶段外资进入我国的产业分布

改革开放初期我国即开始重视利用外资。1978 年 11 月 10 日，中央工作会议正式提出要善于利用国际国内有利形势，吸收外国资金技术[2]。1983 年在《国务院关于加强利用外资工作的指示》中，提出要把利用外资作为发展经济的一个长期方针。在国家相关政策方针的指引下，1979～1982 年，我国合同利用外商直接投资即达 49.58 亿美元，实际利用外商直接投资 17.69 亿美元[3]。改革开放初期我国劳动密集型产业发展阶段，劳动密集型轻工产业也同样是外资进入我国的重点产业。这是因为，我国当时短缺经济条件下国民的生活消费需求，加上我国人口规模带来的巨大市场发展潜力，因而大量外资企业通过各种渠道，以各种方式在诸多劳动密集型产业从事产品的生产和销售，以满足国内消费者不断增加的生活消费性需求。

改革开放初期的 20 世纪 80 年代前期，外资进入我国的重点领域主要集中在能源开发领域的石油、煤炭、电力等行业；基础设施建设领域的铁路、港口、电讯、建筑材料以及城市和工业区等部门或领域；投资金额不大但成效大、见效快，能够为我国创造更多外汇收入的轻工、纺织、化工、冶金、机械、电子等工业和旅游事业等领域；以及其他能够扩大产品出口创造较多

---

①　依据《新中国六十年统计资料汇编》中的相关数据计算得到.

②　黎青平. 对党和国家利用外资政策的历史考察 [J]. 中共党史研究, 1989 (2)：74-79.

③　新中国六十年统计资料汇编.

外汇的中小型项目、以借款或国际援助对现有企业实现技术改造、由于资金缺乏被迫推迟或停建的已开工项目等[①]。由此可见，外资进入我国的行业结构分布，大多因为对我国的经济社会制度不够了解、对我国的改革开放政策可持续性仍然存疑，因而处于尝试性投资阶段，且多集中于旅游、房产等非生产性领域和轻纺、家电等消费品及建材等低技术要求、劳动密集、以满足国内市场需求的内向型企业[②]。这可以从改革开放初期外资进入我国的部门分布数据得到验证。相关资料显示，1979～1984年，我国通过对外借款、外商直接投资和外商其他投资等方式合同利用外资总额为281.26亿美元，涉及项目3841项。期间我国实际使用的外资总额为181.87亿美元，其中对外借款131.41亿美元、外商直接投资41.04亿美元、外商其他投资10.42亿美元。这些外资，大约17%投资于冶金、电子、机械、能源、交通、化工、电子、建材等项目；24%投资于轻工、纺织、医药、食品、林业项目；22%分布于农牧渔业；而旅游饭店、商业、文教、卫生等领域的占比则达到37%[③]。非生产性领域和一般工业领域占改革开放初期我国利用外资的60%以上，市场指向性十分明显。这一点在广东省也同样如此。到1983年底，广东省外资企业实际投资4.59亿元，其中第一产业0.26亿元，占5.60%；第二产业1.13亿元，占24.62%；第三产业3.20亿元，占69.81%[④]。上海市1987年以前外商的投资重点也是非生产性项目，之后才开始转向工业生产性项目[⑤]。天津市到1989年底，第一、二、三产业分别利用外资0.20亿美元、2.36亿美元、1.64亿美元，分别占4.70%、56.30%、39.00%，并且以资源开发和简单制造业的劳动密集型、资源密集型产业为主[⑥]。这种情况在20世纪80年代后期开始逐渐转变。1985～1990年，我国合同利用外资总额中，投向工业部门的

---

① 季崇威. 中国吸收外资的情况和政策 [J]. 世界经济，1981 (5)：26 - 29.

② 林森木，徐立. 政策和制度因素对引进外资的影响 [J]. 经济研究，1986 (12)：14 - 21.

③ 冯天顺. 我国的对外开放政策和利用外资工作的基本情况 [J]. 管理现代化，1985 (2)：29 - 32.

④ 丘舜平. 广东利用外资引进技术的政策——回顾与展望 [J]. 国际贸易问题，1986 (1)：5 - 11.

⑤ 应望江. 利用外资中几个热点问题的再探索——"利用外资规模与政策研讨会"观点综述 [J]. 外国经济与管理，1991 (6)：9 - 11.

⑥ 彭正银. 天津利用外资的产业结构分析及对策 [J]. 现代财经（天津财经学院学报），1991 (5)：39 - 44.

比例提高到了 50%[①]。

（三）改革开放初期外资进入我国的市场指向型区位分布

改革开放初期，外资进入我国的区位选择，主要是在市场指向下，分布在东南沿海地区。这种区位选择模式包含以下几个方面的含义：

首先，市场指向包括国内市场指向和国外市场指向两个方面。国内市场指向主要是由于在我国计划经济时代，因适应当时的国际形势而将我国经济发展的重点放在重工业，故轻工业发展不足，导致国内的生活消费性产品生产严重不足，即短缺经济的状态。正因为如此，部分外资企业看到了国内消费市场的机会，开始进入我国投资于劳动密集型产业，生产轻工业产品满足国内消费者需求。国外市场指向则是一些掌握国际市场需求的外资企业，利用我国沿海地区便利的海运条件和国内廉价劳动力优势，通过"三来一补"等方式在我国加工产品再出口到国外的目标市场，满足外国消费者需求。

其次，这两种市场指向型的外资企业，在进入我国的时候，都选址于我国东南沿海地区。这是因为，国内市场指向型的外资企业，选址于东部沿海地区的主要海外侨资、港澳台资的侨乡所在地。在改革开放前我国与境外往来不多的情况下，外资在东部沿海地区，尤其是侨乡所在地投资，可以更好地与家乡民众交流了解国内市场的需求，以生产适销对路的商品。而且东部沿海地区相对更高的收入水平，和更加密集的人口分布，是外资企业内销型产品巨大的潜在销售市场。而国外市场指向型外资企业，在进入我国的时候选址于东部沿海地区的原因在于，在改革开放初期，我国成套机器设备主要依赖于进口，且内陆地区无论是水路、空中还是陆路交通条件仍然相对较差的情况下，投资布局于东部沿海地区既有利于国外成套设备的运输，也有利于国外技术人员利用东部地区相对较好的海空交通条件往返境内外，从事相关设备的技术指导工作。而且，在沿海地区的"三来一补"等出口加工型外资企业，其市场指向出口的情况下，沿海地区的海运条件也有利于原材料的

[①]　徐寿春. 我国利用外资结构的实证分析及政策建议［J］. 经济理论与经济管理，1993（4）：64-65.

进口和产品的出口运输。

改革开放初期外资主要分布在我国的东部沿海地区，可以从我国改革开放初期的外资利用数据得到验证。1979～1999年，东部地区12个省、市、区合计占全国比例将近85%。其中广东省占全国的30.30%；江苏11.40%；福建10.50%；上海8.70%；山东6.60%；辽宁4.30%；北京4.10%[①]。而中西部地区1979～1994年批准设立的外商投资项目仅达3.60万个，实际利用外资额只有84.00亿美元，分别只占全国总数的16.30%和8.80%，中西部地区外资项目投资的平均规模（80万美元左右）也明显低于全国平均水平（140万美元左右）[②]。

三、20世纪90年代后的成本指向型区位选择

成本指向型主要是从全球价值链角度外资企业在进入我国后的区位选择策略。20世纪90年代进入中国的外资企业，已经不再是单纯地生产最终产品满足某一市场的需求，而是跨国公司从构建全球价值链的角度，利用中国的劳动力成本低、义务教育和高等教育扩招等培育的高素质劳动力等因素，降低其全球价值链中制造环节的成本，从而提升其全球竞争力。

（一）20世纪90年代后我国利用外资的国际国内形势

从国际形势看，20世纪80年代末90年代初，当时亚太地区正处于产业结构调整中。亚洲"四小龙"加上日本，在美国基于保持其绝对的全球竞争优势而采取的诸多措施下，面临来自货币升值、劳动力成本上升、地价上涨等因素带来的巨大生产成本压力，需要将劳动密集型产业转移到生产成本更具优势的我国，同时完成自身的产业结构转型升级。而在我国，改革开放后农业生产效率的提升，释放了大量农业剩余劳动力，因而城市非农产业的发展面临极其丰富的劳动力资源。加上我国的经济发展水平仍然较低，社会保

① 张世永，刘光中，王瑶. 东部、中西部利用外资的对比和建议 [C]. 中国运筹学会第六届学术交流会论文集（下卷），2001：169－175.

② 朱同. 优化外资地区分布结构的思路 [J]. 财会研究，1997（9）：47－48.

障系统尚未建立，资源环保法律法规不健全，因而劳动力的工资低廉，地价便宜，自然成了亚洲"四小龙"劳动密集型产业寻求更低生产成本的转移目的地①。而在我国，改革开放之后不断尝试、调整的过程中逐渐确立的社会主义市场经济体制改革方向，在改革开放和引进外资方面的政策法规已经逐渐建立完善，与世界各个国家或地区的交往日益增加，在让国外加深对我国了解的同时，也打消了外资企业对我国改革开放政策可持续性的顾虑，加上外资在经过改革开放初期的尝试性投资并获得利益之后，我国对外资的吸引力大大增强，加快了外资进入我国的步伐。

（二）20世纪90年代后我国利用外资的演变趋势

1. 20世纪90年代后外资进入我国仍然主要集中于东部沿海地区

东部地区实际利用外资金额占全国的80%以上。改革开放至今，东部地区设立外资企业实际使用外资金额达到19850.15亿美元，占全国实际使用外资金额的81.40%。而且，直到2020年，东部地区占我国实际利用外资金额的比例仍在80%以上，见表1-6。

表1-6 改革开放以来我国东部、中部、西部地区实际使用外资金额及其占比

地区	项目	截至2016年	2017年	2018年	2019年	2020年	合计
东部	金额（亿美元）	15084.10	1145.90	1153.70	1191.10	1275.40	19850.20
	占比（%）	80.50	84.10	83.40	84.30	85.40	81.40
中部	金额（亿美元）	1409.80	83.10	98.00	97.30	88.20	1776.40
	占比（%）	7.50	6.10	7.10	6.90	5.90	7.30
西部	金额（亿美元）	1189.30	81.30	97.90	92.90	80.10	1541.50
	占比（%）	6.30	6.00	7.10	6.60	5.40	6.30
其他	金额（亿美元）	1063.00	52.80	33.40	30.30	49.70	1229.80
	占比（%）	5.70	3.90	2.40	2.20	3.30	5.00

注：东部地区包括北京、天津、河北、辽宁、上海、江苏、浙江、福建、山东、广东、海南；中部地区包括陕西、吉林、黑龙江、安徽、河南、湖北、湖南、江西；西部地区包括内蒙古、广西、四川、贵州、云南、重庆、陕西、甘肃、宁夏、青海、西藏、新疆。

资料来源：依据历年《中国外资统计公报》整理计算。

---

① 对我国利用外资工作的若干政策建议 [J]. 经济研究参考，1992（Z4）：697-718.

而从 FDI 在我国东部地区的投资来看，又主要集中在珠三角、长三角和环渤海湾三大中心经济区域。这主要是因为，改革开放以来东部沿海地区的区位条件、基础设施和经济技术基础较好，致使东部地区吸引了进入中国的绝大部分外商直接投资。FDI 的大规模进入，又通过增加资本形成、扩大出口和创造就业等途径，推动东部沿海地区经济的快速发展。反过来，东部沿海地区经济的快速增长，又提高了地区居民的收入水平①，扩大市场的容量，并有利于改善外部条件，产生集聚经济效益，从而进一步增强了对 FDI 的吸引力。

2. 我国利用外资的行业分布演变

关于我国利用外资的行业分布，从统计数据来看，因为统计口径的变化，可以分成三个阶段来考察。第一阶段是 1993～1996 年②，但因为 1994 年的数据缺失，所以实际上只有三年的外资利用行业分布数据。这一阶段外资利用分布的行业划分相对比较宽泛，仅有农林牧渔业、工业、建筑业和第三产业中的交通运输、商业饮食等六个行业大类。总体来说，这一阶段我国利用外资的行业分布变化趋势就是工业领域所占比例从 45.92% 上升到 68.90%，而房地产、公用事业、服务业领域所占比例则从 39.28% 下降到 17.54%。除此之外，其他行业领域利用外资所占比例均较小，且变化不大。

第二阶段是 1997～2003 年。相比于第一阶段，这一阶段统计口径的变化主要体现在第二产业增加了采掘业和电力、煤气及水的生产，第三产业增加了地质勘查业和水利管理业、金融和保险业、社会服务业。1997～2003 年，我国利用的外资仍然主要分布在制造业，占比为 56.06%～71.61%。其他行业占比较高的分别是，房地产业约占 10%，但有所下降，从 1997 年的11.42% 下降到 2001 年最低的 7.27%，之后回升到 2003 年的 9.79%；社会服务业占比 5%～6%；电力、煤气及水的生产所占比例先从 4.58% 上升到 1999年的 9.18%，后下降到 2003 年的 2.42%。其他行业占比均很低，变化也不大。

第三阶段是 2004～2021 年，在统计口径的变化上主要是在第三产业，由

---

① 李具恒. FDI 的区位选择与中国区域经济发展——兼论中国西部地区的对策选择 [J]. 中国软科学，2004（6）：112－117.

② 1993 年之前我国没有公布外资利用的行业分布数据。

第二阶段的九个行业领域增加到十三个行业领域。在此阶段，我国外资利用的行业分布中，制造业所占比例大幅度降低，而第三产业中的诸多行业在实际利用外资中所占的比例均有较大幅度的上升，如表1-7所示。制造业利用外资占比从2004年的70.95%下降到2021年的19.44%；而房地产业利用外资所占比例虽然波动较大，但总体上约占15%。租赁和商务服务业、科学研究和技术服务业占我国实际利用外资的比例上升幅度最大，租赁和商务服务业从2004年的4.66%上升到2016~2021年（2020年除外）的12%~19%；科学研究和技术服务业则从不到1%上升到2016~2021年（2020年除外）的5%~13%。

表1-7			2004~2021年我国实际利用外资的行业分布				单位：%
年份	制造业	房地产业	租赁和商务服务业	批发和零售业	信息传输、软件和信息技术服务业	科学研究和技术服务业	金融业
2004	70.95	9.81	4.66	1.22	1.51	0.48	0.42
2005	70.37	8.98	6.21	1.72	1.68	0.56	0.36
2006	63.59	13.06	6.70	2.84	1.70	0.80	0.47
2007	54.66	22.86	5.38	3.58	1.99	1.23	0.34
2008	54.00	20.12	5.48	4.80	3.00	1.63	0.62
2009	51.95	18.66	6.75	5.99	2.50	1.86	0.51
2010	46.90	22.68	6.74	6.24	2.35	1.86	1.06
2011	44.91	23.17	7.23	7.26	2.33	2.12	1.65
2012	43.74	21.59	7.35	8.47	3.01	2.77	1.90
2013	38.74	24.49	8.81	9.79	2.45	2.34	1.98
2014	33.40	28.96	10.44	7.92	2.30	2.72	3.50
2015	31.32	22.96	7.96	9.52	3.04	3.59	11.85
2016	28.17	15.60	12.80	12.60	6.70	5.17	8.17
2017	25.57	12.86	12.77	8.76	15.96	5.22	6.05
2018	30.51	16.65	13.98	7.24	8.64	5.05	6.45
2019	25.61	16.99	15.98	6.55	10.63	8.09	5.16
2020	43.74	21.59	7.35	8.47	3.01	2.77	1.90
2021	19.44	13.61	19.07	9.64	11.59	13.12	2.62

资料来源：根据历年《中国统计年鉴》中的数据计算。

3. 我国制造业利用外资的行业分布情况

如表 1 - 8 所示，2001 ~ 2016 年，通用设备业、专用设备业、交通运输设备业占我国制造业利用外资的比例均呈上升趋势，且均上升了 4 ~ 5 个百分点；而通信设备、计算机及其他电子设备业则呈下降趋势。但总体上，通用设备业、专用设备业、交通运输设备业和通信设备、计算机及其他电子设备业占我国制造业实际利用外资金额的比例介于 30% ~ 40%。

表 1 - 8   2001 ~ 2016 年我国制造业部分行业占制造业实际利用外资比例   单位：%

年份	通用设备业	专用设备业	交通运输设备业	通信设备、计算机及其他电子设备业	合计
2001	4.30	2.50	4.70	22.90	34.40
2002	3.50	2.80	4.50	22.10	32.90
2003	4.20	3.30	6.30	16.90	30.70
2004	5.00	4.40	8.80	16.40	34.60
2005	4.80	4.60	9.00	18.20	36.60
2006	4.60	4.40	6.60	19.10	34.70
2007	5.30	5.70	6.40	18.80	36.20
2008	7.00	5.60	7.60	16.90	37.10
2009	6.40	5.50	6.80	15.30	34.00
2010	7.00	6.30	6.60	17.00	36.90
2011	6.14	7.31	7.32	14.03	34.80
2012	8.63	7.09	9.15	13.48	38.35
2013	7.76	7.66	9.68	14.06	39.16
2014	7.32	5.76	9.57	15.39	38.04
2015	7.20	6.33	9.38	17.34	40.25
2016	8.19	7.12	10.45	16.19	41.95

注：（1）2000 年之前和 2017 年之后我国外资制造业行业分布数据均未见公开发布；（2）限于数据的可获得性，以及产业发展与全球价值链的关系，此处仅列出具有全球创新价值链意义的四个制造业行业的外资利用占比演变趋势。

资料来源：依据 2011 ~ 2017 年《中国外商投资报告》中的数据计算得到。

尽管如表 1 - 8 所示，通用设备业、专用设备业和交通运输设备业占制造业实际利用外资金额的比例都将近翻了一番，但在我国近年来制造业实际利用外资金额波动中趋于下降的情况下，通用设备业、专用设备业和交通运输设备业的实际利用外资金额增加并不多。如表1-9所示，上述三个行业实际利用外资金额在2001~2016年均呈先升后降但总体有所增加的变化趋势，但通信设备、计算机及其他电子设备业实际利用外资金额在2001~2016年下降了将近一半。在我国实际利用外资不断增加的情况下，制造业实际利用外资金额却在波动中趋于下降，且占我国实际利用外资金额的比例（如表1-8所示）大幅度下降，加上如表1-8和表1-9所示我国与全球价值链关系密切的四个制造业行业利用外资金额和比例的变化趋势，都表明外资在我国的行业布局已经逐渐从制造业转向第三产业中同样具有全球价值链意义的租赁和商务服务业、金融业、科学研究和技术服务业、信息传输、软件和信息技术服务业，而这些行业占我国实际利用外资的比例不断上升，其实际利用外资金额也随之不断增加。

表1-9　　　　2001~2016年我国制造业部分行业实际利用外资金额　　单位：亿美元

年份	通用设备业	专用设备业	交通运输设备业	通信设备、计算机及其他电子设备业	制造业整体
2001	21.00	12.21	22.96	111.86	488.47
2002	20.74	16.60	26.67	130.99	592.70
2003	15.51	12.19	23.27	62.42	369.36
2004	21.51	18.93	37.86	70.55	430.17
2005	20.38	19.53	38.21	77.26	424.53
2006	18.44	17.63	26.45	76.55	400.77
2007	21.66	23.29	26.15	76.83	408.65
2008	34.93	27.94	37.92	84.32	498.95
2009	29.93	25.72	31.80	71.56	467.71
2010	34.71	31.24	32.73	84.30	495.91
2011	31.99	38.09	38.14	73.10	521.01
2012	42.17	34.65	44.71	65.87	488.66
2013	35.35	34.90	44.10	64.05	455.55
2014	29.24	23.00	38.22	61.47	399.39
2015	28.47	25.03	37.09	68.57	395.43
2016	29.07	25.27	37.09	57.46	354.92

资料来源：依据2011~2017年《中国外商投资报告》、历年《中国统计年鉴》中的数据计算得到。

（三）影响外资在我国区位选择的主要因素

20世纪90年代初到2015年，制造业是我国吸收外资主体。如前文关于我国外资引进三个阶段的划分及相关的数据分析所示，20世纪90年代初，我国工业制造业占我国实际利用外资的比例超过40%，2002年上升到71.61%，到2015年下降到不足1/3。期间我国制造业实际利用外资金额则从1997年的281.00亿美元①增加到2002年的592.70亿美元，并直到2021年仍然保持在330亿美元以上。外资企业大举进入我国，在将我国变成世界工厂的同时，对于其自身基于全球价值链的战略布局也十分重要。因此，具有全球创新价值链②意义的通用设备业、专用设备业和交通运输设备业、通信设备、计算机及其他电子设备业成为外资进入我国制造业的重点。但由于外资跨国公司进入只是其全球价值链战略中的低附加值生产加工环节，而研发和销售等高附加值环节则在国外，因而在我国的成本优势就显得尤其重要，从而导致这一时期外资进入我国，尤其是制造业领域，主要体现为成本指向型区位选择。

外资进入我国的成本指向型区位选择，影响因素主要包括以下几个方面：

1. 劳动力成本优势

吸引外资制造业进入我国的劳动力成本优势包括：一是我国人口规模庞大，加上人口城市化的过程中大量农业和农村劳动力进入城市非农产业寻求就业，因而劳动力供给充足，劳动力工资水平低于其他国家。二是我国改革开放后的义务教育和20世纪90年代后期高校扩招带来人口素质的普遍提升，劳动力的生产效率相较于其他发展中国家更高，因而效率工资率相对较低。三是由于我国的劳动力社会保障措施尚不健全，因而企业在工资外的成本相

---

① 1996年之前我国外资产业分布数据为合同利用外资，1997年之后则为实际利用外资。

② 全球创新价值链：汽车、计算机、电子、机械等行业催生了价值最大、贸易强度最高、知识密集程度最大的商品贸易价值链。这些行业的产量仅占全球总产出的13%，但是贸易占比高达35%。这些价值链需要一系列环环相扣的步骤、大量的组装配件，这些价值链一半以上的贸易都和中间产品有关。此外，这一价值链中1/3的劳动力具备较高的技能，该比例仅次于知识密集型服务业。研发和无形资产的平均支出占到营收的30%，是其他价值链的2~3倍。麦肯锡全球研究院. 全球化转型报告：贸易和价值链的未来，2019年1月（Mckinsey Global Institute，2019.1），https：//www. mckinsey. com/featured-insights/innovation-and-growth.

对较低。四是我国劳动力秉承中华文化的传统，愿意适应企业的需求而增加劳动供给，因而劳动力的管理成本较低。

2. 自然资源成本优势

自然资源成本优势主要包括：一是政策性土地供给带来的低廉土地价格。改革开放后，为吸引外资企业的进入，各地制定的相关政策措施，大多在土地供给方面提供了廉价甚至是免费的土地资源。二是对自然环境等方面的外部成本内部化要求相对较低。由于我国在环保等方面的法律法规尚不健全，在排放物方面的环保要求等级相对低于西方发达国家，因而跨国公司在我国的投资生产行为环保投入成本低，从而部分外部成本无须内部化为企业的生产经营成本。

3. 政策性成本优势

政策性成本优势既包括前述土地成本优势，也包括针对外资企业的免税或减税政策。比如 1990 年 4 月 30 日上海市政府颁布的《上海浦东开发十项优惠》中，第一条即规定"区内生产性的'三资'企业，其所得税减按 15% 的税率计征；经营期在十年以上的，自获利年度起，两年内免征，三年减半征收"，并且"企业进口生产用的设备、原辅材料、运输车辆、自用办公用品及外商安家用品、交通工具，免征关税和工商统一税；凡符合国家规定的产品出口，免征出口关税和工商统一税[①]"。1992 年 4 月 24 日广东省人民政府发布的《广东省关于外商投资企业免征、减征地方所得税的规定》中载明，"对生产性外商投资企业，经营期（从试生产、试营业之日起计算）在 10 年以上的，在享受'税法'规定 2 年免征，3 年减半征收企业所得税期间，免征地方所得税"，"先进技术企业在按照国家规定延长 3 年减半征收企业所得税期间，相应免征地方所得税[②]"。厦门外资企业经营期在 15 年以上的，从获利年度起，第 1 年至第 5 年免征企业所得税，第 6 年至第 10 年按 15% 的税率减半征收所得税[③]。

---

① 上海浦东开发十项优惠，https：//code. fabao365. com/law_458974. html.

② 广东省关于外商投资企业免征、减征地方所得税的规定，https：//code. fabao365. com/law_468544. html.

③ 孙宝奇. 我国一些地区对外资的优惠政策比较［J］. 现代情报，1991（Z1）：46 - 47.

四、20 世纪 90 年代末之后外资进入我国的趋势性转变

（一）20 世纪 90 年代末之后外资进入我国趋势性转变的总体背景

20 世纪 90 年代末期之后，外资企业在中国的区位选择则更多呈现出基础设施指向型的区位选择。早期劳动密集型外资企业被国内企业替代，成本指向型的代工企业在我国的成本优势大大缩小，加上国内相关领域资本密集型企业的发展同样在相当程度替代了外资企业在我国市场中的作用。但基础教育的发展带来国民整体文化素质提升，以及高等教育的发展（从"211"到"985"，"一省一校"再到"双一流"高校的建设大大提升了我国高等教育人才培养的质量）、创新型国家建设大大提升了我国的企业创新基础能力，都使得知识密集型、技术密集型产业逐渐成为我国经济发展中的主导产业，因而外资企业进入中国的行业分布也逐渐向知识密集型、技术密集型产业领域扩张。这些行业的发展，对于无论是高速公路、高速铁路、机场等硬性基础设施，还是教育科研水平、网络通信设施、营商环境等软性基础设施，都有极高的要求，因而外资企业进入中国主要转向了基础设施指向型区位选择。

（二）外资跨国公司区域总部的区位选择

外资跨国公司总部的区位要求包括：第一，信息因素，即能够为跨国公司总部提供高精度、多样化和全面反映国内外政治经济形势发展变化的信息，以提高跨国公司生产经营决策的准确性，减少不必要的风险。第二，跨国公司所在地区的金融、证券、保险业、房地产业、广告业、市场调查、咨询业、会计、法律服务以及信息服务业等生产者服务业的发达程度，以更好发挥这些服务业对跨国公司总部产生的聚集效应，即外部经济效应。第三，基础设施水平，包括国际航空港及开设的国际航线以便利跨国公司经营管理人员往返差旅；国际会议展览中心以方便跨国公司展开各种会议、业务交流和展览活动。第四，高水平、高密度且价格合理的办公设施，高素质专门人才的数量与质量，社会经济环境、人文环境、当地政府和社会经济各界对跨国公司

总部的态度①。在这些区位因素的影响下，外国跨国公司进入中国经营，绝大多数将其区域性或中国的总部设于上海、北京、广州、深圳等主要城市。据相关资料显示，由于众多跨国公司将浦东视为其基于全球产业链价值链的核心环节之一，因而截至 2022 年 12 月 2 日，作为我国乃至地区经济发展引擎的上海市已经累计认定 877 家跨国公司地区总部，其中布局在浦东的约占一半，为 413 家②；作为我国政治文化经济中心的北京市，因为拥有良好的国际航运设施、不断改善的环境条件，截至 2021 年 12 月已经累计认定了 201 家跨国公司的地区总部③；深圳市截至 2022 年 9 月，已经认定 43 家跨国公司总部，其中包括了普华永道咨询、联易融、希玛集团、蓝思旺等知名跨国公司④。

（三）外资 R&D 机构的区位选择

进入中国大陆的跨国公司研究与开发机构，在地理空间上主要布局于北京、上海、广州和深圳等经济、科技中心城市的科技园区，其区位优势主要体现在以下三个方面：一是拥有众多的大学、大型科研机构、工程技术研究中心等研发机构，以及高技术工业企业作为研发机构技术或产品走向应用的合作方。二是这些城市都拥有高度密集的知识型、技术型人才。根据第七次人口普查数据，北京 2189.3 万人口中，大专及以上文化水平的人口占 41.98%；大学本科文化水平人口占 21.79%；硕士研究生人口占 5.77%；博士研究生人口占 1.04%。上海市的人口中，大专及以上文化水平的人口占 33.87%，硕士研究生和博士研究生占比分别为 3.77% 和 0.54%，虽然均低于北京，但高于全国其他省市自治区⑤。三是具有良好的基础设施等投资硬环境，以及税收、金融、地租、产品销售和生活条件等良好的投资软环境。正因为如此，截至 2021 年 11 月底，上海累计设立跨国公司地区总部数量 827

①　郑京淑. 跨国公司地区总部职能与亚洲地区总部的区位研究［J］. 世界地理研究，2002（1）：8－14.

②　上海跨国公司地区总部数量达 877 家［N］. 中国证券报，2022－12－2，https://finance. eastmoney. com/a/202212022577824922. html.

③　今年北京已认定跨国公司地区总部 15 家，全市累计达 201 家［N］. 新京报，2021－12－7，https：//baijiahao. baidu. com/s？ id＝1718459404229451837&wfr＝spider&for＝pc.

④　程景伟. 深圳跨国公司总部企业增至 43 家［N］. 中新网，2022－9－21，https：//roll. sohu. com/a/586946414_123753.

⑤　数据来源于 2021 年北京和上海的统计年鉴.

家；外资研发中心 504 家。不仅数量不断增加，能级也不断提高。827 家跨国公司地区总部中，由世界 500 强企业设立的地区总部 121 家，占比约 15%，如沃尔玛、苹果、采埃孚、圣戈班、通用等；大中华区及以上级别的地区总部 158 家，占比 18.00%，如诺基亚贝尔、苹果设立大中华区总部，霍尼韦尔、汉高、福特汽车、沃尔沃建筑设备等设立亚太区总部①。到 2022 年，北京已吸引 79 家外资研发机构落户，其中包括默沙东研发（中国）有限公司、戴姆勒大中华区投资有限公司等外商自建研发机构 57 家；北京现代汽车有限公司技术中心等中外合资共建研发机构 22 家。其中，研发机构的投资主体为世界 500 强的外资企业有 15 家②。

---

① 吴卫群. 上海已设立跨国公司地区总部数量 827 家，外资研发中心 504 家［N］. 解放日报，2021 - 12 - 29，https：//www. shanghai. gov. cn/nw4411/20211229/ecc895975bc845469dfe4443573304ff. html.

② 尹力. 北京市科委：已有 79 家外资研发机构在京落户［N］. 中国新闻网，2022 - 11 - 8，http：//ku. m. chinanews. com/wapapp/zaker/cj/2016/11 - 08/8057025. shtml.

第二章 影响我国区域经济增长的主要因素

第一节 人力资本与区域经济增长

一、区域人力资本及其构成要素

（一）人力资本的含义

人力资本是指凝结在劳动者身上，以体力劳动者和脑力劳动者的数量和质量表示的资本，是社会总资本的一部分（舒尔茨，1992）。它是一个国家或地区由劳动力体现的知识和技术的存量，源于正式教育和在职培训等方面的投资（萨缪尔森，2001）。区域人力资本则是指存在于一个特定区域人口群体的每一个个体之中，后天获得的具有经济价值的知识、技术、能力及健康的总和。也即在一个特定区域内，所有个体通过投资所获得的、具有经济价值的知识、能力、健康等质量因素的综合（魏后凯，2006）。

（二）人力资本的构成要素

一般认为，人力资本由健康、智力和精神三大要素构成：

一是健康，是人在躯体、精神和社会上的完满状态，一般划分为生理健康、心理健康、道德健康和社会适应健康四个组成部分。

二是智力，主要包括知识能力、思维能力、决断能力、创造能力、实践能力等，它是人力资本的核心，是人力素质最基本的反映。

三是精神，即主观世界，是人的思想境界，主要包括合作精神、创新精神、敬业精神、学习精神、奋斗精神等。精神要素具有明显的潜在性，依赖于人的努力乃至奋斗才能激活和转化为现实的可利用行为，以实现其价值，所以更被企业所看重。

健康、智力和精神要素之间存在着内在统一关系。健康是基础，智力是核心，精神是延伸，三者相辅相成、相互作用，共同构成人力资本价值。保持健康状况良好、智力开发和精神激发是人力资本增值管理的主要任务。

人力资本要素构成是动态的，不同时代其核心要素也在发生变化。传统工业经济时代强调人的体力、技能、经验等；知识经济时代则强调知识、创新、合作。

（三）区域人力资本的分类

人力资本具有不同的分类方法。根据美国学者 T. W. 舒尔茨在"应付非均衡能力的价值"一文中的分析，区分了五种具有经济价值的人类能力，分别为：学习能力、完成有意义工作的能力、进行各项文娱体育活动的能力、创造力和应付非均衡的能力。

国内学者对于人力资本的分类，主要有以下几种观点：第一，出于人力资本治理研究的需要，站在个人角度将人力资本分为通用性、行业专用性和企业专用性的人力资本，站在企业角度将人力资本分为专有性和非专有性的人力资本，将上述两个角度划分的人力资本组合分成通用性的非专有性人力资本、行业专用性的非专有性人力资本、企业专用性的非专有性人力资本、通用性的专有性人力资本、行业专用性的专有性人力资本和企业专用性的专有性人力资本六类（吴能全，冯巨章，2003）。第二，针对人力资本所指的具体对象，认为人力资本指核心技术人员和企业家，本质上是根据人力资本的异质性，将人力资本划分成核心技术人力资本和企业家人力资本（魏杰，赵俊超，2001）。第三，将人类能力分为四种：一般能力，即基础性能力；完成特定工作的能力，如生产技能；组织管理能力；资源配置能力。以此为基础，将人力资本区分为一般型、技能型、管理型和专家型四种类型（武增海，李忠民，2007）。

此外，对于人力资本的分类，还有从人力资本作为知识要素构成的角度进行划分，即人力资本还应当有显性人力资本与隐性人力资本之分。所谓显性人力资本是指构成人力资本价值的外在、通过一般方法可以观察其价值构成或其价值可以得到确定的部分，如人力资本投资的价值形成、人力资本投资贴现、人力资本的会计成本、人力资本的现金流等。而隐性人力资本是指存在于员工头脑或组织关系中的知识、工作诀窍、经验、创造力、价值体系等。与公开人力资本和半公开人力资本要素相比，隐性人力资本要素更具有本源性和基础性，是创新的源泉，是一切显性知识的基石。如人力资本在价值增值过程中的预期收入、人力资本价值增值过程中的贡献比率等。由于它的构成往往难以观察和确认，但又是其价值构成中的关键性部分并在价值增值中起着关键性的作用，因此，将之称为隐性人力资本。由于大多数隐性人力资本是看不见、摸不着的，这一方面使隐性人力资本给企业带来的竞争优势更具有不可模仿性和长久性；另一方面，虽然它对企业发展、对经济增长的贡献不可估量，但要对其定价比较难，至少目前还不存在针对经验、创造力或价值体系等隐性人力资本的交易市场。

二、人力资本对区域经济增长的作用

对于人力资本与经济增长间关系的理论研究，主要从微观角度测度教育、人力资本投资等的回报大小来研究整个社会产出的增长，以及从宏观角度通过建立增长模型，并把人力资本视为最重要的内生变量来论述人力资本对经济增长的作用。

（一）微观角度的研究

对于前一种研究思路，主要代表人物是贝克尔（Becker）、明塞尔（Mincer）。贝克尔在假设每个家庭（或个人）都追求效用最大化的基础上，证明了在人的生命周期某个阶段，人力资本投资的均衡条件为人力资本投资的边际成本的当前价值等于未来收益的当前价值。由此，贝克尔用传统的微观均衡分析方法，在考虑人力资本投资利益的同时还考虑了人力资本投资成本问题，特别是引入"影子成本（放弃收入）"概念和时间因素的情况下建立了人力资本投资均衡模型[1]。明塞尔关于人力资本与经济增长的研究主要是建立了广为采用的人力资本收入模型[2]。在该模型中，假定教育培训服务费用为零，以 l 表示工作年数加培训年数，n 表示培训年数，r 为贴现率，$t = 1$，$2, \cdots, l$ 年，a_n 表示拥有年培训量的个人的年收入，V_n 表示自开始培训时以个人终生挣得收入的贴现值，则：

$$V_n = a_n \sum_{t=n+1}^{l} \left(1 + \frac{1}{r}\right)^t = a_n \int_n^l e^{-rt} \mathrm{d}t = \frac{a_n}{r}(e^{-rn} - e^{-rl}) \qquad (2-1)$$

再以 d 表示用年数表示的培训量差别，相应地，拥有 $n-d$ 年培训量的人终生挣得收入的现在值是：

$$V_{n-d} = \frac{a_{n-d}}{r}(e^{-r(n-d)} - e^{-rl}) \qquad (2-2)$$

如果 $V_n = V_{n-d}$，则培训量相差为 d 年的两个人年挣得收入的比率为：

$$k_{n,n-d} = \frac{a_n}{a_{n-d}} = \frac{(e^{-r(n-d)} - e^{-rl})}{(e^{-rn} - e^{-rl})} = \frac{(e^{(l+d-n)} - 1)}{(e^{l-n} - 1)} \qquad (2-3)$$

显然，式（2-3）中，$k_{n,n-d} > 1$，这种差别最重要的原因就是由个人培训量差别 d，即个人在人力资本质量上的差异造成的。

（二）宏观角度的研究

最早将人力资本引入增长模型的是乌扎瓦（Uzawa，1965）。乌扎瓦首先将经济活动区分为物质生产部门和人力资本生产部门（或教育部门），间接内生化了新古典增长模型终得索洛余值（即技术进步）。卢卡斯的人力资本积累增长模型中，卢卡斯（Lucas，1988）则引入了贝克尔提出的人力资本概念，建立了以两时期模型（two periods model）和两商品模型（two goods model）为基础的，专业化人力资本积累的经济增长模型。在两时期模型中，卢卡斯将劳动划分为"原始劳动"和"专业化的人力资本"，认为专业化的人力资

---

① 许和连，亓朋，祝树金. 人力资本与经济增长研究进展述评 [J]. 财经理论与实践，2007（1）：86-90.

② 雅各布·明塞尔著，张凤林译. 人力资本研究 [M]. 北京：中国经济出版社，2001.

本才是促进经济增长的真正动力。而在两商品模型中，卢卡斯认为正是源于人力资本外在效应的递增收益使人力资本成为经济增长的发动机。由此，卢卡斯认为人力资本积累是经济得以持续增长的决定性因素和产业发展的真正源泉，两国间经济增长率和收入水平的差异，主要源于它们在生产商品时投入的人力资本的差异。罗默（Romer）在内生增长模型中引入了人力资本概念，并将知识分解为一般知识和特殊知识。一般知识可产生规模经济效益；特殊知识可产生要素递增收益。两种效应的结合不仅使知识、技术和人力资本本身产生递增收益，而且也使资本和劳动等其他投入要素的收益递增。罗默证明，特殊的知识和专业化的人力资本是经济增长的主要因素，不仅使知识和人力资本自身形成递增收益，而且能够使资本和劳动等要素投入也产生递增收益。

此外，斯托基（Stokey，1991）根据"干中学"思想建立一个完全竞争条件下的内生增长模型。他认为人们通过边干边学积累了大量的生产经验，从而在提高产品质量的同时降低生产成本，因此边干边学成为经济增长的"发动机"。贝克尔和墨菲（Becker & Murphy，1992）提出了"专业化增长"模型，他们认为知识的增长有利于提高专业化的收益，经济的增长取决于科技进步和人力资本的促进作用。里贝罗（Rebelo，1991）放松了乌扎瓦模型中关于教育性生产技术的假定，认为经济中只要存在这一类"核心资本"，资本的积累就可以沿着平衡增长路径持续增长①。

（三）人力资本与我国区域经济增长

对人力资本与我国经济增长间的关系，有影响力的文献多在 2010 年前后。罗凯（2006）使用我国省级面板数据，对我国健康人力资本与经济增长间关系问题的研究发现，二者呈显著的正向关联，预期寿命每延长 1 岁，GDP 增长率相应提高 1.06% ~ 1.22%；受教育程度和工作经验同经济增长之间也呈显著的正向关系，平均受教育年限和工作经验年限每提高 1 年，GDP 增长率分别提速 1.2% 和 2.0% ~ 3.0%。而王弟海、龚六堂等（2008）的研究结

---

① 许和连，亓朋，祝树金. 人力资本与经济增长研究进展述评 [J]. 财经理论与实践，2007（1）：86 - 90.

论略有不同。他们在具有阿罗—罗默（Arrow-Romer）生产函数和格罗斯曼（Grossman，1972）效用函数的内生增长模型中，对健康人力资本和健康投资对物质资本计量和经济增长影响的研究表明，短期内经济增长率同健康投资增长率存在正相关关系，长期来看健康投资则会对经济增长具有抑制作用。此外，运用中国28个省份1979～2003年的面板数据就我国健康投资对经济增长的影响进行实证研究表明，健康投资增长率同经济增长率存在显著的正相关关系；而在"健康人力资本/物质资本"之比保持不变的情况下，健康投资从而健康人力资本存量同经济增长率也存在显著的正相关关系，但"健康人力资本/物质资本"之比同经济增长率却存在显著的负相关关系。因而健康人力资本对经济增长的总效应取决于这两种效应之和。

从区域经济的角度看，对1997～2006年我国省域人力资本和区域创新与经济增长关系的空间计量研究结果显示，高等教育水平劳动者的比例每增加一个百分点，每万人发明专利申请数就增加九个百分点。但随着接受过高等教育的从业人员数量的增加，高等教育对创新活动的边际贡献在下降。但相关研究也未能提供有力证据支持较高的专利申请量带来较快的经济增长这一假设，因而也无法证明人力资本通过促进创新带来经济增长。这一结论也可能与我国总体的经济增长模式有较大关系，中国经济增长的动力可能仍然主要来自劳动密集型的产品加工和制造，而技术和产品创新还不是中国经济增长的主要驱动力（钱晓烨，迟巍，黎波，2010）。

基于东部、西部地区的对比看，对东部地区11个省份1982～1990年经济增长的人力资本效应统计分析表明，该时期人力资本对经济增长的贡献为22.7%，小于物质资本（39.3%）和技术进步（27%），但高于劳动投入（11%）（陆根尧，2002）。对西部地区各省份1982～2005年的研究，无论是采用教育年限法还是教育成本法得到的结果都表明，贵州、甘肃、新疆等省份净人力资本对经济增长的贡献率都在30%以上，除广西、陕西和内蒙古外的其他省份也都高于10%（逯进，李霞，2007）。基于我国东部与西部地区经济增长过程中人力资本作用的比较研究则表明，东部地区1978～2006年人力资本水平增长的直接贡献率达到8.02%，考虑到人力资本对提高技术进步和资本效率发挥的影响后大约为13.5%；但西部地区则达到14.56%，考虑到人力资本对物质资本效率的正外部性作用和综合要素生产率的提高后约22%

（王金营，郑书朋，2010）。这似乎意味着在我国区域经济中，经济发展水平越落后，人力资本贡献率越高。对此现象的解释应当是，尽管西部人力资本水平的增长速度快于东部，但是西部初始水平过低，以至于人力资本存量长期处于低位，从而造成人力资本的外部性（吸引投资、技术进步、资源有效配置等）作用不如东部明显。西部的物质资本投入相比东部低得多，其中也必有人力资本水平较低使得西部对投资引力较小的原因。

三、我国人力资本的区际转移

我国人力资本转移主要有三种形式：首先，人力资本随着工业化进程而在第一、二、三产业之间转移，这种人力资本的转移形式主要体现为第一产业的富余劳动力向第二、三产业转移，到工业化中后期由于资本和技术密集型工业的发展而使得第二产业劳动力向第三产业转移。其次，各地区第一、二、三产业内部不同产业部门之间的转移，并通过提高人力资本的配置效率而促进地区经济增长。最后，人力资本在不同经济区域之间的转移。人力资本在不同经济区域间的转移使得各地区的人力资本可能出现此消彼长的变化，从而影响各地区的经济增长。

（一）人力资本区际转移的期望工资模型

一国内部各经济区域间的人力资本具有高度的流动性，人力资本的区际转移是影响区域人力资本供求的重要因素。而决定人力资本区际转移的内在动力，则是迁移前后的期望工资收入差异。

1. 人力资本区际转移期望的工资作用机制

人力资本在期望工资主导下在整个区域经济体系内流动。但人力资本的区际流动机制中，同时并存的是区域之间同规模城市之间的消费均等化和工资差异化，区域内部不同规模城市之间的工资均等化和消费差异化。从东部地区和西部地区的比较来看，以 w_s^E、w_M^E 分别表示东部地区经济发展水平较低和较高城市的工资；w_s^W、w_M^W 分别表示西部地区经济发展水平较低和较高城市的工资；C_s^E、C_M^E 分别表示东部地区经济发展水平较低和较高城市的消费水平；

C_s^W、C_M^W 分别表示西部地区经济发展水平较低和较高城市的消费水平，则存在以下关系：

$$w_s^E < w_M^E, C_s^E < C_M^E, 且\ w_s^E - C_s^E < w_M^E - C_M^E \qquad (2-4)$$

$$w_s^W < w_M^W, C_s^W < C_M^W, 且\ w_s^W - C_s^W < w_M^W - C_M^W \qquad (2-5)$$

$$w_s^W < w_s^E, C_s^W < C_s^E, 且\ C_s^E - C_s^W < w_s^E - w_s^W \qquad (2-6)$$

其中，式（2-4）和式（2-5）表明了东部、西部地区内部经济发展水平较低和较高城市之间的消费、工资及工资与消费差额之间的对比关系；式（2-6）则表明了东部与西部地区之间相同经济发展水平城市之间工资、消费及地区之间消费水平差距与工资水平差距之间的对比关系。

在地区之间消费均等化和工资差异化及地区内部工资均等化和消费差异化的共同作用下，区际人力资本流动机制体现为，首先，由地区之间的消费均等化和地区内部的工资均等化决定了一个最低期望工资水平（W^0）；其次，在人力资本流出地和流入地之间的工资差异（W^d）或消费差异（C^d）则成了决定区域人力资本供求的最基本因素。

2. 人力资本区际转移的期望工资模型

（1）供给函数。从供给函数看，影响人力资本区际转移的因素可以归纳为：

一是期望转移的目标区域与本地的工资差异（W^*）。这是影响人力资本区际转移的主要因素，而且差异越大则人力资本转移的可能性越大。

二是与目标区域的距离远近（D）。由于家庭等因素，人力资本倾向于向较近的区域转移。

三是就业机会（E）。就业机会越大，则劳动力越倾向于向该区域转移。

四是区域认知度（R）。区域认知度是一个区域在长期发展中形成的良好形象，这会对人力资本向该区域的转移形成先验性的导向作用。区域认知度的主要构成因素有环境状况、公共基础设施服务水平、区域经济发展水平、区域所在地区（如东部与中西部地区）等。

五是其他因素，如农业劳动生产率、人口自然增长率、教育水平、制度因素等可以统一归纳为 δ。

在这些因素的影响下，可以将区域人力资本的供给函数表示如下：

$$S = S(W^*, D, C, R, \delta) \qquad (2-7)$$

短期内 δ 不发生变化的情况下,人力资本通过对 W^*、D、C、R 等变量赋予一定的权重,形成人力资本向某个区域转移时的期望工资 W^e。由此区域人力资本的供给函数可以写成:

$$S = S(W^e) \qquad (2-8)$$

W^e 与 W^*、D、C、L 之间的变化关系见表 $2-1$。

表 2 – 1　　　　区域人力资本转移供给与需求函数变量变化关系

变量	变化趋势	W^e	供给量
实际工资差异（W^*）	↑	↑	↑
距离（D）	↑	↑	↓
就业机会（C）	↑	↑	↑
城市认知度（R）	↑	↑	↑

（2）需求函数。区域对人力资本转移的吸纳,从需求的角度来看,也主要有这样几个因素:

一是区域与转移人力资本所在地的工资差异 $W^*(W^u/W^r)$。这种差异越大则城市对转移人力资本的需求越大,因为有可能从这些地区获得相对较廉价的人力资本。与供给函数一样,工资差异同样是影响区域对转移人力资本需求的主要因素。

二是区域与转移人力资本所在地的距离远近（D）。一般来说,这个距离越远则需求越小,由于语言、文化和生活习惯等方面的原因,经济区域更倾向于利用距离较近的劳动力。

三是就业机会（E）。就业机会越大,说明本区域的人力资本供需缺口越大,因而对转移人力资本的需求越大。

四是其他因素,如农业劳动生产率、人口自然增长率、教育水平、制度因素、环境、税率水平、公共基础设施服务等,可以统一归纳为 δ。这些因素由于在短期内是稳定的,因此短期内不会对城市劳动力的供给产生影响。

由此需求函数也可以表示成:

$$D = D(W^*, D, E, \delta) \qquad (2-9)$$

同样，短期内 δ 不发生变化的情况下，可以将 W^*、D、E 等变量综合成一个因素，即转移人力资本在向某经济区域转移时的期望工资 W^e。由此式（2-9）中的需求函数可以改写成：

$$D = D(W^e) \qquad\qquad (2-10)$$

W^e 与 W^*、D、C、L 之间的变化关系见表 2-2。

表 2-2　　　　　区域转移人力资本需求函数变量变化关系

变量	变化趋势	W^e 变化趋势	需求量（D）
实际工资差异（W^*）	↓	↑	↓
距离（D）	↓	↑	↓
就业机会（C）	↑	↑	↑
城市本地（L）	—	↑	↑

（3）供给函数与需求函数的整合。显然，供给函数曲线随 W^e 的增加而向右上方倾斜，而需求函数曲线则随 W^e 的增加而向右下方倾斜，见图 2-1。

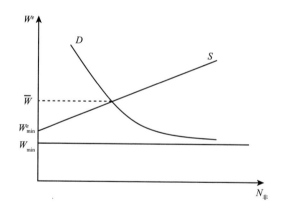

图 2-1　期望工资模型下人力资本转移供给曲线与需求曲线的变化趋势

由图 2-1 可见，从供给曲线来看，人力资本对向某经济区域转移业已形成一个所能获得工资的最低预期 $W^e_{\min}$，只有在高于这一最低预期的情况下才会向该区域转移，而且转移量随着期望工资的升高而增加。$W^e_{\min}$ 的存在可以从珠江三角洲地区近年来遇到的民工荒现象得到验证，正是由于珠江三角洲地区非农产业提供的工资低于农村劳动力向该地区转移时的最低预期工资 $W^e_{\min}$，才导致农民工向珠江三角洲地区转移减少甚至是出现了农民工回流的现象。而且随着经济的增长，W_{min}^e 也呈现出不断上升的趋势。

而从需求曲线来看，经济区域对转移人力资本的需求随着期望工资 W^e 的下降而增加。但是，W^e 的下降是以经济区域当地政府所制定的最低工资保障额 W_{min} 为下限的，不会下降到 W_{min} 水平线以下。

需求曲线和供给曲线会相交于均衡工资点 $\overline{W}$，$\overline{W}$ 一般会高于 W_{min}^e。

（二）我国人力资本区域迁移的体现

关于我国人力资本区际迁移，有诸多文献曾展开过相关研究。此处以2020 年全国人口普查数据所显示各城市人口中大学以上文化程度所占比例、各城市在校大学生人数占各城市人口比例以及两个比例的比值来衡量我国人力资本的区际转移问题。

采用这一指标的基本逻辑是，如果各城市处于封闭状态，人口之间不能城际流动，则该城市的在校大学生毕业之后将留在本城市工作，进而通过历年的积累而使得该城市大学文化程度以上人口所占比例不断上升。但事实上各城市不可能处于封闭状态，各层次的人口，包括在校大学生毕业之后可以根据自己的偏好到其他城市就业，即使是已经工作的各层次人才也可以通过再就业的方式实现城际流动，与此同时该城市也可能吸引其他城市在校大学毕业生就业或已就业人才到本城市工作。也就是说，在封闭条件下，各城市大学文化程度以上人口通过自身在校大学生毕业就业而不断积累，非封闭条件下，则通过自身在校大学生毕业、吸引其他城市在校大学毕业生、吸引其他城市已就业人才与自身在校大学毕业生流出、本城市已就业人才流出之间的差额而不断积累。因此，如果某一城市人口中具有大学文化程度以上人口比例与在校大学生占总人口比例的比值越大，则表明该城市在人才流出与流入的对比中，流入的越多而流出的则相对较少，反之则流出的多而流入的相对较少。

按照前述分析逻辑，在采集到如表 2-3 所示的我国重点城市总人口（全市，含市辖区、县、市）、在校大学生人数、大学以上人口占总人口比例等数据之后，求取大学以上人口占总人口比例与在校大学生人数占总人口比例间的比值，并按照这一比值降序排列，得到如表 2−3 所示的统计结果。从表中可见，前五位的城市均为东部地区的城市，其中深圳市比值达到惊人的 31.30%，意味着深圳市主要依靠吸引其他城市在校大学毕业生及已就业人才的城际迁移来增加自身的大学以上人口数量。与此同时，排后五位的城市则全部为中西部的城市，意味着这些城市大学以上学生或人才的流失较为严重。

表 2−3　　2020~2021 年全国重点城市大学以上人口与在校大学生占比数据

城市	在校大学生人数（万）	大学生人口占比（%）	在校大学生占比（%）	比值	城市	在校大学生人数（万）	大学生人口占比（%）	在校大学生占比（%）	比值
深圳	16.25	28.85	0.92	31.30	长春	55.26	22.22	6.09	3.65
上海	74.01	33.87	2.97	11.39	南京	92.21	35.23	9.89	3.56
宁波	19.47	20.99	2.07	10.16	石家庄	63.53	20.12	5.65	3.56
北京	100.90	41.98	4.61	9.11	合肥	72.35	26.39	7.72	3.42
厦门	21.16	26.94	4.08	6.59	济南	70.12	25.93	7.59	3.42
拉萨	2.31	17.03	2.66	6.41	长沙	82.11	27.45	8.16	3.36
银川	11.92	26.17	4.17	6.28	福州	47.26	18.59	5.68	3.27
杭州	58.77	29.32	4.91	5.97	太原	50.84	30.86	9.56	3.23
西宁	8.92	21.41	3.61	5.93	广州	156.32	24.88	8.34	2.98
天津	68.21	26.94	4.92	5.48	昆明	69.85	24.24	8.26	2.94
大连	33.17	23.59	4.45	5.30	南宁	56.98	18.84	6.51	2.89
青岛	45.87	22.55	4.54	4.97	哈尔滨	72.33	20.46	7.23	2.83
沈阳	50.62	27.47	5.58	4.92	郑州	133.27	28.95	10.56	2.74
成都	111.01	25.58	5.30	4.83	武汉	168.29	33.87	13.65	2.48
重庆	110.57	15.48	3.45	4.49	贵阳	57.79	23.44	9.65	2.43
海口	16.72	24.85	5.79	4.30	南昌	73.14	25.02	11.68	2.14
西安	98.51	31.00	7.60	4.08	兰州	61.22	28.58	14.01	2.04
呼和浩特	26.73	30.45	7.75	3.93					

注：在校大学生人数为 2022 年数值。因无人口总额和大学以上人口占比更新数据，所以采用 2020 年数值。但因为人口总额基数较大且增长率小，因而对分析结果影响较小。

资料来源：（1）各城市人口总额来自《中国城市统计年鉴（2021）》。（2）各城市人口中大学以上文化程度比例来自各城市第七次人口普查第五号公报。（3）各城市在校大学生人数来源于：2022 年中国 36 座重点城市在校大学生人数排名，https://3g.163.com/dy/article/HH50KPQP0553CGL7.html.

将表 2 - 3 中的数据，以各城市人口中大学以上文化程度所占比例（rop）为因变量，在校大学生人数占城市人口比重（ros）为自变量，设置哑变量（dum）来反映东部地区城市与其他地区城市间是否存在差异，并对东部地区赋值为 1，而其他地区赋值为 0，回归结果如式（2 - 11）所示。

$$rpop = \underset{t=7.13}{18.3530^{***}} + \underset{t=2.71}{0.8492^{***}} ros + \underset{t=2.32}{4.4990^{**}} dum \quad R^2 = 0.2217$$

$$(2 - 11)$$

式（2 - 11）中的回归结果显示，我国各城市人口中大学以上文化程度人口所占比例与在校大学生数量占城市人口的比重间存在正相关关系，弹性系数为 0.85，且在 1% 显著性水平上显著，表明在校大学生数量占城市人口比重每提高 1 个百分点，则城市人口中大学以上文化程度人口所占比例将会提高约 0.85 个百分点；而反映东部地区与其他地区之间城市人口中大学以上文化程度人口所占比例与在校大学生数量占城市人口比重间水平差异关系的哑变量值约为 4.50，且在 5% 显著性水平上显著，表明在校大学生数量占城市人口比重相同的情况下，东部地区城市人口中大学以上文化程度人口所占比例将比其他地区高 4.50 个百分点。这说明，东部地区在人才流入与流出的动态演变过程中，流入的相对较多而流出的相对较少；其他地区则正好相反，流出的相对较多而流入的相对较少。

第二节　投资与区域经济增长

一、盈利率与实际利率决定下的区域资本供求模型

储蓄率和折旧率是宏观经济增长模型中资本变量的主要决定因素。一国范围内各经济区域之间，资本具有高度的流动性，相对于区域资本的需求而言，资本的供给可能是无限的，只要资本在该区域有足够高的盈利能力。因此，资本在各区域间的盈利率差异成为区域经济增长中资本供给与需求的决定性因素。

对于世界市场中的小型开放经济体，在允许有贸易赤字或贸易盈余，以

及该国居民可以完全进入世界金融市场，政府不阻止国际借贷等假设条件下，小型开放经济体的利率等于世界利率，储蓄与投资之间的差额决定了贸易余额〔见图2-2（左）〕。

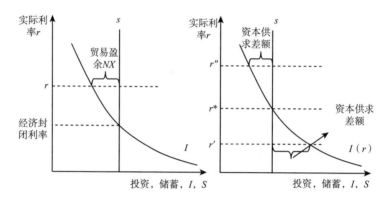

图2-2　小型开放经济框架下储蓄/投资与盈利率/实际利率模型

对于区域经济中的资本要素，区域的资本供求仍然遵循利率由国家统一确定，即：

$$r = r^*　　　　　　　　　　　　　　　　（2-12）$$

其中，r为该区域的利率；r^*为全国统一利率。由于名义利率与全国其他区域相同，因此一个区域的资本需求可以因其实际利率的上升或下降而从其他区域获得其所需的投资，或者把其剩余的投资额投资到其他区域。由于单个区域无须考虑收支平衡的情况，因此，只要该区域对本地与外来投资有足够的吸收能力，因而投资的供给将可以随该区域的投资需求无限扩大。

假定单个区域居民的储蓄意愿短期内不变的情况下，各区域资本的供给将由本区域居民储蓄与外部投资共同决定。由于自身经济规模较小，来自区域外部的投资占本区域资本投资总额的比例可能很大。而且，由于无论是外部投资还是区域内部居民的储蓄与投资目标都是获取更高的利润，因此资本盈利能力就成为影响区域资本供给的重要因素。

因此，区域资本的供求机制虽然仍遵循投资与实际利率 r 负相关的一般规律，即：

$$I = I(r^r)　　　　　　　　　　　　　　　　（2-13）$$

但式（2-13）中实际利率 r' 受到区域投资盈利率的影响。当一个区域由于种种因素导致其投资盈利率提高，相当于该区域实际利率降低，即由图2-2（右）中的名义利率 r^* 降低到实际利率 r'，此时区域内居民的储蓄小于区域的投资需求，区域外的投资者将因为该区域较低的实际利率（较高的投资盈利率）而进入以弥补该区域居民储蓄与投资需求之间的差额。反过来，当一个区域由于种种因素导致该区域投资盈利率降低，则相当于该区域实际利率的提高，即由图2-2（右）中的名义利率 r^* 上升到实际利率 r''，此时区域居民的储蓄大于投资需求，区域内的过剩投资额将会到其他区域投资以获取更高的投资盈利率。

二、影响区域资本供求的主要因素

由于投资盈利率成为影响区域经济增长中资本供求的重要因素，因此影响区域投资盈利率的因素也就影响着区域资本的供求。一般来说，影响区域资本盈利能力的主要因素有：

第一，区位。运费、工资、集聚和市场区是影响产业布局的基本因素。不同区位的经济区域在这四个方面的差异会对各区域资本盈利率产生较大影响。

第二，区域公共基础设施。公共基础设施如高速公路、桥梁、给排水、信息公共基础设施、教育公共基础设施等对区域竞争力、产业生产率的增长和盈利率都有重要的影响，而区域竞争力、产业生产率的增长和盈利率正是影响区域资本供给的重要因素。

第三，经济区域获得专业化服务的便利性。以金融、信息、会计、法律、咨询等为代表的生产者服务获得的便利性日益成为影响投资区位选择的重要因素。生产者服务业已经发展成为支撑制造业进一步发展与升级所必不可少的产业。

第四，区域劳动者的素质。劳动力素质越高，则劳动生产率越高，但同时也意味着劳动工资越高。因此，区域劳动力的素质对区域资本供求的影响是双向的，一方面由于劳动力具有较高的生产率而对外来资本具有正向的吸引作用；另一方面又由于较高的劳动力工资因而意味着较高的投资成本而成为资本进入的障碍。

三、我国区域间的资本流动

（一）区域经济增长中的要素流动性

要素流动性对于区域经济增长差异的影响是区域增长理论分析的核心内容①。从落差理论的角度看，由于各地区的自然条件、资源禀赋、生产力发展水平和经济状况各不相同，因而技术、资本、人力等资源在各地区的配置就存在差异，正是这种落差的存在导致了技术、资本、劳动力在各国、各地区之间的流动。

1. 国与国之间要素流动的障碍

尽管自20世纪80年代开始，生产要素在国与国之间的流动就呈现出加速的态势，但横亘在国与国之间的各种障碍仍然对生产要素的跨国流动起到了极大的限制作用。这些障碍主要体现在：

（1）国与国之间行政界线的划分而形成的障碍。由于要素在不同国家之间的流动必然导致要素的经济活动所带来的利益在不同国家之间重新分配，受到利益损失的国家或地区必然限制要素的流入或流出，获得利益的一方则尽力促进要素的流入或流出。

（2）信息不充分而导致的决策障碍。由于语言、生活习俗、宗教和文化传统的不同，生存环境、政治和经济状况、政策措施、预期回报以及实现预期回报的可能性都不甚明确，因此要素的跨国流动面临着巨大的迁移成本和风险。

2. 一国范围内区域要素的自由流动性

显然，限制要素在不同国家之间流动的障碍在一国范围内要弱得多。在一国范围内探讨的区域经济增长，要素的流动性主要考虑两个方面：一是该区域与国外地区之间的要素流动；二是国内各区域之间的要素流动。区域与

---

① Moheb Ghali. Masayuki Akiyama, Junichi Fujiwara, Factor Mobility and Regional Growth ［J］. *The Review of Economics and Statistics*, 1978, 60 （1）: 78 – 84.

国外地区之间的要素流动障碍同国与国之间的要素流动障碍是一致的，但国内各区域之间的要素流动尽管由于可能存在的地区分割与封锁，导致地方政府之间由于经济利益的关系而对区域之间的要素流动设置一定的障碍，但这样的障碍同国与国之间的行政障碍相比显然要小很多。而造成决策障碍的信息不充分也会由于国内地理距离的邻近，对语言、生活习俗、宗教和文化传统的更加了解，对生存环境、政治和经济状况、政策措施、预期回报以及实现预期回报的更加熟悉而被弱化。因此，区域经济增长的要素流动性显然要大大强于基于国家为对象的宏观经济增长。

3. 要素流动性对区域经济增长的影响

区域经济增长中不同区域可能因其吸引要素的政策、经济发展水平等因素而导致要素增长率的极大差异。而且，与一国宏观经济整体相比较，区域经济增长中的要素总量相对较小，因而由于要素的地区流动对区域经济增长中的要素总量影响要大于一国整体的宏观经济增长。因此，体现在经济增长核算中就是要素对于区域经济增长的重要性可能大于宏观经济增长，而要素在各区域间的优化配置和及其所带来的效益也会大于一国的宏观经济增长。各区域在经济增长过程中所要采取的措施就是要促进适合于自身经济增长的要素在本区域的集聚，以促进该区域的经济增长。

（二）我国区域间资本流动的实证检验

对我国区域间资本流动的研究表明，改革开放以来区域间资本流动的基本趋势是，东部是资本净流入地区而西部是资本净流出地区。区域间资本流动的这种基本趋势在促进东部经济进入良性高速发展轨道的同时，也使西部地区经济陷入了低水平恶性循环的怪圈①。区域间的资本流动导致大量资本在东部地区集中，一方面造成区域差距继续拉大；另一方面使投资过分追求数量和速度。然而，在投资边际报酬递减规律的作用下，东部沿海新兴工业基地的边际投资效益显著下降，其投资有效性的降低尤其明显②。

---

① 胡永平，张宗益，祝接金. 基于储蓄—投资关系的中国区域间资本流动分析 [J]. 中国软科学，2004（5）：130－135.
② 冯振环，赵国杰. 我国区域投资中的问题及其对策 [J]. 中国软科学，2001（7）：108－111.

对于国内区域间的资本流动，可以采用费尔德斯坦（Feldstein）和堀冈（Horioka）分析投资率与储蓄率之间相关性的模型来测算。如式（2-14）所示：

$$I_{it} = \alpha_i + \beta S_{it} + \varepsilon_{it} \qquad (2-14)$$

其中，I_{it} 为省份 i 在时间 t 时刻投资与产出之比，即投资率；S_{it} 为省份 i 在时间 t 时刻储蓄与产出之比，即储蓄率。

根据费尔德斯坦和堀冈的相关理论，如果资本流动性强，则式（2-14）中的回归系数 β 应当是不显著的。依据式（2-14），收集了我国除西藏外的30个省份 1992～2011[①] 年的 GDP（Y，支出法）、居民消费（C）、货物和服务净出口（X）、总税收收入（T）、固定资本形成（F）数据，分别按照式（2-15）和式（2-16）计算储蓄率和投资率：

$$S_{it} = \frac{Y_{it} - C_{it} - X_{it} - T_{it}}{Y_{it}} \qquad (2-15)$$

$$I_{it} = \frac{F_{it}}{Y_{it}} \qquad (2-16)$$

按照式（2-15）和式（2-16）计算得到各省份 1992～2011 年的储蓄率和投资率数据后，回归分析结果如表 2-4 所示。

表 2-4　　　　　　　　我国各省份投资率与储蓄率回归结果

省份	α	β	R^2
整体面板数据	-10.7085 ** （-2.14）	1.0561 *** （13.87）	0.9097
北京	21.8529 *** （19.73）	0.5266 *** （13.25）	0.9070
天津	1.8012 （0.21）	1.1419 *** （6.52）	0.7025
河北	-8.6571 *** （-2.99）	1.1236 *** （18.95）	0.9523
山西	-41.4806 *** （-3.15）	1.6730 *** （6.41）	0.6956
内蒙古	23.1781 ** （2.39）	0.6716 *** （3.74）	0.4378
辽宁	-23.5779 *** （-6.32）	1.5632 *** （18.45）	0.9497

[①] 由于国内各省市自治区统计年鉴中的数据统计口径不统一，在 2013 年（2012 年的数据）及之后的统计年鉴中无法收集到大部分地区的支出法 GDP 核算数据和税收数据，因而此处的分析只能作 1992～2011 年的数据分析。

续表

省份	α	β	R^2
吉林	1.7624 (0.30)	0.9418*** (8.77)	0.8103
黑龙江	0.7052 (0.25)	0.9568*** (13.71)	0.9126
上海	37.4295*** (18.93)	0.4159*** (6.50)	0.7010
江苏	22.1533** (2.57)	0.5494*** (3.10)	0.3476
浙江	11.7044*** (5.88)	0.8541*** (10.93)	0.8690
安徽	−7.4636 (−0.63)	1.1336*** (4.29)	0.5060
福建	−15.7611 (−0.97)	1.2647*** (3.78)	0.4424
江西	−21.4808*** (−3.45)	1.3561*** (10.52)	0.8602
山东	59.2672*** (3.24)	−0.1931 (−0.56)	0.0172
河南	−7.4885*** (−3.57)	1.0432*** (27.00)	0.9759
湖北	0.8401 (0.22)	0.9140*** (12.00)	0.8888
湖南	−8.0444** (−2.47)	1.0681*** (14.11)	0.9171
广东	29.0840*** (14.29)	0.2701*** (4.56)	0.5365
广西	−22.2581*** (−10.90)	1.2635*** (34.03)	0.9847
海南	10.5642* (1.80)	0.7856*** (7.13)	0.7386
重庆	−11.2694*** (−3.85)	1.1531*** (20.62)	0.9594
四川	−11.4430*** (−3.61)	1.1867*** (17.02)	0.9415
贵州	−1.6016 (−0.69)	0.9826*** (20.78)	0.9600
云南	15.8607*** (4.10)	0.7822*** (9.25)	0.8263
陕西	−5.5148 (−0.47)	1.0585*** (4.95)	0.5767
甘肃	2.2691 (0.92)	0.8638*** (18.29)	0.9490
青海	−5.9180 (−1.34)	0.9299*** (15.81)	0.9328
宁夏	−1.8084 (−0.21)	0.9213*** (8.36)	0.7952
新疆	−10.7085** (−2.14)	1.0561*** (13.87)	0.9145

注：括号内为 t 统计量。*** 表示 1% 显著性水平上显著；** 表示 5% 显著性水平上显著；* 表示 10% 显著性水平上显著。

如表 2−4 所示，1992～2011 年，采用全国 30 个省份的面板数据分析结果显示，β 系数是高度显著的，表明在这一时期，我国国内省域的资本是缺乏流动性的。而在表 2−4 中针对各省份在 1992～2011 年的单独回归分析结果则显示，除山东省的 β 系数不显著外，其他 29 个省份的 β 系数均在 1% 显著性水平上显著且符号为正，表明我国各省份的投资率随着储蓄率的提高而提高。

但表 2-4 中的回归结果同样显示，仅北京、上海、江苏、浙江、山东、广东和云南的截距项为正且是显著的，而其他省份尤其是西部省份，截距项要么为负且显著（如广西、重庆、四川、新疆），要么不显著（符号为正，如甘肃；或为负，如陕西、青海、宁夏）。这样的回归结果表明，在我国的确存在阻碍资本在省区之间自由流动的障碍。但 1992~2011 年各省份储蓄率与投资率差异表明，北京、天津、上海、浙江和广东在同期各年的储蓄率均小于投资率，也就意味着上述 5 个省份的投资额总是超过储蓄额的；而西部省份中，除云南在同期绝大多数年份储蓄率小于投资率、陕西在 2001 年后储蓄率小于投资率以及其他省份在 2009 年后部分地出现了储蓄率小于投资率外，总体上西部省份的储蓄率是大于投资率的，这意味着西部省份总体上投资额是小于储蓄额的。而在基于全国整体储蓄应等于投资的基本事实，那么就存在着事实上的国内资本向东部沿海地区尤其是北京、天津、上海、浙江和广东流动的趋势。

（三）我国国内资本向西部地区的流动

尽管目前仍然缺乏广泛而准确的关于国内资本向西部地区流动的数据发布，但从重庆市近年来公布的数据看，国内资本向西部地区流动有加快的趋势，如表 2-5 所示。2004~2017 年，重庆市实际利用内资金额从 68.95 亿元提升到 9682.36 亿元，增长了约 139.43 倍。而在实际利用内资的结构分布中，来自东部地区的资本额所占比例均在 60% 以上，从 2004 年的 75.27% 上升到 2006 年的 80.74%，之后呈逐年下降趋势，到 2017 年下降到了 64.73%。其中东部地区对重庆市的投资主要来自北京、广东、上海、江苏、浙江和福建等省份。

表 2-5　　　2004~2017 年重庆市实际利用内资金额及主要地区分布　　　单位：万元

年份	总计	北京	上海	江苏	浙江	福建	广东	四川	东部地区	中部地区	西部地区
2004	68.95	12.95	7.46	2.43	16.04	5.39	5.00	9.23	51.90	5.64	11.42
2005	174.06	41.22	22.41	3.76	27.51	13.15	14.25	20.89	132.31	9.53	32.22
2006	298.25	62.03	29.77	4.69	40.72	34.49	33.59	26.58	240.82	14.08	43.35
2007	430.03	64.20	57.69	11.61	51.99	36.17	80.46	42.43	328.46	27.49	74.08

续表

年份	总计	北京	上海	江苏	浙江	福建	广东	四川	东部地区	中部地区	西部地区
2008	842.84	150.40	105.60	25.49	99.33	62.68	150.64	90.44	660.87	54.97	127.00
2009	1468.02	266.09	186.44	78.93	173.50	80.77	280.61	164.81	1143.27	101.71	223.05
2010	2467.84	559.49	251.39	158.13	272.24	130.76	414.37	256.25	1910.66	184.58	372.60
2011	4627.43	1077.73	334.80	326.53	414.61	256.65	713.55	601.31	3317.83	454.94	854.66
2012	5914.64	1013.58	527.51	338.10	531.76	337.85	893.27	970.48	3998.79	568.99	1346.85
2013	6007.20	1016.72	495.13	322.92	589.29	336.72	987.09	939.27	4134.73	588.61	1283.85
2014	7246.89	1071.72	567.79	402.74	611.87	375.14	1150.39	1178.7	4791.29	676.05	1779.55
2015	8530.13	1403.70	662.70	480.24	655.37	324.42	1333.34	1497.4	5476.30	964.81	2089.02
2016	9345.04	1388.63	616.06	496.85	625.27	337.49	1710.76	1534.4	5822.48	1165.80	2356.76
2017	9682.36	1556.66	611.16	541.56	623.67	355.90	1878.16	1647.6	6268.31	1108.12	2305.93

注：2018 年及之后的《重庆统计年鉴》未再公布实际利用内资金额及地区分布的数据。

资料来源：历年《重庆统计年鉴》。

第三节　我国区域经济增长中的技术进步

一、我国的地区创新能力呈现出东、中、西梯度差异

我国创新能力最强的省份多为东部省份。如表 2 - 6 所示，综合排名前 6 位的广东、北京、江苏、上海、浙江和山东均位于东部地区。这些省份无论是在知识创造、知识获取、企业创新、创新环境还是创新绩效，指标排名均在全国前列。而综合排名在后 11 位的，除了山西之外，均为西部地区或东北地区的省份，这些省份的各项指标在全国的排名也大多居于末端，虽然宁夏和甘肃知识获取指标排名全国第 11 位、第 13 位，黑龙江知识创造和知识获取两项指标均排名全国第 16 位，但这些省份企业创新和创新环境等指标，尤其是创新绩效指标的排名，在全国 31 个省份（未包括中国香港、澳门和台湾，下同）中均处于倒数位置。而中部地区的创新能力综合排名也大多居于全国 31 个省份的中间位置，比如中部 6 省份中，除了山西排名比较靠后之

外，湖北、安徽、湖南、河南和江西分别位列第8位、第10位、第13位、第15位和第17位。而且，除了安徽的知识获取和创新环境、河南的知识获取、江西的知识创造排名比较靠后外，5省份的其他指标也大多介于第10～20位。可见，总体上，我国的区域创新能力在东部、中部和西部地区之间存在一定的梯度差异。

表2-6　　2019年我国各地区创新能力主要指标排名

地区	综合	排名	知识创造	排名	知识获取	排名	企业创新	排名	创新环境	排名	创新绩效	排名
广东	59.49	1	47.16	3	47.22	3	75.98	1	52.20	1	66.45	1
北京	53.22	2	74.40	1	49.36	2	44.53	4	52.01	2	52.61	3
江苏	49.58	3	48.49	2	36.75	4	56.78	2	43.59	3	58.52	2
上海	45.63	4	43.42	4	58.46	1	41.76	5	39.17	4	50.58	4
浙江	38.80	5	36.38	5	22.76	8	47.64	3	36.38	5	44.60	7
山东	33.12	6	23.83	13	19.78	10	41.41	6	33.84	6	38.85	13
重庆	30.87	7	25.60	11	20.79	9	34.08	8	25.10	10	45.57	5
湖北	29.21	8	29.22	9	18.01	12	29.95	10	26.87	8	39.61	11
天津	28.83	9	23.30	16	23.93	5	29.62	11	23.37	14	42.51	8
安徽	28.70	10	29.53	8	9.06	29	41.16	7	20.06	23	38.02	14
四川	28.03	11	30.65	7	16.20	14	26.73	13	26.17	9	38.92	12
陕西	27.34	12	35.65	6	14.92	16	22.22	20	23.55	12	41.55	9
湖南	26.82	13	22.54	17	14.94	17	33.89	9	21.99	16	36.15	16
福建	26.56	14	24.30	12	15.99	15	28.00	12	21.88	17	40.26	10
河南	25.07	15	19.22	20	10.99	27	22.49	19	23.60	11	45.10	6
贵州	23.60	16	21.06	18	13.09	21	21.90	21	21.60	18	38.01	15
江西	23.31	17	16.00	27	13.51	19	25.15	14	23.28	15	33.87	18
海南	22.90	18	17.05	25	23.30	7	15.13	27	28.19	7	30.09	21
辽宁	22.73	19	23.45	15	23.82	6	24.06	16	16.98	29	26.88	29
河北	21.86	20	18.21	22	13.15	20	24.13	15	21.43	19	28.82	25
广西	21.17	21	29.14	10	8.60	30	19.02	23	15.70	31	34.15	17
云南	21.11	22	17.68	23	12.13	25	22.85	18	19.02	25	30.86	20
宁夏	20.94	23	18.39	21	18.83	11	23.76	17	18.04	27	24.55	31
青海	20.11	24	16.27	26	8.27	31	20.64	22	23.51	13	26.97	28

续表

地区	综合	排名	知识创造	排名	知识获取	排名	企业创新	排名	创新环境	排名	创新绩效	排名
甘肃	20.10	25	17.22	24	17.58	13	14.97	28	21.37	20	28.96	24
山西	19.82	26	13.32	30	12.98	22	16.21	25	21.26	21	32.53	19
吉林	18.80	27	19.31	19	12.48	24	15.26	26	17.63	28	29.07	22
黑龙江	18.53	28	23.53	14	15.61	16	13.82	30	16.88	30	24.91	30
新疆	18.19	29	15.75	28	11.82	26	14.40	27	19.12	24	28.34	26
内蒙古	18.14	30	9.28	31	9.12	29	18.16	24	20.17	22	28.99	23
西藏	17.58	31	13.58	29	12.82	23	13.30	31	18.79	26	27.97	27

资料来源：科技部. 中国区域创新能力评价报告 2019. 2020 年 4 月 2 日. 中国科技统计网站，https://www.sts.org.cn/.

二、区域创新能力与技术促进地区经济发展的反差

创新能力与利用技术促进社会经济发展并不完全等同。事实上，从技术生产对经济区域的分类以及区域经济增长中技术作用角度看，创新能力较弱的区域在经济增长过程中技术的贡献率不一定小。虽然我们没有直接的关于区域经济增长中技术作用与技术进步的相关数据来证明此结论，但可以从我国各省域技术进步指数与经济增长中技术作用指数部分得到间接验证。

如表 2 - 7 所示，从 2009~2012 年的综合科技进步指数、科技活动产出指数和科技促进经济社会发展指数来看，有这样几个特点：

表 2 - 7　　　　　2009~2012 年我国各地区综合科技进步、科技活动

产出与科技促进经济社会发展指数

省份	综合科技进步指数			科技活动产出指数			科技促进经济社会发展		
	2009 年	2010 年	2012 年	2009 年	2010 年	2012 年	2009 年	2010 年	2012 年
上海	78.80	80.50	82.18	81.79	87.08	97.58	83.15	83.50	82.25
北京	77.56	79.65	80.39	91.45	92.51	100.00	77.98	78.41	78.07
天津	72.54	72.53	75.08	64.43	64.81	82.20	82.87	82.58	71.28
广东	66.03	67.05	70.89	55.60	51.39	66.32	82.53	83.01	80.16
江苏	59.90	61.33	69.97	36.82	36.63	63.48	73.24	74.59	68.26

续表

省份	综合科技进步指数			科技活动产出指数			科技促进经济社会发展		
	2009 年	2010 年	2012 年	2009 年	2010 年	2012 年	2009 年	2010 年	2012 年
辽宁	57.97	58.84	57.64	51.85	47.83	51.98	70.90	72.19	68.32
陕西	52.93	56.83	57.06	46.07	55.24	55.52	58.53	62.69	60.06
浙江	56.42	57.21	62.37	35.50	34.77	51.90	72.63	73.64	69.09
福建	50.39	51.79	53.50	18.23	18.75	27.34	75.45	75.98	71.23
湖北	51.49	54.86	55.58	40.16	43.86	49.38	61.16	67.20	62.37
山东	50.67	55.06	54.95	24.19	34.53	33.88	69.32	73.18	64.14
黑龙江	45.41	51.16	51.41	35.13	38.44	40.00	61.41	67.62	64.17
重庆	50.00	51.16	51.34	48.47	42.60	41.72	53.72	57.81	53.70
吉林	45.21	49.84	46.25	31.66	32.84	30.09	62.57	67.63	65.44
四川	42.47	48.08	48.88	26.33	31.77	39.51	50.38	56.75	57.64
湖南	44.22	48.66	45.87	39.51	40.12	24.89	56.11	62.06	60.84
甘肃	40.17	46.48	41.74	40.66	45.90	30.55	44.98	53.98	55.21
内蒙古	40.34	43.91	42.89	15.31	16.27	16.72	60.39	67.78	60.78
河北	42.15	45.69	39.62	31.19	27.96	17.23	61.23	65.70	56.62
山西	41.94	43.99	42.87	17.00	17.30	20.33	64.57	65.04	62.28
安徽	39.35	42.62	45.85	27.35	23.23	27.06	49.78	55.60	54.69
青海	39.15	43.81	40.68	44.60	36.74	32.80	46.25	53.29	57.32
新疆	42.32	43.99	38.12	40.02	36.79	22.85	59.99	60.54	56.95
海南	38.45	41.46	37.05	33.42	31.80	20.54	64.42	64.92	60.71
江西	37.68	39.87	39.14	20.15	15.85	16.90	48.97	53.53	54.54
河南	38.20	41.42	41.18	23.64	20.71	17.51	52.16	58.41	53.70
宁夏	41.97	39.81	42.01	33.98	15.68	23.10	51.94	56.75	60.88
广西	34.36	37.69	36.36	23.38	21.85	10.13	51.25	57.23	54.71
云南	33.83	37.50	36.11	22.35	26.41	17.63	48.14	54.23	53.25
贵州	32.48	36.78	31.45	25.81	26.92	10.82	40.92	45.44	51.81
西藏	27.38	27.91	27.58	14.59	8.82	4.30	43.20	45.76	53.02

注：2012 年之后未再发布《全国科技进步统计监测报告》。

资料来源：科技部. 2009 年、2010 年、2012 年全国科技进步统计监测报告. 中国科技统计网站，https：//www.sts.org.cn/.

首先，从科技活动产出指数与科技促进经济社会发展指数之间的对比看，除北京和上海的科技促进经济社会发展指数低于其科技活动产出指数外，其他地区的科技促进经济社会发展指数均高于其科技活动产出指数，而且科技活动产出指数排名越低的地区二者之间的差值越大。这表明科技活动产出指数高的地区固然可能获得更多用于促进地方经济增长的知识和技术，但科技活动产出低的地区也可能通过获得科技活动产出高的地区所生产的知识和技术来促进本地的经济发展。

其次，一些典型地区的科技活动产出指数排名很低，但科技促进经济社会发展指数排名却很高；而一些地区的科技活动产出指数排名很高但科技促进经济社会发展指数排名却很低。比如福建 2009 年、2010 年、2012 年的科技活动产出指数分别排在全国 31 个省份的第 28 位、26 位、17 位，而科技促进经济社会发展指数却均排在第 5 位，大大高于科技活动产出指数在全国的排名；江苏 2009 年、2010 年、2012 年的科技活动产出指数分别排在全国 31 个省份的第 13 位、14 位、5 位，而科技促进经济社会发展指数却排在第 6 ~ 8 位，同样相对高于科技活动产出指数在全国的排名；浙江 2009 年、2010 年、2012 年的科技活动产出指数分别排在全国 31 个省份的第 14 位、15 位、8 位，而科技促进经济社会发展指数却分别排在第 7 位、7 位、6 位，均高于科技活动产出指数在全国的排名；山东 2009 年、2010 年、2012 年的科技活动产出指数分别排在全国 31 个省份的第 23 位、16 位、13 位，而科技促进经济社会发展指数却分别排在第 9 位、8 位、11 位，大大高于科技活动产出指数在全国的排名。与之相对应的是，陕西 2009 年、2010 年、2012 年的科技活动产出指数分别排在全国 31 个省份的第 7 位、4 位、6 位，而科技促进经济社会发展指数却分别排在第 18 位、17 位、18 位，大大低于科技活动产出指数在全国的排名；重庆 2009 年、2010 年、2012 年的科技活动产出指数分别排在全国 31 个省份的第 6 位、9 位、7 位，而科技促进经济社会发展指数却分别排在第 20 位、21 位、27 位，大大低于科技活动产出指数在全国的排名；青海 2009 年、2010 年、2011 年的科技活动产出指数分别排在全国 31 个省份的第 8 位、13 位、14 位，而科技促进经济社会发展指数却分别排在第 28 位、29 位、20 位，大大低于科技活动产出指数在全国的排名。2009 ~ 2012 年国内各省份科技促进经济社会发展指数排名与科技活动产出指数排名之间的差值演变趋势见图 2 - 3。

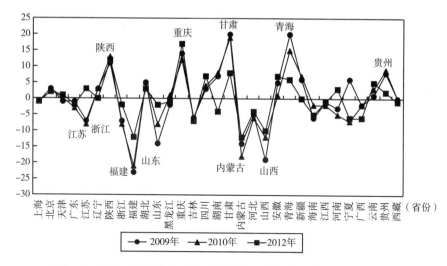

图2-3 2009~2012年国内各省份科技促进经济社会发展指数排名与科技活动产出指数排名之间的差值演变趋势

资料来源：依据中国科技统计网中的相关数据计算制作。

图2-3中各省份差值小于0表明科技促进经济社会发展指数排名高于科技活动产出指数排名，即相比于科技活动产出，该省份更善于利用各种技术促进本省经济社会发展；差值大于0则表明科技促进经济社会发展指数排名低于科技活动产出指数排名，则该省在利用技术促进自身经济社会发展方面相对较弱。

三、区际技术外溢与区域经济增长

（一）区域经济增长中技术的获得

区域经济增长中技术的获得无非有两条途径：一是区域自己的研发部门开发；二是从其他区域引进。这里依然假定，一国范围内各个区域之间的技术转移是完全自由的。也就是说，技术外溢性特征的发挥不存在人为或者是体制性的障碍，而是完全通过市场机制由"成本/收益"之比来决定。这与一个国家的宏观经济增长中技术的获取存在很大的不同。由于种种原因，技术在各个国家之间的转移并不是完全自由的，而是存在种种人为或体制性的障碍，因此一国如果不进行技术的研究和开发工作就可能面临着经济不能持续增长的问题。但是在一国内部区域经济增长中则不同，由于技术转移是完全自由的，加上技术的外溢性特征，使得单个区域即使不进行任何技术开发也可能获得足够用于区域经济增长所需的技术。

从技术的基本特征来看，这种情况的出现也是可能的。首先，由于技术具有生产的一次性和使用的多次性特征，因而技术的使用成本必然低于技术的开发成本，因此经济区域单纯通过技术引进以满足区域经济增长的需要是符合收益大于成本的经济学规律的。其次，由于技术生产的高投入与高风险特征，使得单个区域尤其是那些经济发展水平相对落后的区域在技术开发上面临较大的困难。即使是经济发展水平较高的区域也无法承担进行全方位技术研发所带来的成本。因此，区域经济增长中技术的获得必然以引进为主。

（二）技术对区域经济增长的贡献

基于以上的分析，通过技术的获得方式可以将经济区域划分为三种类型：第一种类型是某些经济区域由于具有较多、较好的研究机构（比如中国的高等院校、研发机构）、人才资源和充足的资金来源而成为技术生产的核心区域；第二种类型的区域则可能依靠技术生产核心区域的技术而生存，即所谓的技术寄生区域；第三种类型则居于其间，即自己生产为本区域经济增长中所迫切需要的并且自己的研发部门也力所能及的技术，而通过市场途径从其他区域获得另外一些也为本区域经济增长所需要的，但或者是已经生产出来的成熟技术或者是自己所无法生产而需要其他区域生产的新技术。

通过技术的获得方式将区域划分为三种类型，但技术进步对区域经济增长的贡献可能并不与这三种区域的分类有必然的联系。也就是说专业化从事技术生产的核心区域，其经济增长中的技术贡献不一定高于另外两种类型的区域，而技术寄生型的区域经济增长中技术的贡献反而有可能是最高的。

（三）区际技术外溢与区域经济增长

正是由于在大国经济体内技术研发与技术促进经济社会发展贡献反差这一事实，给我国各地区充分利用技术研发和产出先进地区的技术溢出效应促进地区经济增长提供了充分的依据。而且，无论是东部地区还是西部地区，其在应用技术促进经济增长的过程中都应当服从于我国的整体经济发展战略。

　　事实上，由于存在经济增长阶段性的差距，在未来我国经济增长进程中，东部地区和西部地区之间经济发展的重点是不同的。东部地区总体上要服从于我国自主创新驱动经济发展这一总体战略，将经济发展的重点放在通过技术创新促进经济增长方式的集约化转变上，因而将会事实上成为我国的技术研发中心。而西部地区，由于相对于东部地区处于比较落后的经济发展水平，经济增长方式仍然主要依靠资本和劳动力等生产要素投入的扩张，即经济增长方式仍然是粗放式的。但这种粗放式的经济增长并不意味着其将沿着改革开放之后我国整体粗放型经济增长方式这一路径，而导致其在未来经济增长进程中出现资源耗竭、环境恶化等不利于我国经济可持续增长的局面，而应当是在借用东部地区技术溢出效应基础上的资本和劳动力等要素投入扩张以促进西部地区经济的快速增长。

　　这种经济增长方式意味着，基于国家整体经济增长方式转变战略，借用东部地区的技术溢出效应，将东部地区自主创新所取得的技术应用于西部地区的经济增长进程中。从而我国西部地区、东部地区、国家整体的经济发展格局体现为：西部地区依赖于外部技术引进（东部技术的溢出效应）并在资本和劳动力等要素投入扩张的基础上促进自身特色优势产业的发展，带动地区经济快速增长；东部地区作为我国技术研发核心地区，重点发展高技术产业，并通过国内技术输出从而处于国内价值链的顶端，并在主导着国内价值链的基础上引领全球价值链从而增强我国在全球经济中的竞争力；国家整体的经济发展则实现了经济增长方式从粗放向集约的转变，从外生向内生增长方式的转变。

第三章　我国的区域产业发展

第一节　区域产业发展趋势

一、低收入阶段的单一产业发展

我国地区经济增长中的产业发展趋势如图 3 - 1 所示。

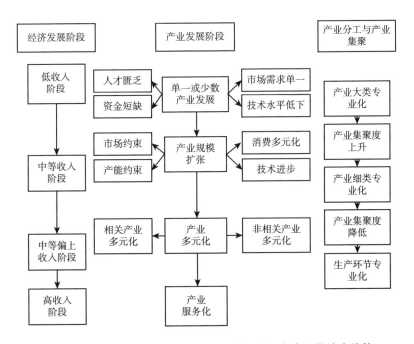

图 3 - 1　地区经济增长、产业发展及产业分工与专业化演变趋势

图 3 - 1 中，地区经济增长进程中的低收入阶段，由于经济规模较小、经济发展水平较低，地区产业发展面临资本短缺、人才匮乏、市场对产品的需求相对单一以及技术水平低下等因素的制约，因而在产业发展中多以初始资源禀赋为基础发展单一或少数种类的产业。这种情况在世界各国经济发展初期都得到普遍体现。以资本主义工业革命前后的英国为例，经历了圈地运动、初始资本积累的资本主义生产，其产品仍然集中于以农产品为主要加工原料、以满足人们基本生活需求的纺织工业、食品加工业等产业领域。在我国，改革开放初期，由于资本匮乏、劳动力技能水平低下，加上长期存在轻工消费品生产不足的状况，居民对衣食住行等消费品的需求巨大，外商直接投资进入我国也因此主要集中于轻纺工业。在我国具有劳动力资源禀赋优势的情况下，带动轻纺工业在我国的快速发展。正因为如此，如表 3 - 1 所示，1985 年前，食品加工与食品制造业在我国工业总产值中的比例均超过了 10%；1990 年前（除 1983 年外）纺织业和服装业在工业总产值中的比重则高达 13% ~ 19%。但食品加工与制造业、纺织业与服装业在我国工业产业中的主导地位随后逐渐下降，到 1997 年均下降到 10% 以内。尽管 2006 年之后食品加工与制造业所占比例稍有回升，但到 2018 年也只有 6.30%；纺织业和服装业则只有 4.30%。

表 3 - 1　　　　食品加工与制造业、纺织业和服装业在工业总产值中的

比重演变趋势

单位:%

年份	食品加工制造业	纺织业和服装业	年份	食品加工制造业	纺织业和服装业
1980	11.40	17.40	1992	6.10	13.00
1981	13.30	19.30	1993	6.00	11.40
1982	13.50	18.00	1994	6.50	12.50
1983	10.80	12.50	1995	7.40	11.10
1984	12.30	15.40	1996	7.40	10.40
1985	11.50	17.70	1997	7.40	9.70
1986	7.70	15.90	1998	7.00	9.40
1987	7.80	13.90	1999	6.70	9.20
1988	7.10	13.80	2000	6.00	8.70
1989	6.90	14.10	2001	6.10	8.70
1990	6.80	14.50	2002	6.20	8.50
1991	6.70	13.90	2003	5.90	7.80

续表

年份	食品加工制造业	纺织业和服装业	年份	食品加工制造业	纺织业和服装业
2004	5.80	7.30	2012	7.30	5.30
2005	5.80	7.30	2013	7.60	5.40
2006	5.60	6.80	2014	7.70	5.40
2007	5.80	6.50	2015	7.90	5.60
2008	6.20	6.10	2016	8.00	5.60
2009	6.80	6.10	2017	7.20	5.00
2010	6.60	5.80	2018	6.30	4.30
2011	6.90	5.50			

注：（1）1990 年前《中国统计年鉴》中食品加工制造业数据为"食品制造业"，1995 年及之后该项数据为"食品加工业"和"食品制造业"；（2）1990 年前《中国统计年鉴》中纺织业和服装业数据为"纺织业"和"缝纫业"两项数据之和，1995 年及之后该项数据为"纺织业"和"服装及其他纤维制品制造"两项数据之和。

事实上，在我国改革开放最前沿的长三角、珠三角，单一或少数产业在工业产业中的主导地位演变趋势更加明显。改革开放后，广东、江苏和浙江 3 省份的工业产业结构中明显地体现出食品加工与制造业、纺织与服装业占主导地位的状况。如表 3－2 所示，1980 年 3 个省份的食品加工与制造业、纺织与服装业占工业总产值的比重均超过 10%，且两大产业的比重合计均超过了 30%，江苏甚至超过了 40%。这种状况一直延续到 20 世纪 90 年代初期，随后两大产业占工业总产值的比重呈持续下降趋势，而电气机械和设备制造业、通信设备、计算机等电子设备制造业所占比重则不断上升。2000 年食品加工与制造业在 3 个省份的工业总产值中所占比重都已很小。到了 2018 年，3 个省份的纺织与服装业所占比重均已低于 10%，产业重心已经明显发生了转移。

表 3－2 　　　改革开放后广东、江苏、浙江主要产业所占比例演变趋势　　　单位：%

省份	项目	1980 年	1985 年	1990 年	1995 年	2000 年	2005 年	2010 年	2018 年
广东	农副食品加工与食品制造	18.90	13.90	8.70	5.90	3.70	3.20	3.40	3.60
	纺织业与服装业	11.90	9.90	13.00	8.90	8.30	5.80	5.80	3.60
	电气机械与通信设备制造	1.80	7.60	9.50	18.90	39.50	37.90	33.30	38.90

续表

省份	项目	1980 年	1985 年	1990 年	1995 年	2000 年	2005 年	2010 年	2018 年
浙江	农副食品加工与食品制造	15.40	11.60	6.10	6.10	3.90	2.70	1.60	1.90
	纺织业与服装业	21.60	25.50	27.70	26.00	19.60	17.00	14.10	8.70
	电气机械与通信设备制造	4.30	3.10	7.20	10.40	13.60	12.90	13.00	16.20
江苏	农副食品加工与食品制造	12.30	9.40	6.30	5.70	4.50	2.70	2.90	3.00
	纺织业与服装业	28.40	27.30	24.50	19.50	14.90	12.50	9.30	5.90
	电气机械与通信设备制造	—	—	9.70	10.60	15.90	22.50	23.60	24.30

资料来源：依据广东、浙江和江苏 3 个省份历年统计年鉴中的数据计算得到。其中江苏省 1980 年的数据实际为 1982 年的数据。

二、中等收入阶段的产业多元化

在低收入阶段，以劳动密集型产业为主的单一或少数产业快速发展。但随着经济发展水平的进一步提高，单一或少数产业规模的继续扩大将面临诸多约束因素。第一，从市场约束来看，主要体现在区域市场规模有限，域外市场对于本地区出口产品的吸收能力有限。第二，资源和产能约束。由于单一产业规模的扩大，对地区资源开发利用程度的加深，可能导致地区资源利用的枯竭。此外，在土地、人力、基础设施等要素的制约下，地区单一产业的发展有一定的规模边界性。这些都限制了单一或少数产业规模的进一步扩大。第三，消费者需求多元化带来的供需不对称约束。由于在地区经济发展初期，消费者的消费需求相对单一，因而单一或少数产业的发展即可以满足消费者的消费需求。但随着经济的发展，消费者收入水平的提升推动了消费升级，从而对商品需求呈现出多样化的发展趋势。因此，单一或少数产业规模的继续扩大与消费者的消费需求就会形成错位，从而造成供不应求和供过于求同时并存的现象。第四，技术进步带来新的替代产品。技术进步带来新的替代品主要是从产业内部发起的,并通过新的替代品促使产业生命周期在走过成熟、衰退期之后,被升级后的产业替代。

在以上四个方面的约束下,单一或少数产业的发展局面将面临以下两个方向的选择:一是相关产业多元化,即在产业深化基础上的产业多元化;二是不相关产业多元化,即通过引进与原有产业不相关的产业寻求新的产业和经济增长点。这两个方面都会导致地区产业呈现出分散化的趋势。

三、高收入阶段的生产环节专业化

到了高收入阶段,由于生产过程的曲折化,产业内分工进一步深化,因而地区专业化主要体现为生产环节的专业化,即地区在融入区域经济发展过程中,通过在某一产业内的某一环节专业化生产,从而构成区域产业发展的完整产业链,进而促进产业在一定经济区域内的发展。而对于单个区域来说,则因为在多个产业领域内实现专业化生产,因而在产业分类日益细化的情况下,产业集聚度可能进一步下降。

第二节　我国的区域产业发展概述

一、我国的区域产业梯度差异

依据戴宏伟(2003)的研究,产业梯度系数的测算公式如下:

产业梯度系数(G) = 区位商(LQ) × 比较劳动生产率($CPOR$)

$$(3-1)$$

在该式中,区位商只是反映了产业的专业化水平,忽略了劳动生产率区域差异给产业成长带来的影响。而比较劳动生产率又称相对国民收入,反映了产业技术水平的高低。由此得到的产业梯度系数,既考虑了地区的专业化水平,又反映了地区之间的相对产业技术水平高低。

式(3-1)中,区位商的计算公式为:

$$LQ_{ij} = \frac{x_{ij} / \sum_i x_{ij}}{\sum_i x_{ij} / \sum_j \sum_i x_{ij}} \qquad (3-2)$$

其中，i 表示第 i 个产业；j 表示第 j 个地区；x_{ij} 表示第 j 个地区的第 i 个产业的某项指标。

比较劳动生产率的计算公式为：

$$CPOR = \frac{P_j^i}{P^i} \qquad (3-3)$$

其中，P_j^i 为 j 地区 i 产业的劳动生产率（以 j 地区 i 产业的工业总产值除以社会从业人数得到）；P^i 为 i 产业的全国平均劳动生产率（以 i 产业的全国工业总产值除以社会从业人数得到）。

但依据式（3-1）计算得到的产业梯度系数没有考虑到产业规模效应。事实上，产业规模是产业梯度的重要影响指标。如果不考虑产业的绝对规模，则可能产生的结果是，某一地区的某一产业规模并不大，但却因为区位商或比较劳动生产率的值较高而导致其梯度系数较高。但从产业转移的角度看，一个地区某产业规模本身较小的情况下，是很难通过产业转移去带动其他地区产业发展的。鉴于此，本书将产业规模纳入到计算产业梯度系数的公式中，因而产业梯度系数的计算公式将变成：

$$G = LQ \times CPOR \times 规模系数(S) \qquad (3-4)$$

式（3-4）中，规模系数的测算方法为：

$$S = \frac{Y_j^i}{Y_j^c} \qquad (3-5)$$

其中，Y_j^i 为 j 地区 i 产业的工业总产值；Y_j^c 为 i 产业在测算样本区域的中位数。

由此，以 2020 年的数据为基础，测算得到我国 31 个省、自治区、直辖市的工业制造业梯度系数[①]。

---

① 资料来源：《中国工业经济统计年鉴（2021）》。但因为自 2018 年之后，全国各省份的《统计年鉴》和《中国工业经济统计年鉴》都不再公布工业总产值数据，因此此处计算区位商、比较劳动生产率和规模系数，均采用《中国工业经济统计年鉴（2021）》中公布的分地区分行业营业收入数据。

对计算得到的工业制造业梯度系数按照 $G \geq 9$、$4 \leq G < 9$、$1 < G < 4$、$G \leq 1$ 进行分类①，得到各产业在各地区的相对优势分布（如表 3 – 3 所示）。

表 3 – 3　　　　　　　　2020 年我国优势产业梯度系数分布

产业分类	Ⅰ类：$G \geq 9$	Ⅱ类：$4 \leq G < 9$	Ⅲ类：$1 < G < 4$
农副食品加工业	黑龙江、山东	湖北、湖南、广西	河南、福建、四川、河北、辽宁、江西、安徽、广东、江苏、陕西、吉林
食品制造业	内蒙古	黑龙江	福建、湖南、广东、四川、河南、河北、上海、宁夏、北京、湖北、山东
饮料制造业	四川、贵州		福建、陕西、湖北、湖南、云南、广东、河南、安徽
烟草制品业	云南、上海、浙江、湖南	湖北、贵州、江苏	广西、安徽、河南、甘肃
纺织业	福建、浙江、江苏、湖北、山东、广东、河南	江西、新疆、湖南、安徽、四川	河北
纺织服装、鞋、帽制造业	福建、浙江、广东、江苏、江西、河南、湖北	安徽、山东	上海、四川、湖南
皮革、毛皮、羽毛（绒）及其制品业	福建、河北、湖南、河南、江西、广东、浙江	安徽	黑龙江、湖北、四川、上海、山东
木材加工及竹、藤、棕、草制品业	广西、福建、山东、湖南	安徽、江苏、河南、湖北、江西	四川、浙江、重庆、河北、广东
家具制造业	广东、浙江、福建、江西	上海、四川、河南、湖南	安徽、湖北、重庆、江苏
造纸及纸制品业	海南、广东、山东、福建	浙江、江苏	重庆、湖南、四川、湖北、江西、天津、安徽、广西
印刷业和记录媒介的复制	广东、湖南	湖北、福建、四川、江苏	浙江、江西、重庆、陕西、安徽、河南、上海、北京

① 熊必琳，陈蕊，杨善林．基于改进梯度系数的区域产业转移特征分析 ［J］．经济理论与经济管理，2007（7）：45 – 49.

续表

产业分类	Ⅰ类：$G \geq 9$	Ⅱ类：$4 \leq G < 9$	Ⅲ类：$1 < G < 4$
文教体育用品制造业	福建、广东、上海、浙江、江苏、湖北、江西	河南、湖南	山东、安徽、云南
石油加工、炼焦及核燃料加工业	山东、辽宁、海南	山西	广东、新疆、河北、浙江、陕西、黑龙江、福建、甘肃、内蒙古、上海、广西、云南、宁夏
化学原料及化学制品制造业	山东、江苏	浙江、上海	湖北、广东、辽宁、内蒙古、福建、河南、海南、安徽、四川、宁夏、新疆、天津
医药制造业	江苏、北京	山东、江西	四川、海南、湖南、陕西、广东、湖北、河南、安徽、浙江、上海、吉林、天津、河北
化学纤维制造业	浙江、福建、江苏、四川		河南、江西、新疆
橡胶制品业	广东、浙江、江苏	福建、山东、安徽	上海、四川、湖北、江西、湖南、河北、天津、重庆
非金属矿物制品业		四川、福建、安徽、江西、河南、浙江	湖北、湖南、广东、山东、江苏、西藏、贵州、广西、陕西、重庆、河北、云南
黑色金属冶炼加工	河北	江苏、山东、山西	辽宁、天津、广西、内蒙古、上海
有色金属冶炼及压延加工业	甘肃、山东	云南、内蒙古、河南、青海	安徽、新疆、福建、广西、江苏、浙江、广东、湖南
金属制品业	江苏	河北、广东、山东、浙江	四川、湖南、福建、安徽、天津、湖北、江西、辽宁、河南
通用设备制造业	江苏、上海、浙江	广东、湖南	山东、安徽、四川、河南、湖北、天津、福建、重庆
专用设备制造业	湖南、江苏	山东、上海、广东	河南、北京、黑龙江、浙江、湖北、四川、福建、河北、天津、安徽、陕西

续表

产业分类	Ⅰ类：$G \geqslant 9$	Ⅱ类：$4 \leqslant G < 9$	Ⅲ类：$1 < G < 4$
汽车制造业	吉林、上海、北京	湖北	广东、重庆、辽宁、天津、山东、江苏、陕西、浙江
铁路、船舶、航空航天和其他运输设备制造业	江苏	辽宁、陕西、四川、吉林、重庆、湖南	北京、山东、广东、浙江、天津、湖北
电气机械及器材制造业	江苏、广东、浙江	安徽、江西、新疆	上海、福建、天津、湖北、陕西、北京、河北、湖南
计算机、通信和其他电子设备制造业	广东、北京、江苏、重庆	四川	浙江、江西、安徽、河南、福建、天津
仪器仪表及文化、办公用机械制造业	江苏、浙江	广东、北京、上海	陕西、河南、四川、湖北、福建
废弃资源和废旧材料回收加工业	江西、广东、广西、安徽	湖北	浙江、黑龙江、福建、湖南、云南、山西
金属制品、机械和设备修理业	上海、北京、福建、四川、广东、浙江	湖北	安徽、辽宁、河北、陕西

注：（1）表中未列出的地区，梯度系数均小于1。（2）表中各类梯度优势分类中，地区之间按照梯度系数由大到小排序。

表3-3中，从Ⅰ类（相对优势大，或者具有显著性相对优势）、Ⅱ类（相对优势较大）到Ⅲ类（相对优势较小）呈相对优势递减趋势。从表3-3中的分类结果可见，在具有最强产业梯度优势的Ⅰ类地区中，西部地区只有内蒙古在食品制造业，四川在饮料制造业、化学纤维制造业和金属制品、机械和设备修理业，云南在烟草制品业，广西在木材加工及竹、藤、棕、草制品业和废弃资源和废旧材料回收加工业，贵州在饮料制造业，甘肃在有色金属冶炼及压延加工业等领域。东北地区则更少，Ⅰ类优势产业只有黑龙江的农副食品加工业，辽宁的石油加工、炼焦及核燃料加工业，吉林的汽车制造业。Ⅰ类优势产业中，东部地区占全部98项中的68项，比例达69.39%，处于绝对优势地位；其次为中部地区的17项，占比17.35%；西部地区排第3位，占比10.20%；东北地区则仅占比3.06%。在具有较强梯度优势的Ⅱ类优势产业中，西部地区和东北地区仍然较少，分别只有15项和3项，分别占全部78项的19.23%和3.85%；而中部地区和东部地区则大致相当，分别占41.03%和48.72%。而在具有一定梯度优势的Ⅲ类优势产业中，西部地区和中部地区、东部地区的差距大大缩小，但东北地区仍然较少，东部、中部、

西部和东北地区分别有 91 项、64 项、54 项和 11 项，分别占全部 216 项的
42.13%、29.63%、23.15% 和 5.09%。

总体来看，东部地区在工业制造业各领域中占有梯度优势，但在 I 类梯
度优势产业中占绝对优势。而就我国的区域产业来看，大致体现出东部地
区—中部地区—西部地区—东北地区的梯度优势产业分布顺序。

二、区域产业一体化发展

（一）我国经济增长方式的战略性转变

改革开放以来，我国总体上是外向型经济增长方式。这种经济增长方式
至少延续到 2008 年全球金融危机。

如图 3 - 2 所示，改革开放后我国的外贸依存度不断提高，从 1978 年的
9.65% 提高到 2006 年最高的 64.48%。之后虽然有所下降，但我国的外贸依
存度从 1982 年之后就一直高于美国，1986 年之后就一直高于日本，并在差距
最大的 2004 年达到美国的 2.43 倍、日本的 2.51 倍。直到 2020 年，我国的外
贸依存度仍然高达 34.51%，而美国和日本则分别只有 23.38% 和 31.07%。

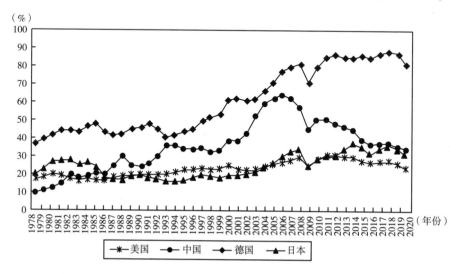

图 3 - 2　1978 ~ 2020 年我国与主要国家贸易依存度对比

资料来源：世界银行发布的世界发展指标（WDI）数据库。

　　在外向型经济增长方式促进我国经济快速增长的过程中，消费、投资和出口是拉动经济增长的"三驾马车"。而"三驾马车"中，消费对于我国经济增长的贡献是相对稳定的；正常情况下投资对我国经济增长的贡献也是相对稳定的，但在其他因素导致经济增长乏力的时候，投资的增加也会增加其对经济增长的贡献；出口对我国经济增长的贡献主要体现在经济增长率中除消费和投资外的剩余部分。但出口却在相当大的程度上决定了我国GDP增长率的走势。1997年东南亚金融危机前后，我国的出口受国际经济形势的影响而从1984～1995年平均为33.80%的增长率，下降到1996～1999年的7.00%，我国的GDP增长率也从之前的超过10%一路下跌到1999年的7.70%。同样的情况出现在2008年全球金融危机到2012年的欧债危机期间。2002～2007年，我国的出口增长率均在20%以上，平均达到了27.40%，期间我国的GDP增长率也都在9%以上，平均达到11.30%，并在2003～2007年保持在10%以上。而受2008年美国次贷危机诱发的全球金融危机和2012年欧债危机的影响，我国的出口增长率从2007年的20.70%下跌到2008年的7.20%、2009年的-18.30%，我国的GDP增长率也从2007年的14.20%下跌到2008年的9.70%、2009年的9.40%。2010年的出口增长率再次恢复到30.50%，我国的GDP增长率也上升到10.60%。而2012年欧债危机之后，我国的出口增长率再次下跌到6%以下，甚至在2015～2016年降到-1.90%，我国的GDP增长率也逐年下降到低于7%。2012～2020年，我国的出口增长率年均只有4.30%，我国的GDP增长率平均值也只有6.50%。

　　外向型经济增长方式对我国经济的影响，不仅仅体现在我国经济受国际经济形势波动而出现增长率下滑上。事实上，随着我国经济规模的不断扩大，经济发展水平的不断提高，延续外向型经济增长方式对我国经济而言还面临以下两个严峻的问题：首先，在我国已经成为世界第二大经济体的条件下，基于小型开放经济体依靠贸易红利促进国民福利的提升对我国已不再适用。其次，在我国，劳动力工资的不断上升使得我国出口产品在国际市场上单纯依赖于价格优势的竞争力日益被削弱。

　　事实上，无论是2012年之后我国出口增长率的持续放缓，还是近年来美国等西方国家主导的逆全球化和贸易保护主义趋势，都意味着我国的经济增长不可能再恢复到原来依靠外贸出口作为拉动我国经济主要动力之一的状态。随着我国经济规模的扩大和经济发展水平的提高，向主要依靠内部需求，通过区域经济协调发展实现经济增长方式转变势在必行。

这种转变主要体现在两个方面：

（1）我国的经济增长应从"以获取贸易红利提高国内居民福利"转向"改善贸易条件以获取外部资源促进我国的经济增长"。

图 3-3 中，$P_{C,I}^*$ 为商品进口前我国国内生产和销售的均衡价格，P_I^W 为进口商品的世界市场价格（低于我国国内市场的均衡价格），P_I^* 为商品进口后增加国内供给使得供给曲线右移从而下降后的国内市场均衡价格；P_E^W 为我国出口商品的世界市场价格，$P_{C,E}^*$ 为我国出口商品国内生产和销售的均衡价格（低于世界市场价格），P_E^* 为我国商品出口到国际市场导致国际市场供给曲线右移从而下降后的世界市场均衡价格。

首先，作为全球第二大经济体，国际贸易中我国获得的生产者剩余和消费者剩余都将减少。改革开放之初，作为国际贸易中的小型经济体（占国际贸易中的比例极小），产品的进出口不会改变国际市场上的产品供求形势而不影响国外的产品均衡价格。到如今，作为大国经济体，我国在参与国际贸易的过程中将改变国际市场上的产品供求形势而影响国外的产品均衡价格。并且，进、出口商品的各类价格将呈如图 3-3 所示的变化趋势。如图 3-3 所示，进口商品会导致我国国内商品均衡价格下降，而我国作为世界第二大经济体，同样会因为出口商品改变世界市场的供求形势而导致世界市场均衡价格的变化。

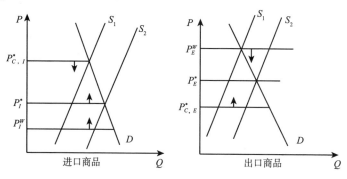

图 3-3 我国进、出口商品均衡价格变化趋势

　　这种变化导致我国商品进出口带来的消费者剩余和生产者剩余都将减少。体现在：第一，出口方面，自20世纪90年代后期开始，在出口占据国际市场同类商品较大份额的情况下，在降低我国出口商品国际市场上价格的同时缩小了国际国内价格差，从而生产者剩余减少。第二，在进口方面，由于国内消费者对进口商品的需求大量增加，在推高进口商品国外价格的同时缩小了国内外价格差，因而消费者剩余减少。第三，人民币的升值则同时缩小了出口商品和进口商品的国内外价差，因而同时降低了我国的生产者剩余和消费者剩余。第四，在国内劳工成本、环境成本不断上升的情况下，出口商品自身价格在不断升高；在国内技术不断进步的条件下，进口商品的国内价格也在不断下降，因此降低了我国进出口贸易的生产者剩余和消费者剩余。因此，如果以 U 表示我国在参与国际贸易过程中所获得的贸易福利，以 $P_{C,E}^*$、$P_{C,I}^*$ 分别表示封闭条件下我国国内出口产品和进口产品的均衡价格，以 P_E^W、P_I^W 分别表示出口产品和进口产品的国际市场价格，以 P_E^*、P_I^* 分别表示出口商品和进口商品在开放条件下的国内价格，以 QE、QI 分别表示出口商品量和进口商品量，以 C 表示人民币汇率。

　　则我国参与国际贸易获得的福利可以表示为：

$$U = U^E(P_E^W - P_{C,E}^*, Q^E) + U^I(P_I^W - P_{C,I}^*, Q^I) \tag{3-6}$$

　　且：

$$P_E^W = P(Q^E, P_{C,E}^*, C), \quad P_I^W = P(Q^I, P_{C,I}^*, C) \tag{3-7}$$

　　并且，随着我国经济规模的不断扩大，由进出口产品给我国带来的边际效用是递减的，即：

$$\frac{\partial P_{C,E}^*}{\partial Q^E} > 0, \frac{\partial U}{\partial Q^E} = \frac{\partial U^E}{\partial Q^E} < 0 \tag{3-8}$$

$$\frac{\partial P_{C,I}^*}{\partial Q^I} < 0, \frac{\partial U}{\partial Q^I} = \frac{\partial U^I}{\partial Q^I} < 0 \tag{3-9}$$

　　我国进出口贸易生产者剩余和消费者剩余减少机制，对国外则刚好相反。即在国外：

$$\frac{\partial P_{C,E}^*}{\partial Q^E} < 0, \frac{\partial U}{\partial Q^E} = \frac{\partial U^E}{\partial Q^E} > 0 \qquad (3-10)$$

$$\frac{\partial P_{C,I}^*}{\partial Q^I} > 0, \frac{\partial U}{\partial Q^I} = \frac{\partial U^I}{\partial Q^I} > 0 \qquad (3-11)$$

因此，在国内外价格和边际效用完全相反的演变趋势下，以及我国在国际贸易中从小国到大国地位的转变，都意味着我国进出口贸易将"从小国开放经济获得贸易红利转向大国开放经济提供贸易红利"，即从对外贸易拉动中国经济增长转向对外贸易中拉动他国经济增长。

其次，与世界经济的同周期性，导致我国应对国际经济形势的政策关注点转变。1997 年东南亚金融危机和 2008 年全球金融危机及之后的欧债危机对我国经济增长率的影响表明，我国经济自 20 世纪 90 年代中期开始即已基本体现为跟世界经济的同周期性。与世界经济的同周期性意味着，一方面我国的经济政策必须与世界各国之间相互协调，从而我国经济政策自主性大大削弱；另一方面由于面对相同的世界经济环境和相似的经济走向（繁荣或萧条），在各国经济政策同步的情况下我国经济政策的有效性将会大大降低。

在国内外的货币政策（M^D、M^F）、国内外的财政政策（F^D、F^F）、国内外的利率政策（I^D、I^F）等政策变量的相互影响下，国内的政策效应 e 将会受到国内外政策的共同影响，如式（3-12）所示：

$$e = e(M^D, M^F; F^D, F^F; I^D, I^F) \qquad (3-12)$$

在这种形势下，面对国际经济形势变化，我国的政策关注点应逐渐从被动适应国际经济形势的变化转向主动引导国际经济形势朝有利于我国的方向变化。事实上，我国在近年来先后主导的亚洲基础设施投资银行、"一带一路"倡议、倡导全球化和多边贸易机制，都是主动引导国际经济形势朝有利于我国获取外部资源促进经济发展方向转变的战略设计。

（2）我国外向型经济增长方式的战略性转变。首先，需求形式的变化要从寻求外部需求转向创造内部需求。改革开放到 20 世纪 90 年代中期，我国由供不应求逐渐过渡到了供过于求。依赖于廉价劳动力和资源的商品因其在国际市场上的价格优势，从而出口成为化解国内需求不足的主要途径。但随着人民币的不断升值，劳工成本的不断攀升，劳动保障支出的增加，资源环境压力的日益加大，出口商品的价格竞争力被大大削弱，并将因此恶化我国出口商品的贸易条件。

由此，可以确定出口厂商的收益（R）与出口产品的价格（P）、产量（Q）及其他变量之间存在以下关系：

$$R = PQ \qquad\qquad (3-13)$$

$$P_{C,E}^* = P(W,S,E,C) \qquad\qquad (3-14)$$

$$Q = Q^D + Q^F \qquad\qquad (3-15)$$

其中，$P_{C,E}^*$ 为出口商品的国内均衡价格；Q^D 为国内需求量；Q^F 为国外需求量。

在利润最大化条件下：$MR = MC$（边际收益等于边际成本），但因为 $P_{C,E}^* = P(L,K,S,E,C)$，则：

$$MC = MC_L + MC_K + MC_S + MC_E + MC_C \qquad (3-16)$$

即我国出口商品的成本不仅体现在劳动力投入（L）、资本投入（K）的变化上，还与完善劳动和社会保障体系所产生的成本（S）、环境成本（E）、汇率变化（C）等密切相关。

由此，可以构建我国的国内消费函数。需求由国内需求和国外需求两部分构成，如式（3-14）所示。

而对于国内需求函数，则应综合考虑到影响国内商品需求的居民收入（Y）、财富存量（W）、商品价格（P）、商品品质（T）、是否适合于国内居民消费（F）以及其他因素（σ），这些变量都会对国内 Q^D 占总需求 Q 的比例产生直接的影响。从而构建国内需求函数：

$$Q^D = Q^D(Y,W,P,T,F,\sigma) \qquad (3-17)$$

该需求函数中，除一般意义上的居民收入、价格和商品质量外，还增加了财富和对国内居民偏好适应度两个变量，这两个变量是我国在外向型经济增长方式转变条件下创造国内需求最关键的因素。

因此，随着我国居民收入的不断增长，加上财富存量的不断增加从而带来财富性收入的快速增长，居民消费扩张与升级释放出来的消费能力和消费潜力意味着，未来我国经济增长进程中，对于需求形式的变化要从寻求外部需求转向创造内部需求。正是因为我国未能实现转向创造内部需求以促进我国经济增长，从而导致我国居民的消费需求严重外溢，甚至是畸形的外溢。

其次，在融入世界经济过程中，提升在国际价值链中地位的基础是依赖于国内价值链的一体化内生经济增长。为此，我国要打破目前将中西部地区剥离于东部沿海地区融入全球价值链的现实状况，而应当构建包括以下内容的国内价值链体系：基于自身地理特征和区位的国内功能性经济区域体系，基于不同产业在区域内和区域间合理分布的横向产业体系，基于同一产业不同环节、不同产品乃至不同生产区段构成的纵向产业体系。由此，要促进国内经济在全国区域经济一体化的基础上向内生经济增长方式转变，从而实现我国在参与国际贸易的过程中从注重量的扩张向注重价值链提升的转变。

（二）我国经济增长方式转变与我国区域产业一体化发展机制

1. 基于内在经济联系的区域经济组织结构体系

我国并行着两种区域经济体系，分别是新中国成立以来基于行政隶属关系的区域经济体系；改革开放后随着区域内部联系加强及区域分工需要的基于经济内在联系的区域经济体系。经济增长方式转变，需要我国将从图3-4所示基于行政隶属关系的区域经济组织结构体系，转向基于内在经济联系的区域经济组织结构体系，实现区域经济体系从"行政经济区域"→"中心城市—经济区域"→"市场—经济区域"的转变。基于内在经济联系的区域经济组织结构体系在促进区域经济差异化发展的基础上，能够增强我国经济面对外部危机的抗风险能力。

2. 单个经济区域产业发展路径

单个经济区域的产业发展路径如图3-4所示。如该图所示，与经济发展阶段相对应，产业发展也体现为从单一或少数产业发展向产业规模扩张、产业多元化进而向产业服务化转变，并在产业分工与产业集聚上体现为"产业大类专业化→产业集聚度上升→产业系类专业化→产业集聚度降低→生产环节专业化"的产业发展路径。

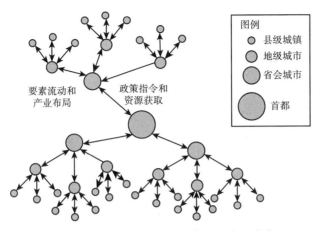

图3-4　基于行政隶属关系的我国经济区域联系

3. 经济区域之间的经济联系机制

一是国内各经济区域犹如世界经济中的小型开放经济体，各经济区域在整个区域经济体系内呈外向型经济增长模式；二是全国区域经济体系中各个经济区域之间的外向型经济联系体现在基础部门的合理划分和选择；三是由于国内区域经济体系中各经济区域间不存在国与国之间的行政界线分隔，因此经济区域之间依照比较优势在区域之间、区域内部各次区域之间分工协作以促进共同发展。

4. 融入区域经济体系的区域主体产业发展模式

主体产业发展是经济区域融入区域经济体系的着力点。而区域经济一体化的重点是经济区域主体产业的发展，将通过"区域品牌化→品牌区际化→区际一体化"的区域产业发展模式融入区域经济体系。区域品牌化意味着区域产业发展须基于自身产业基础，通过自主品牌战略促进单个经济区域产业实现量的扩张和质的提升。品牌区际化则表明区域产业发展的空间视野应当是基于对本区域产品有高度需求的国内其他区域进而扩张至国际区域市场。区际一体化则意味着地区产业发展虽有自身的优势，但产业链分工应是基于全国区域经济体系的，并通过各个经济区域的产业分工协作，实现区域市场一体化、全国整体经济发展的一体化。

(三) 区域产业一体化发展机制模型

以前述四个方面内容为基础，将形成如图3-5所示的区域经济一体化发展机制模型。在深入探讨各因素和变量之间的相互作用关系后将会表明，在"区域经济组织结构体系→单个经济区域产业发展路径→经济区域之间的经济联系机制→一体化区域经济体系的产业发展模式"区域经济一体化发展机制下，其对我国经济发展的意义为，在强调经济区域之间经济联系的基础上，单个经济区域实现对内对外全面开放，进而促进区域经济体系整体分工协作下的一体化发展。因此，经济增长方式体现为：单个经济区域外生经济增长，而全国整体则实现了向内生经济增长方式的战略性转变。

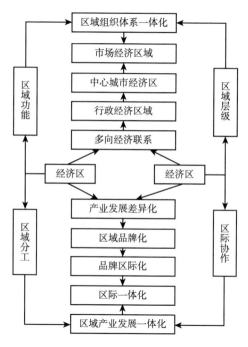

图 3-5　区域经济一体化发展机制模型

三、区域产业深化发展

（一）产业深化

产业深化，是指一国产业总体状态上或者某一产业内部的加工和再加工程度逐步纵深化发展，实现高加工度化与技术集约化的趋势，即一个国家或地区从只能生产初级产品或加工原材料，到能够生产高技术产品；从只能生产较为粗糙的低质量产品，到能够生产高质量产品等[1]。

对于产业深化概念的理解，大致可以认为其描述了一个地区对于产业发展的关注应当遵循"产业—行业—产品—区段—环节"的深化发展路径，而在该路径的每一个阶段都对应了一个国家或地区的经济发展阶段，从而政府的政策侧重点是有差别的。在一个国家或地区的经济发展初期，更多停留在产业层面去分析和关注产业发展问题。比如，改革开放初期及之前，我国的产业发展侧重点是满足人们的基本生活需求，消费者偏好的差异性较小，因而产业发展的关注点在于第一产业，以轻工业为主的第二产业，以居民服务业和交通、住宿为主的第三产业。20世纪90年代，伴随我国短缺经济向过剩经济的转换，消费者在满足基本生活需求后消费需求的横向扩张推动了我国产业发展从产业向行业的演变，一些工业细分行业、服务业的细分行业开始被划分出来[2]。20世纪90年代中后期，供过于求状态的加剧，以及伴随消费者收入增加而分化的消费者偏好，促进了我国各行业产品类别的细分。进入本世纪，东部地区产业发展面临升级，对东部地区乃至我国作为世界工厂在全球价值链中地位（产品区段）的探讨成为产业政策的焦点。同时，为规避出口导向型经济发展模式中国际经济环境对我国经济增长稳定性的不利影响，构建国内价值链成为国内产业发展模式转变的重要路径。而在融入全球价值链的过程中，对目前我国在不同产品区段乃至某一环节的探讨也逐渐深入。

（二）我国的区域产业深化发展路径

1. 基于部门分工基础的产业深化

经济中存在三个部门：研究与开发部门、中间产品生产部门、最终产品生产部门。东部地区在产业深化的过程中，可以实现三个部门的分离，比如利用东部地区更高的技术水平和综合科研能力，将西部地区优势产业的研究

---

[1]　李江涛. 产业深化理论——一个新理论框架［D］. 北京：中共中央党校博士论文，2004.

[2]　这一点可以从我国关于工业经济指标统计中1985年及之前仅提供冶金工业、电力工业、煤炭及炼焦工业、石油工业、化学工业、机械工业、建筑材料工业、森林工业、食品工业、纺织工业、缝纫工业、皮革工业、造纸工业和文教艺术用品等14类工业产业的数据，而在之后则按照采掘业、制造业、电力煤气及水生产供应业等三大门类39个行业分类公布统计数据得到佐证。

与开发部门布局于东部地区，以充分利用外部技术资源获得西部地区优势产业发展所需的技术支持。

2. 基于产品品种的产业深化

基于产品品种的产业深化，关键在于不断发掘差异化的消费者需求，并根据细分化的消费者目标市场开发适销对路的商品以满足不同消费者的需求。

3. 基于产业链环节的产业深化

基于产业链环节的产业深化，重点是西部地区一些产业延伸产业链，增加附加值。比如西部目前的资源开发，多以出售初级资源或简单加工的初级产品为主。以内蒙古的煤炭采掘为例，作为电煤大量运往东部沿海地区，出现了严重的"用高级能源运输初级产品或初级能源"的问题。其产业深化的路径则是将内蒙古的煤炭在采掘出来后直接转化为电能再输送到东部能源需求地区。这样一方面降低能源输送成本；另一方面还有利于煤炭发电后废弃、废渣的综合处理和利用。与内蒙古的煤炭采掘相类似的是广西的蔗糖，其产量占全国糖产量的2/3，但在制糖业2020年408.59亿元营业收入的背后却是食品制造业产值仅仅176.11亿元的营业收入（除罐头制造业外），而与蔗糖业相关的其他产业链环节也同样面临深化发展问题。

4. 基于产品质量提升的产业深化

产品质量问题是当前我国工业产业发展中亟待解决的重大问题。基于产品质量提升的产业深化，要求西部地区优势产业在承接产业转移的过程中利用新技术、新工艺，尤其是我国战略性新兴产业的发展促进我国工业生产流程向智能化、数字化转变，以提升产品质量，这对于西部地区优势产业的转型与升级至关重要。与产品质量提升密切相关的一方面是要促进工业生产流程再造，从工厂外物流和工厂内物流构建精准物流体系，以及我国工业制造业数字化、智能化工业流程演变。另一方面则是要从法制、法规上引导企业注重产品质量的提升，促进西部地区优势产业的深化发展。

5. 基于产品发展战略的品牌化产业深化

产业的升级离不开企业的发展。中国的很多产业成为全球经济基因，但却是由于贴上了其他国家的品牌才成为全球经济基因。而中国经济要想持续发展，就必须摆脱这种被动发展的局面，而自主品牌战略的实施则是扭转被动局面的不二途径。对于自主品牌与企业发展，一是要选择成功的中国自主品牌，研究其品牌发展历程，试图总结出它们成功的共性，同时选择企业投入很多，却最终没有成功或消失的品牌，研究导致它们失败的共性因素，归纳出自主品牌战略实施过程中应借鉴的经验和应规避的风险。二是基于自主品牌战略的宏观思考即中国品牌战略角度研究中国政府应当把自主品牌的培育和建设作为国家战略，逐渐形成完整的品牌战略思路和支持政策体系，在宏观上形成一批具有国际竞争力的自主品牌，从而提高产品附加值，进而转变经济增长方式。三是实施基于三螺旋理论的自主品牌战略发展范式。中国自主品牌战略的实施范式应把企业、政府和消费者作为三支螺旋力量，每支螺旋既具有内生力量，又互为外生力量，从而形成一种全新的自主品牌战略实施范式，进而加快中国品牌的成长，形成中国品牌力量，最终促进中国产业升级和经济增长模式转变。

四、区域产业融合发展

（一）产业融合

植草益认为产业融合是通过技术革新和放宽限制来降低行业间的壁垒，加强各行业间的竞争合作关系。格里塞特和卡纳（Grenstei & Khana）则认为产业融合是为了适应产业增长而发生的产业边界的收缩或消失。卢东斌强调产业融合是高新技术及其产业作用于传统产业，使得两种（或多种）产业合成一体，逐步成为新产业。综合各种观点，从更广泛的视野看，所谓产业融合是指不同产业或同一产业内的不同行业通过相互渗透、相互交叉，最终融为一体，逐步形成新产业的动态发展过程。其特征在于融合的结果出现了新的产业或新的增长点[1]。产业融合成为产业发展及经济增长的新动力，主要是因为，随着产业融合在整个经济系统中越来越具有普遍性，它将导致产业发展基础、产业之间关联、产业结构演变、产业组织形态和产业区域布局等方面的根本变化[2]。

---

[1]　厉无畏．产业融合与产业创新［J］．上海管理科学，2002（4）：4-6.
[2]　周振华．产业融合：产业发展及经济增长的新动力［J］．中国工业经济，2003（4）：46-52.

（二）区域产业融合发展路径

随着我国区域经济发展水平的不断提升，区域之间产业差异性会越来越小，也必然导致地区之间产业相似系数的升高，也即东部、中部、西部和东北地区之间产业差异性缩小。在产业相似程度日趋提高的情况下，如果不能寻求到新的产业增长点，势必会造成未来区域产业发展中竞争性超过协作性。在这种情况下，就需要地区之间通过以下路径寻求产业融合发展。

1. 模块化的区域产业融合

基于模块化的产业融合，要求各地区在加快发展自身优势产业的过程中，基于生产要素在地区乃至全国自由流动的前提下，由技术、需求、制度等多种因素驱动，经过模块化的价值分解和功能整合，使不同产业或同一产业内的不同行业在不断加强横向联系的同时，逐渐形成具有新产业属性或新业态的复杂性产业网络[①]。

2. 区域分工协作下的区域产业融合

区域分工协作下的区域产业融合，要求各地区在促进经济发展区域化的同时，主动融入基于内在经济联系的全国区域经济体系中，并在各经济区域之间就资本和技术密集型产业与劳动和资源密集型产业的分工协作，重点是通过资本和技术密集型产业促进劳动和资源密集型产业的升级；初加工产品与精、深加工产品在产业水平上的分工协作，重点是促进地区之间石化工业、煤炭工业等资源型产业的产业链延伸不断向产业高端延伸；在区域装备制造业配套生产能力及产品多样性的分工协作下，以交通运输、专用和通用设备制造等为核心内容的泛长三角装备制造业，正在经历产业水平升级要求下的生产过程更专、更精、更细、更尖的分工和结构调整；以及建立区域产业一体化的政策协调机制，依靠加强省市之间各个类别和各种形式的对话平台建设。

3. 外部技术进步下的区域产业融合

产业技术进步是指产业发展的要素不断复杂化、高级化、知识化的过程，

---

① 肖建勇，郑向敏. 模块化与产业融合：耦合、机理及效应［J］. 科技管理研究，2012（14）：13－16.

主要表现在产业资本、产业内容、产业组织、产业关系、产业布局、产业制度和产业标准的持续创新①。而产业技术进步对于产业融合的作用主要体现在：一是通过新技术创造新的生产要素从而促进新产业的诞生；二是技术进步导致产业结构优化升级并促进优势产业自身融合。但对于我国各地区而言，尤其是并非我国技术创新中心的地区，通过产业技术进步促进地区产业融合还需借助于来自我国东部或国外的外部技术进步。

4. 以区际贸易、国内价值链促进区域产业融合

事实上，根据钱纳里（1986）等的研究，在大国工业化过程中，国内贸易的扩张对轻工业增长的平均贡献率约为80%，对重工业的贡献率约为65%；而小国分别约为60%和40%。尽管到目前为止并没有关于我国国内贸易对工业产业贡献率的权威研究结论，但在我国从贸易小国到贸易大国的转变中，加快国内区际贸易的发展以减少对国外市场的依赖已经成为共识。

目前，我国国内贸易发展具体表现在国内区际贸易具有较强的沿海指向性、区际间产业关联度低、区际产业结构趋同和产业分工度低等特点。陈秀山、张若研究得出在区际的贸易产品构成中，制成品贸易的沿海指向性更强。主要的原因一方面是东部沿海经济核心区强大的经济辐射效应；另一方面是内陆地区间贸易成本偏高，省际产业关联度低和产品结构趋同。由于沿海区域的产品贸易主要是以出口为主，而中部又纷纷制定南向、东向战略，积极融入沿海经济发达地区，因此一定程度上中东部地区在出口导向型政策的指引下，本应以国内贸易为基础却转向发展国际贸易，国内区际市场贸易被大大忽视②。

构建以本土企业为主体的国内价值链是加快国内区际贸易发展的基础。事实上，构建国内价值链对于区域产业融合至关重要。首先，正是在国内价值链引导下的地区间的合理分工，才会有利于各地区产业的不同生产模块在国内各经济区域形成合力的布局。其次，合理的国内价值链有利于地区之间在资本和技术密集型产业与劳动和资源密集型产业上的分工协作，在初加工

---

① 王洪波. 产业技术进步在 IT 产业融合中的作用探究 [J]. 华东经济管理，2009（3）：149 –153.

② 陈秀山，张若. 中部地区省际产品贸易流量估算与空间分析 [J]. 华中师范大学学报，2007（5）：36 – 42.

产品与精、深加工产品在产业水平上的分工协作，在装备制造业配套生产能力及产品多样性上的分工协作，也有利于区域产业一体化政策协调机制的建立和完善。最后，合理的国内价值链，有利于各地区通过完善的技术交易市场，从技术创新核心地区获得新技术以促进本地区优势产业发展中的产业融合。

第三节　我国的区域产业集聚

一、区域产业集聚

（一）产业集聚

产业集聚（industry agglomeration）又称产业地理集中，波特将其定义为一组在地理上靠近的相互联系的公司和关联的机构，它们同处或相关于一个特定的产业领域，由于具有共性和互补性而联系在一起的现象①。最早对产业集聚现象分类并提出产业集聚原因的是马歇尔。马歇尔之后，产业集聚理论在发展完善过程中出现了三次研究高潮，分别是 20 世纪 30 年代胡佛（Hoover）将集聚经济分解为内部规模经济、地方化经济和城市化经济并对产业集聚现象进行深入研究，20 世纪 70 ~ 80 年代对"产业区"或新的"产业空间"等产业集聚现象的研究，以及 20 世纪 90 年代后以新熊彼特主义的观点研究产业集聚的创新体系、应用不完全竞争经济学、递增收益、路径依赖和累积因果关系等解释产业的空间集聚和基于"钻石"模型强调产业集聚对一定地区产业国际竞争力的作用②。

（二）集聚效率

产业集聚所带来的收益，也即集聚效率（collective efficiency）一般是指马歇尔外部性。马歇尔外部性包括大规模生产（与企业层面的规模经济相类

① 王缉慈. 解读产业集群 [C]. 载于顾强主编：中国产业集群（第 1 辑），北京：机械工业出版社，2005.
② 朱英明. 产业集聚研究述评 [J]. 经济评论，2003（3）：117 - 121.

似的内部经济）、专业化投入服务的可得性、基于人力资本的积累和面对面交流基础上高度专业化的劳动力和新思想的形成和现代化的基础设施等四个方面①。以马歇尔外部为基础，集聚外部性进一步被描述为技术的外部性（technological externalities）和资金的外部性（pecuniary externalities）。其中技术的外部性是非市场的交互作用，是通过直接影响某一个人的效用或某一个企业的生产函数来实现的。而资金的外部性则是市场交互作用的产物，即仅当它们参与到由价格机制所导致的交换中时才能够对企业或消费者和工人产生影响。区域经济中充满了技术的外部性。而更大的地理范围、资金的外部性被用于解释区域间的集聚现象②。对产业集聚带来的效益，国内一般将其解释为这样三个方面：一是产业集聚区内生产和销售的规模很大，在全国同类产品中占有较大份额，即规模经济性；二是产业集聚使专业化分工以一种独特的方式获得了空前发展，即专业化分工；三是分工深化大大降低了生产和交易成本，即企业聚集带来的信息优势③。

（三）产业集聚非效率

1. 产业集聚非效率

产业集聚是区域经济中产业发展的重要形式。事实上，由于区域经济受到规模约束的问题，单个产业集群可能在发展过程中俘获区域。也就是说，区域经济的发展可能因为产业集群的兴起而获得巨大的发展，但也可能因为产业集群的衰败（整个产业走向生命周期的衰退期或者产业集群的迁移），或者因为集群化发展的产业所带来的系列问题而影响整个产业的发展。因此，产业集聚对于区域经济而言，既可能产生集聚效率，也可能带来集聚非效率（collective inefficiency）。

事实上，集聚非效率，或者称为集聚失败（collective failure）还可能体现在更多方面。在集聚规模扩大的同时，地租与劳动力的价格随之上涨，原料

---

① ［日］藤田昌久，［比］雅克－弗朗科斯·蒂斯. 刘峰等译. 集聚经济学——城市、产业区位与区域增长［M］. 成都：西南财经大学出版社，2004：347.

② ［日］藤田昌久，［比］雅克－弗朗科斯·蒂斯. 刘峰等译. 集聚经济学——城市、产业区位与区域增长［M］. 成都：西南财经大学出版社，2004：13－14.

③ 刘世锦. 产业集聚及其对经济发展的意义［J］. 改革，2003（3）：64－68.

供应与产品销售的距离也随之增大，这些分散因素给集聚规模的扩大造成了某种阻力。当阻力增大到一定程度时，集聚经济的效益就会完全丧失，甚至走向反面[①]。尽管存在集聚非效率，但现实中却往往对以下问题缺乏关注：集聚企业不会致力于解决集聚区内存在的诸如能源供应、道路和给排水等较差的基础设施和卫生设施；较低的安全和健康水准；违反有关用工标准的国家法律规定，如童工的使用等问题；集聚产业可能带来的巨大的环境成本；等等[②]。

2. 区域产业集聚非效率的福利效应

伯格森－萨缪尔森社会福利函数形式为：

$$W = W(u_1, u_2, \cdots, u_H) \tag{3-18}$$

在这里可以将集聚非效率行为各方简化为两个社会群体，即集群企业和其他群体（包含消费者、政府部门等）。其中，集群企业包括企业所有者和企业雇员，企业会因为存在集聚非效率成本节约从而带来企业利润的增加，雇员则因此可能享受到工资收入的提高。除集群企业外的其他群体，则会因为集群企业将其生产成本转嫁于社会而可能遭受税收的增加（以消除集聚失败的负面影响），甚至是直接遭到集聚非效率所带来负面影响的损害（比如因为集群企业损害环境而带来健康程度的降低）。两个群体的双曲等福利线如图3-6所示。

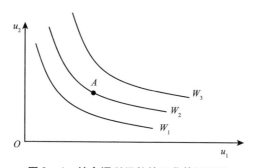

图3-6　社会福利函数的双曲等福利线

资料来源：[意]尼古拉·阿克塞拉著. 郭庆旺, 刘茜译. 经济政策原理：价值与技术 [M]. 北京：中国人民大学出版社，2001：60.

①　郭万达. 现代产业经济学词典 [M]. 北京：中信出版社，1991.

②　Khalid Nadvi, Collective Efficiency and Collective Failure: The Response of the Sialkot Surgical Instrument Cluster to Global Quality Pressures [J]. World Development, 1999, 27 (9): 1605 - 1626.

对于第一个群体，即集群企业，其效用函数为：

$$u_F = u(\pi) \qquad\qquad (3-19)$$

$$\pi(p,w) = \max_{(x,y\geqslant 0)} py - wx \qquad\qquad (3-20)$$

其中，u 表示效用水平，π 为利润，p 为产出品价格，y 为产出数量，x 为投入品，w 为投入品价格。

式（3-19）表示集群企业的效用取决于企业利润；式（3-20）则表示厂商的利润函数依存于投入与产出的价格。对于集群企业来说，要规避集聚非效率，如果利润函数中的产出 y 和价格 p 不变，即收益不变的情况下，集群企业由于将部分成本转嫁于社会而大大降低了其生产经营成本，即 $w \cdot x$ 中因为规避集聚非效率部分的投入减少，则利润 π 将会增加，进而通过式（3-19）提升该群体的效用水平。

对于第二个群体，即除集群企业外的普通居民，其效用函数为：

$$\max_{x\in\mathfrak{R}_+^n} u(x) \quad \text{s. t.} \quad px \leqslant y \qquad\qquad (3-21)$$

其中，u 为居民效用水平，x 为消费商品，p 为消费商品的价格，y 为消费者的收入水平。

集聚非效率对该群体效用的损失主要是对普通消费者收入与消费支出两个方面的影响。而对收入的影响又体现在这样两个方面：一是由于政府相关部门在无法直接向产生集聚非效率行为的集群企业收取相应税收（无法将集聚非效率企业成本显性化）的情况下，对所有居民征收税收以规避集聚非效率带来的不利影响（比如环境治理），导致普通居民收入减少，即式（3-21）约束条件中的收入 y 减少了。二是由于集聚非效率行为对消费者带来的损害导致其收入减少，比如因为对健康的伤害导致普通消费者工作能力的降低从而降低了其单位劳动时间的工资、工作年限的缩短从而减少了其获得工资收入的劳动总时数。而对于消费支出的增加则主要体现在由于集聚非效率行为导致消费者增加为规避集聚非效率影响的支出（比如由于集聚非效率对健康造成的伤害而增加了医疗支出）。由于集聚非效率对消费者收入减少与支出增加两方面的影响，消费者的效用将会降低。

在图3-6中，如果两个群体的初始效用组合位于 A 点，则在集聚非效率的影响下，u_1（集群企业群体的效用水平）将会增加，u_2（普通消费者的效用水平）将会减少，至于如式（3-21）所示的社会总福利的加总是增加了还是减少了则是不确定的。对于集聚非效率的福利效应，即式（3-21）中所示两个群体效用加总得到的社会总福利，总的倾向是集聚初期因为促进了地区经济增长会增加社会总福利，但随着集聚非效率的负面影响增加，并在达到一定程度后使得社会总福利减少。

二、我国典型的区域产业集聚

（一）浙江块状经济

浙江是我国市场经济最为发达的省份之一，在过去的 20 多年时间里，数以万计的中小企业在浙江形成了近 500 个工业产值在 5 亿元以上的"块状经济"。块状经济的崛起是浙江经济中最为突出的一个亮点。块状经济在浙江经济发展中创造的奇迹颇受关注，它是非国有、非公有制企业发动的一种企业空间组织和产业组织的重大创新①。无论是义乌的小商品、嘉善的木材、海宁的皮革、绍兴的轻纺这些县域性的块状经济，还是濮院的羊毛衫、大唐的袜子、织里的童装这些镇域性的块状经济，它们的发展所带来的人口聚集都是浙江城镇化进程中的重要驱动力。

块状经济往往能带动当地的经济和社会发展，因而往往又被称为区域特色经济。块状经济分布于浙江全省各地，在地理版图上形成块状明显、色彩斑斓的"经济马赛克"。区域分布包括宁波电气机械、宁波金属制品、宁波塑料制品、宁波通用设备、宁波服装、宁波有色金属、宁波纺织、宁波工艺品、宁波电子通信、宁波交通运输设备、宁波文体用品、宁波专用设备、宁波化纤、宁波农副食品加工，温州鞋革、温州服装、温州乐清电器、温州塑料、温州汽摩配、温州印刷，绍兴织造、绍兴印染、绍兴纺丝、诸暨五金、诸暨织布、诸暨织袜、嵊州领带、上虞化工，嘉兴皮革、嘉兴纺织、嘉兴化纤、嘉兴服装，杭州五金机械、富阳造纸、萧山化纤，温岭泵与电机、温岭鞋帽

---

① 徐维祥. 浙江"块状经济"地理空间分布特征及成因分析 [J]. 中国工业经济，2001（12）：55-60.

服装、温岭汽摩、玉环汽摩配，湖州长兴化纤、临海机械电子、玉环阀门等①。

"块状经济"已经成为浙江省乃至全国的专业生产加工出口基地，并曾经占有全国乃至世界市场的较大份额，例如，温州地区打火机产量占世界的70%；嵊州领带产量占全国的80%、占世界领带市场的30%；永康衡器产量占全国的2/3；苍南铝制徽章的国内市场占有率高达45%；海宁许村、许巷的装饰布占全国市场份额的35%以上；乐清柳市的低压电器在全国的市场占有率超过1/3，义乌小商品、嵊州领带、诸暨大唐镇袜业、永康五金、温州打火机、永嘉桥头镇纽扣等都超过50%，而绍兴纺织、宁波服装、温州鞋革、台州摩托车、义乌小商品、永康五金、诸暨大唐镇袜业等也在全国乃至世界市场上占据极为重要的地位。

在块状经济发展的基础上，近年来，浙江进一步将产业集群的发展升级为"415X"战略目标，即4个世界级产业集群，包括新一代信息技术、高端装备、现代消费与健康、绿色石化与新材料等4个万亿级世界级先进产业集群；15个千亿级特色产业集群，具体为数字安防与网络通信、集成电路、智能光伏、高端软件、节能与新能源汽车及零部件、机器人与数控机床、节能环保与新能源装备、智能电气、高端船舶与海工装备、生物医药与医疗器械、现代纺织与服装、现代家具与智能家电、炼油化工、精细化工、高端新材料；"X"则是指"新星"产业群，聚焦"互联网＋"、生命健康、新材料三大科创高地等前沿领域，重点培育若干高成长性百亿级产业集群后备军②。

（二）珠三角地区的中小企业集群③

珠三角是产业集群发展最为集中的区域。在珠三角全部建制镇（街道）中，有122个镇拥有特色明显的产业集群，构成了经济发展的独特模式。

珠三角产业集群广泛分布在传统产业、现代农业和新兴产业等多个部门。

①　朱敏．浙江"块状经济"发展特征、成因及启示［Z］．国家信息中心经济预测部，http：//www. sic. gov. cn/News/455/5992. htm.

②　浙江重点培育"415"产业集群［R］．中国信息化，2021（5）：11 – 12.

③　温秋根，谢万贞．珠三角产业集群发展状况［C］．载于邱海雄，王珺．珠三角产业集群发展模式与转型升级．北京：社会科学文献出版社，2013.

从 122 个集群的行业分布看（见表 3-4），工业类集群主要集中在纺织服装、机械五金、电子信息、加点、家具、不锈钢、建筑材料等，以劳动密集型和轻型加工业为主，占总数的 54.50%；农业类集群主要集中在种植业（经济作物如水果、花卉）和养殖业（水产品如鳗鱼等）有关的生产和加工，占总数的 17.00%；其他新兴产业则包括电子信息产业加工和制造，现代物流和商贸服务、生物制药、太阳能光伏、旅游及相关行业，占总数的 28.50%。珠三角的集群由于在地理上的毗邻，众多的同类集群在空间上更为接近，形成了多个集群带，其中尤以珠江东岸的电子信息制造业集群带和珠江西岸的电器机械及专用设备集群带最为典型。根据统计资料，2018 年电子信息制造业集群带总产值超过 38000 亿元（计算机、通信和其他电子设备制造业），机械及专用设备产业集群带总产值超过 28000 亿元（含通用设备制造业、专用设备制造业、汽车制造业、电气机械和器材制造业）[1]，并且规模及范围由东岸的东莞、西岸的佛山和中山越来越扩散到邻近的惠州、肇庆和江门等地。

表 3-4　　　　　　　　珠三角产业集群经济的行业分布特征

行业	产业集群名称
纺织服装	南海西樵、盐步、平洲、里水、中山沙溪、三角、东莞大朗、虎门、佛山张橙、惠州黄埔、开平沙岗、禅城环市街道、顺德均安、新会罗坑、鹤山沙坪、桃源、惠东吉隆、博罗园洲、增城新禧、白云同德
机械五金	高要金利、江门蓬江、开平水口、新会大鳌、南海桂城、金沙、顺德伦敦、大良、中山小榄、东凤、蓬江杜阮、鹤山址山、东莞横沥
电子信息	东莞石龙、石碣、长安、江门江海、中山南头、恩平恩城、斗门井岸、博罗罗阳、惠城惠环（街道）、惠阳新圩、端州睦岗
陶瓷	禅城石湾、南庄
玩具	南海官窑、中山港口、惠城沥林
不锈钢	南山九江、佛山澜石、新会司前、高明更合、高要金渡
家电	顺德容桂、勒流、北滘、南海松岗、三水西南（街道）、东莞寮步
家具	顺德龙江、乐从、中山大涌、东升、板芙、三乡、东莞厚街
建筑材料	南海大沥、高明荷城、明城、三水白坭
种植业	三水大塘、顺德陈村、中山民众、高明人和、惠东铁通、梁化、惠城横沥、汝湖、龙门龙华、信宜镇隆、高要蚬岗、禄步、广宁古水、德庆马圩

① 广东统计年鉴（2019）.

行业	产业集群名称
养殖业	高明更楼，台山上下川、斗山，斗门白蕉，新会沙堆、崖门，怀集闸岗
食品加工	中山黄圃，新会会城，东莞茶山
资源加工	怀集中洲
珠宝工艺	端州黄岗，四会东城
灯饰	中山古镇，南海罗村，蓬江荷塘，惠城陈江
物流	东莞产品、沙田，花都花东
汽车配件	南海狮山
皮革皮具	花都狮岭
太阳能光伏	三水乐平、东莞企石
旅游	三水芦苞，开平塘口，鼎湖凤凰、坑口，德庆官圩，封开河儿口
生物医药	金湾三灶，怀集冷坑
精细化工	中三阜沙，开平月山
游艇	金湾平沙，中山南朗
商贸服务	东莞樟木头
造纸	中山中堂

资料来源：根据广东省科技厅公布的 2010 年专业镇名录整理。

（三）江苏省政府主导和规划引导相结合的产业集群发展

江苏省产业集群发展模式中比较有代表性的，一是以苏州、无锡、常州为代表的苏南模式，它是政府主导下的以集体企业、中型企业为主的自发成长型模式；二是通过建立苏州新加坡工业园、苏州新区、无锡高新技术开发区、常州高新技术开发区等国家级开发区和系列省级开发区，出现规划引导型产业集群模式。江苏省已经形成了龙头企业带动、产业集群、产业园区支撑发展的产业格局。

从行业分布来看，产业集群主要集中在传统优势产业和部分高科技产业中，其中以纺织、服装、机械、轻工、冶金、装备等行业为主。目前江苏省已经形成了50多个纺织服装集群，集群呈现出专业化特色明显，产业链体系完整，中小企业集聚效应显著的特色。如常熟服装板块、江阴毛纺板块、吴江丝绸板块、张家港毛纺毛衫板块、海门家纺板块、常州武进织造板块，还有一大批"一乡一品"的特色乡镇，如休闲服装名镇海虞镇和沙家镇、毛衫名镇横扇镇和新港镇等。

（四）福建省自主发展与重点培育的产业集群发展

目前福建省已初步形成了 76 个不同规模的产业集群。福建石狮的纺织服装、晋江旅游运动鞋、南安石材、莆田鞋业、安溪铁观音、德化瓷器、福安电机、建瓯笋竹、仙游仿古家具等产业集群在我国都占有重要的地位。福建的厦门电子信息产业集群、福安电机产业集群、泉州箱包产业集群、晋江休闲运动鞋产业集群、石狮休闲运动服装产业集群、南安五金水暖器材产业集群、德化日用工艺陶瓷产业集群 7 个产业集群入选《中国百佳产业集群》。

福建产业集群大多属于依赖改革开放以后，侨资进入带动本地产业发展形成的自主发展型产业集群。通过自主发展形成的福建产业集群，数量虽然众多，但大多规模较小。因此，福建省发改委与经济和信息化委员会于 2018 年发布了《建设现代产业体系培育千亿产业集群推进计划（2018～2020 年)》，提出要用三年的时间培育 20 个以上千亿元产业集群，形成产业布局合理、区域特色突出、结构明显优化的产业集群发展格局，如表 3-5 所示。

表 3-5　　　　　福建省重点培育的 27 个千亿元产业集群　　　　单位：亿元

名称	2020 年产值	名称	2020 年产值
集成电路和光电产业集群	4000	金铜铝产业	1350
计算机和网络通信产业集群	2500	纺织化纤产业集群（福州）	3550
高端装备产业集群	2200	纺织服装产业集群（泉州）	3100
电工电器产业集群	2900	纺织鞋服产业集群（莆田）	1200
汽车产业集群	2500	制鞋产业集群（泉州）	1900
石化一体化产业集群（湄洲湾和古雷）	2640	纸及纸制品产业集群	1300
化工新材料产业集群	1000	工艺美术产业集群	1800
动力电池和稀土石墨烯新材料产业集群	1100	农副产品精深加工产业集群	2700
生物与医药产业集群	1000	水产品精深加工产业集群	1600
数字经济（软件和信息技术服务）产业集群	3680	休闲食品产业集群	1330

续表

名称	2020 年产值	名称	2020 年产值
电力工业产业集群	1115	茶产业集群	1200
建材产业集群（泉州）	6150	物流产业集群	7000
现代钢铁产业	1300	旅游产业集群	7000
不锈钢产业	1500		

资料来源：福建省发展和改革委员会．建设现代产业体系培育千亿产业集群推进计划（2018～2020年）. 2018 年 9 月 27 日，http://fgw.fujian.gov.cn/zfxxgkzl/zfxxgfxwj/201809/t20180930_4523096.htm.

三、我国省域制造业产业集聚度演变趋势的实证检验[①]

（一）数据处理与模型

1. 数据来源及其处理

关于我国区域工业制造业产业集聚性趋势的探讨，可以在各地区历年的统计年鉴中，采集我国 30 个省份（不包括西藏）1990～2018 年工业制造业的数据，分别计算各省份的工业产业集聚度（HHI 指数），以及各省份历年的人均 GDP，以分析我国的区域产业集聚趋势。

2. 模型构建

研究对于各省工业制造业产业集聚度随时间和人均 GDP 演变趋势的分析采用一元线性回归模型分别为式（3－22）和式（3－23）：

$$Y_{it} = \alpha_i + \beta_i t + \varepsilon_{it} \quad i = 1,2,\cdots,30; t = 1985,\cdots,2018 \quad （3－22）$$

$$Y_{it} = \alpha_t + \beta_t PGDP_{it} + \varepsilon_{it} \quad i = 1,2,\cdots,30; t = 1985,\cdots,2018 \quad （3－23）$$

其中，i 代表各省，Y 为工业制造业产业集聚度 HHI 指标，t 为时间变量，$PGDP$ 为人均 GDP。

而在应用面板数据模型分析我国除西藏外的 30 个省份制造业产业集聚度 HHI 指数与人均 GDP 之间的变化关系时，则采用如式（3－24）所示的面板

---

① 笔者主持的福建省自然科学基金项目《大数据时代我国制造业转型升级的机制与路径研究》（项目编号：2021J011255）关于我国制造业产业集聚度演变趋势方面的实证分析的阶段性研究成果。

数据回归模型:

$$Y_{it} = \beta_{1i} + \beta_2 X_{2it} + u_{it} \qquad (3-24)$$

其中, $i = 1, 2, \cdots, 30$, 为截面标志 (代表各省份); Y 为工业制造业产业集聚度 HHI 指标; t 为时间标志 (代表 1985 ~ 2018 年按照分析需要设定的时间区间); X 为人均 GDP。

(二) 实证检验结果

1. 集聚度 (HHI) 指数演变趋势

在计算我国各省份工业制造业产业集聚度 (HHI) 指数后, 对时间 t 的回归分析结果如表 3 - 6 所示。

表 3 - 6　　我国各省份工业制造业产业结构集聚度指数的趋势性检验

省份	常数 (C)	回归系数 (α)	R^2
北京	-146.18 *** (-2.73)	20.1454 *** (2.86)	0.2038
天津	18.58 (0.42)	-1.5543 (-0.27)	0.0024
河北	-89.90 (-1.33)	12.7401 (1.44)	0.0625
山西	-77.36 (-1.49)	11.1227 (1.63)	0.0763
内蒙古	117.55 *** (3.45)	-14.5544 *** (-3.24)	0.2597
辽宁	81.51 *** (3.03)	-9.8364 *** (-2.78)	0.1944
吉林	-164.03 * (-1.98)	22.5364 ** (2.06)	0.1175
黑龙江	-96.40 * (-1.97)	13.5870 ** (2.11)	0.1287
上海	-37.20 (-0.99)	5.7772 (1.17)	0.0410

续表

省份	常数（C）	回归系数（α）	R^2
江苏	148.75 *** (4.59)	− 18.5954 *** (− 4.39)	0.3755
浙江	245.78 *** (6.32)	− 31.4727 *** (− 6.15)	0.5418
安徽	158.19 *** (4.48)	− 19.9546 *** (− 4.30)	0.3659
福建	205.24 *** (6.31)	− 26.1591 *** (− 6.12)	0.5390
江西	10.33 (0.28)	− 0.4955 (− 0.10)	0.0003
山东	190.03 *** (4.94)	− 24.1454 *** (− 4.77)	0.4153
河南	183.62 *** (5.43)	− 23.3000 *** (− 5.24)	0.4617
湖北	111.92 *** (4.26)	− 13.8454 *** (− 4.00)	0.3338
湖南	150.37 *** (6.71)	− 18.9318 *** (− 6.43)	0.5634
广东	− 116.57 ** (− 2.10)	16.2227 ** (2.23)	0.1340
广西	131.78 *** (4.49)	− 16.4500 *** (− 4.27)	0.3625
海南	− 332.48 *** (− 5.19)	44.6692 *** (5.31)	0.4925
重庆	215.21 ** (2.59)	− 27.3500 ** (− 2.50)	0.2383
四川	178.43 *** (9.12)	− 22.6091 *** (− 8.79)	0.7070
贵州	138.24 *** (5.11)	− 17.2909 *** (− 4.86)	0.4242
云南	196.31 *** (4.79)	− 24.8591 *** (− 4.61)	0.3990
陕西	96.48 ** (2.47)	− 11.8182 ** (− 2.30)	0.1423

省份	常数（C）	回归系数（α）	R^2
甘肃	− 207.81 *** (− 3.56)	28.2773 *** (3.68)	0.2977
青海	− 170.51 *** (− 3.26)	23.4084 *** (3.40)	0.2718
宁夏	− 14.61 (− 0.46)	2.8292 (0.67)	0.0143
新疆	0.57 (0.01)	0.8773 (0.11)	0.0004

注：（1）＊为在 10% 显著性水平上显著，＊＊为在 5% 显著性水平上显著，＊＊＊为在 1% 显著性水平上显著。（2）表中各省回归模型中，海南省的数据区间为 1988～2018 年，重庆为 1997～2018 年，天津、河北、宁夏和青海为 1985～2017 年，内蒙古和黑龙江为 1985～2016 年。

整体上，除天津、河北、山西、上海、江西、宁夏和新疆等 7 个省份回归系数（α）不显著而不能判断产业集聚度趋势外，其他 23 个省份的产业集聚度分成了两类。一类是北京、吉林、黑龙江、广东、海南、甘肃和青海等 7 个省份的回归系数（α）为正，且均至少在 5% 显著性水平上显著，即产业集聚度在 1985～2018 年呈上升趋势。另一类是剩余 16 个省份，回归系数（α）为负，且除了重庆和陕西在 5% 显著性水平上显著外，其他 14 个省份均在 1% 显著性水平上显著，表明这 16 个省份的产业集聚度在 1985～2018 年呈下降趋势。

2. 工业制造业产业集聚度指数随人均 GDP 演变趋势

从工业制造业产业集聚度与人均 GDP 的演变趋势分析来看，如表 3－7 所示，1985～2018 年，除 1985 年的回归系数（α）在 5% 显著性水平上显著、1987 年在 10% 显著性水平上显著外，其他年份的回归系数（α）均不显著，表明从历年的数据分析来看，并没有显示出明显的制造业产业集聚度随人均 GDP 上升或者下降的趋势。但如表 3－7 所示，历年回归分析的常数项（即截距，或各省份工业制造业产业集聚度 HHI 指数的均值）是高度显著的，这表明在 1985～2018 年，我国各省份的工业制造业集聚度 HHI 指数有趋向历年均值的现象。而观察表 3－7 中回归分析的常数项（截距），其演变趋势大致呈 1985～1993 年下降、1993～2007 年上升、2008 年之后下降的演变趋势。因此，对 1985～2018 年除西藏外的 30 个省份产业集聚度指数 HHI 与人均 GDP 采用分段面板数据分析来加以验证，如表 3-8 所示。

表 3-7　　　　1985～2018 年我国各省份工业制造业产业集聚度
指数对人均 GDP 回归结果

年份	常数（C）	回归系数（β）	R^2
1985	1358.07 *** (16.59)	-0.1505 ** (-2.26)	0.1642
1986	1163.71 *** (22.12)	-0.0201 (0.62)	0.0098
1987	1298.97 *** (16.09)	-0.1096 * (-2.04)	0.1385
1988	883.77 *** (16.80)	-0.0337 (-1.16)	0.0475
1989	915.8871 *** (13.82)	-0.0406 (-1.22)	0.0519
1990	952.92 *** (9.19)	-0.0464 (-0.97)	0.0338
1991	891.28 *** (12.37)	-0.0312 (-1.06)	0.0402
1992	903.17 *** (12.32)	-0.0249 (-1.01)	0.0367
1993	847.91 *** (10.09)	-0.0148 (-0.69)	0.0172
1994	933.07 *** (8.42)	-0.0246 (-1.13)	0.0449
1995	953.46 *** (7.46)	-0.0205 (-1.01)	0.0366
1996	931.46 *** (8.58)	-0.0192 (-1.29)	0.0582
1997	931.61 *** (8.80)	-0.0171 (-1.32)	0.0583
1998	1045.75 *** (8.22)	-0.0187 (-1.30)	0.0570

续表

年份	常数（C）	回归系数（β）	R^2
1999	1043.49 *** (7.66)	−0.0145 (−1.10)	0.0354
2000	1066.24 *** (6.97)	−0.0087 (−0.60)	0.0127
2001	1097.62 *** (6.79)	−0.0062 (−0.44)	0.0068
2002	1150.65 *** (6.61)	−0.0081 (−0.59)	0.0122
2003	1216.27 *** (6.66)	−0.0086 (−0.69)	0.0165
2004	1267.96 *** (7.57)	−0.0080 (−0.82)	0.0236
2005	1250.01 *** (7.19)	−0.0052 (−0.60)	0.0125
2006	1260.68 *** (6.90)	−0.0048 (−0.59)	0.0125
2007	1315.20 *** (7.03)	−0.0060 (−0.85)	0.0249
2008	1324.20 *** (7.04)	−0.0068 (−1.11)	0.0424
2009	1214.04 *** (7.16)	−0.0050 (−0.97)	0.0323
2010	1227.22 *** (6.99)	−0.0051 (−1.12)	0.0421
2011	1298.50 *** (6.59)	−0.0058 (−1.32)	0.0582
2012	1231.12 *** (6.43)	−0.0051 (−1.29)	0.0563
2013	1131.03 *** (6.52)	−0.0034 (−1.02)	0.0361
2014	1110.32 *** (6.14)	−0.0030 (−0.92)	0.0296

续表

年份	常数（C）	回归系数（β）	R^2
2015	1033.40 *** (6.17)	-0.0020 (-0.70)	0.0170
2016	982.77 *** (5.76)	-0.0008 (-0.28)	0.0028
2017	1265.40 *** (4.74)	-0.0037 (-0.90)	0.0317
2018	1430.72 *** (3.56)	-0.0050 (-0.85)	0.0331

注：* 为在10%显著性水平上显著，** 为在5%显著性水平上显著，*** 为在1%显著性水平上显著。

　　尽管针对全时间段1985～2018年面板数据分析结果的随机效应模型显示，我国省域工业制造业产业集聚度HHI指数对人均GDP的回归系数为正，且在5%显著性水平上显著，但分别针对1985～1993年、1994～2007年、2008～2018年三个时间段的面板数据回归分析结果则表明，在1985～1993年为固定效应模型，回归系数为负且在1%显著性水平上显著；在1994～2007年为固定效应模型，回归系数为正且在1%显著性水平上显著；在2008～2018年为随机效应模型，回归系数为负且在5%显著性水平上显著。这与表3-7中关于历年工业产业集聚度HHI指数对人均GDP的回归分析中常数项的演变规律是一致的。

表3-8　我国各省份制造业产业集聚度对人均GDP分段面板数据分析结果

年份区间	参数	固定效应模型	随机效应模型	Hausman 检验
1985～2018	α	974.7900 *** (80.14)	981.8000 *** (16.39)	chi2（1）=1.75 （Prob > chi2 = 0.1864）， 随机效应
	β	0.0010 ** (2.35)	0.0009 ** (2.27)	
1985～1993	α	1166.5900 *** (42.57)	1142.7030 *** (27.90)	chi2（1）=6.59 （Prob > chi2 = 0.0102）， 固定效应
	β	-0.1213 *** (-8.91)	-0.1075 *** (-8.59)	

续表

年份区间	参数	固定效应模型	随机效应模型	Hausman 检验
1994～2007	α	824.5700 *** (38.80)	835.7100 *** (10.59)	chi2（1）=10.55 （Prob > chi2 = 0.0012）， 固定效应
	β	0.0164 *** (9.67)	0.0158 *** (9.37)	
2008～2018	α	1104.1900 *** (26.27)	1114.4400 *** (13.00)	chi2（1）=0.45 （Prob > chi2 = 0.5021）， 随机效应
	β	−0.0018 ** (−1.99)	−0.0019 ** (−2.21)	

注：** 为在5%显著性水平上显著，*** 为在1%显著性水平上显著。

以上关于我国 1985～2018 年省域工业制造业产业集聚度 HHI 指数的分析结果表明，改革开放至今，我国省域工业制造业产业集聚程度的演变趋势，与图 3-1 所描述的不同经济增长阶段下工业制造业发展从集中化走向分散多元化的趋势是基本一致的。

第四章 我国的城市化与城市群发展

第一节 我国的城市化发展道路

一、我国城市化发展历程

新中国成立以来，我国的人口城市化取得了巨大的成就，城镇人口从1949年的0.58亿人增加到2020年的9.02亿人，城镇化率则从10.64%提升到63.89%，平均每年将近1200万人由农村转移到城市，城镇化率平均每年提高0.75个百分点，如图4-1所示。

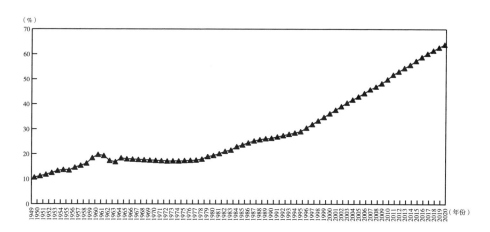

图4-1 1949～2020年我国城镇化率演变趋势

资料来源：依据《中国统计年鉴（2021）》《新中国六十年统计资料汇编》中的相关数据计算制作。

新中国成立以来我国城市化发展历程可以分为以下几个阶段：

第一阶段是 1949～1958 年稳步城市化阶段。1949 年，新中国刚成立时我国的城市化水平很低，据估计 1949 年全国城市化率仅为 10.60%[1]，而且城市的空间分布主要集中于东部沿海地区。新中国成立后，1949～1952 年在工业的快速增长带动下，城市化水平得到提高，1952 年城市人口约有 5760 多万人，占总人口的比例为 11.80%。第一个五年计划期间，得益于国民经济尤其是工业的快速发展，到 1957 年，城市人口增加到近 9950 万人，城市化水平提高到 15.40%[2]。1949 年设市城市的数目为 136 个，到 1957 年底增至 176 个，平均每年递增 5 个新设市城市[3]，年均城市化率提高 0.72 个百分点。

第二阶段是 1958～1965 年城市化超常发展和整顿阶段。1958～1960 年，大跃进期间，城市人口在大规模基本建设的刺激下迅速膨胀，1958～1960 年全国新设市 44 个，城市人口由 1957 年的 9950 万人增加到 1960 年的 1.30 多亿人，3 年中城市人口净增 31.40%，城市化水平由 1957 年的 15.40% 迅速上升到 1960 年的 19.70%[4]。但大跃进期间我国城市化的超常发展带来了诸多问题，因而随后对此做出了调整和整顿。从 1961 年开始强制推行的精减职工和减少城市人口政策，使得 1961～1965 年无论是城市人口数量还是城市数量都出现了负增长，到 1965 年城市人口降至 9885 万人，城市数量减至 169 个[5]，城市化水平由 1960 年的 19.80% 下降为 1965 年的 17.90%[6]。

第三阶段是 1966～1978 年我国城市化陷于停滞状态。1966～1978 年，全国城市人口总数增至 1.72 亿人，平均增长速度仅为 2.20%，城市化率增加到 17.92%，仅比 1966 年提高了 0.06 个百分点[7]。这一阶段城市数量的增长也很缓慢，1966 年全国城市数为 171 个，到 1977 年增加到 190 个，10 余年中仅增加了 19 个[8]。

---

[1][6] 姜爱林. 论对中国城镇化水平的基本判断 [J]. 江苏社会科学，2002 (6)：55-60.

[2] 杨武. 我国城市化的历史回顾与道路选择 [J]. 安徽大学学报 (哲学社会科学版)，1997 (5)：119-123.

[3][4] 顾朝林，邱友良，叶舜赞. 建国以来中国新城市设置 [J]. 中国地理，1998 (4)：320-327.

[5] 朱铁臻. 中国城市化的历史进程和展望 [J]. 经济界，1996 (5)：14-16；顾朝林，邱友良，叶舜赞. 建国以来中国新城市设置 [J]. 中国地理，1998 (4)：320-327；杨立勋. 城市化与城市发展战略 [M]. 广州：广东高等教育出版社，1999：102.

[7] 张二勋. 试论中国的城市化道路 [J]. 地域研究与开发，2002 (1)：27-30.

[8] 朱铁臻. 中国城市化的历史进程和展望 [J]. 经济界，1996 (5)：14-16.

　　第四阶段是改革开放后到 1994 年城市化重新启动并稳定发展阶段。十一届三中全会之后改革开放政策的实施，使得我国停滞了十几年的城市发展进程得以重新启动并不断加速。从 1980～1994 年的 15 年间，全国城市人口年均增长率为 4.73%，城市化水平年均增长 0.5 个百分点以上。1994 年城市人口达到 3.42 亿人，城市化水平达到 28.50%，比 1978 年提高了 10.60 个百分点[①]。这期间城市数量增长也比较快，由 1978 年的 193 个增至 1994 年的 622 个，平均每年增加城市 33 个[②]。

　　第五阶段从 1995 年开始，我国城市化进程进入快速发展的阶段。1995 年城镇人口为 3.52 亿人，城市化水平为 29.04%。2020 年城镇人口达到 9.02 亿人，城市化水平提高到 63.89%，城市化率年均提高 1.39 个百分点，城市人口每年增加超过 2200 万人。在这一阶段，从 2010 年第六次全国人口普查开始以常住人口统计我国的城镇人口数，并对 2006～2009 年的城镇人口依据常住人口数据做了调整。因此，又可以将这一阶段分成 1996～2005 年和 2006～2020 年两个时期。虽然两个时期的年均城镇化率差不多，分别为 1.395 个和 1.393 个百分点，年均增加城市人口也相差不多，分别为 2104 万人和 2267 万人，但差别在于，后一时期 2015 年之后，我国的人口城镇化率呈明显的放缓趋势。如图 4-2 所示，1996～2020 年，我国的城镇化率在经历了 1996～2003 年稳定的快速提升（均介于 1.43～1.44 个百分点）、2004～2015 年城镇化率上升呈现出较大的波动（年城镇化率提升 1.10～1.88 个百分点）之后，我国的城镇化率提升在 2015～2020 年呈持续下降的趋势，分别为 1.58 个、1.51 个、1.40 个、1.26 个、1.21 个和 1.18 个百分点，可以预期我国已经进入城镇化放缓阶段[③]。

　　在我国人口城镇化的第五个阶段，除了城镇人口的增加、城镇化率的提升外，城市的发展还明显呈现出集群化的趋势，并分别在珠江三角洲、长江三角洲、环渤海地区形成了 3 个以特大城市为中心、大中小城市和小城镇协调发展的城市群，在闽南沿海、豫中、成渝、湘中、关中、武汉、北部湾等经济区也分别出现了较为密集的都市圈或城市连绵区。

---

① 国家统计局. 中国统计年鉴 [M]. 北京：中国统计出版社，2006.
② 朱铁臻. 中国城市化的历史进程和展望 [J]. 经济界，1996（5）：14-16.
③ 从 2021 年《国民经济和社会发展统计公报》的数据看，2021 年我国人口城镇化率进一步放缓，较 2020 年仅提高 0.81 个百分点。

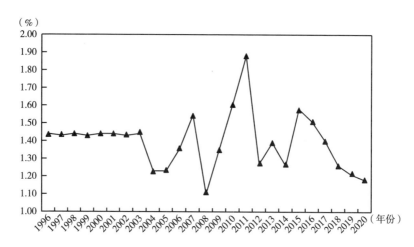

图 4 - 2　1996～2020 年我国年均城镇化率提高值演变趋势

资料来源：依据《中国统计年鉴（2021）》《新中国六十年统计资料汇编》中的相关数据计算制作。

二、我国的城镇化发展道路

在我国的城镇化发展过程中，曾先后出现了大城市化、中小城镇化和大中小城镇相结合等城镇化发展道路。

（一）新中国成立到改革开放前着重发展重工业城市的城市化道路

新中国成立之初，我国基本照搬了苏联社会主义城镇化模式，即通过高度集中的计划经济，在优先发展重工业的战略规划下，发展了一批能源资源型城市，以适应冷战背景下重工业发展对能源资源的需求。一五时期，我国出现了一批新兴工业城市，武汉、太原和洛阳等城市也进行了扩建改造，大批农业劳动力转移到城市工业部门，城市数量和城镇人口持续增加。1964 年开始的"三线"建设，在改变我国工业的不合理布局，使我国的战略后方在交通、能源、国防科技、机械轻纺电子方面都取得了很大发展[①]的同时，也在内地建设了诸如钢城攀枝花、煤都六盘水、汽车城十堰、镍都金昌等一批新

---

① 孙东升. 我国经济建设战略布局的大转变——三线建设决策形成述略［J］. 党的文献，1995（3）：42 - 48.

兴的"明星"工业城市，绵阳、德阳、自贡、都匀、凯里、宝鸡、汉中、天水等从原来的普通县城一跃成为全国知名的重工业城市。一批以军工、钢铁、冶金、电力、航天、机械、电子、煤炭、石油、化工等产业为核心的重工业城市涌现出来，改变了内地乃至全国的产业结构和工业布局。毫无疑问，"三线"建设带动了内地一批重工业城市的崛起，并形成了若干工业基地和工业集群，成为这一时期中国城市工业发展的新生力量[1]。

（二）改革开放后小城镇优先发展的城镇化道路

始于农村的我国改革开放，极大地提高了农业劳动生产力，并释放了大量的农村剩余劳动力。在"离土不离乡、进厂不进城"的思想主导下，农村剩余劳动力在改革开放初期更多流向了乡镇企业，导致小城镇"遍地开花"。在此基础上，1983 年，费孝通《小城镇，大问题》一文的发表，为中国以小城镇为主的发展路径提供了强有力的理论论证，小城镇因其作为协调我国城市结构体系的重要内容和缓解我国建设资金短缺国情而成为我国城镇化道路的突破口[2]。随后，我国城市规划和城镇发展的一系列政策将小城镇优先发展的城镇化道路不断深化：1989 年颁布的《城市规划法》明确提出"国家实行严格控制大城市规模、合理发展中等城市和小城市的方针"；1998 年《中共中央关于农业和农村工作若干重大问题的决定》指出，"发展小城镇，是带动农村经济和社会发展的一个大战略，有利于乡镇企业相对集中，更大规模地转移农业富余劳动力，避免向大中城市盲目流动……要制定和完善促进小城镇健康发展的政策措施，进一步改革小城镇户籍管理制度。小城镇要合理布局，科学规划，重视基础设施建设，注意节约用地和保护环境"；1999 年中央经济工作会议公报中同样提到"发展小城镇是一个大战略"，小城镇在我国城市体系中的地位更加突出。

小城镇的发展对于我国在改革开放初期城镇化速度较慢、农村转移劳动力主要是农业剩余劳动力、劳动密集型产业率先发展的总体背景下的城镇化发展起到了重要的作用。在小城镇优先发展的城镇化思想主导下，大城市的

---

① 徐有威，陈熙. 三线建设对中国工业经济及城市化的影响 [J]. 当代中国史研究，2015，22 (4)：81－92，127.

② 季任钧，范磊. 一条有中国特色的城镇化道路——试论依靠乡镇企业发展小城镇 [J]. 城市经济，1995（6）：37－42.

城市人口增长也确实得到了遏制。如表 4 - 1 所示，1981～2000 年，我国主要大城市的城市人口数量均增长缓慢，除上海和重庆（因直辖市带来的区划调整）城市人口数量增加超过 500 万人，济南、深圳和重庆增长率超过 100% 以外，其他大城市无论是人口增加数量还是期间的城市人口增长率均较低。但不可忽视的是，相较于大中城市，小城镇无论是要素集聚、产业发展还是对周边地区的辐射和带动功能都较差，小城镇的基础设施由于难以达到规模经济效应因而其建设水平参差不齐，其相对于大中城市更低的产业发展水平因而收入水平也更低导致小城镇对农村剩余劳动力的吸纳能力有限，难以真正解决我国1995 年之后进入城市化快速发展阶段大量的农民向城市非农产业转移的问题。

表 4 - 1　　　1981～2020 年我国主要大城市部分年份城市人口数量　　　单位：万人

城市	1981 年	1990 年	1995 年	2000 年	2005 年	2010 年	2015 年	2020 年
北京	486	624	656	691	1538	1961	2170	2189
天津	381	573	589	600	640	807	1239	1387
上海	613	784	1301	1137	1778	2302	2415	2428
南京	209	250	266	290	513	568	693	764
杭州	116	134	144	179	252	620	845	1233
合肥	80	100	116	134	175	317	440	636
福州	110	129	138	148	146	239	262	411
济南	129	232	248	264	348	350	370	835
郑州	138	170	186	272	255	509	828	850
武汉	316	375	398	426	445	912	1061	1237
广州	302	356	382	567	617	664	1649	1800
深圳	8	40	151	395	828	1034	1138	1344
重庆	260	298	546	896	736	1060	1338	1610
成都	243	281	308	336	417	552	703	1009
西安	209	276	297	345	373	653	702	939

注：重庆 2000 年之后的数据为城区人口。

资料来源：根据历年《中国城市建设统计年（报）鉴》中的数据整理。

（三）20 世纪 90 年代后大中小城市和小城镇协调发展

进入 20 世纪 90 年代，我国经济社会发展出现诸多新的变化，我国总体由短缺经济向过剩经济转变，主导产业由劳动密集型产业向资本密集型产业转变，农村劳动力加速向城镇转移[1]，在义务教育普及尤其是大学扩招后人们受教育水平大大提高因而向收入更高的大中城市转移的意愿大大增强，以及大城市因其强大的综合经济实力、更高的科技信息水平和市场化程度对周边中小城镇和小城镇强大的辐射效应[2]。这些变化意味着，单纯依靠小城镇的建设和发展，已经难以适应我国城镇化新发展阶段的需求。国家也意识到城镇化道路转变的必要性，并通过一系列政策将城镇化路径向"大中小城市和小城镇协调发展"转变。

2001 年 8 月，《"十五"城镇化发展重点专项规划》明确指出，"推进城镇化要以党的十五届五中全会精神为指导，遵循客观规律，与经济发展水平和市场发育程度相适应，走符合我国国情、大中小城市和小城镇协调发展的多样化城镇化道路，逐步形成合理的城镇体系……有重点地发展小城镇，积极发展中小城市，完善区域性中心城市功能，引导城镇密集区有序发展，走多样化的城镇化道路"。2002 年，党的十六大提出科学发展观，明确要求各地"坚持中小城市和小城镇协调发展，走中国特色的城镇化道路"。由此可见，我国的城镇化道路已经从"优先"发展小城镇转向"有重点地"发展小城镇，而大城市的发展则被放宽以形成和发挥大城市的辐射带动作用，即从"严格控制"大城市的发展转变为"防止盲目扩大"大城市的发展。

这种政策上的转变，带来的是我国大城市的快速发展。首先，在大城市的数量上，2000 年我国 100 万~499 万人、500 万~999 万人、1000 万人以上的城市数量分别为 103 座、4 座、1 座，2020 年则分别达到 242 座、16 座、9 座，分别增长 134%、300%、800%。在此期间，苏州、宁波、温州、厦门、东莞、佛山等一批东南沿海大城市快速崛起，大量中西部地区、欠发达地区的人口流入东南沿海地区的大中城市。其次，在大城市容纳的人口方面，2000 年 100 万人口以上的城市容纳人口为 2.05 亿人，2020 年则达到了 7.15 亿人，增加了 5.10 亿人，比我国同期城镇人口总数的增加量 4.43 亿人还多 0.67 亿人[3]。而从表 4 - 1 中的数据可见，2000~2020 年，除福州和南京外，

---

[1]　1978~1995 年我国由农村向城镇转移人口年均为 1028 万人，1996~2020 年则为 2202 万人。

[2]　阎小培，翁计传. 现代化进程中大城市的辐射作用和实现现代化的战略 [J]. 现代城市研究，2003（1）：22 - 27.

[3]　这种情况表明，大城市吸纳了部分来自中小城镇的城镇人口，因而出现了部分中小城镇人口减少的现象。

我国主要大城市在此期间城市人口增加均超过 500 万人，其中北京、上海、杭州、广州城市人口增加超过 1000 万人，城市人口增加量明显多于 1981～2000 年；各城市的城市人口增长率除重庆低于 100% 外，其他城市均在 110%以上，其中杭州超过 500%，合肥超过 300%，北京、济南、郑州、广州、深圳、成都超过 200%，增速明显快于 1981～2000 年。

（四）党的十八大以来以人为本的新型城镇化道路

新型城镇化道路的提出背景，一是规模庞大的农民工阶层，与城市居民构成了"城市二元结构"问题。有关统计表明，在城镇打工的 2.60 亿名农民工中，真正在城市购房的不足 1%，大约有 1.59 亿名在城市工作半年以上的农民工及其家属处于"半市民化"状态。农民工中的大多数并没有充分享受到城镇的公共服务和社会保障。城市二元结构的出现，使得问题更加复杂。二是人口过于向大城市集中，城市规划和建设盲目向周边扩延带来"城市病"问题。大中城市面临集聚经济递减而集聚不经济递增、居住和生活成本的上升导致其对农村转移劳动力的吸引力下降、大中城市居民随着收入的不断提高而日益向中小城镇转移的倾向等诸多问题或现象。三是大量的农民工进城造成农村"空心村"和土地撂荒问题。随着城镇化进程加速，大量的农村劳动力进城务工，长期在城里居住。很多农民工已经无法适应农村的生活。部分村庄只有一些老人、妇女和小孩留守，农地耕种减少，甚至造成土地大量闲置[①]。

由此，2012 年党的十八大提出"新型城镇化"，从国家发展战略角度对城镇化做出重要部署。之后，党的十八届三中全会通过的《中共中央关于全面深化改革若干重大问题的决定》提出，要"推进以人为核心的城镇化，推动大中小城市和小城镇协调发展、产业和城镇融合发展，促进城镇化和新农村建设协调推进"。而后于 2013 年 12 月 12～13 日召开的中央城镇化工作会议和 2014 年 3 月发布的《国家新型城镇化规划（2014～2020 年）》则进一步明确了新型城镇化道路的主要任务。2014 年 12 月，江苏、安徽两省和宁波等

---

① 何树平，戚义明. 中国特色新型城镇化道路的发展演变及内涵要求 [J]. 党的文献，2014（3）：104 – 112.

62 个城市（镇）被列为国家新型城镇化综合试点地区，2015 年国务院《政府工作报告》中明确提出"加强资金和政策支持，扩大新型城镇化综合试点"，正式开启了中国特色新型城镇化道路建设发展进程。

结合党的十八届三中全会《决定》、中央城镇化工作会议和《国家新型城镇化规划（2014～2020 年）》的相关内容，可以发现，新型城镇化道路的目标与具体任务重点是以下几个方面：一是要促进农民工市民化，即实现人的城镇化；二是要促进城镇产业发展，实现产城融合发展，让城市发展有产业基础；三是提出了"两横三纵"的城市化战略格局，要求优化城市空间结构和管理格局，增强城市综合承载能力；四是再次明确要推动大中小城市和小城镇协调发展，实行全面放开建制镇和小城市落户限制，有序放开中等城市落户限制，合理确定大城市落户条件，严格控制特大城市人口规模的人口管理方针。

新型城镇化道路在着眼于解决我国人口过于向大城市集中所带来问题的基础上，更加注重推动大中小城市和小城镇协调发展，为中小城镇特别是县域城镇的发展带来了历史性的机遇。

第二节　我国未来城镇化率演变趋势

本部分内容将从人口增长角度预测我国的城镇化率演变趋势。为此，将首先对我国总人口增长率、城镇人口增长率的历史数据进行回归拟合，找出最优拟合曲线。然后分别对 2016～2030 年我国的总人口、城镇人口增长率及总人口、城镇人口进行预测，并以此为基础来预测我国到 2030 年的城镇化率演变趋势。而在预测我国城镇化率演变趋势时，则分别以城镇人口总体和城市、城镇人口分解等两种方式来展开。

一、预测模型

文中对我国总人口、城镇人口增长率历史数据的回归拟合模型如下。

1. 多项式回归模型

$$y = \alpha + \beta x + \gamma x^2 + \varepsilon \qquad (4-1)$$

其中，y 为因变量人口增长率，x 为自变量（因本书中主要探讨的是总人口和城镇人口增长率随时间的演变趋势，因此自变量为时间 t），α，β，γ 为回归系数，ε 为残差。

2. 幂函数回归模型

$$Y = aX^b + e \qquad (4-2)$$

其中，Y 为因变量人口增长率，X 为自变量（因本书中主要探讨的是总人口和城镇人口增长率随时间的演变趋势，因此自变量为时间 t），a，b 为回归系数，e 为残差。

在实际回归分析中，则在省去式（4-2）中的残差项 ε 后，对等式两边分别取对数，得到新的回归方程：

$$y = \alpha + \beta x + \varepsilon \qquad (4-3)$$

其中，y 为人口增长率的对数，x 为自变量（因本书中主要探讨的是总人口和城镇人口增长率随时间的演变趋势，因此自变量为时间 t）的对数，α，β 为回归系数，ε 为残差。

以式（4-3）为基础进行回归，再以得到的回归系数反推人口增长率。

3. 对数线性回归模型

$$y = \alpha + \beta x + \varepsilon \qquad (4-4)$$

其中，y 为因变量人口增长率，x 为自变量（因本书中主要探讨的是总人口和城镇人口增长率随时间的演变趋势，因此自变量为时间 t）的对数，α，β 为回归系数，ε 为残差。

二、数据处理

本书中所用的数据主要包含 1987～2015 年我国的总人口、城镇人口及其增长率（资料来源于《中国统计年鉴（2016）》），以及 2006～2015 年我国城市和城镇人口数据（历年《中国城市建设统计年鉴》）。由于书中所需要的数据大多有原始数据，因此并不需要进行特殊处理，只有人口增长率可能利用式（4-5）进行计算。

$$g_P = \frac{P_t}{P_{t-1}} \times 1000 \qquad (4-5)$$

其中，g_P 为人口增长率，P_t 为 t 年的人口数。

三、基于人口增长历史数据的我国城镇化率演变趋势预测

（一）我国总人口增长率演变趋势预测

从我国人口增长历史数据角度对我国城镇化率演变趋势的预测，主要是利用我国历年来的全国和城镇人口数据，通过模型拟合来预测我国的城镇化率演变趋势。为此，笔者收集整理了 1980 年以后我国全国总人口和城镇人口数据①。依据 1980 年后我国总人口增长率数据，在剔除 1987 年之前不规律的数据之后，得到其演变曲线如图 4-3 所示。

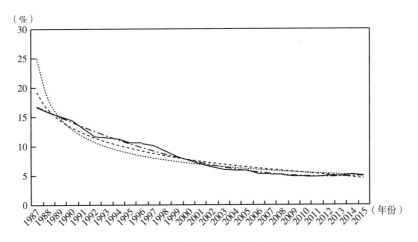

图 4-3　1987～2015 年我国总人口增长率及其趋势

① 全国总人口和城镇人口数据来自《中国统计年鉴（2016）》，人口增长率则依据历年的人口数据计算得到。

如图 4 - 3 所示，1987 ~ 2015 年，从我国的总人口增长率来看，基于多项式（2 项）、幂函数和对数的趋势线都有较好的拟合效果，拟合结果如表 4 - 2 所示。

表 4 - 2　　　　　1987 ~ 2015 年我国总人口增长率的回归分析结果

模型	α	β	γ	R^2
多项式回归	75738. 33 *** (17. 77)	- 75. 2727 *** (- 17. 67)	0. 0187 *** (17. 58)	0. 9917
幂函数回归	741. 6079 *** (20. 85)	- 97. 2927 *** (- 20. 79)		0. 9412
对数线性回归	6409. 868 *** (15. 13)	- 842. 1325 *** (- 15. 11)		0. 8942

注：*** 为在 1% 显著性水平上显著。

如表 4 - 2 所示，采用多项式、幂函数和对数函数以我国总人口增长率对时间 t 进行回归，各回归系数都在 1% 显著性水平上显著，并且拟合优度 R^2 都接近或超过了 0.9，具有较好的拟合优度。以表 4 - 1 中三个回归模型对我国到 2030 年人口增长率的预测结果如表 4 - 3 所示。

表 4 - 3　　　　　2016 ~ 2030 年我国人口增长率的预测结果　　　　单位:‰

年份	预测模型		
	多项式	幂函数	对数
2016	6. 41	4. 70	2. 19
2017	6. 57	4. 47	1. 77
2018	6. 77	4. 26	1. 36
2019	7. 00	4. 06	0. 94
2020	7. 28	3. 87	0. 52
2021	7. 59	3. 69	0. 10
2022	7. 94	3. 52	- 0. 31
2023	8. 32	3. 35	- 0. 73
2024	8. 74	3. 19	- 1. 14
2025	9. 20	3. 04	- 1. 56
2026	9. 70	2. 90	- 1. 98
2027	10. 23	2. 77	- 2. 39
2028	10. 81	2. 64	- 2. 81
2029	11. 42	2. 51	- 3. 22
2030	12. 06	2. 40	- 3. 64

表 4 - 3 中对我国 2016～2030 年人口增长率的预测，其演变趋势如图 4 - 4 所示。如图 4 - 4 所示，按照多项式模型的预测结果，我国的人口增长率在 2016 年之后呈逐年上升趋势，而幂函数和对数函数预测模型都预期我国的人口增长率呈逐年下降的趋势，并且对数函数模型的预测结果表明，我国的人口增长率在 2021 年之后将呈负增长的状态。

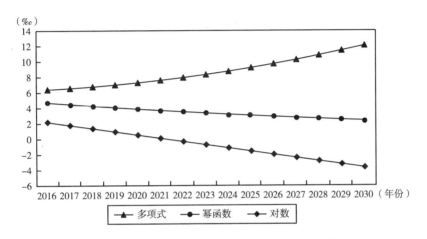

图 4 - 4　2016～2030 年我国人口增长率演变趋势

结合三种预测模型，尽管多项式的拟合优度最高，但从近年来我国的人口增长率演变趋势来看，预期我国人口增长率呈上升趋势并不切合实际。尽管我国自 2013 年启动了"单独二孩"政策，但我国的人口增长率也仅仅是在 2014 年从前一年的 4.92‰ 上升为 5.21‰，但随后在 2015 年再次下降到 4.96‰。这种情况很可能表明，2015 年底启动的全面二孩政策也无法带动我国的人口增长率从之前十年左右维持在 5‰ 转变为上升趋势。因为尽管我国人口增长率从 1987 年后就呈明显的下降趋势，但 2006 年下降到 5.28‰ 之后就持续稳定在 5‰ 左右，最低的 2010 年、2011 年也有 4.79‰。因此，单纯从表 4 - 3 中的三种模型预测结果来看，幂函数模型预测我国人口增长率逐步缓慢下降具有相对的合理性。

（二）我国城镇人口增长率演变趋势预测

依据收集到的 1980～2015 年我国城镇人口数据，得到我国总城镇人口增长率数据的演变及其趋势如图 4 - 5 所示。

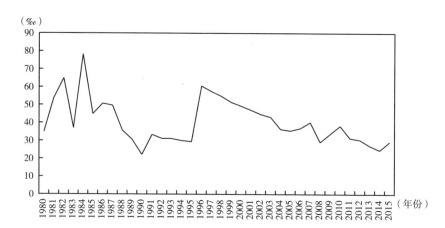

图 4 - 5 1980～2015 年我国城镇人口增长率演变趋势

如图 4 - 5 所示，从我国 1980～2015 年的城镇人口增长率演变趋势来看，1996 年之前的城镇人口增长率波动较大，先后经历了 1984 年之前的上升、1984～1990 年的下降、1990～1996 年的上升等三次波动，而 1996 年之后的二十年间则变化趋势比较一致，呈持续的下降趋势。因此截取 1987 年之后的数据，得到图 4 - 6。

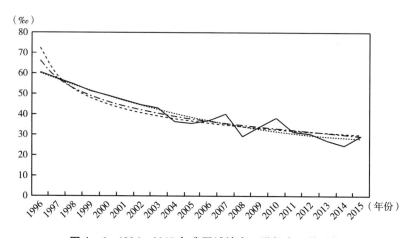

图 4 - 6 1996～2015 年我国城镇人口增长率及其趋势

如图 4 - 6 所示，1996～2015 年，从我国的总人口增长率来看，基于多项式（2 项）、幂函数和对数的趋势线都有较好的拟合效果，拟合结果如表 4 - 4 所示。

表 4 - 4　　　　　　1996～2015 年我国城镇人口增长率的回归分析结果

模型	α	β	γ	R^2
多项式回归	285766.3 *** (3.29)	-283.2553 *** (-3.27)	0.0702 *** (3.25)	0.9343
幂函数回归	644.5540 *** (12.73)	-84.2880 *** (-12.65)	—	0.8989
对数线性回归	25812.69 *** (12.35)	-3389.507 *** (-12.33)	—	0.8941

注：*** 为在 1% 显著性水平上显著。

如表 4 - 4 所示，采用多项式、幂函数和对数函数以我国城镇人口增长率对时间 t 进行回归，各回归系数都在 1% 显著性水平上显著，并且拟合优度 R^2 都接近或超过了 0.9，具有较好的拟合优度。以表 4 - 4 中三个回归模型对我国到 2030 年城镇人口增长率的预测结果如表 4 - 5 所示。

表 4 - 5　　　　　　2016～2030 年我国城镇人口增长率的预测结果　　　　单位：‰

年份	预测模型		
	多项式	幂函数	对数
2016	26.26	24.97	22.37
2017	26.11	23.95	20.69
2018	26.10	22.97	19.01
2019	26.24	22.03	17.33
2020	26.51	21.13	15.65
2021	26.93	20.27	13.97
2022	27.48	19.44	12.30
2023	28.18	18.65	10.62
2024	29.01	17.88	8.95
2025	29.99	17.16	7.27
2026	31.11	16.46	5.60
2027	32.37	15.79	3.93

续表

年份	预测模型		
	多项式	幂函数	对数
2028	33.76	15.14	2.25
2029	35.30	14.53	0.58
2030	36.98	13.94	-1.09

表4-5中对我国2016~2030年城镇人口增长率的预测，其演变趋势如图4-7所示。

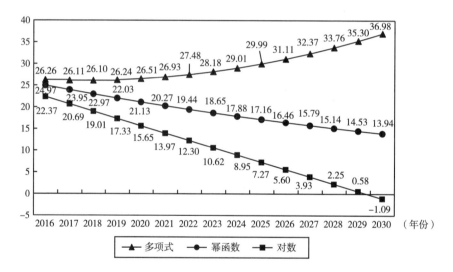

图4-7　2016~2030年我国人口增长率演变趋势

如图4-7所示，多项式模型的预测结果显示我国的城镇人口增长率在经历了2016~2018年的小幅下降之后呈逐年上升趋势，而幂函数和对数函数预测模型都预期我国的人口增长率呈逐年下降的趋势。并且对数函数模型的预测结果表明，我国的城镇人口将在2030年之后增长率为负。结合三种预测模型，尽管多项式的拟合优度最高，但从我国城镇化率已经超过55%的城镇化阶段来看，预期我国城镇人口增长率不断上升，即我国城镇化仍将加速并不切合实际。但对于未来我国的城镇人口增长率的演变趋势，到底是如幂函数模型的预测结果体现为缓慢下降趋势，还是如对数函数模型的预测结果体现为持续较快下降趋势，则缺乏足够合理的判断依据。

（三）基于人口增长率历史数据的我国城镇化率演变趋势

以表4-3和表4-5对我国2016~2030年总人口和城镇人口增长率演变趋势的预测，可以测算出2016~2030年我国的总人口和城镇人口，从而计算出同一时间区间内我国的城镇化率，结果如表4-6所示。

表4-6　　2016~2030年我国总人口、城镇人口及城镇化率的计算结果　单位：万人

年份	总人口	城镇人口-幂函数	城镇人口-对数函数	城镇化率-幂函数（%）	城镇化率-对数函数（%）
2016	138107	79116	78841	57.29	57.09
2017	138725	81085	80472	58.45	58.01
2018	139317	83019	82002	59.59	58.86
2019	139883	84919	83423	60.71	59.64
2020	140424	86783	84729	61.80	60.34
2021	140943	88610	85913	62.87	60.96
2022	141438	90399	86969	63.91	61.49
2023	141912	92150	87893	64.93	61.93
2024	142366	93862	88679	65.93	62.29
2025	142799	95535	89324	66.90	62.55
2026	143213	97168	89824	67.85	62.72
2027	143609	98761	90177	68.77	62.79
2028	143988	100315	90380	69.67	62.77
2029	144350	101829	90432	70.54	62.65
2030	144696	103303	90334	71.39	62.43

如表4-6所示，到2030年，预计我国总人口将达到14.50亿人左右，而如果城镇人口按照幂函数回归模型的预测结果，则城镇人口将达到10.30亿人，城镇化率超过70%，达到71.39%。如果城镇人口按照对数函数模型的预测结果，则到2030年，城镇人口将达到9.03亿人，城镇化率为62.43%。结合1996~2007年我国城镇化率年均提升1.40个百分点、2008~2015年年均提升1.20个百分点的城镇化速度来看，以幂函数回归模型为基础的预测，

2016～2019 年年均提升 1.15 个百分点、2020～2024 年年均提升 1.04 个百分点、2025～2030 年年均提升 0.91 个百分点的城镇化速度更符合我国城镇化进程的演进趋势。

四、城镇人口增长率分解的我国城镇化率演变趋势预测

本部分内容中，将城镇人口增长率分解为城市人口增长率和镇人口增长率，从而分别预测未来城市人口和镇人口数量，然后再加总城市人口和镇人口，并以总人口数量求解我国的城镇化率演变趋势。

（一）城市和镇人口增长率的推演

由于我国的各类统计年鉴中并没有单独的关于城市和镇的人口统计数据，而在每十年一次的人口普查中，关于城市和镇的分类统计数据也仅限于到普查当年截止时间城市和镇的总人口等数据，缺少具有时间连贯性的序列数据。历年的《中国城市统计年鉴》中，关于人口的数据则只有地级以上城市的全市人口和市辖区人口，以及地级以下城市（县级市）的总人口，同样不能为本书关于我国城市和镇的人口增长分析提供有效的数据支撑。《中国城市建设统计年鉴》中提供了全部地级城市和县级城市的城区人口（含非农业人口，2005 年及之前）、城区人口和暂住人口（2006 年及之后）等数据，为本书的相关分析提供了一定的数据支持。

由于 2005 年与 2006 年在城市（城区）人口统计口径的改变①，因此，能够用于本文进行人口分析的只能是 2006～2015 年的数据。对于 2006～2015 年的数据，本书将以《中国城市建设统计年鉴》中的"城区人口 + 城区暂住人

---

① 2005 年及之前，《中国城市建设统计年鉴》在城市人口这一指标上的统计是"城区人口"及其下级指标"非农业人口"，而在 2006 年及之后，则变成"城区人口"和"城区暂住人口"。根据 2001 年《建设部关于印发城市建设统计指标解释的通知》，"城市（镇）人口指市（镇）区（不包括市辖县）有常住户口和未落常住户口的人，以及被注销户口的在押犯，劳改、劳教人员。未落常住户的人包含居住 1 年以上的流入人口，不包括现役军人和人民武装警察人口。统计时，可将非农业人口单列"。而"暂住人口指离开常住户口地的市区或乡、镇到本市居住 1 年以上的人员"。结合建设部对两项指标的解释，2006 年及之后的"城市人口"应该包含"城区人口"即"常住人口"，和"暂住人口"即"未落户的常驻人口"。

口"作为历年的城市人口①，而以历年我国的城镇人口总额与其差值作为镇人口，从而将我国的城镇人口分解为"城市人口"和"镇人口"。分解后的数据如表4-7所示。

表4-7　　　　　2006～2015年我国城市的城区人口与暂住人口及

其增长率数据　　　　　　单位：万人

年份	城市个数（个）	城区人口	城区暂住人口	城市人口	城市人口增长率（‰）	镇人口	镇人口增长率（‰）
2006	656	33289	3984	37273	—	21015	—
2007	655	33577	3474	37031	-6.48	23602	123.10
2008	655	33471	3517	36988	-1.16	25415	76.80
2009	654	34069	3605	37674	18.55	26838	56.00
2010	657	35374	4095	39469	47.63	27509	25.00
2011	657	35426	5477	40902	36.32	28177	24.30
2012	657	36990	5237	42227	32.38	28955	27.60
2013	658	37697	5621	43318	25.85	29793	28.90
2014	653	38576	5952	44528	27.93	30388	20.00
2015	656	39438	6562	45999	24.48	31117	41.50

从表4-7中的数据看，无论是城市的人口增长率还是镇的人口增长率，均没有显示出明显的递增或者递减趋势。因此，直接以2006～2015年城市和镇的人口增长率来预测今后城市和镇的人口，进而预测我国的城镇化率演变趋势，显然是不可行的。在这种情况下，要利用分解后的城市和镇的人口及其增长率来预测我国的城镇化率演变趋势，就需要寻求其他途径。

一种可能的处理办法是，假定城市和镇的人口增长率与我国的城镇人口增长率演变趋势相似，即遵循如本书关于我国城镇人口增长率的幂函数演变

---

① 根据《中国2010年人口普查资料》中的数据，2010年我国城镇人口中，属于城市的人口为40376.0万人，而属于镇的人口为26624.6万人。与之相比，《中国城市统计年鉴（2015）》中的数据显示，2010年我国656个城市的城市人口（城区人口＋城区暂住人口）为39468.8万人，比当年的人口普查数据属于城市的人口少2.25%；而镇人口27509.2万人，比当年的人口普查数据属于镇的人口多3.32%。两个数据的相差并不大，因此本书以《中国城市建设统计年鉴（2015）》中的数据作为分解计算我国城镇化进程中的"城市"和"镇"人口数据是合理的。

趋势，只是由于城市和镇的初始人口增长率不同，因而与本书中的拟合函数存在截距的不同，即城镇人口总体增长率、城市人口增长率和镇人口增长率三者之间的关系如图4-8所示。

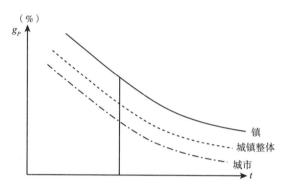

图4-8　城镇总体、城市和镇人口增长率演变趋势

资料来源：城市个数、城区人口和城区暂住人口来自《中国城市建设统计年鉴（2015）》，镇人口数据来自依据《中国统计年鉴（2016）》中的城镇人口总数与《中国城市建设统计年鉴（2015）》中城市的城区人口与城区暂住人口之间的差值。城市和镇的人口增长率计算公式为：$g_P = \dfrac{P_t}{P_{t-1}} \times 1000$。

在这种情况下，由于城镇总体的人口增长率演变趋势已经做了回归预测，因而只要获得城市和镇的人口增长率与城镇人口增长率之间的截距差，就可以顺势推出之后历年城市和镇的人口增长率数据。

对于图4-8中城市、镇的人口增长率曲线与城镇人口总体增长率曲线之间的截距差，本书的处理办法是，求取2007～2015年城镇总体、城市和镇人口增长率的均值，然后分别以城市和镇人口增长率的均值减去城镇总体人口增长率的均值，得到城市和镇的人口增长率曲线与城镇人口总体增长率曲线之间的截距差。计算方法为：

首先，分别以2015年的城镇总体、城市和镇的人口数，除以2006年的对应人口数，然后再取9次方根，得到各自的平均人口增长率。计算公式如下：

$$\bar{g} = \left[(P_{2015} / P_{2006})^{1/9} - 1 \right] \times 1000 \qquad (4-6)$$

计算结果表明，期间城镇总体、城市和镇的平均人口增长率分别为

32.17‰、23.65‰和44.58‰。

其次，分别以城市和镇在2006～2015年的平均人口增长率减去城镇总体的平均人口增长率，得到截距差。计算公式为：

$$c_i = \overline{g}_i - \overline{g}_{城镇} \tag{4-7}$$

其中，c_i为截距差，$\overline{g}_i$为城市或镇的人口平均增长率（$i =$城市，镇），$\overline{g}_{城镇}$为城镇整体的平均人口增长率。

依据第一步计算得到的城镇总体、城市和镇在2006～2015年的平均人口增长率，再按照式（4-7），可以得到城市和镇的人口增长率演变曲线与城市总体演变曲线之间的截距差为-8.52和12.41。

最后，以本书中关于2016～2030年城镇整体的人口增长率预测及其与城市和镇人口增长率曲线的截距差，得到2016～2030年城市和镇的人口增长率预测值。结果如表4-8所示。

表4-8　　　　　　　　2016～2030年城市和镇人口增长率预测

年份	城市人口增长率（‰）	镇人口增长率（‰）	城市人口（万人）	镇人口（万人）	城镇总人口（万人）	城镇化率（%）
2016	17.42	38.35	46801	32310	79111	57.28
2017	16.36	37.29	47566	33515	81081	58.45
2018	15.34	36.27	48296	34730	83026	59.59
2019	14.36	35.29	48990	35956	84945	60.73
2020	13.43	34.36	49647	37191	86839	61.84
2021	12.53	33.46	50270	38435	88705	62.94
2022	11.67	32.60	50856	39688	90545	64.02
2023	10.85	31.78	51408	40950	92358	65.08
2024	10.06	30.99	51925	42218	94144	66.13
2025	9.30	30.23	52408	43495	95903	67.16
2026	8.57	29.50	52858	44778	97635	68.17
2027	7.88	28.81	53274	46068	99342	69.18
2028	7.21	28.14	53658	47364	101022	70.16
2029	6.57	27.50	54011	48666	102677	71.13
2030	5.96	26.88	54332	49974	104307	72.09

（二）城镇化率预测

以前面对我国 2016～2030 年城市和镇人口增长率趋势推演为基础，即可预测期间我国城市和镇的人口。然后在维持书中对我国总人口演变趋势预测不变的情况下，即可得到 2016～2030 年我国的城镇化率演变趋势。测算结果如表 4-8 所示。

如表 4-8 所示，按照本部分内容的预测方法所得到的结果，与 2016～2021 年我国的实际城镇化率相比，分别低 1.56 个、1.79 个、1.91 个、1.98 个、2.16 个、1.76 个百分点。按照这一变化趋势，结合表 4-8 中关于我国城镇化率的预测，我国的城镇化率将在 2026～2028 年超过 70%，并在 2030 年达到 72%～75%。

第三节　我国的城市群发展

一、我国的城市群发展现状①

（一）国家层面的三大城市群

1. 长江三角洲城市群

长江三角洲城市群以上海为中心，包括上海、南京、浙江、安徽全域，以上海，江苏省的南京、无锡、常州、苏州、南通、盐城、扬州、镇江、泰州，浙江省的杭州、宁波、温州、嘉兴、湖州、绍兴、金华、舟山、台州，安徽省的合肥、芜湖、马鞍山、铜陵、安庆、滁州、池州、宣城等 27 个城市为核心，城市群核心区总面积达 22.50 万平方千米。2020 年长江三角洲城市群总人口达到 1.75 亿人，其中城镇人口 1.33 亿人，城市化率达到 76.23%。2020 年，长江三角洲城市群中 27 个地级以上城市实现国内生产总值 21.20 万

---

① 本部分内容的数据主要来源于《中国城市统计年鉴（2021）》和《中国城市建设统计年鉴（2020）》。本部分内容关于我国城市群的分类采用了姚士谋对我国城市群的分类方法。姚士谋等．中国城市群 [M]．合肥：中国科学技术大学出版社，2001.

亿元,其中有 8 个城市的 GDP 超过 1 万亿元。长三角地区的 GDP 中,第一产业增加值为 6094.48 亿元;第二产业增加值为 84485.01 亿元;第三产业增加值为 121397.10 亿元,三次产业结构为 2.88：39.86：57.27。

上海是长江三角洲城市群体系的核心和经济文化中心,也是国际性港口城市和全国性经济中心城市,2020 年市区人口超过 2000 万人。南京、杭州、苏州、宁波和合肥构成长江三角洲城市群的第二层次,2020 年人口均超过 300 万人,并分别是长江三角洲城市群的五个都市圈(南京都市圈、杭州都市圈、合肥都市圈、苏锡常都市圈、宁波都市圈)的核心城市。除此之外,长江三角洲城市群核心区的其他城市 2020 年人口也大多超过了 100 万人,仅有舟山、马鞍山、铜陵、安庆、滁州、池州、宣城等地的城市人口低于 100 万人①。

2. 珠江三角洲城市群

珠江三角洲位于广东南部、珠江下游,毗邻港澳,地理位置重要,自然条件优越,是我国经济最发达的地区之一。广东省 1994 年编制珠江三角洲经济区域城市群规划时,确定的范围包括广州市、深圳市、珠海市、东莞市、中山市、佛山市、江门市、惠州市区以及惠东、惠阳、博罗,肇庆市的端州区、鼎湖区、四会和高要。这里的珠三角实际上指的是"小珠三角",小珠三角加上香港、澳门则称为大珠三角,进一步将珠三角的概念延伸至珠江流域,则将包括福建、江西、广西、海南、湖南、四川、云南、贵州和广东九省区在内的地区统称泛珠三角。一般珠江三角洲城市群均指小珠三角。但随着粤港澳大湾区战略的实施,大珠三角概念的使用也日益普遍。

2020 年珠江三角洲城市群总面积 4.16 万平方千米,常住人口为 8640 万人(含香港和澳门),城市化水平为 87.70%。2020 年区内 GDP 为 8.95 万亿元(不含香港和澳门),广州和深圳的 GDP 均超过 2 万亿元。珠三角 GDP 中,第一产业增加值为 1568.78 亿元;第二产业增加值为 35768.16 亿元;第三产业增加值为 52183.75 亿元,三次产业结构为 1.75：39.96：58.29。

珠江三角洲城市群体现出这样几个鲜明的特征。一是城市化水平高。2020 年珠江三角洲城市群的城市化水平(非农业人口占总人口的比重)达到

---

① 以《中国城市建设统计年鉴(2020)》中的市区人口为准。

87.29%，比全国的平均水平（63.89%）高了近 23.40 个百分点。在工业化和第三产业快速发展的带动下，区内人口大量向城市迁移，同时吸引了大量来自国内其他地区的转移人口，因而各城市建成区迅速扩大。二是基础设施比较完善。珠江三角洲是我国机场密集程度最高、国际机场最多的区域，4 万平方千米内建有 7 个机场（含香港机场和澳门机场），公路、铁路、水运、海运交通网络四通八达，17 个主要水道能通航 300～1000 吨船只。公路已形成以广州为核心，广深、广汕、广珠、广湛、广韶等主干公路向四周网络辐射的发达的公路系统。三是形成了完善的城镇等级体系。在纳入香港和澳门推进建设粤港澳大湾区之后，珠江三角洲形成了包括内地企业拓展海外市场重要平台的全球城市香港、全球贸易体系重要枢纽中心广州、产品创新转化中心深圳、世界旅游休闲中心澳门、拓展桥头堡和创新高地珠海，以及以制造业为主导的国际产业制造中心佛山、国际制造服务中心东莞、国家级先进制造业基地中山和江门，对接深圳东进战略惠州，传统产业转型升级齐聚区肇庆，加上辖区内 312 个建制镇构成的卫星城镇，共同构成了超大城市（深圳）、特大城市（香港、广州）、大城市（珠海、佛山、东莞、江门、惠州、肇庆、中山）、中等城市（澳门）以及县级城镇（开平、台山、鹤山、恩平、惠东、博罗、龙门、四会、广宁、怀集、封开、德庆）等较为完善的城镇规模和分工等级体系，为珠江三角洲城市群发展成为世界级城市群打下了坚实的基础。

3. 环渤海湾城市群

广义上的环渤海湾城市群以北京、天津两个国家直辖市为龙头，包括了三个次级城市群，即京津唐城市群、沈大城市群和济青城市群。

京津唐城市群。京津唐城市群包括北京市、天津市、河北省的唐山市和廊坊市，土地面积 5.26 万平方千米，2020 年总人口 4897 万人，城市化率77.11%。城市群 GDP 为 6.07 万亿元，其中第一产业为 1131.74 亿元，第二产业为 15378.12 亿元，第三产业为 44178.40 亿元，三次产业结构为 1.86∶25.34∶72.80。京津唐地区城市群中除了三个特大城市外，大城市数量少，中小城市也相对缺乏，因而中心城市的地位尤其突出。

沈大城市群。沈大城市群包括沈阳、大连、鞍山、抚顺、本溪、辽阳、铁岭和营口等地市，土地面积 8.40 万平方千米，2020 年总人口 2933 万人，城市化率 77.53%。城市群 GDP 为 1.98 万亿元，其中第一产业为 1350.42 亿元，第二产业为 7590.12 亿元，第三产业为 10865.25 亿元，三次产业结构为 6.82∶38.32∶54.86。沈大城市群的基本特征体现为：一是城镇等级规模层次较分明，但不协调，大城市以上类型城市数量较多，特大城市化发展主流明显。二是中小城市不发达，城镇体系不完善。三是小城镇的数量虽占绝对优势，但城镇人口却占很小比重，难以发挥区域中心的作用，导致城市发展的区域化特征不明显。

济青城市群。济青城市群以胶济铁路、济青高速公路和烟威高速公路为主干线，沿线串联了济南、青岛、淄博、东营、烟台、潍坊、威海、日照 8 个设区城市，面积 7.3 万平方千米，2020 年末总人口 4862 万人，城市化率 71.00%。城市群 GDP 为 4.79 万亿元，其中第一产业为 2683.36 亿元，第二产业为 18853.72 亿元，第三产业为 26371.30 亿元，三次产业结构为 5.60∶39.35∶55.05。该地区包括 17 个县级市、369 个建制镇，是山东对外开放的前沿、经济发展的支柱、社会文化发展的重心。

（二）三大城市群发展评价

城市群内城市规模等级分布。对城市群内城市的规模等级分布一般采用马克·杰弗逊（M. Jefferson）的城市首位律，其核心是研究首位城市的相对重要性，即城市首位度。首位度在一定程度上代表了城镇体系中的城市发展要素在最大城市的集中程度。杰弗逊首先提出了"两城市指数"，即用首位城市与第二位城市的人口规模之比的计算方法：$S_2 = P_1/P_2$。两城市指数尽管容易理解和计算方便，但不免以偏概全。为了改进首位度两城市指数的简单化，又有人提出四城市指数和十一城市指数。

四城市指数：$S_4 = P_1/(P_2 + P_3 + P_4)$

十一城市指数：$S_{11} = 2P_1/(P_2 + P_3 + \cdots + P_{11})$

按照位序—规模的原理，所谓正常的两城市指数应当是 2，正常的四城市指数和十一城市指数应当是 1。

根据城市首位度指数的计算方法，采用三大城市群各城市市辖区常住人口计算得到结果见表 4–9。

表4-9　　　　　　　　　　　三大城市群2020年城市首位度指数

城市群		S_2	S_4	S_{11}
长江三角洲		2.39	0.78	0.59
珠江三角洲		1.09	0.50	0.60
环渤海湾城市群	整体	1.58	0.71	0.61
	京津唐	1.58	0.95	—
	沈大	1.25	0.75	—
	济青	1.14	0.44	—

资料来源：根据《中国城市统计年鉴（2021）》中城镇常住人口数据计算得到。

从表4-9可见，长江三角洲城市群2020年城市首位度指数分别为两城市指数2.39，四城市指数0.78，十一城市指数0.59，而2004年这三项指数分别为2.51、1.12、1.16[①]，2000年这三项指数分别为3.97、1.93、1.87[②]。可以发现，长江三角洲城市群的首位城市上海相对于其后的苏州、杭州、南京、宁波、合肥等城市的规模差距在不断缩小，因而四城市和十一城市首位度指数越来越偏离正常值1。这种情况表明长江三角洲城市群的发展，除了依靠上海对整个城市群的辐射带动力之外，苏州、杭州、南京、宁波、合肥对各自所在都市圈的辐射带动力也在不断增强，从而形成了城市群—都市圈的多层级联动发展能力。

2020年珠江三角洲城市群两城市首位度指数为1.09（深圳/广州），四城市为0.50，十一城市为0.60，而2004年此三项指数分别为1.71（广州/佛山）、0.88、0.96，2000年此三项指数分别为1.22（广州/深圳）、0.64、0.85[③]。从三项首位度指数的演变来看，珠江三角洲城市群的城市规模等级结构分布看似存在首位城市地位不够突出的问题，但实际上凸显了城市群内的广州、深圳、香港在各自分工领域的快速发展，因而形成了以香港向外、广州和深圳向内辐射周边乃至更大区域城镇的整体格局。

环渤海湾城市群2020年两城市首位度指数为1.58（北京/天津），四城市为0.51，十一城市为0.61，2004年此三项指数分别为1.43、0.68、0.69，变化不大，说明环渤海湾城市群的相对城市规模结构并没有发生大的变化。从

①　上海统计年鉴（2006），浙江统计年鉴（2006），江苏统计年鉴（2006）。
②③　根据《中国2000年人口普查资料》中相关数据计算得到。

三个子城市群的情况看，京津唐城市群的两城市和四城市首位度指数分别为1.58和0.95，沈大城市群的两城市和四城市首位度指数分别为1.25和0.75，济青城市群的两城市和四城市首位度指数分别为1.14和0.44。如上关于城市首位度指数的计算结果表明，北京作为环渤海湾城市群的首位城市在人口规模上似有不足，但从经济发展的角度看，北京的地区生产总值是第二位天津的2.56倍，因而对地区经济发展具有足够强大的带动力。事实上，北京在环渤海湾城市群作为首位城市在人口规模上的不足，主要源于北京作为我国的首都在人员落户方面的严格限制措施而非其对周边乃至更大区域内人口迁移的吸纳能力不足。除此之外，环渤海湾城市群的沈大、济青等两个次级城市群，则因为各自形成了双城驱动发展模式，从而既有首位城市带动力不足的缺点，也有双城在驱动各自辐射区域城镇共同发展方面的优势。

（三）区域层面的城市群

1. 四川盆地城市群

成渝城市群有重庆、成都、德阳、绵阳、遂宁、南充、广安、资阳、内江、自贡、宜宾、泸州、眉山、乐山、雅安15个城市。总面积22.04万平方千米，2020年总人口9508万人，城市化率64.60%。城市群GDP为6.61万亿元，三次产业结构为9.00∶37.69∶63.31，人均GDP为69553元。以直辖市重庆和副省级城市成都为两个龙头，2020年的GDP重庆为25003亿元，成都为17773亿元。四川盆地城市群呈现出明显的双核特征（以重庆、成都为核心），但城市群区域过大，作为双核的城市重庆和成都之间的距离也较远，双核之间的低谷地带过长，弱化了双核城市对城市群区域经济发展的联合带动作用。

2. 关中城市群

关中城市群主要是西安、宝鸡、渭南、咸阳、铜川五市及市辖区飞地，2020年总人口2564万人，城市化率66.73%。城市群GDP为1.68万亿元，人均GDP为65328元，三次产业结构为7.53∶37.88∶54.58。关中城市群的总体规模较小。2020年城市群区城镇人口仅1711万人。2020年底西安、渭南、咸阳、宝鸡、铜川五城市人口（市辖区非农业人口）分别为 1026 万人、231 万人、220 万人、189 万人、45 万人，两城市、四城市首位度指数分别达到 4.44、1.60，均远大于正常值，表明城市群内首位城市与其他城市之间的人口规模差距过大。

3. 福厦城市群

福厦城市群位于长江三角洲和珠江三角洲之间，以两个大城市福州和厦门为核心，包括泉州、莆田、漳州和宁德等地级城市及所辖晋江、石狮、南安、福清等县级市在内的城市群体。就经济实力而言，本区域乃是我国东南沿海的经济低谷地带，但从福建全省范围来看，却是经济的核心区，是全省经济发展水平最高和城镇最集中的地区，人口和经济分布较密集的核心地带。尤其是改革开放，香港、澳门回归祖国以来，加之本区毗邻中国台湾，故闽台、闽港、闽澳合作存在广阔的前景，而成为我国对外经济发展的前沿和窗口，经济总量的增加和工业化、城市化均快速发展。2020 年，区内土地面积 5.36 万平方千米，常住人口 3370 万人，其中城镇人口 2371 万人，城镇化率 70.34%。地区生产总值为 3.64 万亿元，人均 GDP 为 107929 元，三次产业结构为 4.86：46.49：48.66。

4. 武汉城市群

目前武汉城市群主要包括湖北省武汉、黄石、鄂州、孝感、咸宁 5 个地级市及省直辖县级市仙桃市。武汉城市群范围"外在因素多于内在因素"，即考虑行政区划的因素占据主导地位，而内在的因素如经济的自然联系方面考虑较少[1]。武汉城市群辖区面积约 3.60 万平方千米，2020 年总人口 2381 万人，城镇化率 73.12%。城市群 GDP 为 2.28 万亿元，人均 GDP 为 94131 元，三次产业结构为 5.55：38.02：56.43。

武汉城市群的组成要素在空间上具有的层次性特征存在结构上的问题，这无论是城市人口规模还是经济发展水平都是如此。在人口规模上，首位城市武汉 2020 年的城镇人口为 1039 万人，是第二位孝感（250 万人）的 4 倍多，是其余 4 个地级城市人口总和的 1.63 倍。在经济规模上，2020 年武汉的

① 王兴昌. 关于武汉城市群发展的若干问题 [J]. 湖北社会科学，2004（5）：18–20.

地区生产总值 15616 亿元，其他城市地区生产总值总和只有 7193 亿元，不到武汉的一半。人均 GDP 方面，2020 年武汉的人均 GDP 为 126650 元，其他城市中，除鄂州（93055 元）比较接近武汉、黄石（66437 元）略高于武汉的一半外，其他城市均不到武汉人均 GDP 的一半。

5. 哈大齐城市地带

哈大齐城市地带以我国重要的机电工业城市哈尔滨为核心，以横贯松嫩平原的滨州—滨绥铁路为纽带，连同我国最大的石油城市大庆、安达，重要的机械工业城市齐齐哈尔和新兴的中小城市绥化、肇东、双城、阿城等组合而成。哈大齐城市地带 2020 年总人口达到 2055 万人，GDP 总值 9835 亿元，人均 GDP 为 47858 元，三次产业结构为 18.31∶26.62∶55.07，区内城市化水平为 62.82%。

6. 中原城市密集区

中原城市密集区位于河南省中部偏北，包括郑州、洛阳、开封、新乡、焦作、平顶山、许昌、漯河、济源（省直管县级市）各市及所属县、县级市，形成以陇海铁路为中轴的城市密集区①。本区面积 5.88 万平方千米，2020 年总人口 4676 万人，城市化水平 63.32%。2020 年地区国内生产总值 3.29 万亿元，人均 GDP 为 70323 元，三次产业结构为 5.44∶43.41∶51.15。2020 年，城市群内除济源外城镇人口均超过 100 万人，其中郑州的城镇人口达到 988 万人，洛阳 459 万人，新乡 360 万人。

7. 湘中地区城镇密集区

湘中地区城市群是包含长沙、株洲、湘潭三个中心城市及周围城镇组成的地区形成城镇密集区。该城镇密集区北承武汉，南接广州，为湖南省乃至整个中南地区重要的经济中心②。湘中地区城镇密集区包括省辖市 3 个（长沙、株洲、湘潭）、县级市 4 个（醴陵、湘乡、韶山、浏阳）、8 个县（宁乡、茶陵、望城等）及所属镇，面积 2.82 万平方千米，2020 年总人口 1669 万人，其中城镇人口 1284 万人，城市化水平达到 76.93%。湘中地区城镇密集区

①　姚士谋等. 中国城市群［M］. 合肥：中国科学技术大学出版社，2001：322.
②　姚士谋等. 中国城市群［M］. 合肥：中国科学技术大学出版社，2001：305.

2020 年地区国内生产总值仅 1.76 万亿元，人均 GDP 为 105404 元，三次产业结构比为 4.82∶41.79∶53.39。2020 年该地区除长沙和株洲城区人口超过 100 万人（长沙 396.52 万人，株洲 123.82 万人）外，其他城市（包括县级市）均为人口少于 100 万人的中小城市。

二、城市群发展与中国城市化

（一）城市群地区城市化水平相对较高

城市群地区的城镇化水平明显高于我国整体及所在省份的城镇化水平。从表 4－10 中的数据来看，全国意义上的三大城市群地区城市化率均明显高于全国总体城市化水平，其中珠江三角洲城市群城市化水平达到 87.29%，高于全国城市化水平 24.40 个百分点。长江三角洲城市群也达到 76.23%，环渤海湾城市群的城市化水平也超过了 70%。区域层次的城市群除中原城市群和哈大齐城市群的城镇化水平略低于全国平均值外，其他城市群均高于全国整体的城镇化水平及所在省份的城镇化水平。

表 4－10　　　城市群地区与全国及区域城市化水平对比（2020 年）　　单位：万人

城市群名称		城镇人口	城市化水平（%）	所属省区城市化水平（%）
全国		90220	63.89	—
长江三角洲		13325	76.23	江苏：73.44 浙江：72.17
珠江三角洲		6829	87.29	广东：74.15
环渤海湾城市群	京津唐	3942	77.11	河北：60.07
	辽宁中南部	2274	77.53	辽宁：72.14
	山东半岛	3425	71.00	山东：63.05
四川盆地城市群		6142	64.60	四川：56.73 重庆：69.46
福厦城市群		2371	70.34	福建：68.75
关中城市群		1711	66.73	陕西：62.66
哈大齐城市群		1290	62.82	黑龙江：65.61

续表

城市群名称	城镇人口	城市化水平（%）	所属省区城市化水平（%）
中原城市群	2961	63.32	河南：55.43
武汉城市群	1741	73.12	湖北：62.89
湘中城市群	1284	76.93	湖南：58.76

注：不含香港和澳门。

资料来源：依据《中国城市统计年鉴（2020）》《中国城市统计年鉴（2021）》《中国统计年鉴（2021）》中的相关数据计算得到。

（二）城市群地区通过吸纳非本地户籍人口带动地区乃至全国城市化

城市群的发展，不仅吸纳了大量本地区农村劳动力，加快本地区城市化进程，而且还通过吸纳大量的非本地户籍劳动力，带动了所在省区乃至全国的城市化进程。当然，吸纳非本地户籍农村劳动力数量最多的主要是沿海地区的几个城市群，见表4-11中关于城市群地区非本地户籍人口吸纳能力数据。从表4-11中的数据来看，长江三角洲城市群吸纳的非本地户籍人口数量最多，达到4486万人，但珠江三角洲城市群吸纳非本地户籍人口比例最高，所吸纳的非本地户籍人口比本地户籍人口总和还多。此外，环渤海湾城市群的京津唐次级城市群、福厦城市群也吸纳了较多的非本地户籍人口，而其他城市群地区的人口吸纳能力则相对较弱。

表4-11　　　城市群地区各城市市区非本地户籍人口吸纳能力数据　　单位：万人

城市群名称		户籍人口	常住人口	常住人口与户籍人口差	人口吸纳能力
长江三角洲		11055	15541	4486	0.41
珠江三角洲		3414	7310	3896	1.14
环渤海湾城市群	京津塘	2212	3999	1787	0.81
	辽宁中南部	2228	2546	318	0.14
	山东半岛	4413	4863	450	0.10
四川盆地		6304	7299	995	0.16
福厦		1833	2616	783	0.43
关中		1505	1580	75	0.05
哈大齐		1342	1498	156	0.12

续表

城市群名称	户籍人口	常住人口	常住人口与户籍人口差	人口吸纳能力
中原	3298	3767	469	0.14
武汉	1816	2162	346	0.19
湘中	1120	1196	76	0.07

注：（1）人口数据为各城市群地区城市（含县级市，不含县城所在镇及其他建制镇）市区的常住和户籍人口，因此人口数量与前文各城市群地区总人口数据不一致。（2）人口吸纳能力为常住人口中非本地户籍人口数与本地户籍人口数之比。

资料来源：依据《中国城市建设统计年鉴（2020）》中的数据计算得到。其中，北京、上海、天津、山东各省份的户籍人口数据采集自各省份2021年的《统计年鉴》。

（三）城市群的发展有利于大型基础设施的建设

基础设施是影响城市化进程的重要因素，良好的交通基础设施通常会促进城市的工业化进程，并强化城市对农村剩余劳动力转移的吸纳能力。现代化的交通基础设施需要城市群内各城市间的密切合作才能完成，这是因为：第一，大型基础设施通常需要大量的资金投入。单个城市的资金毕竟有限，而通过城市群的发展，城市间的密切合作则会加速大型基础设施的发展，从而带动相关产业的发展，加快城市群区的城市化进程。第二，大型基础设施会加速产业和地区间的交互作用，加强城市群内城市间的联系。第三，大型基础设施还可以延伸核心城市的腹地范围，加速城市群区的一体化进程，并进一步促进区内大型基础设施的建设。

三、城市群在我国城市化进程中存在的问题

（一）对周边地区劳动力吸纳能力有待增强

我们可以通过城市群地区常住人口与户籍人口数据构建对周边地区农村劳动力的吸纳指标来考察城市群对周边地区农村劳动力的吸纳能力。

对周边地区农村劳动力的吸纳指标可以用式（4-8）来计算：

$$I = (P_c - P_h)/P_h \qquad (4-8)$$

其中，I为城市群对周边地区农村劳动力的吸纳能力；P_c为城市群地区常住人

口；P_h 为城市群地区的户籍人口。通过式（4-8），利用表4-11中的数据计算得到国内各城市群的吸纳能力 I，见表4-11。珠江三角洲城市群的 I 值最高，达到1.14。长江三角洲、环渤海湾城市群的京津唐次级城市群、福厦城市群的 I 值也分别达到了0.41、0.81和0.43。但其他城市群与珠江三角洲城市群差距很大，均低于0.2，其中湘中城市群只有0.07，关中城市群只有0.05。城市群对周边地区人口的吸纳指标不高说明城市群的辐射与集聚能力不强，无法在区域乃至全国的城市化进程中发挥更大的作用。

（二）城市群内各城市之间分工协作体系尚不健全

城市群本身应是一个一体化的整合体，其内部可分为不同的层级，从而形成不同的城市等级体系，并形成各等级城市之间的密切分工与协作，对中心城市的崛起和增强城市群的整体竞争力提供有力的支持。但是，一方面我国城市群中城镇发展不平衡，中心城市和主要功能区发展迅速，但外围地区发展缓慢[①]，落差过大。另一方面城市群内城市间联系不紧，区域内的城市各自为政，城市之间的竞争明显大于联合，摩擦高于融合，加上城市定位相近，造成重复建设、资源无法整合，无形之间削弱了城市群的繁荣和发展[②]。因此，我国各城市群的发展亟须构建更加健全的分工协作体系。

---

① 郁鸿胜. 崛起之路——城市群发展与制度创新［M］. 长沙：湖南人民出版社，2005：148.
② 陈章喜. 我国大型城市群发展现状与对策分析［J］. 经济前沿，2006（1）：11-14.

第五章　我国的区域政策演变

第一节　改革开放之前的区域经济均衡发展政策

新中国成立以来，我国的区域政策先后经历了改革开放前相对均衡的区域经济政策阶段；改革开放后到 20 世纪 90 年代末优先发展东部沿海地区的不平衡发展区域政策为主导的阶段；20 世纪 90 年代末到 2008 年主体功能区之前平衡发展的区域政策为主导的阶段；以及 2008 年主体功能区战略之后进入重点区域发展带动全国经济整体进入更高发展水平的阶段。

改革开放以前，我国国家投资的地区布局和区域经济发展基本上受平衡发展思想的影响和支配。这种思想片面追求平衡发展目标，过度强调生产力的平衡布局和缩小地区差别，主张国家投资布局应以落后地区为重点，有时甚至在资源分配和政策投入上采取地区平均主义做法[①]。

在这种思想的影响下，国家投资的地区布局先后两次大规模向西推进，第一次是"一五"计划时期；第二次是"三线建设"时期。

一、"一五"计划时期我国的区域平衡发展政策

（一）政策背景

新中国成立初期，旧中国遗留下来的经济基础十分薄弱，生产力分布畸

---

① 陈熙琳. 国家战略嬗变记——建国以来国家区域政策变迁历程 [J]. 中国西部，2010 (9)：80 – 85.

形，工业偏集于东部沿海一隅。为了改变生产力分布的不合理状况，新中国成立以后，国家就在全国有计划地合理分布工业，使工业接近原料、燃料产区和产品消费地区，提高落后地区的经济水平和有利于巩固国防，作为调整生产力布局的原则和方向，纳入到历次发展国民经济计划之中。

（二）政策措施

新中国成立后的国民经济恢复时期，为迅速恢复和发展生产，国家首先把经济建设的重点放在以辽宁为中心的东北地区，开工建设了一批煤炭、电力、铝冶炼、机械等重点项目。当时苏联援建的 156 个项目，在 1950～1952 年开工的有 17 项，其中 13 项就安排在东北地区。1950～1952 年，全国累计完成的工业基建投资总额中，有一半多投到了东北地区。同时，国家开始把一些轻工业企业内迁到东北北部、西北、华北和华东的一些地区，使之接近原料地与广大消费地区。

"一五"时期，国家提出了有计划地、均衡地在全国布置工业的指导方针，并明确指出，在全国各地区适当地分布工业的生产力，使工业接近原料、燃料产区和消费地区，并适合于巩固国防的条件，来逐步地改变这种不合理的状态，提高落后地区的经济水平。在这一思想指导下，国家把中西部落后地区的开发提上了重要日程，全国的生产力布局受国防因素的影响较大。这一时期，国家把建设重点首先放在重工业有一定基础的东北地区，集中全国基本建设投资的 1/4，在原有基础上进行以冶金、煤炭、机械工业为中心的大规模扩建和新建。同时还集中建设了武汉、包头、兰州、西安、太原、郑州、洛阳、成都等工业基地。五年内动工兴建的限额以上 694 个工业建设项目，有 472 个分布在内地，占总量的 68.01%；有 222 个分布在沿海地区，占 31.99%。在全国基本建设投资总额中，沿海与内地投资之比为 0.79：1.00。从"四五"后期到"五五"初期，国家投资的地区重点开始逐步向东转移。

二、"三线"建设时期我国的区域均衡发展政策

（一）"三线"建设

"三线"是规划"三线"建设时提出的一个具有军事和经济地理含义的

区域概念，是相对于"一线"、"二线"地区而言的。"一线"是指沿海和边疆省、自治区、直辖市。"三线"范围大体是甘肃乌鞘岭以东、山西雁门关以南、京广铁路以西和广东韶关以北的广大地区，包括四川、贵州、云南、陕西、甘肃、青海、宁夏、河南、湖北、湖南、山西的西部，广东的北部，广西的西北部共计13个省份的全部和部分地区。此外，"一线"与"三线"之间的区域是"二线"。由于在"一线"、"二线"的省份，又依各地情况，划出若干地方为本省份的"三线"地区，习惯称"小三线"，而全国划定的"三线"地区通常称"大三线"[1]。

（二）"三线"建设的背景

"三线"建设发端于"三五"计划的编制。"三五"计划最初的设想是要重点解决人民的吃穿用问题。但是，由于1964年国际局势和中国周边环境形势的急剧变化，毛泽东在总体战略布局上提出先集中力量搞内地"大三线"建设的战略设想[2]。

（三）"三线"建设的政策措施

在"三线"建设和迁移工业企业的过程中，其初期的工业企业区位布局，核心是靠山、分散、隐蔽的方针，而关键又在于分散。主要体现在：第一，缩小工厂规模，多布点。"三线"决不再建目标大、易暴露、易破坏的综合型国防大工厂，而是按产量规模一分为二、一分为三，变成两套或三套工厂。按产品专业化和工艺专业化原则，分开建设若干个小型专业化工厂。第二，离开城市、平原，星罗棋布、分散布置工厂。搞"镶嵌式""村落式""瓜蔓式""羊拉屎式"布局。1500人以上的大厂，相隔50千米左右；300～500人的工厂，相隔不少于10千米。第三，既要小而分，又要地区成套，搞国防工业产品配套[3]。第四，除了"大三线"外，各地区还搞"小三线"建设，即各省区市投资的以生产团级以下武器装备为主的地方军

---

① 袁莉. 聚集效应与西部竞争优势的培育 [M]. 北京：经济管理出版社，2002：15.
② 孙东升. 我国经济建设战略布局的大转变 [J]. 党的文献，1995 (3)：42-48.
③ 肖敏，孔繁敏. 三线建设的决策、布局和建设：历史考察 [J]. 经济科学，1989 (2)：63-67，40.

工。"小三线"主要包括福建在闽赣边区，武夷山以南、鹰厦线以西，包括长汀、连城、清流、宁化、建宁、泰宁、光泽、顺昌、建阳、松溪、政和一带，采取靠山、分散、隐蔽、打洞等措施，实现经济建设和军工建设的战略调整和转移①；上海不仅支援西南地区的"大三线"建设，还在江西、安徽等省份开辟"小三线"，以利用两省山区位置偏僻，实现"分散、靠山、隐蔽"的目的②。

三、新中国成立后我国相对均衡区域经济政策的实施效果

（一）"一五"计划的实施成为新中国工业化的起点

中国工业化的起步开始于 1953 年发展国民经济第一个五年计划的制定与实施③。"一五"计划期间，以苏联援建的 156 个项目为中心，经过五年的实施，取得了巨大的成就。"一五"计划期间，我国社会总产值平均每年增长 11.30%，农业总产值平均每年增长 10.90%，国民收入平均每年增长 8.90%，是从 1953～1980 年的 5 个五年计划中增长最快、效益最好的时期④。到 1957 年，全国工业总产值达到 704 亿元，比 1952 年增长 101.70%，平均每年增长 15.10%⑤。先后形成了以沈阳、鞍山为中心的东北工业基地，以京、津、唐为中心的华北工业区，以太原为中心的山西工业区；以武汉为中心的湖北工业区，以郑州为中心的郑、洛、汴工业区，以西安为中心的陕西工业区，以兰州为中心的甘肃工业区，以重庆为中心的川南工业区等，使旧中国工业密集于东南沿海的状况发生了变化⑥。

---

① 钟健英. 六十年代福建的"小三线"建设 [J]. 福建党史月刊, 1998 (5)：23 - 25.
② 段伟. 安徽宁国"小三线"企业改造与地方经济腾飞 [J]. 当代中国史研究, 2009 (5)：85 - 92.
③ 储成仿. 中国工业化起点探析——"一五"计划的实施及其影响 [J]. 天津商学院学报, 1997 (6)：17 - 23.
④ 董辅礽. 中华人民共和国经济史（上卷）[M]. 北京：经济科学出版社, 1999：275.
⑤ 新中国六十年统计资料汇编.
⑥ 陈勇勤, 旭超. "一五"计划与 50 年代共和国经济 [J]. 甘肃省经济管理干部学院学报, 2002 (1)：3 - 9.

（二）促进了内地新工业城市的形成与发展

尽管新中国成立以后，我国相对均衡的区域经济政策不断做出调整，但大量的国家工业建设项目和投资为内地工业发展注入了新的活力，建成了以攀枝花钢铁为中心的攀西工业区；以输变电设备和电工器材为主体的关中工业区，以大型水电站、有色金属、石油化工为主体的兰州工业区；以机械和天然气等为主体的成渝业区以及川东易门铜基地、个旧锡基地、昆明开阳磷基地、六盘水煤炭生产基地；从无到有形成了诸如钢城攀枝花、煤都六盘水、汽车城十堰、镍都金昌等一批新兴的"明星"工业城市；绵阳、德阳、自贡、都匀、凯里、宝鸡汉中、天水等从原来的普通县城一跃成为全国知名的重工业城市①。

（三）为内地发展带来了生产性技术人才

由于大小"三线"皆以工厂内迁的"嫁接"方式开展，因此形成了规模浩大的自东向西的工业迁移流，而大批产业工人、家属和干部的随厂内迁，则构成了一股持续性的西进移民潮，或向西迁往西南西北腹地，或迁往省区市内后方山区。不同于这一时期其他以疏散城市过剩人口为目标的移民，"三线"移民的主要对象是生产性人口，以产业工人、部分家属和干部为主②，为中西部地区带来了大量的生产性知识和技术人才，客观上为西部地区的未来发展打下了坚实的基础。

第二节　改革开放后优先发展东部沿海地区的区域政策

"两个大局"发展思想打破了过去计划经济体制下片面遵循平衡布局的传

---

① 徐有威，陈熙. 三线建设对中国工业经济及城市化的影响 [J]. 当代中国史研究，2015 (4)：81－93.

② 陈熙，徐有威. 落地不生根：上海皖南小三线人口迁移研究 [J]. 史学月刊，2016 (2)：106－118.

统模式，为集中有限的资金、人力、物力促进东部沿海地区经济的优先发展提供了理论依据。因而在改革开放初期，我国区域发展战略主要受非均衡发展思潮的影响，国家投资布局和区域政策强调效率目标，向条件较好的沿海地区倾斜，同时对贫困落后地区和少数民族地区给予一定的补偿。随着经济发展战略和体制的转轨，国家区域政策的手段也日趋多元化[①]。

一、优先发展东部沿海地区的区域政策形成与发展历程

改革开放以后，在"让一部分人先富起来，带动大部分地区，然后达到共同富裕"的总体思想指导下，东部地区因为其优越的地理区位优势和海外华人华侨资源而成为对外开放的前沿。

从"六五"计划开始，中国生产力布局和区域经济发展的指导方针，由过去主要强调备战和缩小地区差别，逐步转移到以提高经济效益为中心，向沿海地区倾斜。《国民经济和社会发展第六个五年计划》明确指出，要积极利用沿海地区的现有基础，"充分发挥它们的特长，带动内地经济进一步发展"；同时要"努力发展内地经济""继续积极支持和切实帮助少数民族地区发展生产，繁荣经济"。

1985 年 9 月，在《中共中央关于制定国民经济和社会发展第七个五年计划的建议》中进一步将全国划分为东部、中部、西部三大经济地带，明确提到，"要加速东部地区的发展……东部地区，要着力采用新工艺、新技术改造传统产业，开发新兴产业，发展知识技术密集型产业和新型高档消费品工业。同时，要进一步实行'外引内联'，积极开拓国际市场，形成对外辐射和对内辐射的两个扇面"。

在率先发展东部地区的改革开放策略下，1979 年 7 月在深圳、珠海、汕头、厦门设立出口特区（1980 年 5 月改名为经济特区，1988 年设立海南经济特区），1984 年设立了大连、秦皇岛、天津、烟台、青岛、连云港、南通、上海、宁波、温州、福州、广州、湛江、北海等 14 个沿海开放城市以进一步吸

---

① 陈熙琳. 国家战略嬗变记——建国以来国家区域政策变迁历程［J］. 中国西部，2010（9）：80 – 85.

收外资、引进国外先进的科学技术、加快对外开放的步伐。1988 年，中共中央、国务院还提出了以沿海乡镇企业为主力、"两头在外、大进大出"为主要内容的沿海地区经济发展战略。1992 年开始设立了上海浦东新区等承担国家重大发展和改革开放战略任务的综合功能区。

进入 21 世纪，东部地区率先发展战略进一步深化。2006 年《国民经济和社会发展第十一个五年规划纲要》正式提出"鼓励东部地区率先发展"，2021 年《国民经济和社会发展第十四个五年规划和二〇三五年远景目标纲要》提出，"要推动东部地区率先实现高质量发展，要承担起科技创新领头羊、国家治理能力现代化样板的重任"。在鼓励东部地区率先发展战略的指引下，继 20 世纪 90 年代初设立上海浦东新区之后，天津滨海新区被列为全国综合配套改革试验区，深圳建设中国特色社会主义先行示范区，浦东打造社会主义现代化建设引领区，浙江高质量发展建设共同富裕示范区。

二、优先发展东部沿海地区的区域政策手段

（一）投资布局点逐步东移

"六五"时期，我国生产力布局基本上是以提高经济效益为中心，向东部沿海地区倾斜。在全国基本建设投资分配中，"六五"期间投资于沿海地区倾斜幅度比"三五"时期向西倾斜还要大。东部、中部、西部投资占全国比重分别为 49.90%、29.10%、14.20%，在新中国成立后国家投资中，东部第一次超过中西部之和。"七五"期间又加大了对东部沿海地区的倾斜度，东部、中部、西部投资占全国的比重分别为 56.40%、25.30%、14.00%。"八五"时期，东部、中部、西部投资占全国的比重分别为 62.70%、21.40%、12.50%①。加之沿海地区原有基础较好、投资环境优越，自身的资金积累和对外资吸引力较强，投资渠道多元化，因而同中部、西部的实际投资差距还要大②。

---

① 李万茂. 中国东中西部地区投资发展及其比较［J］. 调研世界，1997（5）：15–18.
② 李彩华，姜大云. 我国大三线建设的历史经验和教训［J］. 东北师大学报（哲学社会科学版），2005（4）：85–91.

（二）以经济特区为龙头的沿海对外开放政策

党的十一届三中全会确定了实行对外开放，对内搞活经济的重大战略方针。改革开放观念的突破始于上海。1978 年 6 月，国家计委等部门在向国务院上报的《关于开展对外加工装配业务的报告》中提出"引进一条轿车装配线，拟安排在上海，对上海轿车工业进行改造"获得批准①，突破了外资企业在我国合法性的观念禁区。

1978 年春末开始，港商在广东省的宝安、东莞和顺德等地区先后开办"三来一补"企业，以及 1979 年后"三来一补"业务从广东、福建两省扩展到其他地区，加上广东、福建两省自身的特殊情况，催生了《关于发挥广东优越条件，扩大对外贸易，加快经济发展的报告》，要在广东利用其毗邻港澳的有利条件，利用外资，引进先进技术设备，搞补偿贸易，搞加工装配，搞合作经营，中央给广东放权，让广东先行一步，并提出在深圳、珠海、汕头根据国际惯例划出一块地方单独进行管理，名称初步定为"贸易合作区"②；和《关于利用侨资、外资，发展对外贸易，加速福建社会主义建设的请示报告》，目标是在福建"突破中间，武装两头"，即集中力量大力发展轻工业，同时依靠华侨拓展海外市场，扩大对外贸易，用轻工产品出口赚回来的外汇，从国外买回先进设备，用来武装农业和基础工业这"两头"，使福建的工农业逐步实现现代化③。

广东、福建两省的报告获中共中央、国务院批转并给予以下政策：第一，对两省的财政实行大包干。广东省上交中央十个亿，多收的钱归自己。福建省每年中央补助两个亿，多花了中央不给，多创收了也不减少补助，一包四五年。第二，给两省对外交往的方便，即给予外商投资项目审批权、人才交流审批权。第三，创办出口特区④。在中共中央、国务院批准的《广东、福建两省会议纪要》中，将"出口特区"改为"经济特区"。同时明确，特区主要吸收外资和侨资进行建设；先上投资少、周转快、收效大的加工工业生

①②④　萧冬连．国门是如何打开的——中国对外开放的起步过程［J］．中共党史研究，2018 （4）：25 - 41.

③　伍洪祥．探索福建振兴之路［J］．福建党史月刊，2008 （2）：18 - 20.

产项目，根据条件逐步发展房地产和旅游业；为鼓励外商来特区投资，可适当降低企业所得税税率和土地使用费收取标准；在坚持四项基本原则和不损害国家主权的前提下，采取不同于内地的体制和办法，特区的经济活动要充分发挥市场调节的作用①。由此，作为广东、福建两省改革开放特殊政策的一部分，于1980年8月创办了深圳、珠海、汕头三个经济特区；1980年10月创办了厦门经济特区。国务院批准四个特区的区域范围，深圳经济特区的面积为327.50平方千米；珠海、汕头、厦门三个经济特区的面积分别为6.81平方千米、1.60平方千米和2.50平方千米。到1990年底，四个特区的面积扩大到632.10平方千米。

1980年8月全国人大常委会批准的《广东省经济特区条例》，以及1980年9月10日五届全国人大三次会议通过的《中外合资经营企业所得税法》，则分别对改革开放的相关优惠政策作出了具体的规定。《广东省经济特区条例》规定，"客商用地，按实际需要提供，其使用年限、使用费数额和缴纳办法，根据不同行业和用途，给予优惠""特区企业进口生产所必需的机器设备、零配件、原材料、运输工具和其他生产资料，免征进口税；对必需的生活用品，可以根据具体情况、分别征税或者减免进口税""特区企业所得税税率为15%。对在本条例公布后两年内投资兴办的企业，或者投资额达500万美元以上的企业，或者技术性较高、资金周转期较长的企业，给予特别优惠待遇""客商在缴纳企业所得税后所得的合法利润，特区企业的外籍职工、华侨职工、港澳职工在缴纳个人所得税后的工资和其他正当收入，可以按照特区外汇管理办法的规定，通过特区内的中国银行或者其他银行汇出""客商所得利润用于在特区内进行再投资为期五年以上者，可申请减免用于再投资部分的所得税""凡来往特区的外籍人员、华侨和港澳同胞，出入境均简化手续"，简化外籍及港澳人员出入境手续，等等②。

《中外合资经营企业所得税法》则明确，"合营企业的所得税税率为30%。另按应纳所得税额附征10%的地方所得税""合营企业的外国合营者，从企

① 卢荻. 谷牧与广东改革开放（上）［J］. 广东党史，2010（2）：9-14.
② 全国人民代表大会常务委员会关于批准《广东省经济特区条例》的决议，http://www.lscps.gov.cn/html/20464.

业分得的利润汇出国外时，按汇出额缴纳 10% 的所得税""合营企业的合营期在 10 年以上的，经企业申请，税务机关批准，从开始获利的年度起，第一年和第二年免征所得税，第三年至第五年减半征收所得税"，场地使用费"每年每平方米最低不少于 5 元，最高不超过 300 元"①。

经济特区的快速发展，起到了我国改革开放"技术的窗口，管理的窗口，知识的窗口，也是对外政策的窗口②"的作用。因此，1984 年以后，国家又决定进一步开放大连等 14 个沿海港口城市，设立了大连、秦皇岛等 14 个经济技术开发区，实行类似经济特区的政策。之后，又相继把长江三角洲、珠江三角洲、闽南厦漳泉三角地区、辽东半岛、胶东半岛等开辟为沿海经济开放区，并设立了福建台商投资区。1990 年 6 月，国务院正式批准上海市开发和开放浦东新区，实行经济特区的某些优惠政策。由此就形成了一条从南到北沿海岸线延伸的沿海对外开放地带。

1984 年 5 月 4 日，中共中央、国务院批转《沿海部分城市座谈会纪要》，决定进一步开放天津、上海、大连、秦皇岛、烟台、青岛、连云港、南通、宁波、温州、福州、广州、湛江和北海等 14 个沿海港口城市，在这些城市实行市场化取向的外向型经济政策③，给以若干优惠待遇，包括放宽利用外资建设项目的审批权限，增加外汇使用额度和外汇贷款，积极支持利用外资、引进先进技术改造老企业，开办中外合资、合作经营企业及外商独资企业④。同时，在 1984 年 1 月到 1988 年 6 月先后在其中 12 个城市（温州和北海除外）兴办了 14 个经济技术开发区⑤，作为中国最早在沿海开放城市设立的以发展知识密集型和技术密集型工业为主的特定区域⑥，并给予对外商投资的生产和科技项目减收 15% 企业所得税、进口建设器材免征关税和工商统一税、区内

---

① 中华人民共和国中外合资经营企业所得税法，http：//www. lscps. gov. cn/html/20173.

② 桑百川，钊阳. 中国利用外资的历史经验与前景展望［J］. 经济问题，2019（3）：1 - 7.

③ 沈传亮. 中国对外开放战略的历史演进［J］. 辽宁师范大学学报（社会科学版），2014（3）：155 - 163.

④ 戴桂英. 十年计划体制改革大事记（二）（1978 年 12 月 ~ 1988 年）［J］. 计划经济研究，1989（11）：83 - 90.

⑤ 国家发展和改革委等部门.《中国开发区审核公告目录》（2018 年版），2018 年 2 月 26 日. http：//www. gov. cn/zhengce/zhengceku/2018 - 12/31/content_5434045. htm.

⑥ 郑智，叶尔肯·吾扎提，梁宜，张若琰，刘卫东. 经济技术开发区建设对中国经济格局的影响［J］. 经济地理，2019，39（6）：26 - 35.

财政收入 5 年内不上缴（后延长至 1993 年）、国家给以开发性贷款（累计 23 亿元）① 等优惠政策。

上述区域政策以"效率优先、兼顾公平"为导向，沿海地区尤其是经济特区凭借其优越的政策条件，自然区位优势和经济社会基础，吸引了大量生产要素流入，成为了中国改革开放的试验田和经济发展的重点区域。

（三）以浦东新区开发为标志的沿江沿边对外开放政策

1990 年 4 月，党中央、国务院同意上海市加快浦东地区的开发，在浦东实行经济技术开发区和某些经济特区的政策。

20 世纪 90 年代初开发上海浦东是中国深化改革、扩大开放做出的又一区域重大战略部署。1990 年 4 月 30 日，国务院有关部门和上海市政府举行新闻发布会，宣布开发开放浦东新区的九个法规文件，以及十项政策规定，浦东开发进入了实质性阶段。这十项政策规定包括：一是 15% 企业所得税、10 年期两免三减半；二是区内自用物资免进口关税、增值税；三是区内企业内销替代进口，可补税后销售；四是外资搞基础设施，所得税五免五减半；五是外资可办三产，对现行规定不许可的，经批准可办商业、金融；六是外资可办银行及分行、财务公司；七是可办保税区，可从事转口贸易、出口业务；八是区内中资企业也可减免所得税；九是区内土地使用权有偿转让 50 ~ 70 年；十是新增财税留给浦东新区②。浦东新区开发开放的意义在于，实现了沿海地区几乎全部开放，形成了以沿海开放城市为中心的沿海经济开放带，成功地实现了对外开放从点（经济特区）到线（沿海经济开放带）的目标转变③，并且强化了上海在我国经济发展中的龙头地位作用，为上海带动长三角、溯江而上带动长江经济带甚至辐射带动全国经济的发展奠定了坚实的基础。

在浦东新区开发开放之后，1992 年 10 月，党的十四大做出了"以浦东开

---

① 张晓平. 我国经济技术开发区的发展特征及动力机制 ［J］. 地理研究，2002（5）：656 - 666.

② 黄奇帆. 浦东开发：一盘大棋中的重要一步 ［J］. 中国经济周刊，2018（50）：67 - 71.

③ 赵蓓文，李丹. 从举借外债、吸收外资到双向投资：新中国 70 年"引进来"与"走出去"的政策与经验回顾 ［J］. 世界经济研究，2019（8）：3 - 11.

发开放为龙头，进一步开放长江沿岸城市，尽快把上海建成国际经济、金融、贸易中心城市之一，带动长江三角洲和整个长江流域地区经济飞跃①"的战略决策。与此同时，1992 年 8 月批准开放重庆、岳阳、武汉、九江、芜湖等 5 个长江沿岸城市，哈尔滨、长春、呼和浩特、石家庄等 4 个边境、沿少海地区省会（首府）城市，太原、合肥、南昌、郑州、长沙、成都、贵阳、西安、兰州、西宁、银川等 11 个内陆地区省会（首府）城市，实行沿海开放城市和沿海经济开放区的有关政策②；1994 年批准设立长江三峡经济开放区，宜昌市、万县市（现为重庆市万州区）、涪陵市（现为重庆市涪陵区）被列为沿江开放城市，实行沿海开放城市的政策③；开放珲春、绥芬河、黑河、满洲里、二连浩特、伊宁、塔城、博乐、瑞丽、畹町、河口、凭祥、东兴 13 个沿边城市；在大连、广州、青岛、张家港、宁波、福州、厦门、汕头、海口举办"保税区"，增设一批"经济技术开发区"④，扩大外商投资领域，使我国区域经济发展形成了经济特区、沿海开放城市、沿海开放地带、沿江开放城市、沿边开放城市、内陆省会城市及广大地区的全方位、多层次、有重点的开放格局⑤。

三、优先发展东部沿海地区区域政策对我国的意义

在我国改革开放后资源、资金和技术相对匮乏的情况下，优先发展东部沿海地区的不平衡区域政策，对我国的经济发展具有以下三个方面的重大意义。

---

① 加快改革开放和现代化建设步伐 夺取有中国特色社会主义事业的更大胜利——在中国共产党第十四次全国代表大会上的报告，1992 年 10 月 12 日，https：//www.cntheory.com/tbzt/sjjlzqh/ljddhgb/202110/t20211029_37376.html.

② 国务院关于进一步对外开放重庆等市的通知［Z］.法宝数据库，https：//www.pkulaw.com/chl/5859.html？isFromV5 = 1.

③ 长江三峡经济开放区［Z］.中央政府门户网站，2006 年 5 月 16 日，http：//www.gov.cn/govweb/test/2006 - 05/16/content_281460.htm.

④ 陈瑞莲，谢宝剑.回顾与前瞻：改革开放 30 年中国主要区域政策［J］.政治学研究，2009（1）：61 - 68.

⑤ 肖浩辉.邓小平的对外开放理论与实践探析［J］.湘潭大学学报（社会科学版），2000（5）：24 - 29.

（一）在事实上通过东部地区的快速经济增长，促进了全国整体的经济快速增长

在不平衡区域政策带动下的我国改革开放，东部地区的快速发展带动了全国经济的快速增长。东部沿海的广东、福建、浙江、江苏和上海，2000 年的 GDP 分别是 1978 年的 17.34 倍、14.74 倍、15.27 倍、13.06 倍和 7.56 倍，年均增长率则分别达到了 13.85%、13.01%、13.19%、12.39% 和 9.63%。在东部沿海省市的带动下，我国 1993 年的 GDP 为 1978 年的 4 倍，提前实现改革开放初期提出的翻两番目标。到 2000 年，我国的 GDP 则是 1978 年的 7.60 倍，年均增长率为 9.66%[①]。

（二）在探索性的改革开放试验过程中，为我国的全方位开放积累了经验

在法律法规尚不健全，国内外对我国改革开放政策能否长期坚持仍存疑虑的情况下，外资企业试探性的投资只能选择地理距离更近的广东（港资）和信息来源更可靠的福建（侨资），而投资的行业也并非我国改革开放初期"以市场换技术"的期望产业，而是以满足国内外目标市场需求的低技术含量劳动密集型产业。但这些外资企业在广东和福建试探性投资并获利，被我国的消费者、各级政府决策者接纳之后，为外资企业后续加大在我国的投资规模并提高投资行业的技术含量、我国扩大对外开放格局和加深改革开放层次做出了有力的贡献。

（三）促进了东部地区的快速发展，为我国后续区域经济发展积累了充足的资金、技术和人才准备

首先，贫困陷阱是我国改革开放初期面临的最大困境。而要打破这个困境，就需要引入外部资金以化解长期计划经济体制下效率低下、物资紧缺带来的发展与民生两难境地。1979～2000 年，我国实际利用外资金额累计达到 5204.50 亿美元，其中对外借款 1471.57 亿美元；外商直接投资 3483.48 亿美元；外商其他投资 163.03 亿美元，为我国打破贫困陷阱提供了有力的资金支持。其次，在外资进入我国从事加工贸易生产等的带动下，我国的出口贸易

---

① 依据《新中国六十年统计资料汇编》中的数据计算。

快速增长，从 1978 年的 97.50 亿美元上涨到 2000 年的 2492.00 亿美元，1979～2000 年，累计出口 18741.00 亿美元，为我国引进成套技术装备提供了充足的外汇储备。第三，改革开放后，由于加强了中西经济社会文化交流，从西方发达国家引进成套技术设备成为可能。加上外资企业在我国的生产所需要的技术设备引进，从而在事实上带来的技术外溢性，促进了我国经济社会发展的技术进步。第四，外资企业进入我国，其技术人员和经营管理人员在与我国的交往中产生的知识外溢效应，改革开放后我国出国留学人员的逐步回归，以及经济发展增加了国内各层次教育水平的提高，为我国后续区域政策的实施和经济发展储备了大量的人才。

第三节　我国东中西区域协调发展政策

自 20 世纪 90 年代初以来，随着改革开放的深入和国力的增强，面对地区发展差距特别是东西差距的不断扩大，中央政府正式把促进地区经济协调发展提到了重要的战略高度，并确立了地区经济协调发展的指导方针，先后对外开放了长江沿岸城市、内陆边境口岸城市和省会（首府）城市，做出了加快发展中西部地区乡镇企业的决策，实施了国家"八七"扶贫攻坚计划。这标志着我国区域发展战略逐渐从不平衡发展到协调发展的转变。

一、地区经济协调发展总方针

随着改革开放的不断深入，东部地区的快速发展带来了我国区域差距的不断扩大。1991 年 3 月，《关于国民经济和社会发展十年规划和第八个五年规划纲要的报告》中首次提出，要"促进地区经济的合理分工和协调发展"，认为"生产力的合理布局和地区经济的协调发展，是我国经济建设和社会发展中一个极为重要的问题"。《国民经济和社会发展十年规划和第八个五年计划纲要》进一步明确指出，要"促进地区经济朝着合理分工、各展其长、优势互补、协调发展的方向前进"。

1995 年 9 月，党的十四届五中全会通过的《中共中央关于制定国民经济和社会发展"九五"计划和 2010 年远景目标的建议》，明确把"坚持区域经济协调发展，逐步缩小地区发展差距"作为今后 15 年经济和社会发展必须贯彻的重要方针之一。并明确指出，"从'九五'开始，要更加重视支持内地的发展，实施有利于缓解差距扩大趋势的政策，并逐步加大工作力度，积极朝着缩小差距的方向努力。"1997 年 9 月，党的十五大报告中特别强调，要"从多方面努力，逐步缩小地区发展差距""促进地区经济合理布局和协调发展"。

"九五"计划使中央财政能力得到显著增强，国家调整区域经济发展政策的充分条件也逐步具备，西部大开发已是水到渠成（张杰，2001）。随着 1997 年提出"实施西部大开发战略"、2003 年党的十六届三中全会出台振兴东北老工业基地及 2006 年促进中部崛起政策的出台，标志着我国区域协调统筹发展战略最终形成。

二、区域协调发展的政策措施

（一）西部大开发的相关政策

改革开放初期，虽然在《中共中央关于制定国民经济和社会发展第七个五年计划的建议》中明确了东部地区优先发展的战略方向，但也指出要"把东部地区的发展和中、西部地区的开发很好地结合起来，使它们能够互相支持，互相促进，使全国经济振兴，人民共同富裕"，要"积极做好进一步开发西部地区的准备"。正因如此，1999 年 9 月，党的十五届四中全会通过的《中共中央关于国有企业改革和发展若干重大问题的决定》，明确提出"把东部沿海地区的剩余经济发展能力，用以提高西部地区的经济和社会发展水平、巩固国防"，正式开启了西部大开发战略。2000 年 1 月，国务院成立西部地区开发领导小组后，同年 10 月党的十五届五中全会通过《中共中央关于制定国民经济和社会发展第十个五年计划的建议》，实施西部大开发战略成为其中的主要任务之一，并明确要用 5～10 年时间，使西部地区基础设施和生态环境建设有突破性进展。之后，依次出台了《"十五"西部开发总体规划》《西部大开发"十一五"规划》《西部大开发"十二五"规划》《西部大开发"十三五"规划》，对西部地区大开发战略的要求也在不断变化，从"十五"时期"改变西部地区相对落后的面貌，显著地缩小地区发展差距，努力建成一个经济繁荣、社会进步、生活安定、民族团结、山川秀美、人民富裕的新的西部地区"，到"十一五"时期的"经济又好又快发展，基础设施和生态环境建设实现新突破，重点地区和重点产业的发展达到新水平，基本公共服务均等化取得新成效，构建社会主义和谐社会迈出扎实步伐"再到"十二五"时期的"注重基础设施建设提升发展保障能力，注重生态环境保护建设国家生态安全屏障，注重经济结构调整和自主创新推进特色优势产业发展，注重社会事业发展促进基本公共服务均等化和民生改善，注重优化区域布局着力培育新经济增长极，注重体制机制创新扩大对内对外开放，为实现全面建设小康社会目标打下坚实基础"，直至"十三五"时期"紧紧围绕到2020年如期实现全面建成小康社会的总要求，坚持创新驱动加快动力转换，坚持协调协同有序开发，坚持绿色永续建设美丽西部，坚持开放引领促进互利共赢，坚持民生为本实现成果共享"，明显呈层层递进、不断提高的趋势，也体现出国家西部大开发战略的实施为西部地区经济社会的发展带来了更多的动力。

（二）振兴东北老工业基地的相关政策

东北地区曾是新中国工业的摇篮，为建成独立、完整的工业体系和国民经济体系，作出了历史性的重大贡献。新中国成立之后，在国家主导的投资倾斜下，东北地区借助较早解放以及经济基础较好的优势[①]，在新中国经济发展初期发挥了重要的作用。1952年，东北地区经济规模占全国的12.36%，工业占全国的22.88%，农业占全国的9.65%。1952年，全国人均GDP为119元，而东北地区的辽宁、吉林和黑龙江三省则分别为218元、153元、238元，分别是全国人均GDP的1.83倍、1.28倍和2.00倍。在"一五"时期，重点是合理利用东北等地的工业基础，特别是加强以鞍山钢铁联合企业为中心的东北重工业基地的建设[②]。因此，在"一五"计划编制和确定156项苏联援助工业项目的过程中，中央在东北安排了56项，超过整个项目数的1/3。

---

① 乔榛, 路兴隆. 新中国70年东北经济发展: 回顾与思考 [J]. 当代经济研究, 2019 (11): 5-13.

② 中国社会科学院, 中央档案馆编. 1953-1957中华人民共和国经济档案资料选资产投资和建筑业卷 [M]. 北京: 中国物价出版社, 1998 (9): 331.

　　到 1960 年，辽宁、吉林和黑龙江三省人均 GDP 分别是全国的 2.86 倍、1.32 倍和 2.11 倍；三省工业增加值占全国的 31.29%；三省 GDP 总值占全国 GDP 的 19.24%，均为历史最高。之后虽然有所下降，但到改革开放初期的 1978 年，辽宁、吉林和黑龙江三省人均 GDP 分别达到 680 元、371 元、564 元，分别是全国人均 GDP381 元的 1.78、0.97 和 1.48 倍，三省的 GDP 和工业增加值分别占全国的 13.06% 和 18.26%。改革开放之后，由于一些体制机制的深层次问题，导致东北地区面临经济增长新动力不足和旧动力减弱的结构性矛盾突出。到了振兴东北老工业基地前的 2000 年，辽宁、吉林和黑龙江三省人均 GDP 分别只有全国平均值的 1.41、0.84 和 0.95 倍，呈不断下降的趋势，三省的 GDP 和工业增加值也下降到 9.25% 和 10.55%，如图 5 - 1 所示。

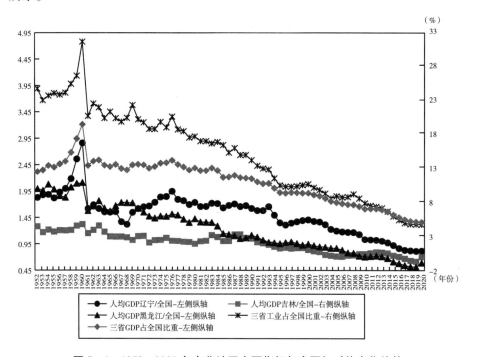

图 5 - 1　1952 ~ 2020 年东北地区主要指标与全国相对值变化趋势

　　注：东北三省人均 GDP 与全国的比值以左侧主纵坐标轴为准；三省 GDP 和工业增加值总和占全国比重以右侧次纵坐标轴为准。

　　资料来源：依据《新中国 60 年统计资料汇编》《中国统计年鉴（2021）》《辽宁统计年鉴（2021）》《吉林统计年鉴（2021）》《黑龙江统计年鉴（2021）》中的数据计算。

因此，2003 年 10 月，中共中央、国务院发布《关于实施东北地区等老工业基地振兴战略的若干意见》，明确了实施振兴战略要从体制和机制创新，推进工业结构优化升级、资源型城市转型、扩大对内对外开放①。2007 年，《东北地区振兴规划》提出要经过 10～15 年的建设，"将东北地区建设成为产业结构比较合理，综合经济发展水平较高的重要经济增长区域；形成具有国际竞争力的装备制造业基地，国家新型原材料和能源保障基地，国家重要商品粮和农牧业生产基地，国家重要的技术研发与创新基地，国家生态安全的重要保障区②"，实现东北地区全面振兴。2009 年，《国务院关于进一步实施东北地区等老工业基地振兴战略的若干意见》中，提出重点要"加快推进企业兼并重组，大力发展非公有制经济和中小企业，做优做强支柱产业，扶持重点产业集聚区③"。2016 年，国务院发布《关于全面振兴东北地区等老工业基地的若干意见》，提出要"促进装备制造等优势产业提质增效，积极培育新产业新业态，大力发展以生产性服务业为重点的现代服务业，加快发展现代化大农业"，促进东北地区实现全面振兴，成为具有国际竞争力的先进装备制造业基地和重大技术装备战略基地，国家新型原材料基地、现代农业生产基地和重要技术创新与研发基地④。在 2003～2016 年关于振兴东北老工业基地的系列政策文件中，对于东北地区的发展方向和战略越来越明晰、具体，也为东北地区的未来发展指明了更加光明的前景。

（三）促进中部崛起的相关政策

在我国改革开放之后，东部地区率先获得发展和本世纪初开始实施西部大开发战略，有出现中部塌陷的趋势。因此，2004 年 3 月温家宝总理首次明确提出促进中部地区崛起。之后，2006 年 4 月，《中共中央 国务院关于促进中部地区崛起的若干意见》正式出台，并在 2009 年 9 月国务院通过了《促进

---

① 《中共中央、国务院关于实施东北地区等老工业基地振兴战略的若干意见》，https：//chinareal. nankai. edu. cn/info/1055/4830. htm.

② 《东北地区振兴规划》，http：//www. gov. cn/gzdt/2007－08/20/content_721632. htm.

③ 《国务院关于进一步实施东北地区等老工业基地振兴战略的若干意见》，http：//www. gov. cn/zhengce/content/2009－09/11/content_3675. htm.

④ 《关于全面振兴东北地区等老工业基地的若干意见》，http：//www. gov. cn/zhengce/2016－04/26/content_5068242. htm.

中部地区崛起规划》。在 2006 年出台的《中共中央　国务院关于促进中部地区崛起的若干意见》中，明确提出要以扭转中部塌陷的趋势，最终实现我国东、中、西均衡发展、共同富裕的目标①。而在 2009 年颁布的《促进中部地区崛起规划》将中部地区定位为"三个基地、一个枢纽"，即粮食生产基地、能源原材料基地、现代装备制造及高技术产业基地、综合交通运输枢纽②。经过十年的政策实践，中部地区无论是经济综合实力、人民生活水平、环境保护还是"三基地、一枢纽"的建设都获得了巨大的发展。于是，2016 年新制定的《促进中部地区崛起规划（2016～2025 年）》在继承原有定位基础上，提出了"一中心、四区"的战略定位，即努力把中部地区建设成为全国重要先进制造业中心、全国新型城镇化重点区、全国现代农业发展核心区、全国生态文明建设示范区、全方位开放重要支撑区，并主要完成优化空间、改革创新、转型升级、做强做优现代农业、统筹城乡推动新型城镇化、纵横联通基础设施新网络等任务，确保如期实现全面建成小康社会目标③。

三、区域协调发展政策的实施效果

（一）数据来源与数据处理

关于区域协调发展政策效果评价数据为 1978～2020 年的数据。数据主要来源于历年《中国统计年鉴》中全国 GDP 增长率、人均 GDP 以及 2005～2021 年关于东部、西部、中部和东北地区的农村居民纯收入数据、城镇居民可支配收入等数据，西部、中部、东北地区各省市自治区的 GDP 增长率和人均 GDP 数据主要来源于各省市自治区 2021 年《统计年鉴》④，而针对 2021 年各地区统计年鉴中的数据缺失，则通过《新中国六十年统计资料汇编》中的

---

① 《中共中央　国务院关于促进中部地区崛起的若干意见》，http：//www. gov. cn/zwgk/2012 – 08/31/content_2214579. htm.

② 国家发改委. 促进中部地区崛起规划实施意见（全文），http：//cn. chinagate. cn/economics/ 2010 –08/26/content_20794240_5. htm.

③ 国家发展和改革委. 促进中部地区崛起"十三五"规划，2016 年 12 月 17 日.

④ 西藏因为经济发展的可比性，因此未纳入本部分内容关于我国区域协调发展政策效果的评价中。此外，因为 2021 年《新疆统计年鉴》迄今未发布，因此针对新疆的数据仅截至 2019 年，即 2020 年《新疆统计年鉴》中的数据。

数据进行补充。

采集到的数据按照如下方式处理：

首先，将采集到的各省市自治区历年 GDP 增长率与全国对应年份 GDP 增长率，按照式（5-1）求差值：

$$\Delta g_t^i = g_t^i - g_t \qquad (5-1)$$

其中，Δg_t^i 表示 i 省份 t 年与全国 GDP 增长率的差值，g_t^i 表示各 i 省份 t 年的 GDP 增长率，g_t 为 t 年的全国 GDP 增长率。

其次，将采集到的各省市自治区人均 GDP 与全国对应年份人均 GDP，按照式（5-2）求比值：

$$r_t^i = \frac{y_t^i}{y_t} \qquad (5-2)$$

其中，r_t^i 表示 i 省份 t 年与全国人均 GDP 的比值，y_t^i 表示各 i 省份 t 年的人均 GDP 增长率，y_t 为 t 年的全国人均 GDP。

第三，将采集到的东部地区、西部地区、中部地区和东北地区农村居民人均纯收入和城镇居民人均可支配收入，以东部地区为基准求比值。

$$\alpha_t^i = \frac{I_t^i}{I_t} \qquad (5-3)$$

其中，α_t^i 表示 i 地区 t 年与东部地区收入（城镇居民人均可支配收入、农村居民人均纯收入）的比值，I_t^i 表示各 i 地区 t 年的收入（城镇居民人均可支配收入、农村居民人均纯收入），I_t 为 t 年东部地区的收入（城镇居民人均可支配收入、农村居民人均纯收入）。

（二）评价方法

关于我国区域协调发展政策的实施效果，可以从相关政策推出之后各地区的以下几个指标来做出评价。一是地区经济增长率与全国整体经济增长率之差的演变趋势。如果地区经济增长率与全国整体经济增长率之间的差值在时间趋势上体现为正相关，即地区经济增长率与全国整体经济增长率的差距缩小甚至超过了全国的经济增长率，则表明相关政策产生了促进地区经济加快增长的作用。二是人均 GDP 与全国人均 GDP 比值的演变趋势。该比值的演变趋势预期同地区经济增长率与全国整体经济增长率差值的演变趋势相一致。但由于各地区人口自然增长的差异，可能会导致这一比值的演变趋势与增长率差值演变趋势存在一定的差异。三是地区居民收入之间的差距演变趋势，可以用西部地区、中部地区和东北地区的农村居民纯收入、城镇居民可支配收入与东部地区进行比较。具体评价方法如下：

第一，针对式（5-2）计算得到的数据，截取 2000~2020 年的数据[①]，采用以下回归模型作趋势分析：

$$r_t^i = \alpha + \beta t \qquad (5-4)$$

由于本部分内容仅考察各省份与全国人均 GDP 比值的演变趋势，以表明在我国实施区域协调发展政策之后各地区与全国整体水平之间的差距是否缩小，因此仅设置时间 t 作为趋势性检验变量，且如果式（5-4）的 β 符号为正且显著，则说明政策实施效果显著，否则即表明政策效果不佳。

第二，针对式（5-1）计算得到的数据，分别计算 1978~1999 年和 2000~2020 年的均值，并做趋势图比较各地区在两个时间段的增长率差异，以判断区域协调政策实施之后各地区的 GDP 增长率是否加快。

第三，针对式（5-3）计算得到的数据，分别制作趋势图以比较各地区相对于东部地区的收入差距，以考察区域协调政策实施之后各地区与东部地区之间的收入差距是否缩小。

（三）区域协调发展政策的评价结果

首先，如表 5-1 所示，各省份人均 GDP 与全国比值的趋势性回归系数，西部地区只有甘肃和新疆的回归系数为负，且只有新疆的回归系数在 1% 显著性水平上显著，甘肃的回归系数不显著。除此之外，西部地区其他九个省份的回归系数都与预期相一致，且均在 1% 显著性水平上显著。这表明，西部大开发政策实施之后，西部地区人均 GDP 与全国的差距显著性地缩小了。

---

① 之所以截取 2000~2020 年的数据做回归分析，是因为西部大开发政策从 1999 年开始，中部崛起和东北老工业基地振兴则分别始于 2004 年和 2003 年，因此统一从 2000 年的数据开始做分析。

表 5 - 1　西部地区 GDP 增长率差值和人均 GDP 比值的趋势性回归结果

地区	常数项（C）	趋势系数（t）	R^2
广西	-4.7781 *** （-4.37）	0.0027 *** （4.91）	0.5592
重庆	-30.0718 *** （-12.53）	0.0154 *** （12.92）	0.8978
四川	-21.315 *** （-14.53）	0.0110 *** （15.01）	0.9222
贵州	-34.0645 *** （-17.00）	0.0172 *** （17.23）	0.9398
云南	-13.7231 *** （-5.39）	0.0071 *** （5.63）	0.6250
陕西	-36.275 *** （-10.82）	0.0185 *** （11.06）	0.8657
甘肃	1.7734 （1.50）	-0.0006 （-1.07）	0.0565
宁夏	-8.6673 *** （-3.04）	0.0047 *** （3.30）	0.3642
青海	-5.9843 *** （-4.75）	0.0033 *** （5.28）	0.5950
新疆	15.9232 *** （5.95）	-0.0075 *** （-5.63）	0.6381
内蒙古	-15.0056 *** （-3.11）	0.0080 *** （3.32）	0.3676

注：*** 为 1% 显著性水平上显著。

而从 1978~1999 年、2000~2020 年两个区间内西部地区与全国 GDP 增长率差值均值的比较来看，如图 5 - 2 所示，可以发现，2000~2020 年西部各省份与全国 GDP 增长率差值的均值均为正，且均大于 1979~1999 年的均值，表明西部大开发实施之后，西部各省份的 GDP 增长率整体上快于全国。

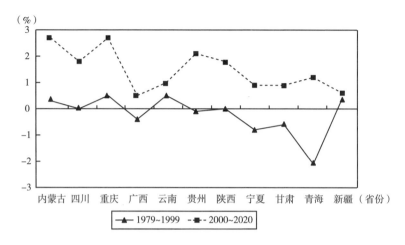

图 5 - 2 西部大开发实施之后与之前的 GDP 增长率差异比较

而从图 5 - 3 所示西部地区农村居民人均纯收入和城镇居民人均可支配收入与东部地区的比值演变趋势来看，2000 ~ 2013 年，无论是城镇居民人均可支配收入还是农村居民人均纯收入，西部地区增长速度都明显地快于东部地区，与东部地区的比值分别提高了约 6 个百分点和 11 个百分点。但 2013 年之后西部地区相对于东部地区的收入增长速度则明显放缓，城镇居民人均可支配收入几乎保持不变，农村居民人均纯收入与东部地区的比值也仅提高了不到 4 个百分点。

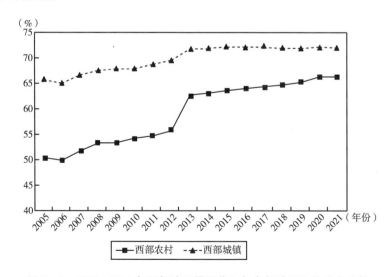

图 5 - 3 2005 ~ 2021 年西部地区居民收入与东部地区比值演变趋势

其次，从中部地区的情况来看，如表 5 - 2 所示，各省的趋势性回归系数均显著，且除了山西在 5% 显著性水平上显著之外均在 1% 显著性水平上显著，表明促进中部崛起政策实施也显著地缩小了中部地区与全国整体水平的差距。事实上，中部地区湖北省的人均 GDP，已经于 2013 年超过了全国平均水平，2019 年更是达到了全国人均 GDP 的 1.095 倍[①]。

表 5 - 2　中部地区 GDP 增长率差值和人均 GDP 比值的趋势性回归结果

省份	常数项（C）	趋势系数（t）	R^2
安徽	- 25.6485 *** （- 11.15）	0.0131 *** （11.47）	0.8738
湖北	- 37.3130 *** （- 14.41）	0.0190 *** （14.77）	0.9199
湖南	- 19.6913 *** （- 13.54）	0.0102 *** （14.08）	0.9125
江西	- 19.4991 *** （- 24.59）	0.0100 *** （25.47）	0.9715
河南	- 7.5465 *** （- 4.36）	0.0041 *** （4.79）	0.5469
山西	12.4188 ** （2.61）	- 0.0058 ** （- 2.44）	0.2392

注：** 为 5% 显著性水平上显著，*** 为 1% 显著性水平上显著。

从 1978 ~ 1999 年、2000 ~ 2020 年两个区间内中部地区与全国 GDP 增长率差值均值的比较来看，如图 5 - 4 所示，可以发现，除山西外，2000 ~ 2020 年中部各省均超过全国 GDP 增长率的 1 个百分点，且均大于 1979 ~ 1999 年的均值，表明促进中部崛起实施之后，中部各省份的 GDP 增长率整体上快于全国。

---

① 2020 年，湖北省因受新冠疫情影响大于其他省份，因此 2020 年湖北省 GDP 增长率降为 - 5.0%，比全国低了 7.2 个百分点，导致湖北省与全国人均 GDP 的比值由 2019 年的 1.1 下降到 1.04。

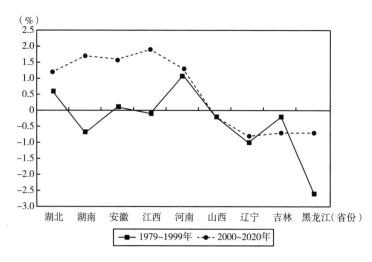

图5-4 中部崛起和东北振兴实施之后与之前的GDP增长率差异比较

而从图5-5所示中部地区农村居民人均纯收入和城镇居民人均可支配收入与东部地区的比值演变趋势来看，2000~2013年，无论是城镇居民人均可支配收入还是农村居民人均纯收入，中部地区增长速度都明显地快于东部地区，与东部地区的比值分别提高了约7个百分点和13个百分点。但2013年之后，中部地区相对于东部地区的收入增长速度同样放缓，城镇居民人均可支配收入与东部地区的比值甚至比2013年还下降了0.55个百分点，农村居民人均纯收入与东部地区的比值也仅仅基本持平。

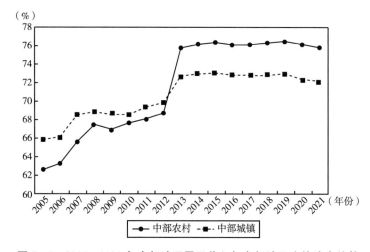

图5-5 2005~2021年中部地区居民收入与东部地区比值演变趋势

最后，从东北地区的情况来看，如表 5-3 所示，各省的趋势性回归系数均显著，但符号均为负，表明振兴东北老工业基地政策实施后，东北地区相对于全国整体水平而言，发展反而减缓了。事实上，2000 年辽宁省的人均 GDP 是全国的 1.41 倍，但到 2020 年下降到只有全国平均值的 81.96%，吉林省和黑龙江省则分别从 2000 年全国均值的 83.68%、94.62% 下降到 70.72%、59.36%。

表 5-3　东北地区 GDP 增长率差值和人均 GDP 比值的趋势性回归结果

省份	常数项（C）	趋势系数（t）	R^2
辽宁	62.5533 *** （31.75）	-0.0306 *** （-31.20）	0.9809
吉林	7.0024 ** （2.34）	-0.0031 ** （2.09）	0.1873
黑龙江	37.6481 *** （21.09）	-0.0184 *** （-20.67）	0.9574

注：** 为 5% 显著性水平上显著，*** 为 1% 显著性水平上显著。

而从图 5-5 所示 1978~1999 年、2000~2020 年两个区间内东北三省与全国 GDP 增长率差值均值的比较来看，虽然辽宁和黑龙江两省在 2000~2020 年要快于 1979~1999 年，但东北三省在 2000~2020 年与全国 GDP 增长率之差均为负值，这意味着其间东北三省的 GDP 增长率明显地慢于全国整体水平。

从图 5-6 所示东北地区农村居民人均纯收入和城镇居民人均可支配收入与东部地区的比值演变趋势来看，虽然 2000~2013 年，无论是农村居民人均纯收入还是城镇居民人均可支配收入，东北地区对东部地区比值均分别上升了约 10 个百分点，但之后的下降趋势也同样明显，分别下降了约 5 个百分点和 8 个百分点。而从总体上来看，2020 年东北地区的农村居民人均纯收入和城镇居民人均可支配收入与东部地区的比值分别比 2005 年上升了约 6 个百分点和 2 个百分点。

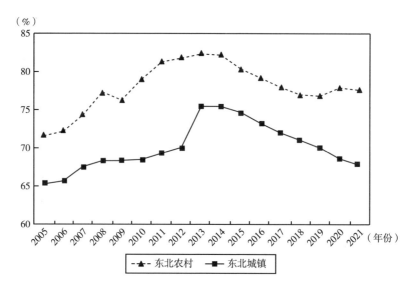

图5－6　2005～2021年东北地区居民收入与东部地区比值演变趋势

（四）我国区域协调发展政策实施效果的总体结论

前面从西部、中部和东北各省市自治区与全国人均GDP比值、与全国GDP增长率差值和与东部地区人均收入比值演变趋势的分析来看，我国20世纪90年代末期区域协调发展政策实施之后，西部大开发和促进中部地区崛起的政策效果比较明显，缩小了与全国整体和东部地区的差距，而振兴东北老工业基地的政策效果则不明显，人均GDP与全国的比值呈现出了明显的下降，人均收入缩小与东部地区的差距也较小。

第四节　党的十八大以来的区域全面发展政策

党的十八大以来，以习近平同志为核心的党中央与时俱进、科学决策，在区域协调发展方面作出了一系列重要论述、采取了一系列重大创新性举措，我国区域发展呈现由不平衡向趋于平衡、由不协调向日益协调转变的良好态势。

一、区域协调发展政策

党的十八大以来，以习近平同志为核心的党中央提出了创新、协调、绿色、开放、共享的新发展理念。新发展理念建立在对经济社会发展规律深入把握的基础上，对于实现"两个一百年"奋斗目标、实现中华民族伟大复兴的中国梦具有重大指导意义。其中，协调发展注重解决发展不平衡问题，它既是治国理政的基本发展理念之一，又是推进各项工作的一个具体要求。贯彻落实协调发展理念，在宏观和战略层面，必须牢牢把握中国特色社会主义事业总体布局，正确处理发展中的重大关系，不断增强发展的整体性协调性，在协调发展中拓展发展空间；在微观和战术层面，必须统筹兼顾，着力补齐发展短板、克服瓶颈制约，在加强薄弱领域中增强发展后劲①。

具体来说，党的十八大以来，我国的区域协调发展战略包含支持老少边穷地区加快发展、发挥重大区域战略引领作用、促进四大区域板块高质量发展、拓展海洋经济发展空间等几个方面的内容②。

（一）支持老少边穷地区加快发展

1. 党的历届全国大会对老少边穷地区的关注

党的历届全国大会报告都对革命老区、民族地区、边疆地区、贫困地区的发展给予了高度的关注，将扶持老少边穷地区发展放在区域协调发展战略的优先位置。但完整地提出要支持这四个地区发展，则是始于党的十七大③。在党的十七大报告中，明确提出要"加大对革命老区、民族地区、边疆地区、贫困地区发展扶持力度"，党的十八大报告"采取对口支援等多种形式，加大对革命老区、民族地区、边疆地区、贫困地区扶持力度"，党的十九大报告同样提出，"要加大力度支持革命老区、民族地区、边疆地区、贫困地区加快发展"。党的二十大报告则变为"支持革命老区、民族地区加快发展，加强边疆

---

① 范恒山. 十八大以来我国区域战略的创新发展 [N]. 人民日报, 2017–6–14, 第007版.

② 2018年《中国省域竞争力蓝皮书》发布暨党的十九大后中国区域经济高质量发展研讨会。

③ 党的十六大及之前，党的全国代表大会报告主要侧重于革命老区和少数民族地区，尤其是少数民族地区的发展。

地区建设，推进兴边富民、稳边固边"。这是因为我国已经在 2020 年完成脱贫任务，因此相关表述中去掉了"贫困地区"。

2. 支持老少边穷地区的主要目标

对于老少边穷地区的支持，主要体现在改善基础设施条件、提高基本公共服务能力、培育发展优势产业和特色经济。

在改善老少边穷地区基础设施条件方面，主要涉及劳动型基础设施，如农田灌溉系统等；生活型基础设施，如饮用水供应、破旧房屋的重建、道路修缮等；社会发展型基础设施，包括医疗卫生、义务教育、农业基地建设等；生态型基础设施，像森林资源保护、退耕还林工作①；交通出行基础设施，包括乡村道路、高速公路、铁路等。近年来，我国针对老少边穷地区的铁路基建明显加快。据国铁集团提供的数据显示，党的十八大以来，14 个集中连片特困等老少边穷地区累计完成铁路基建投资 3.3 万亿元，占铁路基建投资总额的 78%；投产新线 3.6 万千米（高铁 2 万千米），占全国投产新线的 83%。这些新投产的铁路覆盖了 274 个国家级贫困县，其中 100 多个国家级贫困县结束了不通铁路的历史。同时统筹推进无轨站建设，助力贫困地区融入"高铁经济图"，打通群众出行与物流运输的"最先和最后一千米"。

在提高公共服务能力方面，2021 年 3 月 30 日，印发《国家基本公共服务标准（2021 年版）》，其中包含了幼有所育、学有所教、劳有所得、病有所医、老有所养、住有所居、弱有所扶以及优军服务保障、文化服务保障，共 9 方面、22 大类、80 个服务项目，每个项目均明确了服务对象、服务内容、服务标准、支出责任和牵头负责单位。国家基本公共服务标准为解决老少边穷地区群众的出行难、用电难、上学难、看病难、通信难等问题，提供了兜底保障。

培育发展优势产业和特色经济。优势特色产业是对老少边穷地区实现造血支持和降低返贫的重要手段②。老少边穷地区由于地理位置和发展历史，大多形成了各具特色和优势的产业，比如宁夏的优质粮食产业中筋优质冬小麦、

---

① 侯雨，毛岚，罗华伟．精准扶贫中基础设施建设问题研究 [J]．当代农村财经，2017（9）：31 - 33.

② 王翠．特色产业发展在精准扶贫中的优势、问题及对策 [J]．当代农村财经，2019（3）：24 - 27.

粮饲兼用型玉米、马铃薯三级繁育等，草畜产业如肉牛、肉羊和滩羊的规模养殖，瓜菜产业如西红柿、辣椒、茄子等果菜类为主的设施农业和西芹、娃娃菜、菜心、白菜等叶类蔬菜，枸杞产业提升产业综合效益和再造产业发展新优势，葡萄产业的农艺融合并开发葡萄园＋酒庄＋旅游景点融合发展，以及其他特色产业如红枣、生猪、生态鸡、林果、苗木、花卉、肉兔、蜜蜂、红树莓、红葱、黄花菜等特色产品[1]；新疆由于人均耕地较多因而在大田作物棉花、糖料、油料等的比较优势显著，以及新疆特殊的光热和丰富的物种资源因而形成巴旦木、开心果、哈密大枣、库尔勒香梨等特色林果产业[2]；赣南地区多山地丘陵，不能发展大面积粮食作物种植业，而利用地方地理优势、资源禀赋发展的脐橙产业[3]，等等。

3. 支持老少边穷的主要政策措施

支持老少边穷地区发展的主要政策措施包括财政转移支付、税收优惠和科技支持措施等方面。

财政转移支付方面，自 2001 年起，中央财政设立了革命老区转移支付资金，以促进革命老区经济社会事业发展，改善革命老区人民生产生活条件。2001～2013 年，中央财政累计安排革命老区转移支付 276 亿元；2000 年起，中央财政设立民族地区转移支付，支持 5 个民族自治区、青海、云南、贵州以及非民族省份的 8 个民族自治州等民族地区加快发展，2006 年起将非民族省区及非民族自治州管辖的民族自治县纳入转移支付范围，2000～2013 年中央财政累计转移支付总额为 2853 亿元；中央财政对边疆地区实施了边境地区转移支付、兴边富民行动、国家级边境经济合作区基础设施贷款贴息等三项特殊支持政策，2006～2013 年，中央财政累计下达边境地区转移支付 448 亿元，2000～2013 年，累计下达兴边富民补助资金 64 亿元，2009～2013 年累计下达国家级边境经济合作区基础设施贷款贴息 6.8 亿元；在支持贫困地区发展方面，2011～2013 年，中央财政累计安排财政专项扶贫资金 998 亿元，重

---

① 宁夏回族自治区扶贫开发办公室．自治区人民政府办公厅关于加快推进产业扶贫的指导意见．2017 - 6 - 22，http://xczxj.nx.gov.cn/xxgk/fdzdgknr/fgwj/bmwj/bjwj/201706/t20170622_2848710.html.

② 李金叶．新疆农业优势特色产业选择研究［J］．农业现代化研究，2007（3）：181 - 184.

③ 谢培菌，汪淑群，聂乐龄，李连英．精准扶贫视角下特色产业发展问题及对策研究［J］．当代农村财经，2020（7）：51 - 54.

点支持连片特困地区，大力支持开发式扶贫，增强扶贫对象自我发展能力①。之后，中央财政继续加大对老少边穷地区的转移支付，2014 年中央财政安排革命老区、民族、边境地区和扶贫基金转移支付合计 1130 亿元②，2015 年中央财政安排革命老区、民族地区、边境地区转移支付和扶贫资金合计 1263 亿元③，2016 年针对老少边穷地区转移支付 1538 亿元④，2017 年安排老少边穷地区转移支付 1832.9 亿元⑤，2018 年中央财政安排老少边穷地区转移支付 2142.8 亿元⑥，2019 年，中央安排"老、少、边、穷"等财力困难地区转移支付 2489 亿元⑦，2020 年向老少边穷地区转移支付安排 2796.1 亿元⑧。支持革命老区、民族地区、边疆地区、贫困地区不断增长的财政转移支付，对于加快老少边穷地区补齐基础设施、公共服务、生态环境、产业发展等短板，打赢精准脱贫攻坚战，确保与全国同步实现全面建成小康社会起到了重要的作用。

税收优惠方面，针对脱贫攻坚，财政部专门编写了《支持脱贫攻坚税收优惠政策指引汇编》，其中涉及支持贫困地区基础设施建设、推动涉农产业发展、激发贫困地区创业就业活力、推动普惠金融发展、促进"老少边穷"地区加快发展、鼓励社会力量加大扶贫捐赠等六个方面、110 条税收优惠政策措

---

① 中央财政持续加大对老少边穷地区转移支付力度. 中央政府门户网站，2014 - 1 - 2，http://www.gov.cn/jrzg/2014 - 01/02/content_2558957.htm.

② 2014 年中央对地方税收返还和转移支付 51591.04 亿元. 中国新闻网，2015 - 7 - 10，https://www.chinanews.com/cj/2015/07 - 10/7397240.shtml；2014 年中央财政安排扶贫资金 433 亿元，惠农网，2016 - 7 - 22，https://news.cnhnb.com/rdzx/detail/87950/.

③ 李丽辉. 中央财政加大力度支持"老少边穷"地区发展. 中央政府门户网站，2015 - 12 - 8，http://www.gov.cn/xinwen/2015 - 12/08/content_5020999.htm.

④ 张子扬，郭金超. 2016 年中央对地方转移支付规模达到 5.29 万亿元. 中国新闻网，2016 - 12 - 23，http://news.cnr.cn/native/gd/20161223/t20161223_523384386.shtml.

⑤ 财政部对十二届全国人大五次会议第 8808 号建议的答复（财预函〔2017〕128 号），2017 - 8 - 14，http://yss.mof.gov.cn/jytafwgk_8379/2017jytafwgk/2017rddbjyfwgk/201709/t20170904_2690737.htm.

⑥ 赵建华. 2018 年中国中央财政加大对地方转移支付力度，中国新闻网，2019 - 1 - 3，https://baijiahao.baidu.com/s? id = 1621639769493064395&wfr = spider&for = pc.

⑦ 2019 年《政府工作报告》落实情况公布，经济日报逐条解析，经济日报，2020 - 5 - 20，https://baijiahao.baidu.com/s? id = 1667166080691272710&wfr = spider&for = pc.

⑧ 关于 2019 年中央和地方预算执行情况与 2020 年中央和地方预算草案的报告，中华人民共和国财政部官网，2020 - 5 - 30，http://www.mof.gov.cn/gkml/caizhengshuju/202005/t20200530_3523307.htm.

施，包括国家重点扶持的公共基础设施项目企业所得税"三免三减半"、承包地流转给农业生产者用于农业生产免征增值税、重点群体创业税收扣减、西部地区鼓励类产业企业所得税减按 15% 的税率征收企业所得税①，等等。相关税收优惠政策的实施，在支持贫困地区产业脱贫、易地搬迁脱贫、就业脱贫、教育脱贫、健康脱贫等方面发挥了积极的作用。

科技支持措施方面，主要措施包括：推广先进适用技术，比如西北农林科技大学示范推广苹果栽培技术和土壤管理模式，建立院士工作站、技术研发中心和示范基地，开展技术培训；推行科技特派员制度，以"一县一团"或"一业一团"的方式，建立稳定的帮扶结对关系；发挥农业科技园区、星创天地、科技服务超市、科技扶贫在线对创新资源的集聚作用，为脱贫攻坚聚集人才、资金、项目，形成"公司 + 合作社 + 科技 + 贫困户"产业扶贫模式；全国科技活动周面向贫困地区的发展需求，组织科技列车行、流动科技馆进基层等重大示范活动，为老少边穷地区科技服务和科普宣传②。在一些省市，具体的措施包括，广东省围绕"一村一业"发展目标，积极推进并完善"科研机构 + 试验基地 + 行业协会 + 企业 + 农户"的合作模式；立足贫困地区产业生产水平提升，突出抓好种养大户、家庭农场主、农业专业合作社等带头人的培训，引领贫困户积极脱贫；在村村通农业电子商务信息网站推送一批贫困村优质农产品，加速贫困地区农产品网上商品流通；采用"课程讲解""摆摊咨询""田头示范"等方式进行政策宣传和生产技术指导，等等③。

（二）发挥重大区域战略引领作用

1. 发挥重大区域战略引领全国经济发展的背景

我国经济经历了改革开放后 40 多年的发展，在经济总量上已经是世界第二大经济体，2020 年人均 GDP 也达到了 10500 美元，超过了中等偏上收入国

---

① 《支持脱贫攻坚税收优惠政策指引汇编（2019 年版）》，http：//www. chinatax. gov. cn/chinatax/n810219/n810744/n3439465/index. html.

② 科技扶贫. 脱贫攻坚网络展，http：//fpzg. cpad. gov. cn/429463/430986/431001/index. html.

③ 广东省科学技术厅关于科技精准扶贫精准脱贫三年攻坚的实施方案，http：//www. gzscmc. com/gds/View_1850. html.

家人均 GDP 门槛值 9192 美元①。在我国经济向更高水平发展的过程中，需要对我国的一些区域，尤其是对全国经济发展具有全局性作用，或对较大区域具有明显辐射带动作用的经济区域，进行战略定位或重新定位，让这些区域定位于更高的产业发展目标、科技发展目标、更深的内外开放层次，在促进经济区域自身发展的同时，形成多个区域增长极驱动全国经济整体向更高水平发展的态势。

2. 主要的重大区域战略

党的十八大以来，我国主要的重大区域协调发展战略包括：以"一带一路"建设为重点，通过贯穿南北、横贯东西的通道建设，推动形成全国整体对外对内开放新格局；推动京津冀公共服务共建共享，以疏解北京非首都功能推动京津冀协同发展，高起点规划、高标准建设雄安新区，建设天津智慧绿色港口，实现京津冀内涵集约协同发展；发挥长三角产业链供应链完备、对外开放程度高的优势，探索关键核心技术攻关新型举国体制，在集成电路、生物医药、人工智能等重点领域和关键环节实现突破；推进粤港澳大湾区基础设施"硬联通"和规则机制"软联通"，形成国际一流湾区框架，推进国际科技创新中心建设，促进产业链供应链优化升级，增强联通国内国际双循环的功能；成渝经济区双城经济圈在西部形成高质量发展的重要增长极，增强人口和经济承载力，打造内陆开放战略高地和参与国际竞争的新基地，形成陆海内外联动、东西双向互济的对外开放新格局，吸收生态功能区人口向城市群集中，保护长江上游和西部地区生态环境；海南全面深化改革开放和自由贸易港发展，建设国家生态文明试验区（海南）和海洋强省，加快出台海南离岛免税购物新政策，有效推动贸易投资自由化便利化；长江经济带保护修复长江生态环境，推动绿色低碳发展，构筑高水平对外开放新高地，塑造创新驱动发展新优势，加快产业基础高级化、产业链现代化；黄河流域统筹推进山水林田湖草沙综合治理、系统治理、源头治理，聚焦提升水质，抓住水沙关系调节，加强防洪防凌，高质量高标准建设沿黄城市群，建设特色

---

① 当年价。国际统计年鉴（2021）.

优势现代产业体系①。

（三）促进四大区域板块高质量发展

在 20 世纪末到 21 世纪初先后出台的西部大开发、促进中部崛起、振兴东北老工业基地，目标是转变改革开放以来的不均衡发展政策，缩小三大板块与东部地区之间的差距。在西部大开发、促进中部崛起、振兴东北老工业基地相继实施之后，在我国经济整体迈上新台阶的情况下，区域协调发展的总体战略需要进一步优化调整东、中、西、东北四大板块发展战略的重点任务。与党的十八大及之前注重西部大开发、中部崛起、振兴东北和东部率先发展相比，党的十九大报告提出要"强化举措推进西部大开发形成新格局，深化改革加快东北等老工业基地振兴，发挥优势推动中部地区崛起，创新引领率先实现东部地区优化发展，建立更加有效的区域协调发展新机制"，党的二十大报告则提出要"推动西部大开发形成新格局，推动东北全面振兴取得新突破，促进中部地区加快崛起，鼓励东部地区加快推进现代化"，明显地更加注重四大区域板块立足新发展阶段、贯彻新发展理念、构建新发展格局，在更高水平上实现高质量发展。

具体而言，对四大区域板块高质量发展的要求体现为：在中部地区发挥在制造业方面的优势，推动制造业高质量发展，加强同东部地区产业链、创新链、供应链、人才链的合作共建，积极承接新兴产业优化布局和传统产业有序转移；西部地区树立一体化发展理念，继续扩大对外开放，巩固拓展脱贫攻坚成果，推动倚能、倚重、倚化地区产业转型升级和多元化发展，逐步破解产业结构过度单一的结构性矛盾；东部地区加强原始创新，推进科技成果产业化，聚焦"卡脖子"问题和关键共性技术开展集中攻坚，加快构建自主可控现代产业体系，培育具有国际竞争力的产业集群和湾区经济，在现代化建设中的示范引领作用；提升东北地区在维护国家国防安全、粮食安全、

---

① 中国宏观经济研究院国土开发与地区经济研究所. 发挥"3 + 2 + 1"六大区域重大战略对高质量发展的重要引领——2020 年我国区域发展进展和 2021 年发展展望（上）［Z］. 国家发展和改革委网站，2021 - 5 - 7，https：//www. ndrc. gov. cn/xxgk/jd/wsdwhfz/202105/t20210507_1279334. html？code = &state = 123.

生态安全、能源安全、产业安全中的重要地位①。

（四）拓展海洋经济发展空间

从历次五年规划来看，我国对于海洋经济的关注不断加大。在"十五"计划之前，对我国海洋问题仅仅是纳入资源开发和保护的相关章节，强调海洋资源开发利用的相关技术和产业，以及海域的管理。而从"十一五"规划开始，在规划纲要中都有专门一章阐述海洋经济相关问题。《国民经济和社会发展第十一个五年规划纲要》重点关注海洋资源的开发利用以发展海洋经济，以及海洋环境和海洋生态的保护。《国民经济和社会发展第十二个五年规划纲要》第十四章则明确提出要从海洋产业结构和海洋综合管理两方面"推进海洋经济发展"，在区域布局上侧重于山东、浙江、广东等海洋经济发展试点。《国民经济和社会发展第十三个五年规划纲要》更是提出了要拓展蓝色经济空间，壮大海洋经济、加强海洋资源保护和维护海洋权益，区域布局则扩大到山东、浙江、广东、福建、天津等全国海洋经济发展试点区建设，支持海南利用南海资源优势发展特色海洋经济，建设青岛蓝谷等海洋经济发展示范区。《国民经济和社会发展第十四个五年规划和 2035 年远景目标纲要》提出要积极拓展海洋经济发展空间，建设现代海洋产业体系、打造可持续海洋生态环境、深度参与全球海洋治理，区域布局则强调要建设一批高质量海洋经济发展示范区和特色化海洋产业集群，全面提高北部、东部、南部三大海洋经济圈发展水平②。北部、东部、南部三大海洋经济圈的发展状况和主要产业分布如表 5 -4、表 5 -5、表 5 -6 所示。

---

① 因地制宜发挥四大区域板块对高质量发展的基础性支撑作用——2020 年我国区域发展进展和 2021 年发展展望（下）［Z］. 国家发展和改革委网站，2021 - 5 - 7，https：//www. ndrc. gov. cn/xxgk/jd/wsdwhfz/202105/t20210508_1279351. html？ code =&state =123.

② 《中华人民共和国国民经济和社会发展第十一个五年规划纲要》《中华人民共和国国民经济和社会发展第十二个五年规划纲要》《中华人民共和国国民经济和社会发展第十三个五年规划纲要》《中华人民共和国国民经济和社会发展第十四个五年规划和 2035 年远景目标纲要》。

表 5 - 4　　　　　　　　　　　北部海洋经济圈主要产业分布

省份	2025 年产值	产业类别	产业
山东	17645 亿元	传统产业	海洋渔业、海洋船舶工业、海洋化工、海洋矿业
		新兴产业	海洋高端装备制造、海洋生物医药、海水淡化与综合利用、海洋新能源、海洋新材料
		服务业	海洋文化旅游、涉海金融
天津	7687 亿元	新兴产业	海水利用、海洋装备制造、海洋药物与生物制品、航运服务
		优势产业	交通运输、海洋油气及石油化工、海洋旅游与文化、海洋工程建筑
		传统产业	海洋渔业、海洋盐业及盐化工、海洋船舶
辽宁	4500 亿元	传统产业	船舶与海工装备制造业、海洋交通运输业、海洋文化与旅游业
		资源产业	海洋渔业、海洋油气、海洋盐业
		新兴产业	海洋药物与生物制品业、海洋清洁能源利用业、海水淡化与综合利用业、高端航运服务业、海洋信息服务业、涉海金融服务业

资料来源：（1）山东省办公厅．山东省"十四五"海洋经济发展规划．2021 年 10 月，http：//www. shandong. gov. cn/art/2021/12/22/art_100623_39602. html？from＝singlemessage；（2）天津市办公厅．天津市海洋经济发展"十四五"规划．2021 年 6 月，https：//www. tj. gov. cn/zwgk/szfwj/tjsrmzfbgt/202107/t20210705_5496422. html；（3）辽宁省办公厅．辽宁省"十四五"海洋经济发展规划．2022 年 1 月．http：//www. ln. gov. cn/zwgkx/zfwj/szfbgtwj/zfwj2011_153687/202201/t20220114_4491457. html.

　　如表 5 - 4 所示北部海洋经济圈的三个省份中，山东省海洋经济总产值比天津和辽宁的加总还多。山东省海洋产业的发展以海洋制造业为主，规划到 2025 年海洋制造业产值即达到 5550 亿元，占全部产值的 1/3 左右。而辽宁以船舶与海工装备制造业、海洋渔业、海洋交通运输业、滨海旅游业为主，天津则以滨海旅游业、海洋油气业、海洋交通运输业为主。

　　东部海洋经济圈的三个省份，海洋经济实力均较强，到 2025 年产值规模均超过万亿元，如表 5 - 5 所示。在海洋产业分布上，浙江主要是油气全产业链集群、临港先进装备制造业集群等两个万亿元产业集群；江苏海洋主导产业分别为海洋交通运输业、海洋船舶工业、海洋旅游业和海洋渔业，2020 年四大海洋主导产业增加值占全省主要海洋产业增加值的比重分别为 38.1%、24.3%、14.3% 和 11.3%；上海则将重点支持面向未来的新型海洋产业，协同推进深远海资源勘探开发、深潜器、海水利用、海洋风能和海洋能等高端装备研发制造和应用。

表 5-5　　　　　　　　　　　东部海洋经济圈主要产业分布　　　　　　　　单位：亿元

省份	2025 年产值	产业类别	产业
浙江	12800	万亿产业	油气全产业链集群、临港先进装备制造业集群
		千亿产业	港航物流服务业、现代海洋渔业、滨海文旅休闲业
		百亿产业	海洋数字经济、海洋新材料、海洋生物医药、海洋清洁能源
江苏	11000	传统产业	海洋渔业、海洋交通运输业、船舶制造业、海盐及化工产业、滩涂农林业
		新兴产业	海工装备制造、海洋可再生能源利用业、海洋药物和生物制品产业化、海水利用业
		服务业	海洋旅游业、升航运服务业、海洋文化产业、海洋金融服务业
上海	15000		远海资源勘探开发、深潜器、海水利用、海洋风能和海洋能等高端装备研发制造和应用；推动现代信息技术与海洋产业深度融合，支持发展海洋信息服务、海底数据中心建设及业务化运行

资料来源：（1）浙江省办公厅. 浙江海洋经济"十四五"规划. 2021 年 5 月，http：//www. ning-bo. gov. cn/art/2021/6/4/art_1229550362_1651595. html；（2）上海市海洋局. 上海市海洋"十四五"规划. 2021 年 9 月，http：//swj. sh. gov. cn/ghjh/20211216/5c72958f458b4385　abd38a　1cf6c66e0c. html；（3）江苏省自然资源厅、江苏省发改委. 江苏省"十四五"海洋经济发展规划，2021 年 8 月，http：//zrzy. jiangsu. gov. cn/ewebeditor/uploadfile/20211126102917143. pdf.

整体上，南部海洋经济圈的四个省份，广东和福建的海洋经济规模远超广西和海南，而且海洋产业的发展也更加注重一些新兴产业，如海洋工程装备、海洋药物和生物制品，以及海运服务业，而海洋经济规模较小的广西和海南则更加注重传统的海洋渔业、海洋旅游业等，如表 5-6 所示。

表 5 - 6　　　　　　　　　南部海洋经济圈的海洋产业分布　　　　　　单位：亿元

省份	2025 年产值	产业类别	产业
广西	2925[①]	传统产业	海洋产业主要包括海洋渔业、海洋交通运输
		新兴产业	海洋工程装备制造、海洋信息、海洋药物和生物制品、海水综合利用业海洋可再生能源利用
		服务业	滨海旅游、涉海金融保险服务、海洋会展服务、海洋环保产业
广东	23565[②]	新兴产业	海上风电产业、海洋工程装备制造、海洋可再生能源示范利用、海洋新材料制造、海水综合利用
		服务业	海洋旅游产业、蓝色金融产业、航运专业服务业
		传统产业	海洋油气化工产业、海洋船舶工业、海洋交通运输、海洋渔业
		海洋数字化	海洋信息产业、数字技术与海洋产业深度融合
海南	3000	传统产业	海洋渔业、海洋油气化工、海洋航运、海洋旅游、海洋文化产业
		新兴产业	海洋信息、海洋药物和海洋制品、海洋可再生能源、海水淡化与综合利用、深海高端仪器装备关键零部件与新材料研发制造
福建	15423[③]	临海产业	石油化工、冶金新材料、海洋船舶
		服务业	滨海旅游、航运物流、海洋文化创意、涉海金融
		新兴产业	海洋信息、海洋能源、海洋药物与生物制品、海洋工程装备、邮轮游艇、海洋环保、海水淡化

注：①按照《广西海洋经济发展"十四五"规划》中的内容，2020 年广西海洋经济产值为 1651 亿元，2021～2025 年规划预期年增长率为 10%，由此测算 2025 年广西海洋经济总产值将达到 2925 亿元。

②按照《广东省海洋经济"十四五"规划》中的内容，2020 年广东省海洋经济产值为 17200 亿元，2021～2025 年预期年增长率为 6.5%，由此测算到 2025 年广东海洋经济总产值将达到 23565 亿元。

③按照《福建省"十四五"海洋强省建设专项规划》中的内容，2020 年福建省海洋经济产值为 10500 亿元，2021～2025 年预期年增长率为 8%，由此测算到 2025 年福建省海洋经济总产值将达到 15423 亿元。

资料来源：（1）广西海洋局，广西发改委．广西海洋经济发展"十四五"规划，2021 年 7 月，http：//hyj. gxzf. gov. cn/zwgk_66846/xxgk/fdzdgknr/zcfg_66852/zxfggz/P020210910344546063760. pdf.

（2）福建省办公厅．福建省"十四五"海洋强省建设专项规划，2021 年 11 月，http：//www. fujian. gov. cn/zwgk/zxwj/szfbgtwj/202111/t20211124_5780320. htm.

（3）海南省自然资源和规划厅．海南省海洋经济发展"十四五"规划（2021－2025 年），2021 年 6 月 8 日，http：//lr. hainan. gov. cn/xxgk_317/0200/0202/202106/t20210608_2991346. html.

（4）广东省办公厅．广东省海洋经济发展"十四五"规划，2021 年 10 月，http：//www. gd. gov. cn/zwgk/wjk/qbwj/yfb/content/post_3718595. html.

二、自由贸易试验区政策①

(一) 自由贸易区

自由贸易区是指签订自由贸易协定的两个或多个成员国之间相互降低进出口障碍，从而使成员国之间可以在很少或几乎没有政府关税、配额、补贴或禁止措施等方面限制的情况下从事商品或服务的贸易②。自由贸易试验区政策下，政府不需要采取具体行动来促进自由贸易，因而被称为"自由放任贸易"或贸易自由化。自由贸易试验区政策源于大卫·李嘉图的比较优势理论。该理论认为，自由贸易增加了一个国家可获得商品的多样性，降低了商品的价格，同时也能够更好地利用本国的资源、知识和专业技能。而在自由贸易试验区政策下，同样能够允许每个国家的企业专注于生产和销售最能利用其具有资源优势的商品，而其他企业则进口国内稀缺或国内市场无法获得的商品，从而在本地生产和对外贸易结合的情况下，促使经济更快增长，更好地满足国内消费者的需求。

制定了自由贸易试验区政策或协议的政府也不一定会放弃对进出口的所有控制或取消所有保护主义政策。在现代国际贸易中，很少有自由贸易协定（FTA）是完全自由贸易。例如，一个国家可能允许与另一个国家进行自由贸易，但未经其监管机构批准而被列入禁止进口的特定药物、未接种疫苗的动物或不符合其标准的加工食品等例外情况除外，或者它可能制定政策来豁免特定产品的免关税地位，以保护国内生产商免受其行业的外国竞争。而且，在自由贸易试验区协定下，签署自由贸易协定的成员国仍保持各自对非成员国进口商品的限制政策。

欧盟是当今自由贸易的一个显著例子。欧盟成员国以自由贸易为目的形成了一个基本上无边界的单一实体，而大多数欧盟国家采用欧元作为单一货

---

① 我国的自由贸易试验区实际上仍然是希望赋予国内一些地区特殊政策，加大对外开放的格局，因此将自由贸易试验区放在我国区域政策部分进行探讨。

② Adam Barone. Free Trade Agreement（FTA）Definition：How It Works，With Example［Z］. https：//www. investopedia. com/terms/f/free-trade. asp.

币结算则进一步为欧盟国家之间的自由贸易铺平了道路。美国也有较多自由贸易协定，其中包括多国协定如北美自由贸易协定（NAFTA），涵盖美国、加拿大和墨西哥，以及中美洲自由贸易协定，其中包括中美洲的大多数国家。此外，还有与澳大利亚、秘鲁等国之间的双边自由贸易协议。根据美国政府数据，这些协议总体上意味着，进入美国的所有商品中，约有一半是免关税的。工业品的平均进口关税为2%。但所有这些协议加在一起，仍然不能构成最自由放任的自由贸易。在美国特殊利益集团成功的游说下，仍然对数百种进口商品实施贸易限制，包括钢铁、糖、汽车、牛奶、金枪鱼、牛肉和牛仔布等①。

（二）我国的自由贸易试验区政策形成和发展历程

2008年全球金融危机之后，我国经济增长率由金融危机之前超过10%，逐渐下降到2015~2019年的6%~7%。我国经济发展进入新常态，外贸发展机遇和挑战并存，引进来、走出去面临新的发展形势。因此，加快实施自由贸易试验区战略是我国适应经济全球化新趋势的客观要求，是全面深化改革、构建开放型经济新体制的必然选择。

改革开放后，我国先后设立了经济特区、经济技术开发区、高新技术产业开发区、海关特殊监管区域、边（跨）境经济合作区、国家级新区、国家自主创新示范区、全面创新改革试验区、自由贸易试验区、社会主义先行示范区等多种承担特殊改革开放功能、享受特定改革开放政策的经济区类型。其中海关特殊监管区域又包括了保税区、出口加工区、保税物流园区、跨境工业园区、保税港区、综合保税区等六种类型。这些经济区域类型中，保税港区可以被视为自由贸易试验区的雏形。我国的保税区具有保税仓储、出口加工、国际贸易和商品展示等四大经济功能②，其与自由贸易试验区功能相似，即都是货物的集散中心，主要用于国际贸易、转口贸易，进出口的作业量较大，可以进行对外贸易型的工业性加工、制造，但保税区是"境内关

---

① Adam Barone. Free Trade Agreement（FTA）Definition：How It Works，With Example. https：//www. investopedia. com/terms/f/free-trade. asp.

② 李善民. 中国自由贸易试验区的发展历程及改革成就［J］. 人民论坛，2020（9）：12－15.

内",而自由贸易试验区则是"境内关外",并且二者还存在海关管辖、货物存储时间和征税处理程序等方面的差别①。但无论是保税区还是随后设立的出口加工区、保税物流园区等各类海关特殊监管区域,都存在功能相对单一、彼此不连片的问题,制约了国际贸易、物流业与制造业发展。加上国际投资贸易规则变迁和中美双边投资协定谈判需要,我国开启了向自由贸易试验区转变的进程。

党的十八大提出加快实施自由贸易试验区战略,党的十八届三中、五中全会进一步要求以周边为基础加快实施自由贸易试验区战略,形成面向全球的高标准自由贸易试验区网络。在此背景下,2013 年,在第五次中美战略经济对话中关于双边投资协定谈判,我国同意以准入前国民待遇和负面清单为基础与美方进行投资协定实质性谈判②。这意味着,我国给予包括外资在内各类非公有制企业的国民待遇将由"准入后"提前至"准入前"。同年 7 月 3 日,李克强总理主持的国务院常务会议原则通过了《中国(上海)自由贸易试验区总体方案》,其中的一项重要举措就是在自由贸易试验区内(上海自由贸易试验区),对外资的审批依据由"外商投资产业指导目录"改为"负面清单"③。上海自由贸易试验区外资审批依据向"负面清单"的转变意味着,我国在自由贸易试验区内,对外商投资的准入变成由法律允许的转为法律未禁止的,从而大大推进了我国的改革开放向纵深迈进。

(三) 我国的自由贸易试验区政策措施

自由贸易试验区的设立对我国而言具有重要的意义,它促进了政府只能从审批限制型体制向监管服务型职能转型,开放模式从消除内生性障碍向对标全球化规则转型,外贸外资从加工物流自由化向贸易投资便利化转型,国际分工地位从出口数量型发展向分工价值链提升转型④。我国针对自由贸易试

---

① 刘辉群. 中国保税区向自由贸易试验区转型的研究 [J]. 中国软科学, 2005 (5): 114 - 110.

② 周武英. 美国多头推进贸易投资谈判. 经济参考报 [N]. 2013 - 7 - 15, 第 A04 版.

③ 胡光祥. 国际投资准入前国民待遇法律问题探析——兼论上海自由贸易试验区负面清单 [J]. 上海交通大学学报(哲学社会科学版), 2014 (1): 65 - 73.

④ 张幼文. 自由贸易试验区试验的战略内涵与理论意义 [J]. 世界经济研究, 2016 (7): 3 - 14.

验区的发展，目前能查到的关于全国自由贸易试验区整体的政策措施主要包括《支持自由贸易试验区创新发展若干措施》（科技部，商务部，2017年）、《国务院关于支持自由贸易试验区深化改革创新若干措施的通知》《国务院印发关于推进自由贸易试验区贸易投资便利化改革创新若干措施的通知》《商务部 海关总署等8部门关于推动海关特殊监管区域与自贸试验区统筹发展若干措施的通知》《自由贸易试验区外商投资准入特别管理措施（负面清单）》（2013~2021年，2016年未公布）等，而具体的财税优惠政策，则体现在各自由贸易区制定并经国务院批准的政策文件中。但总体来说，可以大致归纳为以下几个方面：

（1）扩大外资投资范围。首先，对非自由贸易试验区内限制的一些制造业、服务业、金融业等，逐渐放开对外资的限制。其次，扩大开放程度，实行负面清单管理，对外商投资实行准入前国民待遇加负面清单管理模式。最后对负面清单之外的外商投资项目实行备案制，以简化手续，提高资本流动速度。

（2）扩大贸易优势。自由贸易试验区在税收优惠、放管服改革、外资准入、金融开放和负面清单管理方面均享受一定"特权"，使贸易更加便利化、自由化。

（3）推动金融创新。自由贸易试验区在科技、旅游、物流、信息、贸易等方面建立了与贸易自由化相适应的金融服务体系。在离岸人民币交易和跨境人民币交易上，自由贸易试验区都有无可比拟的优势，不断推动人民币业务领域的合作和创新发展。

（四）我国的自由贸易试验区分布及其战略定位差异

我国共有21个自由贸易试验区（自由贸易港），以及上海自由贸易试验区临港新片区。截至2022年，中国大陆只有吉林、内蒙古、新疆、西藏、甘肃、宁夏、青海、江西、贵州、山西等省份尚未设立自由贸易试验区。虽然我国的自由贸易试验区都是在我国经济新常态下，以加快改革开放向纵深方向发展为目标设立的，但各个自由贸易试验区都因其地理区位、产业发展传统、改革方向差异而在战略定位上各有不同，如表5-7所示。

表 5 - 7　　　　　　　　　　　　　我国各自由贸易试验区功能差异比较

自由贸易试验区	战略定位
上海自贸试验区	服务业扩大开放和外商投资管理体制改革，探索资本项目可兑换和金融服务业全面开放，为我国扩大开放和深化改革探索新思路和新途径
上海自由贸易试验区临港新片区	具有国际竞争力的前沿产业集聚区，新兴产业改革发展的创新试验区，城市数字化转型的示范样板区
广东自贸试验区	高水平对外开放门户枢纽，粤港澳大湾区融合发展的示范区
福建自贸试验区	深化两岸交流合作，"海丝"核心区建设的重点领域和关键环节取得突破
天津自贸试验区	全方位推动京津冀产业协同发展、深化面向日韩的开放合作
辽宁自贸试验区	以智能制造和数字产业提升产业创新发展竞争力，探索东北老工业基地转型
河南自贸试验区	加强交通物流通道建设畅通贸易往来，建设内陆开放新高地
浙江自贸试验区	发展数字经济和陆海国际航运，海洋贸易制度创新排头兵
河北自贸试验区	发展新一代医药、生命、航空航天等科技，物流、高端装备等产业，面向东北亚展开区域合作
重庆自贸试验区	国家重要先进制造业中心引领区，内陆现代服务业发展先行区
四川自贸试验区	高端制造业和现代效劳业集聚集群发展，辐射带动周边落后地区
陕西自贸试验区	发展陆海内外联动、东西双向互济的枢纽经济，打造"一带一路"向西开放最前沿
海南自由贸易港	旅游业、现代服务业和高新技术产业，建设高水平的中国特色自由贸易港
山东自贸试验区	培育贸易新业态新模式、加快发展海洋特色产业，探索中、韩两国的经济合作
江苏自贸试验区	强化金融对实体经济的支撑和支持制造业创新发展，建设面向"一带一路"沿线国家亚欧重要国际交通枢纽
湖北自贸试验区	发展现代服务业和高端制造业，建设国家级创新产业示范区
北京自贸试验区	发展数字贸易、文化贸易、商务会展、医疗健康、国际寄递物流、跨境金融等产业，打造临空经济创新引领示范区
湖南自贸试验区	打造世界级先进制造业集群、联通长江经济带和粤港澳大湾区的国际投资贸易走廊
安徽自贸试验区	融入长三角一体化、长江经济带、中部崛起等国家战略，推动科技创新和实体经济发展深度融合
广西、云南、黑龙江自贸试验区	推动沿边地区开放，辐射带动沿边发展，进一步密切同周边国家的经贸合作，提升沿边地区的开放开发水平

资料来源：根据网络资料及各自由贸易试验区条例、建设方案整理。

　　各个自由贸易试验区的最大特点就是它们各自的定位都与国家区域发展战略相呼应。比如上海自贸试验区定位于国际金融中心，以推动人民币国际化为目的打造对外资本账户通道，它也是国内自贸试验区中定位层次最高的，承担着国家战略中长三角经济圈、长江经济带、海上丝绸之路的龙头、桥头堡、窗口的重大作用。广东自贸试验区定位于打造符合国际高标准的法制环境、投资贸易便利、辐射带动功能突出、监管高效安全的自由贸易园区，呼应21世纪海上丝绸之路战略和泛珠三角经济圈战略。天津自贸试验区定位于离岸金融和融资租赁，对接中韩自贸协定，呼应京津冀协同发展战略、"一带一路"战略。福建自贸试验区主要发展对台贸易和东盟贸易，呼应着21世纪海上丝绸之路战略。辽宁呼应着振兴东北老工业基地战略，浙江呼应着21世纪海上丝绸之路战略和长江经济带战略，河南呼应着中部崛起战略和"一带一路"中的新丝绸之路战略，湖北、四川、重庆都呼应着"一带一路"中的新丝绸之路战略和长江经济带战略，陕西呼应着"一带一路"中的新丝绸之路战略，等等。

第六章 我国区域经济体系与区域分工协作

第一节 我国的区域经济体系

新中国成立后，尤其是改革开放以来，我国区域经济政策体系的演变下，形成了数量众多、从不同角度划分的各类区域经济规划。这些区域经济规划，主体上是贯彻改革开放初期提出的"让一部分地区先富起来，先富带动后富以实现共同富裕"的指导思想，从而以行政隶属关系为基础、以区域平衡发展为目标构建我国的区域经济体系。在这种区域经济体系构建思路下，区域均衡发展、全国各区域的全面发展占主导，但区域内部和区域之间的经济联系相对较弱。

一、东、中、西角度下的经济区域

将我国划分为东部、中部、西部三个地区的时间始于 1986 年全国人大六届四次会议通过的《国民经济和社会发展第七个五年计划》。其中明确提到，"我国经济分布客观上存在着东、中、西部三大地带，并且在发展上呈现出逐步由东向西推进的客观趋势。把东部地区的发展和中、西部地区的开发很好地结合起来，使它们能够互相支持，互相促进，使全国经济振兴，人民共同富裕[1]"，并明确我国的东部地区包括北京、天津、河北、辽宁、上海、江苏、

---

① 中共中央关于制定国民经济和社会发展第七个五年计划的建议［Z］. 中国经济网，2007 - 6 - 14，http：//www.ce.cn/xwzx/gnsz/szyw/200706/14/t20070614_11751124.shtml.

浙江、福建、山东、广东和海南等 11 个省份；中部地区包括山西、内蒙古、吉林、黑龙江、安徽、江西、河南、湖北、湖南、广西等 10 个省份；西部地区包括四川、贵州、云南、西藏、陕西、甘肃、青海、宁夏、新疆等 9 个省份。1997 年，全国人大八届五次会议决定设立重庆市为直辖市，并划入西部地区。由于内蒙古和广西两个自治区人均国内生产总值与上述西部 10 个省份的平均水平相当，因而 2000 年国家制定的在西部大开发中享受优惠政策的范围又增加了内蒙古和广西。因此，西部地区包括的省级行政区共 12 个，分别是四川、重庆、贵州、云南、西藏、陕西、甘肃、青海、宁夏、新疆、广西、内蒙古；中部地区有 8 个省级行政区，分别是山西、吉林、黑龙江、安徽、江西、河南、湖北、湖南；东部地区仍然是原来的 11 个省级行政区。但在我国的一般区域经济分析中，通常将东北三省辽宁、吉林和黑龙江单独作为一个经济区域来考察。

而东中西区域经济发展顺序，则来源于 20 世纪 80 年代，我国改革开放之初，邓小平同志提出的"两个大局"构想，即"一个大局是东部沿海地区加快对外开放，使之较快地先发展起来，中西部地区要顾全这个大局。另一个大局，就是当发展到一定时期，比如本世纪末全国达到小康水平时，就要拿出更多的力量帮助中西部地区加快发展，东部沿海地区也要服从这个大局"。在我国"两个大局"构想下，东部沿海地区率先获得发展，并在 20 世纪 90 年代末 21 世纪初开启了西部大开发战略，2003 年提出振兴东北老工业基地，2004 年提出了促进中部崛起战略。

东部地区也称为东部沿海地区，包括北京、天津、河北、上海、江苏、浙江、福建、山东、广东和海南等 10 个省份[①]。2020 年人口为 5.64 亿人，占全国总人口的 39.94%，城镇化率为 70.75%。2020 年东部地区的地区生产总值为 52.58 万亿元，占全国的 51.75%，人均 GDP 为 93161 元，是全国人均 GDP 的 1.29 倍，三次产业结构比例为 4.76∶37.75∶57.49。

中部地区包括山西、安徽、江西、河南、湖北、湖南等 6 个省份。2020 年人口为 3.64 亿人，占全国总人口的 25.81%，城镇化率为 59.00%。2020 年东部地区的地区生产总值为 22.22 万亿元，占全国的 21.87%，人均 GDP 为 60980

[①]　本书中将辽宁省放在东北地区讨论。

元，是全国人均 GDP 的 84.69%，三次产业结构比例为 9.04∶40.62∶50.34。

西部地区包括四川、重庆、贵州、云南、西藏、陕西、甘肃、青海、宁夏、新疆、广西、内蒙古等 12 个省份。2020 年人口为 3.83 亿人，占全国总人口的 27.13%，城镇化率为 57.27%。2020 年东部地区的地区生产总值为 21.33 万亿元，占全国的 20.99%，人均 GDP 为 55681 元，是全国人均 GDP 的 77.33%，三次产业结构比例为 11.88∶36.83∶51.29。

东北地区也即传统意义上的东北三省，包括辽宁、吉林和黑龙江三省。2020 年人口为 9826 万人，占全国总人口的 6.96%，城镇化率为 67.71%。2020 年东部地区的地区生产总值为 5.11 万亿元，占全国的 5.03%，人均 GDP 为 52030 元，是全国人均 GDP 的 72.76%，三次产业结构比例为 14.23∶33.66∶52.10。

二、我国的地区性经济区域

我国的地区性经济区域，其设立的目标主要是平衡地区经济发展，以化解地区内部经济发展的不平衡，或形成地区经济增长极。

（一）江苏沿海地区

包括连云港、盐城和南通三市。其定位是加快建设新亚欧大陆桥东方桥头堡和促进海域滩涂资源合理开发利用，着力建设综合交通枢纽、沿海新型工业基地、重要的土地后备资源开发区和生态环境优美、人民生活富足的我国东部地区重要的经济增长极[①]。

（二）皖江城市带

包括合肥、芜湖、马鞍山、铜陵、安庆、池州、巢湖、滁州、宣城九市全境和六安市金安区、舒城县。战略定位是立足安徽，依托皖江，融入长三角，连接中西部，积极承接产业转移，不断探索科学发展新途径，努力构建区域分工合作、互动发展新格局，加快建设长三角拓展发展空间的优选区，

---

① 《江苏沿海地区发展规划》，http：//www.p5w.net/zt/dissertation/finance/200912/t2736389.htm.

长江经济带协调发展的战略支点，引领中部地区崛起的重要增长极①。

（三）长株潭区域

包括长沙市、株洲市、湘潭市全域，以长株潭生态绿心为核心，联动周边大托、暮云、跳马、云龙、昭山等区域融合发展，建设长株潭生态绿色融合发展示范区。战略定位为深入实施促进中部地区崛起战略，依托产业、科技、金融、创新、综合交通区位等优势资源，以融入全球产业链和价值链为目标，构建世界级优势产业集群和具有全球竞争优势的现代化产业体系，打造国家重要先进制造业、具有核心竞争力的科技创新、内陆地区改革开放的高地，形成开放、包容、合作、共享的中部地区高质量发展新引擎②。

（四）中原经济区

依据国务院批复的《中原经济区规划》，中原经济区范围包括河南全省及河北省邢台市、邯郸市，山西省长治市、晋城市、运城市，安徽省宿州市、淮北市、阜阳市、亳州市、蚌埠市和淮南市凤台县、潘集区，山东省聊城市、菏泽市和泰安市东平县，总面积约28.9万平方千米。中原经济区定位为：全国工业化、城镇化、信息化和农业现代化协调发展示范区，全国重要的经济增长板块，全国区域协调发展的战略支点和重要的现代综合交通枢纽，华夏历史文明传承创新区。2020年，中原经济区总人口16710.02万人，生产总值82018.32亿元③。

（五）辽宁沿海经济带

包括大连、丹东、锦州、营口、盘锦、葫芦岛6个沿海城市所辖行政区域。战略定位是建设成为东北地区对外开放的重要平台、东北亚重要的国际航运中心、具有国际竞争力的临港产业带、生态环境优美和人民生活富足的

---

① 《皖江城市带承接产业转移示范区规划》，https：//www.ndrc.gov.cn/xxgk/zcfb/ghwb/201003/t20100324_962106.html.

② 《长株潭区域一体化发展规划纲要》，http：//www.hunan.gov.cn/hnszf/xxgk/tzgg/swszf/202010/t20201030_13946516.html.

③ 2021年各省统计年鉴和2021年淮南市统计年鉴。

宜居区，形成我国沿海地区新的经济增长极①。

（六）图们江区域合作

核心地区包括长春市、吉林市部分区域和延边州（简称长吉图）在内的中国图们江区域。目标是发展成为我国沿边开发开放的重要区域、我国面向东北亚开放的重要门户和东北亚经济技术合作的重要平台，培育形成东北地区新的重要增长极，进一步振兴东北老工业基地②。

（七）关中—天水经济区

关中—天水经济区包括陕西省西安、铜川、宝鸡、咸阳、渭南、杨凌、商洛（部分区县）和甘肃省天水所辖行政区域，直接辐射区域包括陕西省陕南的汉中、安康，陕北的延安、榆林，甘肃省的平凉、庆阳和陇南地区。战略定位是全国内陆型经济开发开放战略高地、统筹科技资源改革示范基地、全国先进制造业重要基地、全国现代农业高技术产业基地、彰显华夏文明的历史文化基地③。

（八）西北地区其他区域经济规划

西北地区的区域经济规划中，除了上述关中—天水经济区外，还有1993年《国务院批转国家计委关于西北地区经济规划问题报告的通知》中提出的重点建设"两带"和"四区"，即亚欧大陆桥西北沿线经济带、西北边境开放经济带，以及以西安为中心的关中地区、以兰州为中心的黄河干流沿岸地区、以乌鲁木齐为中心的天山北坡地区、以拉萨为中心的"一江两河"中部地区。其中，亚欧大陆桥西北沿线经济带定位为适应亚欧大陆桥货运量日趋增长的需要，积极建设大中城市集装箱营运设施，发展大宗货物的集疏、仓

---

① 《辽宁沿海经济带发展规划》，http：//www. scio. gov. cn/ztk/xwfb/04/4/Document/542279/542279. htm.

② 《中国图们江区域合作开发规划纲要》，http：//www. gov. cn/jrzg/2009 - 11/16/content _ 1465540. htm.

③ 《关中—天水经济区发展规划》，https：//www. ndrc. gov. cn/xxgk/zcfb/ghwb/200907/t20090703 _ 962101_ext. html.

储等服务项目；西北边境开放经济带定位为在扩大口岸集疏能力的基础上，在边境口岸建立边境贸易市场，并将伊宁、博乐、塔城建成各具特色的边境开放城市；以兰州为中心的黄河干流沿岸地区重点发展能源、石油化工、盐化工、有色金属冶炼加工等工业，充分利用大中型企业的技术装备优势和科研力量，抓好新产品的开发，努力将该地区建成原材料、机电设备制造和轻纺工业协调发展的产业聚集区；以乌鲁木齐为中心的天山北坡地区应重点发展石油化工、轻纺和电力工业，力争把该地区建成一个适应对外开放需要的综合性工业基地；以拉萨为中心的"一江两河"中部地区重点是搞好"一江两河"（雅鲁藏布江、拉萨河、年楚河）中部流域的开发，逐步将这一地区建设成为商品粮、副食品生产基地和轻纺、手工业生产基地，带动西藏自治区的经济发展①。

三、我国的功能性经济区域

我国的功能性经济区域，其设立的目标是承担某一或某些功能，作为我国区域或全国区域经济发展的重要补充。

（一）海峡西岸经济区

海峡西岸经济区包括福建省全境以及浙江省温州市、衢州市、丽水市，广东省汕头市、梅州市、潮州市、揭阳市，江西省上饶市、鹰潭市、抚州市、赣州市。海峡西岸经济区的战略定位是两岸人民交流合作先行先试区域、服务周边地区发展新的对外开放综合通道、东部沿海地区先进制造业的重要基地、我国重要的自然和文化旅游中心②。

（二）成渝地区双城经济圈

成渝地区双城经济圈是审议中的建设规划，其前身是《成渝城市群发展

---

① 《国务院批转国家计委关于西北地区经济规划问题报告的通知》，http://www.gov.cn/zhengce/content/2010 - 12/30/content_2152.htm.
② 《海峡西岸经济区发展规划》，http://www.huaxia.com/tslj/zcfg/2011/04/2370691.html.

规划》，但重点从建设具有国际竞争力的国家级城市群①，提升到打造内陆改革开放高地。按照中央政治局审议《成渝地区双城经济圈建设规划纲要》会议的要求，成渝地区双城经济圈目标是突出重庆、成都两个中心城市的协同带动，注重体现区域优势和特色，使成渝地区成为具有全国影响力的重要经济中心、科技创新中心、改革开放新高地、高品质生活宜居地，打造带动全国高质量发展的重要增长极和新的动力源②。

（三）广西北部湾经济区

广西北部湾经济区包括南宁、北海、钦州、防城港四市所辖行政区域，功能定位为立足北部湾、服务"三南"（西南、华南和中南）、沟通东中西、面向东南亚，充分发挥连接多区域的重要通道、交流桥梁和合作平台作用，以开放合作促开发建设，努力建成中国—东盟开放合作的物流基地、商贸基地、加工制造基地和信息交流中心，成为带动支撑西部大开发的战略高地、西南中南地区开放发展新的战略支点、21世纪海上丝绸之路和丝绸之路经济带有机衔接的重要国际区域经济合作区③。

（四）鄱阳湖生态经济区

包括南昌、景德镇、鹰潭3市，以及九江、新余、抚州、宜春、上饶、吉安市的部分县（市、区）。鄱阳湖生态经济区的定位是建设全国大湖流域综合开发示范区、长江中下游水生态安全保障区、加快中部崛起重要带动区、国际生态经济合作重要平台④。

（五）浙江海洋经济发展示范区

包括浙江省全部海域和杭州、宁波、温州、嘉兴、绍兴、舟山、台州等

① 《成渝城市群发展规划》，http：//www. gov. cn/zhengce/content/2016 – 04/15/content_5064431. htm.

② 中共中央政治局召开会议审议《成渝地区双城经济圈建设规划纲要》，http：//www. gov. cn/ xinwen/2020 – 10/16/content_5551828. htm.

③ 《广西北部湾经济区发展规划（2014年修订）》，http：//www. gxzf. gov. cn/zwgk/zfwj/zzqrmzfb- gtwj/2014ngzbwj/20141205 – 435965. shtml.

④ 《鄱阳湖生态经济区规划》，http：//www. gov. cn/jrzg/2009 – 12/16/content_1488908. htm.

市的市区及沿海县（市）的陆域（含舟山群岛、台州列岛、洞头列岛等岛群）。战略定位是立足浙江省的资源条件、产业基础和体制机制等方面优势，建设我国重要的大宗商品国际物流中心、海洋海岛开发开放改革示范区、现代海洋产业发展示范区、海陆协调发展示范区、海洋生态文明和清洁能源示范区①。

（六）黄河三角洲高效生态经济区

包括山东省的东营市、滨州市，潍坊市的寒亭区、寿光市、昌邑市，德州市的乐陵市、庆云县，淄博市的高青县和烟台市的莱州市。功能定位是建设全国重要的高效生态经济示范区、全国重要的特色产业基地、全国重要的后备土地资源开发区、环渤海地区重要的增长区域②。

（七）甘肃、青海（柴达木）循环经济试验区

试验区主体为柴达木盆地，规划面积 25.6 万平方千米，地处青、甘、新、藏四省区交往的中心地带，重点规划建设格尔木工业园、德令哈工业园、乌兰工业园、大柴旦工业园等四个循环经济工业园，构建以盐湖化工为核心的六大循环经济主导产业体系，形成资源、产业和产品多层面联动发展的循环型产业格局，争取在经济发展的同时实现废水、废气、废渣等"零"排放或者是最少的排放③。

（八）重庆市、成都市设立全国统筹城乡综合配套改革试验区

根据统筹城乡综合配套改革试验的要求，先行先试，以土地确权赋能为基础，以"三个集中"为核心，以市场化为动力，全面推进土地管理制度的改革。重庆市的重点是在全市范围内有计划、分步骤、有重点地推进户籍制度、土地管理和使用制度、社会保障制度、公共财政制度、农村金融制度、

---

① 国家发展和改革委. 浙江海洋经济发展示范区规划［Z］. 中华人民共和国中央人民政府网，2011 年 3 月 2 日，http：//www. gov. cn/jrzg/2011 – 03/02/content_1814363. htm.

② 《黄河三角洲高效生态经济区发展规划》，http：//www. gov. cn/zwgk/2009 – 12/23/content_1494695. htm.

③ 《青海省柴达木循环经济试验区总体规划》，http：//www. gov. cn/jrzg/2010 – 03/19/content_1560336. htm.

行政体制等改革。成都市的重点是统筹城乡规划、建立城乡统一的行政管理体制、建立覆盖城乡的基础设施建设及其管理体制、建立城乡均等化的公共服务保障体制、建立覆盖城乡居民的社会保障体系、建立城乡统一的户籍制度、健全基层自治组织、统筹城乡产业发展等重点领域和关键环节率先突破，通过改革探索，加快经济社会快速健康协调发展。

（九）武汉都市圈、长株潭城市群"两型"社会综改区

"两型社会试验区"即全国资源节约型和环境友好型社会建设综合配套改革试验区。我国工业化和城市化进程的加快，经济发展与城市建设、资源消耗和环境代价等方面的冲突却在其建设过程中表现得越来越激烈。为缓和或解决这些矛盾与冲突，实现经济、社会的可持续发展[①]，我国设立了长株潭城市群和武汉都市圈两个"两型社会"综合改革试验区，并赋予其先行先试的创新权。武汉都市圈"两型"社会改革的重点包括，大力发展循环经济，构建发展循环经济的促进机制；构建符合"两型"要求的现代产业体系，探索以循环经济理念促进产业结构优化升级的体制机制；建立绿色消费；城市集约、统筹发展；区域和城乡协调发展；政府管理体制转型。长株潭城市群"两型"社会改革的重点则体现在创新资源节约体制机制、创新生态环境保护体制机制、创新产业结构优化升级的体制机制等方面，在服务型政府建设、社会治理和社区管理模式、城市群协调机制建设等方面率先突破，构建行政管理和社会管理新机制。

（十）东兴、满洲里、瑞丽、二连浩特、珲春等边境地区重点开发开放试验区

边境区域具有独特区位条件。口岸城市既与邻近国家人文资源、自然资源、经济往来等方面合作频繁，又距离本国或本地区的政治、经济、文化等中心较远，因而国家相关优惠扶持政策难以覆盖。若不突破传统发展思维方式，边境区很难成为高经济势差区域。面对有利的国际国内背景，边境区可以充分利用其区位、资源禀赋和发展能力，突破国别限制，加强与相邻国家

---

① 钟惠英. 两型社会综改试验区构建的动力机制 [J]. 求索, 2010 (10)：78, 98 - 99.

边境区的开发开放合作，发挥与"一带一路"相关政策的叠加效应，打造新型发展模式①。正是在这种形势下，我国设立了东兴、满洲里、瑞丽、二连浩特、珲春等边境地区重点开发开放试验区，其中东兴侧重于深化我国与东盟战略合作的重要平台、通往东南亚国际通道重要枢纽；瑞丽侧重于中缅边境区金融合作；满洲里的目标是欧亚陆路大通道重要的综合性枢纽；二连浩特的目标是内蒙古自治区向北开放桥头堡建设、推进中蒙两国经贸合作、为丝绸之路经济带北线区域国际合作开辟新的空间；珲春的目标是发展成为面向东北亚合作与开发开放的重要平台、图们江区域合作开发的桥头堡。

（十一）赣南等原中央苏区振兴发展规划

原中央苏区地跨赣闽粤，是土地革命战争时期中国共产党创建的最大最重要的革命根据地，是中华人民共和国的摇篮和苏区精神的主要发源地，为中国革命作出了重大贡献和巨大牺牲。在《赣闽粤原中央苏区振兴发展规划》中，覆盖地区包括原中央苏区为核心，统筹考虑有紧密联系的周边县（市、区）发展，规划范围不完全等同于原中央苏区范围。规划的目的是打造革命老区扶贫攻坚示范区，全国有色金属产业基地、先进制造业基地和特色农产品深加工基地，重要的区域性综合交通枢纽，我国南方地区重要的生态屏障以及红色文化传承创新区、著名生态和文化旅游目的地。

（十二）沈阳经济区国家新型工业化综合配套改革试验区

沈阳经济区以沈阳为中心，由沈阳、鞍山、抚顺、本溪、营口、阜新、辽阳、铁岭八个市构成，是国家重要装备制造业基地和优化开发区域，是东北地区重要的工业城市群和辽宁省经济发展的核心区域。2010 年 4 月，国务院批准在沈阳经济区开展国家新型工业化综合配套改革试验，目标是加快转变经济发展方式和调整经济结构，坚持走中国特色新型工业化道路，推进东北地区等老工业基地全面振兴。沈阳经济区国家新型工业化综合配套改革试验区内各地的改革试点定位如表 6 - 1 所示。

---

① 高延芳．"一带一路"背景下中缅边境区金融合作研究——以瑞丽国家重点开发开放试验区为例［J］．商业经济研究，2017（23）：135 - 138.

表6-1　　　　　　沈阳经济区各地新型工业化综合配套改革试点定位

城市	综合改革"试点"定位
沈阳	全国优化金融生态综合试验区
沈阳	全国铁西新型工业化示范区
沈阳	沈北行政体制改革与创新试验区
鞍山	土地集约利用示范区
抚顺	沈抚同城综合配套改革试验区
本溪	统筹城乡综合配套改革试验区
营口	陆港联动发展试验区
阜新	资源枯竭型城市成功转型示范区
辽阳	生态型新型工业化城市试验区
铁岭	生态城市综合配套改革试验区
沈抚铁	通信交通一体化示范区

资料来源：辽宁省沈阳经济区工作领导小组办公室．解读：国务院批准设立沈阳经济区全国新型工业化综合配套改革试验区．辽宁经济，2010（4）：7.

（十三）山西省国家资源型经济综合配套改革试验区

山西作为全国重要的能源和原材料供应基地，为全国经济社会的可持续发展作出了突出贡献。但山西矿业开发的特殊性与资源型区域对资源部门的过度依赖，形成独特的资源型经济体系，其经济增长、结构演进与制度环境不同于非资源型区域：资源开发的外部负效应引起增长方式粗放化，对人力资本与技术进步的挤出决定了要素结构的初级化，产业的锁定效应带来产业结构单一化，矿（区）城（市）冲突效应导致空间布局结构分散化，资源财富流失效应引起区域可持续发展能力不断弱化[①]。因此，山西省资源型经济转型综合配套改革试验区的主要任务就是要通过深化改革，加快产业结构的优化升级和经济结构的战略性调整，建设资源节约型和环境友好型社会，统筹城乡发展，保障和改善民生。

（十四）山东半岛蓝色经济区发展规划

在国际社会中，蓝色经济（blue economy）主要是指三种经济形态，即应

----

① 景普秋，孙毅，张丽华．资源型经济的区域效应与转型政策研究——以山西为例 [J]．兰州商学院学报，2011，27（6）：40—47.

对全球水危机的经济、发展海洋经济和创新发展经济[①]。但在我国，"蓝色产业""蓝色经济"多指我国海洋经济发展。因此，蓝色经济意味着经济活动视野和资源获取途径从陆地向海洋转移，实现海陆经济一体化，在经济结构调整中支撑海陆经济一体化活动的高新产业发展壮大和产业集群水平升级。蓝色经济要求低耗、低排放、低污染，倡导发展资源节约型和环境友好型的海陆一体化经济，建立良性的生态循环体系以实现区域功能定位清晰、布局合理和产业集群结构的优化[②]。2011年，国务院正式批复《山东半岛蓝色经济区发展规划》，标志着"山东半岛蓝色经济区建设"正式上升为国家战略。依据《山东半岛蓝色经济区发展规划》，覆盖范围包括山东省全部海域及青岛、东营、潍坊、威海、烟台、日照六市和滨州的部分区域，以建成具有国际竞争力的现代海洋产业集聚区、国家海洋经济改革开放先行区和海洋生态文明示范区为目标[③]。

（十五）横琴总体发展规划

位于珠海市横琴新区。在《粤港澳大湾区发展规划纲要》赋予横琴"推进珠海横琴粤港澳深度合作示范"的基础上，配合澳门"一中心、一平台、一基地"建设需求，丰富横琴—澳门合作内涵，与澳门共同推进特色金融、医疗健康、科技创新、会展旅游、文化创意等产业发展[④]。

（十六）海南国际旅游岛和海南岛自由贸易港

2009年，国务院发布《国务院关于推进海南国际旅游岛建设发展的若干意见》，将海南定位为我国旅游业改革创新的试验区、世界一流的海岛休闲度假旅游目的地、全国生态文明建设示范区、国际经济合作和文化交流的重要平台、南海资源开发和服务基地、国家热带现代农业基地[⑤]。2020年发布的

---

① 何广顺，周秋麟. 蓝色经济的定义和内涵［J］. 海洋经济，2013，3（4）：9 – 18.
② 赵炳新，肖雯雯，佟仁城，张江华，王莉莉. 产业网络视角的蓝色经济内涵及其关联结构效应研究——以山东省为例［J］. 中国软科学，2015（8）：135 – 147.
③ 山东半岛蓝色经济区发展规划. 国家发展和改革委，2011年6月.
④ 横琴新区总体发展规划（2021 – 2035年），http://gdupi.com/Project/detail/goods_id/540.html.
⑤ 《国务院关于推进海南国际旅游岛建设发展的若干意见》，http://www.gov.cn/gongbao/content/2010/content_1505921.htm.

《海南自由贸易港建设总体方案》则将海南岛的建设目标进一步提升为贸易自由便利、投资自由便利、跨境资金流动自由便利、人员进出自由便利、运输来往自由便利和数据安全有序流动的、具有较强国际影响力的高水平自由贸易港①。

第二节 我国区域经济体系的分工与协作

一、关于我国区域经济体系的分工协作

(一) 两种区域经济体系

我国区域经济体系先后经历了 1995 年以前东、中、西三大经济地带的划分，1996 年后以城镇体系为主导（胡序威，2006）以及当前以主体功能区主导等三个阶段。但我国自新中国成立以来的区域经济发展主要是以行政隶属关系为基础的。由于行政隶属关系的区域经济体系导致的区域产业同构性，因而区域分工协作并不明确。因此，出现了中国特有的"行政区经济现象"，并因行政区划界线如同一堵看不见的墙，对区域经济横向联系产生刚性约束，跨区域流动严重受阻，一体化难以实现（刘君德，2004；2006）。由于行政区经济的存在，导致我国区域经济发展中存在严重的"诸侯规划"（吴良镛，2003），并因此使得我国区域经济体系整体上处于一种无序状态（李广斌，王喜，王勇，2006）。城市化的快速发展促进了我国区域经济体系的演变。因此，强调区域城市化和城市区域化（曾菊新，刘传明，2006），以大城市为核心的经济区域划分成为 20 世纪 90 年代中期以来我国区域经济体系的发展重点。但无论是三大国家层面的城市群还是诸多地区层面的城市，也同样带有浓重的行政区划特色。

我国改革开放以来，随着经济的发展，区域内部经济联系的加强及区域分工的需要，基于经济内在联系的区域分工体系逐渐形成和发展起来。基于经济内在联系的区域经济体系则可能形成区域间合理化的分工协作。因此，

---

① 《海南自由贸易港建设总体方案》，http：//www. hnftp. gov. cn/zcfg/zcwj/zyzc/202006/t20200602_3279931. html.

自 2000 年起我国区域经济规划就已经开始强调规划的经济性与空间性相结合、市场机制与政府引导相结合（崔功豪，2006）。2005 年前后提出的主体功能区概念则在完善区域规划理论的同时重构我国区域规划的空间体系（方忠权，丁四保，2008）。2009 年我国区域规划密集出台现象，表明目前的中国区域经济发展进入新的重要转折时期，由主要依靠东南沿海的珠三角、长三角等一两个地区的单极驱动逐渐转变为依靠多元化驱动（陈秀山，董继红，张帆，2012）。

在两种区域经济体系下，作为整体的国民经济在参与世界经济体系时就会体现出竞争优势的强弱之分。显然，基于行政隶属关系的区域经济体系构成的国民经济会因为区域经济趋同性而对外部影响的抵抗力较差，而基于内在经济联系的区域经济体系构成的国民经济由于区域经济的异质性而具有较强的抵抗外部不利影响的能力。因此，未来我国区域经济体系的发展方向是在明确区域功能定位和发展方向、推进产业结构升级和空间布局优化、弱化政策优惠突出体制创新（肖金成，2010），以促进产业分工、突出区域合作实现协调发展（司正家，2011）。

（二）我国区域经济体系分工协作的衡量指标

在上述区域经济联系机制下，受要素流动、产业迁移、政策变换的影响，我国区域经济体系分工协作必然体现在区域产业集聚与区域产业差异上。产业集聚与扩散形成了区域间各类产业分布的不均衡，而这种不均衡会使不同区域从事或主要从事的产业有所不同，即区域分工的差异①。如果某一地区获得了偶然的制造业初步优势，就会在收益递增的作用下不断吸收外部要素资源而扩大制造业在本地的集聚规模，导致区域间产业分工水平上升。而当地区间市场一体化导致产业向外扩散时，产业集聚和区域间产业分工水平则会下降②。对于我国区域经济体系分工协作的衡量，可以采用区位结构熵（何天祥，2011）、行业分工指数（郭韶伟，唐成伟，2012）、产业相似系数（李廉

---

① 纪玉俊，刘英华. 产业集聚与扩散背景下的区域分工形成及演变［J］. 重庆大学学报（社会科学版），2015（3）：8 - 14.
② 赵祥. 产业集聚、区域分工与区域经济差距——基于我国经验数据的实证分析［J］. 江汉论坛，2013（12）：71 - 78.

水，周彩红，2007；刘富朝，袁锋，武友德，2010）等方法来展开。

二、基于产业相似性的我国区域分工协作检验①

（一）数据处理与分析方法

1. 数据来源

本部分内容对于我国区域产业相似性演变趋势的分析，主要从省域层面的数据来进行。因为如果要从经济区域层面的数据来考察我国不同经济区域之间的产业相似性进而衡量区域之间的分工协作程度，则较小的经济区域无法获取该区域的工业制造业细分产业数据，而如东部、中部、西部等较大的经济区域则会因为区域间产业发展差异性不足而导致区域之间的产业相似系数过高，从而不能准确衡量区域之间分工协作的演变趋势。

对省域层面关于我国区域产业相似性演变趋势的分析，均采用各地区统计年鉴和《中国工业经济统计年鉴》公布的各省份工业制造业二位数行业大类的分行业产值数据和工业产品产量数据，数据区间为 1985～2018 年。但由于海南省 1988 年之后才设立，重庆于 1997 年设立直辖市，以及 2017～2018 年开始部分省份不再公布工业制造业分产业产值数据，因此所收集的工业制造业分产业产值数据中，海南省为 1988～2018 年、重庆市为 1997～2018 年的数据，另有部分省份缺少 2017～2018 年工业制造业二位数行业大类的分行业产值数据。而对于工业产业产品产量，除海南省不包括 1985～1987 年、重庆市不包含 1985～1996 年的数据外，其他省份均包含全部 1985～2018 年的数据。

2. 数据处理

对采集到的各省份历年工业制造业分产业产值数据，按照各分产业占本省工业制造业总产值比例的方式消除量纲。计算公式为：

$$x_i^j = \frac{y_i^j}{Y_i} \qquad (6-1)$$

---

① 本部分内容为笔者主持的福建省自然科学基金项目《大数据时代我国制造业转型升级的机制与路径研究》（项目编号：2021J011255）关于我国制造业产业相似度演变趋势方面的实证分析的阶段性研究成果。

其中，x_i^j 为 i 省份 j 产业占工业制造业总产值的比例，y_i^j 为 i 省份 j 产业的产值，Y_i 为 i 省份工业制造业的总产值。

而对于采集到的各省份历年工业产品产量数据，由于各类产品统计的数量单位不同，产品大类下也没有统一的核算价格，因此不能用各省工业产品价值比例的方式消除量纲，而是采用各省各类工业产品产量占全国比例的方式消除量纲。计算公式为：

$$x_i^j = \frac{y_i^j}{Y^j} \tag{6-2}$$

其中，x_i^j 为 i 省份 j 产品占全国该产品总产量的比例，y_i^j 为 i 省份 j 产品的产量，Y^j 为 j 产品全国的总产量。

但各省的工业产品种类不同，因此以全国的工业产品产量数据为基准，对各省份的工业产品产量数据做如下调整：首先，如果某省份缺少全国的工业产品产量数据中的某一类产品，则在该省份的工业产品产量数据中补足该产品类别，但产量数据为 0。其次，如果某省份公布的工业产品产量数据中产品类别较全国数据中的产品类别更多（或更详细），则为保持各省份的数据一致性而删除多余产品类别（或更详细产品类别）的数据。

在将上述数据去除量纲并形成各省份一致可比较的数据之后，按照式（6-3）计算各省份之间的工业制造业产业结构相似系数和工业产品产量分布相似系数，计算方式为采用 Python 编程计算得到历年全国各省份之间的相似系数对称矩阵。在得到全国各省份之间的相似系数对称矩阵之后，再对计算结果进行整理，得到各省份历年对东部发达省份之间工业制造业结构相似系数和工业产品产量分布系数数据序列。

$$s_{ij} = \frac{\sum_k x_i^k x_j^k}{\sqrt{\sum_k (x_i^k)^2 \sum_k (x_j^k)^2}} \tag{6-3}$$

其中，s_{ij} 为相似系数，x_i^k、x_j^k 分别为 i 地区和 j 地区 k 行业所占的比例。

3. 分析方法

基于产业相似性分析我国区域分工协作的检验，主要是以东部地区各省市为基准，分别从工业制造业细分产业和工业产品产量两个层面计算中部地区、西部地区、东北地区各省份与东部各省份之间历年的相似系数，并据此分析我国中部地区、西部地区、东北地区与东部地区间的工业制造业产业相似性演变趋势，进而判断我国区域之间的分工协作演变趋势。

具体而言，将从两个方面来探讨。一是在对西部、中部和东北地区工业制造业细分产业相似系数和工业产品产量分布相似系数按照式（6-4）做时间趋势分析的基础上，根据总体趋势分析，再以各省份历年对东部发达省份工业制造业细分产业相似系数的均值和工业产品产量分布相似系数均值，按照式（6-4）对时间 t 做回归分析，以探讨其演变趋势。二是按照式（6-5）对各省份历年对东部发达省份工业制造业细分产业相似系数的均值对各省份历年工业产品产量分布相似系数的均值做回归分析，以探讨两个相似系数序列是否存在差异，以及这种差异是否有变大或变小的趋势。

$$s_{it} = \alpha_i + \beta_{it} + \varepsilon_{it} \quad i = 1,2,\cdots,20; t = 1985,\cdots,2018 \quad (6-4)$$

其中，i 代表各省，s_{it} 为 i 省份 t 年的工业产品相似系数，t 为时间变量。

$$\overline{s_{it}^c} = \alpha_i + \beta_i \overline{s_{it}^p} + \varepsilon_{it} \quad i = 1,2,\cdots,20; t = 1985,\cdots,2018 \quad (6-5)$$

其中，i 代表各省，$\overline{s_{it}^c}$ 为 i 省份 t 年的工业产业相似系数均值，$\overline{s_{it}^p}$ 为 i 省份 t 年的工业产品相似系数均值。

（二）分析结果[①]

1. 西部、中部和东北各省份与东部发达省份制造业产业结构相似系数演变趋势

首先，将西部、中部和东北各省份与东部发达省份制造业产业结构相似系数进行时间趋势分析[②]。结果发现，除部分省份对少数东部省份的工业制造业结构相似系数的时间趋势参数（t）回归结果符合符号预期（符号为负，即工业制造业结构相似系数呈下降趋势）但不显著（如辽宁—山东、安徽—天

[①] 与本部分内容所做分析相关的所有工业制造业细分产业数据、工业产品产量数据及计算得到的相关系数矩阵、分析数据序列、分析结果和相似系数计算过程中的 Pthon 编程，均可向本书的作者索取。

[②] 因篇幅原因，回归分析结果未在此处列出，而仅对分析结果做出分析。

津和广东、湖北—上海、宁夏—山东、陕西—山东）、少数省份对部分东部省份工业制造业结构相似系数的时间趋势参数（t）回归结果与符号预期不符（符号为正，即工业制造业结构相似系数呈上升趋势）且显著（如云南—上海在10%显著性水平上显著、重庆与除福建外的其他省份均在1%显著性水平上显著）外，其他回归结果均显示各省份对东部发达省份的工业制造业结构相似系数的趋势性回归结果符号为负且至少在5%显著性水平上显著，表明各省份对东部发达省份的工业制造业结构相似系数呈显著性的下降趋势，并且包括重庆在内的各省份工业制造业结构相似系数的总体变化趋势具有内在一致性。

其次，在上述普遍性的回归分析基础上，将西部、中部和东北各省份历年与东部发达省份制造业产业结构相似系数求均值，再进行时间趋势分析，回归分析结果如表6-2所示。如表6.1中的回归结果显示，各省份对东部发达省市的工业制造业结构相似系数的时间趋势参数（t）均在1%显著性水平上显著，且除重庆外，符号均为负，表明除重庆的工业制造业结构相似系数在1997~2018年呈显著性的上升趋势外[①]，西部、中部和东北各省与东部发达省份的工业制造业结构相似系数在1985~2018年总体上呈显著性的下降趋势。

表6-2　　　　　　　　各省份与东部发达省份制造业产业结构
相似系数趋势性回归分析结果

地区	省份	C	时间（t）	R^2
东北	辽宁	11.5270 *** (6.21)	−0.0054 *** (−5.85)	0.5170
	吉林	22.0148 *** (9.29)	−0.0107 *** (−9.05)	0.7192
	黑龙江	17.4065 *** (16.69)	−0.0084 *** (−16.14)	0.8967

---

① 关于重庆工业制造业结构相似系数与东部发达省份的工业制造业结构相似系数与其他省份的趋势相反，笔者认为可能的原因在于，1997年重庆改为直辖市之后，其在中西部地区的特殊地位，导致其成为外资和内资向中西部地区转移的重要承接地，从而在其原本具有较强独特性的重工业占主导地位的工业制造业结构基础上，增加了较多与东部发达省份一致性程度较高的电子信息制造业等产业。

续表

地区	省份	C	时间（t）	R^2
中部	安徽	10.3601*** (11.71)	-0.0048*** (-10.88)	0.7873
	河南	11.8833*** (12.24)	-0.0056*** (-11.51)	0.8054
	湖北	10.3609*** (10.63)	-0.0048*** (-9.89)	0.7534
	湖南	13.4889*** (5.96)	-0.0064*** (-5.68)	0.5017
	江西	19.3960*** (15.60)	-0.0094*** (-15.05)	0.8762
	山西	24.9482*** (6.92)	-0.0122*** (-6.78)	0.5895
西部	内蒙古	24.0728*** (7.92)	-0.0117*** (-7.73)	0.6659
	重庆	-14.7074*** (-4.78)	0.0076*** (4.96)	0.5520
	四川	18.3165*** (10.84)	-0.0088*** (-10.44)	0.7730
	广西	20.7861*** (11.54)	-0.0101*** (-11.19)	0.7965
	贵州	14.3773*** (5.67)	-0.0070*** (-5.50)	0.4858
	云南	15.4839*** (4.34)	-0.0076*** (-4.26)	0.3622
	陕西	18.6525*** (10.81)	-0.0090*** (-10.43)	0.7728
	甘肃	20.5564*** (6.46)	-0.0100*** (-6.32)	0.5554
	青海	26.6863*** (6.66)	-0.0131*** (-6.56)	0.5816
	宁夏	14.5469*** (8.42)	-0.0070*** (-8.13)	0.6807
	新疆	26.3430*** (13.28)	-0.0129*** (-13.02)	0.8411

注：*** 为1%显著性水平上显著。

2. 西部、中部和东北各省份与东部发达省份工业产品产量分布相似系数演变趋势

本部分内容采取与前述关于工业制造业结构相似系数相同的趋势性分析方法，即首先对西部、中部和东北各省份与东部发达省份的工业产品产量分布相似系数对时间（t）做趋势性分析，结果发现，工业产品产量分布相似系数的趋势性相对较为复杂。其中，较多省份对少数东部省份的工业制造业结构相似系数的时间趋势参数（t）回归结果符号虽然符合预期（符号为负，即工业产品产量分布相似系数呈下降趋势）但不显著，如黑龙江—北京、吉林—北京、辽宁—广东、河南—广东、江西—广东、山西—江苏、甘肃—上海、贵州—广东、内蒙古—上海和山东、宁夏—天津和山东、陕西—天津、新疆—北京、云南—山东、重庆—福建和山东；另有部分省份对部分东部省份工业制造业结构相似系数的时间趋势参数（t）回归结果与符号预期不符（符号为正，即工业制造业结构相似系数呈上升趋势），如黑龙江—天津，吉林—天津、上海和广东（其中天津不显著），安徽—广东（不显著），湖北—福建和广东，山西—天津和山东（均不显著），四川—上海，新疆—天津（不显著）和上海，重庆—北京、上海、江苏（均不显著）和广东。除此之外，大多数的趋势性分析结果仍然表明，西部、中部和东北各省份对东部发达省份的工业产品产量分布相似系数总体上呈显著性的下降趋势。

表 6-3　　东北、中部和西部各省份与东部发达省份工业产品产量
分布相似系数趋势性回归分析结果

地区	省份	C	时间（t）	R^2
东北	辽宁	12.1519 *** (5.37)	-0.0059 *** (-5.18)	0.4563
	吉林	1.7472 (0.98)	-0.0007 (-0.81)	0.0201
	黑龙江	6.3558 *** (3.06)	-0.0030 *** (-2.94)	0.2231

续表

地区	省份	C	时间（t）	R^2
中部	安徽	15.3558 *** (6.22)	− 0.0075 *** (− 6.08)	0.5359
	河南	15.1044 *** (6.03)	− 0.0074 *** (− 5.88)	0.5195
	湖北	8.5628 *** (3.59)	− 0.0041 *** (− 3.42)	0.2681
	湖南	14.4229 *** (4.60)	− 0.0070 *** (− 4.49)	0.3869
	江西	14.6934 *** (4.56)	− 0.0072 *** (− 4.45)	0.3826
	山西	7.2903 *** (3.71)	− 0.0036 *** (− 3.61)	0.2897
西部	内蒙古	15.6756 *** (7.69)	− 0.0077 *** (− 7.56)	0.6560
	重庆	− 1.9893 (− 0.41)	0.0011 (0.46)	0.0105
	四川	12.2564 *** (4.95)	− 0.0059 *** (− 4.79)	0.4181
	广西	21.3579 *** (11.16)	− 0.0106 *** (− 11.06)	0.7926
	贵州	11.3536 *** (5.36)	− 0.0056 *** (− 5.27)	0.4645
	云南	13.2091 *** (6.84)	− 0.0065 *** (− 6.74)	0.5869
	陕西	17.1496 *** (6.30)	− 0.0084 *** (− 6.17)	0.5436
	甘肃	13.7253 *** (5.74)	− 0.0067 *** (− 5.61)	0.4963
	青海	12.0780 *** (4.79)	− 0.0060 *** (− 4.73)	0.4190
	宁夏	11.1658 *** (3.91)	− 0.0055 *** (− 3.84)	0.3228
	新疆	4.6420 ** (2.58)	− 0.0022 *** (− 2.41)	0.1532

注：** 为5% 显著性水平上显著，*** 为1% 显著性水平上显著。

其次，在上述普遍性的回归分析基础上，将西部、中部和东北各省份历年与东部发达省份工业产品产量分布相似系数求均值，再进行时间趋势分析，回归分析结果如表6-3所示。吉林和重庆因在分省份的趋势性分析中均出现了较多符号符合预期但不显著或符号不符合预期等情况，因而其对东部发达省份的工业产品产量分布相似系数未呈现出明显的上升或下降趋势。除此之外，各省份对东部发达省份的工业产品产量分布相似系数的时间趋势参数（t）均在1%显著性水平上显著，且符号均为负，表明西部、中部和东北各省与东部发达省份的工业制造业结构相似系数总体上在1985～2018年呈显著性的下降趋势。

3. 各省份制造业产业结构相似系数均值与工业产品产量分布相似系数均值的分析

表6-4　东北、中部和西部各省份制造业产业结构相似系数均值对工业产品产量分布相似系数均值趋势性回归分析结果

省份	C	产品分布相似系数（prsmco）	R^2
安徽	0.6113 *** (22.56)	0.3304 *** (4.51)	0.3889
重庆	0.6466 *** (12.42)	-0.3612 * (-1.87)	0.1493
甘肃	0.1846 *** (2.84)	0.8397 *** (4.16)	0.3511
广西	0.46034 *** (33.98)	0.8864 *** (14.69)	0.8708
贵州	0.3221 *** (8.27)	0.5699 *** (2.98)	0.2177
河南	0.5465 *** (19.39)	0.4469 *** (6.11)	0.5387
黑龙江	0.3863 *** (6.51)	0.7108 *** (3.29)	0.2656
湖北	0.5736 *** (13.28)	0.3655 *** (3.43)	0.2691
湖南	0.5051 *** (12.71)	0.4565 *** (3.93)	0.3260

续表

省份	C	产品分布相似系数（prsmco）	R^2
吉林	0.3525 ** (2.74)	0.6709 (1.59)	0.0732
江西	0.4628 *** (11.66)	0.6148 *** (5.75)	0.5081
辽宁	0.5705 *** (8.87)	0.2209 (1.48)	0.0644
内蒙古	0.2493 *** (5.57)	1.2276 *** (7.60)	0.6580
宁夏	0.4262 *** (13.97)	0.3999 *** (2.83)	0.2059
青海	0.2022 *** (4.58)	1.2141 *** (4.75)	0.4209
四川	0.3577 *** (7.04)	0.8200 *** (6.42)	0.5627
陕西	0.4731 *** (10.10)	0.5209 *** (4.03)	0.3363
山西	0.4028 *** (5.03)	0.6102 (1.48)	0.0641
新疆	0.0861 (0.73)	1.3964 *** (3.72)	0.3015
云南	0.0397 (1.10)	1.1323 *** (6.62)	0.5783

注：* 为10% 显著性水平上显著，** 为5% 显著性水平上显著，*** 为1% 显著性水平上显著。

前述分析结果表明，总体上，在1985～2018年，西部、中部和东北地区各省份与东部发达省份间的工业产业结构相似系数和工业产品产量分布相似系数的分析结果均呈显著的下降趋势。表6-4中的回归分析目标在于表明西部、中部和东北地区各省份与东部发达省份间的工业产业结构相似系数和工业产品产量分布相似系数之间存在显著性的差异。事实上，在计算得到各省份与东部发达省份的工业产业结构相似系数和工业产品产量分布相似系数之后，即可观察到工业产品产量分布相似系数要明显地小于工业产业结构相似系数，实际的分析结果也支持了这一观察结果。如表6-4所示，除新疆和云南的回归分析中常数项不显著，即该两省份对东部发达省份的工业产业结构相似系数均值和工业产品产量相似系数均值不存在水平差距外，其他 18 个省份的回归分析中常数项仅吉林在 5% 显著性水平上显著，其他省份均在 1% 显著性水平上显著，表明各省份对东部发达省份的工业产业结构相似系数均值和工业产品产量相似系数均值之间存在显著性的水平差距，即工业产品产量相似系数显著性地小于工业产业结构相似系数。

（三）基于产业相似性我国区域分工协作检验的结论

产业相似性是区域分工协作检验的重要指标之一。产业相似系数越小，则说明区域之间的产业错位发展程度越高，因而区域之间就越能够在产业发展过程中通过分工协作而避免区域之间的产业竞争，并通过自身的专业化满足区域间消费者差别化的消费需求和产业发展需求。而从前面关于我国区域产业相似性的检验可见，改革开放之后率先发展起来的东部发达省份，在 1985～2018 年与西部地区、中部地区和东北地区各省份之间的产业相似系数总体呈下降趋势，表明东部发达地区与其他地区之间的分工程度在增强。与此同时，从工业制造业结构相似系数和工业产品产量分布相似系数的对比来看，工业产品产量分布相似系数显著地低于工业制造业结构相似系数，表明对于地区之间产业类别划分程度越细致，则越能够充分反映地区之间的分工专业化。因此，在今后关于地区产业发展的统计，尚需要依据三位数甚至四位数产业分类方法发布相关统计指标，以利于更好地分析地区之间的产业分工专业化，并采取相应的对策措施促进地区之间分工协作。

第三节　我国区域经济体系分工协作的演变趋势

一、我国区域经济体系的演变趋势

（一）我国的区域经济政策导向转向以区域内在经济联系为主

我国的区域经济政策导向逐渐由以行政隶属关系为主转向以区域内在经济联系为主。在我国，并行的有基于行政隶属关系和基于经济内在联系的两种区域经济体系。前者是自新中国成立以来沿袭的区域经济体系。尽管20世纪90年代后期开始，我国陆续出台了西部大开发、振兴东北老工业基地和促进中部崛起等区域经济政策。但很显然，这些区域经济政策的目标对象仍然是以行政区划为基础，着眼于我国整体区域经济的平衡增长而实施的。但从国内学者的相关研究结果看，基于行政隶属关系的区域经济体系中，各经济区域在产业结构等方面存在高度的相似性，区域分工协作也不明确。后一种区域经济体系则是改革开放以来随着我各区域内部经济联系的加强及区域分工的需要而逐渐发展起来的。这种区域经济体系的构建突破了原来的行政隶属关系，比如我国传统的珠三角、长三角和环渤海湾三大经济区以及成渝经济区、黄河三角洲经济区等，由于区域的划分着重于区域内部的经济联系，因而可能形成区域间及区域内部的合理化分工协作。显然，在参与国际经济竞争时，基于行政隶属关系的区域经济体系构成的国民经济，由于为各区域经济同质性，因此对外部不利影响因素的抵抗力较差。而基于内在经济联系的区域经济体系构成的国民经济，则会由于区域经济的异质性而具有较强的抵抗外部不利影响因素的能力。

（二）区域经济政策立足点转向区域功能性定位

我国区域经济政策的立足点从着眼于全国均衡经济增长转向着眼于功能性经济区域划分。改革开放之后我国的区域经济政策从原来的均衡发展战略转向非均衡发展战略，为解决由此造成的东西差距、城乡差距扩大，国家出台了西部大开发、振兴东北老工业基地和促进中部地区崛起等战略，目标是促进我国经济的均衡增长。而自2009年以来已经或将要出台的区域规划，则更多瞄准了经济区域的功能性定位，比如在《珠江三角洲地区改革发展规划纲要》中明确提出了探索科学发展模式试验区，深化改革先行区，扩大开放的重要国际门户，世界先进制造业和现代服务业基地，全国重要的经济中心等五大定位；《国务院关于推进海南国际旅游岛建设发展的若干意见》则提出到2020年旅游服务设施、经营管理和服务水平与国际通行的旅游服务标准全面接轨，初步建成世界一流的海岛休闲度假旅游胜地；《关中—天水经济区发展规划》提出要打造全国先进制造业重要基地，全国现代农业高技术产业基地和彰显华夏文明的历史文化基地。

（三）我国区域经济政策的目标转向促进经济增长方式的转变

改革开放以来，出口导向的外向型经济增长模式主导了我国的经济增长。但这种经济增长模式面临着以下三个困境：一是随着人民币的升值，出口商品竞争力的减弱，这种模式的可持续性受到巨大的冲击。二是随着我国 GDP 的增长，我国经济占世界经济 GDP 总额的比重越来越大，越来越偏离贸易福利分析中小型开放经济体的假设条件，因此我国在参与国际贸易的过程中所享受到的贸易福利也将越来越小。三是随着我国经济从技术引进依赖为主向自主技术创新为主阶段的转变也意味着，经济的增长模式将逐渐由外生增长模式向内生增长转变。因此，区域经济政策必然成为促进我国经济增长方式转变的重要因素。这主要体现在以下几个方面：首先，基于内在经济联系的区域经济体系中，一国内各经济区域犹如世界经济中的小型开放经济体，各经济区域之间的外向经济联系引导着各区域进而促进整体经济发展。其次，依据经济基础理论，全国区域经济体系中各个区域的经济活动可以划分为基础部门与非基础部门，各区域之间的外向型经济联系主要通过基础部门形成的相互供求、贸易来进行。第三，由于国内区域经济体系中各经济区域间不存在国与国之间的行政界线分隔，因此经济区域之间在比较优势基础上进行分工协作是可能的。因而，构建完善基于内在经济联系的区域经济体系，可以通过各区域的分工协作促进我国国民经济向整体内生增长及区域间外生增长的经济增长方式转变。

（四）区域经济政策凸显"先行先试区域"的重要性

针对沿边地区、民族地区和台港澳地区的政策"先行先试区域"成为我国区域经济政策的关注重点。《支持福建加快建设海峡西岸经济区的若干意见》明确提出要将该地区建成两岸人民交流合作先行先试区域，同样在《广西北部湾经济区发展规划》中也提出要将该区域建成面向东盟国家的自由贸易政策的示范区。因此，海峡西岸经济区和广西北部湾经济区都是我国相关政策的"先行先试区域"。此外，将横琴建设成为"四基地一平台"即粤港澳地区的区域性商务服务基地，将图们江区域面向东北亚开放的重要门户和东北亚经济技术合作的重要平台，以及将要出台的《西藏区域经济发展规划》《新疆区域经济发展规划》都是带有特殊政策含义的区域经济政策。

二、我国区域经济体系分工协作的发展趋势

（一）关于我国区域经济体系分工协作的经济联系机制转变

基于行政隶属关系，以地区之间平衡发展为目标的区域经济体系，自新中国成立以来直到 21 世纪初一直占据主导地位，并因此先后经历了（大、小）三线建设、东中西区域经济体系三分法等过程。但区域经济的发展从来就不可能是完全均衡的，而是必然需要全国性、区域性乃至地区性增长极，并在集聚与扩散效应的作用下不断带动区域乃至全国经济的发展。因此，自 20 世纪 90 年代开始，以浦东新区为代表、以增强中心城市资源集聚能力和辐射地区经济增长潜力、形成地区或区域性经济增长极的功能性经济区域逐渐出现，并在我国的区域经济体系中逐渐占据主导地位。因此，我国的区域经济体系分工协作的经济联系机制，经历了从"行政经济区域"→"中心城市—经济区域"→"市场—经济区域"的转变，这种转变更加注重区域体系的梯次等级划分，能够实现经济区域有重点、差异性的发展，加快次级经济区域的内向一体化发展，促进经济区域内部和区域之间的合理分工协作，形成全国区域经济体系的一体化发展。

（二）我国区域经济一体化发展趋势下促进区域经济分工协作的措施

1. 区域之间加强对内对外开放

耗散结构理论认为，一个远离平衡的开放系统（力学的、物理的、化学的、生物的，乃至社会的、经济的系统），通过不断地与外界交换物质和能量，在外界条件的变化达到一定的阈值时，可能从原有的混沌无序的混乱状态，转变为一种在时间上、空间上或功能上的有序状态。正因为如此，任何一个组织，都应当是一个开放的系统，必须不断与外部环境进行物质、能量、信息的交换，表现为人才、物质、资金、设备、产品等与外部环境的交流。而置身于全球区域经济体系中，对外开放带来了我国经济 40 多年的快速发

展，则是这一理论的最好例证。正因为如此，习近平总书记一再强调，我国开放的大门只会越开越大。因而在世界经济面临日益严峻的逆全球化形势下，中国坚定不移扩大对外开放，中国的对外开放水平也达到了前所未有的高度。

这种开放同样适用于我国的区域经济体系，即我国区域经济体系中的各个经济区域之间，对内和对外都应同样地把开放的大门越开越大。但我国各经济区域的开放，更加注重对外开放，并把吸引外资和引进国外先进技术视为区域经济发展的重要因素，而对于通过国内区域间的开放以获得适于本经济区域发展所需的域外资金和技术，尤其是民营企业资金和技术的引入和使用，则因为长期积累下来的行政区划等原因而存在较多的障碍。事实上，一国内各经济区域就犹如世界经济中的小型开放经济体，各经济区域在整个区域经济体系内呈外向型经济增长模式。因此，我国的各个经济区域也应当将自身作为全国区域经济体系中的小型开放经济体，以面向国内其他经济区域的外向型经济增长和实现全国整体区域经济体系以内循环为主的双循环发展模式对待区域之间的区域分工和合作，形成真正的全国统一大市场，发挥出我国市场规模在促进国民经济一体化、自主化增长方面的优势。

2. 经济区域之间的分工协作应注重区域之间和区域内部的比较优势

在我国改革开放之后东部地区的率先发展过程中，东部地区正是充分利用了自身的比较优势从而获得了经济快速发展。这些比较优势包括沿海带来的区位优势，华人华侨带来的海外资源优势，国家设立经济特区和沿海开放城市等带来的政策优势等。相比之下，西部地区则主要体现为自然资源优势、沿边优势等，比如内蒙古的煤炭、稀土资源开发，新疆的油气资源及其与俄罗斯、中亚国家接壤带来的沿边优势，贵州的煤炭和有色金属资源，云南的铅、锌、锡铜、镍保有金属储量等有色金属资源，宁夏的石膏、石油、天然气、陶土、石英砂岩、重晶石等，甘肃的镍矿、铅矿、锑矿、镁矿、铁矿、铜矿等资源。因而上述省份在经济发展的过程中，对于与资源开发和利用相关产业的发展具有较强的依赖性。而同为西部地区的四川、陕西和广西，一方面自然资源的相对禀赋低于内蒙古、甘肃等省份，另一方面则是地区经济发展对资源开发和利用相关产业的依赖性相对较低。正是由于西部地区不同省份在地区经济发展过程中存在比较优势差异，因而针对我国西部各省份与东部发达省份间的工业制造业结构相似系数的计算结果可以发现，与四川、陕西、广西等资源和沿边等比较优势相对较弱的省份相比，山西、内蒙古、新疆、青海、宁夏等资源禀赋较高的省份，与东部省份的工业制造业结构相似系数均值，明显地小于其他西部地区省份与东部发达省份间的工业制造业结构相似系数均值，如图 6 - 1 所示。

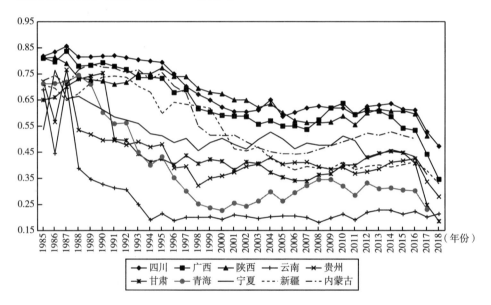

图 6 - 1 1985 ~ 2018 年西部省份与东部发达省份间制造业结构相似系数演变趋势

注：重庆由于数据特殊性而未纳入与其他西部各省份之间的比较。

资料来源：依据历年统计年鉴中的相关数据计算制作。

如图 6 - 1 所示，对资源性比较优势相关产业发展依赖度较低的四川、广西和陕西，对东部发达省份的工业制造业结构相似系数演变趋势曲线位于图形的上部，明显高于西部其他省份。而对资源性比较优势相关产业发展依赖度较高的云南、贵州、甘肃和青海对东部发达省份的工业制造业结构相似系数沿边趋势曲线则位于图形的下部，明显低于其他省份。而从表 6 - 5 所示西部各省份的优势基础部门产业分类列表中同样可见，广西、四川、重庆和陕西，资源型优势基础部门产业所占比例较低，而其他西部省份的资源型优势基础部门产业所占比例则较高。

表6-5　西部各省、自治区、直辖市的基础性优势产业分类列表

省份	分类	基础性优势产业行业		
广西	Ⅰ类	黑色金属冶炼及压延加工业	农副食品加工业	
	Ⅱ类	交通运输设备制造业	非金属矿物制品业	化学原料及化学制品制造业
	Ⅲ类	石油加工、炼焦及核燃料加工业		
重庆	Ⅰ类	交通运输设备制造业		
	Ⅱ类	通信设备、计算机及其他电子设备制造业	化学原料及化学制品制造业	黑色金属冶炼及压延加工业
		电气机械及器材制造业	非金属矿物制品业	有色金属冶炼及压延加工业
四川	Ⅰ类	黑色金属冶炼及压延加工业	化学原料及化学制品制造业	饮料制造业
		橡胶制品业		
	Ⅱ类	农副食品加工业	非金属矿物制品业	通信设备、计算机及其他电子设备制造业
		通用设备制造业	交通运输设备制造业	煤炭开采和洗选业
		专用设备制造业	医药制造业	有色金属冶炼及压延加工业
		纺织业	金属制品业	
陕西	Ⅰ类	煤炭开采和洗选业	石油加工、炼焦及核燃料加工业	
	Ⅱ类	石油和天然气开采业	交通运输设备制造业	有色金属冶炼及压延加工业
		黑色金属冶炼及压延加工业		
	Ⅲ类	非金属矿物制品业	农副食品加工业	
甘肃	Ⅰ类	石油加工、炼焦及核燃料加工业	有色金属冶炼及压延加工业	黑色金属冶炼及压延加工业
新疆	Ⅰ类	石油加工、炼焦及核燃料加工业		
	Ⅱ类	石油和天然气开采业	黑色金属冶炼及压延加工业	

续表

省份	分类	基础性优势产业行业		
内蒙古	Ⅰ类	有色金属冶炼及压延加工业	农副食品加工业	化学原料及化学制品制造业
		石油加工、炼焦及核燃料加工业		
	Ⅱ类	煤炭开采和洗选业	非金属矿物制品业	食品制造业
		黑色金属冶炼及压延加工业		
贵州	Ⅰ类	煤炭开采和洗选业		
	Ⅱ类	黑色金属冶炼及压延加工业		
云南	Ⅰ类	有色金属冶炼及压延加工业	黑色金属冶炼及压延加工业	化学原料及化学制品制造业
	Ⅱ类	烟草制品业		

注：产业分类标准和计算方法参见该著作。

资料来源：秦敬云，杜靖. 东部产业转移与西部优势产业发展 ［M］. 北京：社会科学文献出版社，2017.

尽管如上所述我国的区域比较优势在区域分工协作中有所体现，但也同样存在未能充分发挥比较优势以深化区域分工协作的问题。而一些能耗较高的产业向西部地区清洁能源密集地区聚集，以及一些生产过程中热量产生较高因而需要消耗能量以散热的产业向高原和北方气温较低地区的聚集，以及作为矿物能源尤其是煤炭资源分布集中地区如山西、内蒙古等地集中发展能源生产以利于矿物能源燃烧排放物的回收利用等产业，都仍然有待于进一步向产业纵深方向的发展。

3. 经济区域之间基础部门产业的合理选择和区分

基础部门模型把城市或区域的产业部门划分为基础部门与非基础部门。基础部门是指所生产的产品或服务主要以供给区域外的市场所需而非主要满足本地市场需求的产业部门，而非基础部门则是指产品或服务主要满足本地市场需求的产业部门。基础部门产业的就业人数增加或产值增长，都可以通过乘数效应实现区域就业或产值的倍增性效应。正因为基础性产业部门对区域内的倍增效应和生产产品或服务对区域间的外溢性，因而经济区域的基础性产业部门是区域经济体系中不同经济区域之间展开分工协作的基础。因此，不同经济区域之间基础性产业部门的合理选择和区分，对于我国构建合理区域分工协作体系至关重要。

如表6-5和表6-6所示，关于我国西部地区和东部地区各省份的基础性优势产业分类，从东部地区与西部地区之间的整体对比来看，主要体现为东部地区集中于工业制造业，尤其是装备制造业和电子信息制造业，而西部地区则更多地集中于资源型开发利用产业，因而在东西部地区关于基础性优势产业部门的选择以促进区域分工协作中具有较强的合理性。但从东部地区和西部地区内部来看，则仍然存在各地区之间的基础部门产业选择不尽合理的问题。比如在东部地区各省市，交通运输设备制造业是北京、天津、山东、江苏、上海、浙江、福建和广东的基础性优势产业行业，通信电子设备制造业也同样是北京、天津、山东、江苏、上海、浙江、福建和广东的基础性优势产业行业，具有高度重叠性。尽管这种重叠性更多的是由于产业分类覆盖范围所致，但也的确在相当程度上反映了我国区域经济体系中，各经济区域在选择区域分工合作的基础性优势产业部门的过程中存在趋同的现象。而如表6-5所示，西部各省份的基础性优势产业则同样存在过于集中在煤炭、石油、有色金属等自然资源的开发利用等相关产业的问题，因而也是不利于西部各地区之间的专业化分工协作的。

表6-6　　　　　　东部各省份的基础性优势产业分类列表

省份	分类	基础性优势产业行业		
北京	I类	交通运输设备制造业	通信电子设备制造业	
天津	I类	黑色金属冶加工业	交通运输设备制造业	通信电子设备制造业
河北	I类	黑色金属加工业		
	II类	有色金属矿采选业	石油核燃料加工业	
山东	I类	化学制品制造业	纺织业	石油核燃料加工业
		医药制造业	非金属矿物制品业	通用设备制造业
		专用设备制造业		
	II类	农副食品加工业	交通运输设备	黑色金属加工业
		有色金属加工业	金属制品业	电气机械和器材制造业
		通信其他电子设备制造业	食品制造业	造纸和纸制品业
	III类	煤炭开采和洗选业		

续表

省份	分类	基础性优势产业行业		
江苏	I 类	纺织业	化学原料及制品制造	化学纤维制造业
		黑色金属加工业	通用设备制造业	专用设备制造业
		交通运输设备制造业	电气机械及器材制造业	通信等设备制造业
	II 类	纺织服装鞋帽制造业	非金属矿物制品业	有色金属加工业
		金属制品业	仪器机械制造业	电力的生产和供应
	III 类	农副食品加工业		
上海	I 类	化学原料制品制造业	交通运输设备制造业	通信电子设备制造业
	II 类	通用设备制造业	电气机械器材制造业	
浙江	I 类	化学制品制造业	化学纤维制造业	
	II 类	交通运输设备制造业	电气机械及器材制造业	通信及电子设备制造业
		黑色金属加工业	有色金属加工业	金属制品业
		通用设备制造业	纺织业	
福建	I 类	通信及电子设备制造业	皮毛皮（绒）及其制品业	非金属矿物制品业
		纺织业		
	II 类	农副食品加工业	黑色金属加工业	纺织服装、鞋、帽制造业
		电气机械及器材制造业	化学制品制造业	
	III 类	交通运输设备制造业		
广东	I 类	通信电子设备制造业		
	II 类	文美体娱乐用品制造	石油核燃料加工业	化学原料制品制造业
		黑色金属加工业	有色金属加工业	电气机械器材制造业
	III 类	农副食品加工业	纺织业	纺织服装、服饰业
		非金属矿物制品业	通用设备制造业	
海南	I 类	石油核燃料加工业		

资料来源：秦敬云，杜靖．东部产业转移与西部优势产业发展．北京：社会科学文献出版社，2017.

第七章　新常态下我国的区域发展战略

第一节　新常态下我国的区域经济

一、我国经济增长新常态

（一）改革开放以来我国经济增长趋势

改革开放以来，我国经济快速增长。1978 年，我国 GDP 总值为 3678.70 亿元，三次产业结构为 27.70：47.70：24.60，人均 GDP 为 385 元。到 2020 年我国 GDP 总值达到 101.6 万亿元，三次产业结构为 7.70：37.80：54.50，人均 GDP 为 72000 元。1978~2020 年，年间名义 GDP 总值和人均 GDP 分别增长了 275.20 倍和 186.10 倍，实际 GDP 总值和人均 GDP 分别增长了 39.20 倍和 26.20 倍，年均实际增长率分别达到 9.20% 和 8.20%。

在我国经济快速增长的过程中，经历了从改革开放到 2021 年的 43 年间多次的波动。如图 7-1 所示，1978~2021 年，我国 GDP 增长率大致经历了 1981 年、1986 年、1989~1990 年、1998~2001 年、2008~2009 年等五次低谷以及 1984~1985 年、1992~1994 年、2007 年等三次带有一定程度经济过热特征的时期，以及 2010 年之后经济增长率持续下降的新常态时期、2020 年及之后受疫情影响导致经济增长率远低于正常值和 2021 年的恢复性增长等波动状态。从图 7-1 可见，2010 年之前，我国经济在每次低谷之后都会恢复到 10% 左右的增长率，而每次经济过热之后经济增长率也都会回落到各时期的平稳增长率范围。但在经历了 2008~2009 年的全球金融危机带来的经济低谷后，虽然 2010 年我国经济增长率达到了 10.60%，但之后却持续下降至 6% 左右的经济新常态。虽然 2020 年开始，受新冠肺炎疫情的影响，导致我国经济增长率在 2020～2021 年出现了剧烈的波动，但之后我国经济仍可能在 6% 左右的增长率持续一段时期。

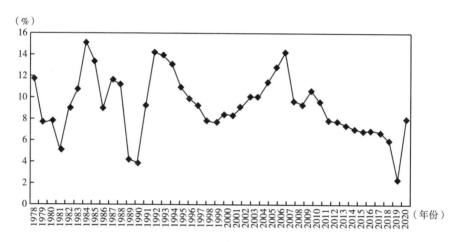

图 7 – 1　1978～2020 年我国经济增长率演变趋势

资料来源：依据《中国统计年鉴（2021）》中的数据制作。

（二）我国经济新常态

在我国达到如今世界第二大经济规模之后，要保持改革开放以来到 2010 之前超过 10% 的高速增长显然已经难以实现。因此，习近平总书记于 2014 年 5 月在河南省考察时，提出，中国发展仍处于重要战略机遇期，我们要增强信心，从当前中国经济发展的阶段性特征出发，适应新常态，保持战略上的平常心态。

而关于新常态的界定，2014 年 11 月习近平总书记在亚太经合组织（APEC）工商领导人峰会上所做的题为《谋求持久发展共筑亚太梦想》的主旨演讲中，作了较系统地阐述，认为中国经济呈现出新常态的主要特点是，"从高速增长转为中高速增长""经济结构不断优化升级""从要素驱动、投资驱动转向创新驱动"。新常态将给中国带来新的发展机遇：经济增速虽然放缓，但无论是速度还是体量，在全球也是名列前茅的；经济增长更趋平稳，增长动力更为多元；经济结构优化升级，发展前景更加稳定；政府大力简政放权，市场活力进一步释放。这是与改革开放时期前 30 多年相比照而论述的当前和未来一个时期的经济发展新常态①。

二、新常态下我国经济增长方式转变

在我国经济进入新常态的总体背景下，面对当前复杂的国际政治经济形势和百年未有之大变局，我国经济增长方式也将发生深刻的变化。这种变化主要体现在以下几个方面。

首先，探索经济增长理论与经济增长路径的自主性。新中国成立之后，面对西方各国对我国的封锁，我国经济增长理论和经济增长路径维持了较强的自主性。但由于种种原因，我国的社会主义经济建设并没有取得应有的成就。改革开放之后，引进外部资本打破贫困陷阱并促进我国经济走上快速增长道路之后，我国的经济增长理论与经济增长路径也倾向于与国际接轨，即在西方经济学的经济增长理论指引下，在经济增长初期主要依赖劳动密集型产业解决温饱问题，并在实现资金积累的基础上发展资本密集型产业，实现产业升级的同时积累知识与技术，以在未来通过自主技术研发实现经济内生增长。但在西方经济学理论指引下的这一经济增长路径事实上存在着诸多未解难题。比如趋同性，即我国经济增长是否最终将与欧美等发达国家在人均收入、经济发展模式等方面趋同？如果趋同，我国居民消费是否也如欧美特别是美国，进入大众高消费阶段？而美国的大众高消费、产业空心化经济增长模式，适合于拥有十四亿多人口的我国的经济增长模式吗？事实上，这些可能都会得出否定的答案。因此，探寻适合于我国实际的经济增长理论与经济增长路径就显得尤其重要。

其次，寻求产业发展的自主性。改革开放以来，我国主导产业先后经历了劳动密集型产业、资本密集型产业和当前重点发展的技术（知识）密集型产业等不同阶段。但不管是在哪个产业发展阶段，我国的产业发展理论和实践都主要关注于融入全球价值链，并实现我国产业和企业在全球价值链上的攀升。正是在融入全球价值链的过程中，我国成为世界工厂。但两头在外的产业发展模式，一方面在全球价值链上的攀升并不容易，因为无法实现弯道

---

① 金碚. 中国经济发展的新常态研究［J］. 中国工业经济，2015（1）：5－18.

超车，而总在发达国家身后的追赶式产业发展所付出的代价甚高，收效却并不好。另一方面，由于在融入全球价值链的过程中，一些关键的价值链环节被欧美等发达国家所掌握，因而产业发展存在明显的瓶颈效应，并可能因此危及我国的产业安全。此外，以全球价值链为基础的产业发展模式，必然意味着产业规模化、产品标准化，与当今世界高度差异化的消费者需求并不相符。因此，经历了改革开放后40多年的发展，在我国建立了相对完善的产业体系的基础上，如何实现我国产业发展的自主化，以保障我国产业安全，实现对西方发达国家产业发展的弯道超车，以差异化的产品满足差异化的消费者需求，成为我国经济增长自主化道路必然要解决的问题。

第三，构建市场体系的自主性。改革开放以来，以西方经济学经济增长理论为基础的经济增长道路，和立足于全球价值链的产业发展模式，意味着一些产品进入国际市场，需要依赖于国际上主要的产销渠道。即使在国内市场，一些产销渠道也因为国际零售商的进入而陷于被动。而且，由于改革开放以来过于注重国外市场即外贸对经济增长的拉动作用，往往在政策主张上更加关注于对外贸易，而国内消费市场则在相当程度上被选择性的政策忽视。但这种情况在近年来已经发生了较大的转变。首先是电子商务的快速发展改变了我国之前产品销售渠道被国际零售巨头挤压而丧失产销渠道自主权的局面。众所周知的是，我国的电子商务，无论是面向国内市场还是国际市场，都因为我国快速的物流体系而领先于欧美等发达国家。因此，尽管电子商务在我国的快速发展对传统的线下零售业造成了不利的冲击，但却极大地改变了我国在产品销售渠道中的不利地位。其次，由于我国居民收入的不断提高，国内居民消费能力在近年来大大提升，并在消费能力外溢的基础上带动了国际经济增长。在这种情况下，我国应当考虑的是如何构建自主的市场体系，并在政策上重视我国产业目标市场向国内市场的转变。

第四，坚持关键技术研发的自主性。技术自主性与经济增长中的技术内生性是不同的。技术自主性注重的是关键技术必须为我所有，而经济增长中的技术内生性则注重的是经济增长过程中知识与技术的生产同物质产品的生产有机结合，但更注重技术为我所用，而不管技术是为我国所有还是在我国境内的外国企业、外国个人所有。也就是说，经济增长中的内生性强调技术中性，而经济增长中的技术自主性则强调在技术中性的基础上，技术也是国与国的竞争，特别是大国竞争的重要手段。在我国经济增长自主化方式转变过程中，应当在不排除技术中性的条件下更加注重技术尤其是关键技术的自主性。不排除技术中性意味着我国允许并广泛接纳外国企业、外国个人在我国境内，利用我国的设备、人才从事知识与技术的生产，并用于我国经济增长。但与此同时，也应当从当前美国打压我国高新技术企业、阻挠我国产业发展规划等行为看到，正因为我国的一些产业发展所需的关键技术掌握在美国手中，从而成为我国经济发展的瓶颈和美国展开大国竞争的重要手段。因此，在我国未来经济增长进程中，必须坚持关键技术研发的自主性，以化解我国在大国竞争中的技术瓶颈。

第二节　我国主要的区域发展战略

主要产生于 21 世纪，尤其是 2008 年主体功能区之后，我国的区域经济发展政策，其目标是立足于我国未来长期经济发展趋势，在依据各地区自身优势的基础上，通过区内内在经济联系形成多个重要的区域经济单元，从而在各大区域、次区域之间分工协作的基础上，带动区域乃至全国的经济发展。

一、主体功能区战略

主体功能区战略的目标是，将我国的国土资源作为一个整体，通过主体功能区规划，形成全国产业、人口的优化布局，并以此作为各地区经济社会发展、经济资源集聚和人口迁移的指南。

（一）主体功能区规划

主体功能区是《国民经济和社会发展第十一个五年规划纲要》中提出的概念，是根据不同区域的资源环境承载能力、现有开发密度和发展潜力等，按区域分工和协调发展的原则划定具有某种特定主体功能定位的空间单元①。

---

① 贾康. 推动我国主体功能区协调发展的财税政策［J］. 经济学动态，2009（7）：54-58.

我国的主体功能区规划是在贯彻落实科学发展观，推进经济结构战略性调整，加快转变经济发展方式的背景下提出的，目标是实现生产空间集约高效，生活空间舒适宜居，生态空间山青水碧，人口、经济、资源环境相协调的美好情境。主体功能区规划的出台，标志着我国的区域经济政策从注重平衡发展、全面发展，向注重依靠地区自身的优势，以高质量发展形成规模更大、水平更高的带动地区乃至全国经济发展的平台方向转变。

（二）主体功能区战略下的我国区域发展规划

以西部大开发、振兴东北老工业基地和促进中部崛起为代表的区域协调发展政策，是我国改革开放后区域不平衡发展政策下，地区差距不断扩大，以及地区经济发展中面临一些迫切需要解决问题的情况下形成和实施的。随着我国经济在世界经济中的地位改变、我国经济发展阶段与水平的提高及所面临的国际国内环境的变化，都促使我国区域协调统筹发展政策也需要不断做出改变。区域协调发展不等于平衡发展，更不等于均衡发展。而且，国民经济的发展本身就呈现出极化到扩散，再极化再扩散的螺旋发展路径。因此，在西部大开发、促进中部崛起和振兴东北老工业基地等政策出台以促进我国区域经济协调发展的同时，如何从各地区包括东部地区的内部，结合自身的资源和环境条件形成新的、在更高经济发展水平下的增长极，让增长极快速发展以增强区域乃至全国经济发展的基础，进而带动区域乃至全国经济在更高水平上持续稳定发展，是我国区域政策迫切需要解决的问题。正因如此，我国提出并规划了主体功能区。

但实际上，在2010年12月主体功能区规划出台之前，我国就针对2006年《国民经济和社会发展第十一个五年规划纲要》以及中央经济工作会议、党的十七大等会议的精神，调整了我国的区域规划。如表7-1所示，2007～2014年初我国密集出台35个区域发展规划。这些区域发展规划有这样几个特点：（1）作为原来区域经济政策的延续但赋予新的内涵，比如对非均衡时期作为经济开放区的珠三角、长三角等地区的发展规划。（2）强化了大区域下次区域的经济发展规划，比如对长三角地区中江苏沿海地区发展规划、珠三角地区的横琴总体发展规划以及中部地区的鄱阳湖生态经济区规划等。（3）突出了重点区域的经济发展规划，比如支持福建加快海峡西岸经济区、广西北部湾经济区等。（4）加快了内陆地区区域经济的规划和布局，比如关中—天水经济区、黄河三角洲等经济区的规划建设。

从我国自 2007 年以来出台的区域经济规划及其定位看，这意味着我国在主体功能区规划下，区域政策再次向区域不平衡发展方向转变，以打造新的、各层级的区域经济发展增长极，形成点面结合共同促进我国经济协同发展的局面（见表 7 - 1）。

表 7 - 1　　　　　　　2007 年以来我国重要区域经济发展规划

时间	区域规划	时间	区域规划
2007 年 6 月	重庆市和成都市设立全国统筹城乡综合配套改革试验区	2007 年 12 月	长株潭城市群"两型"社会综改区
2007 年 12 月	武汉城市圈"两型"社会综改区	2008 年 1 月	广西北部湾经济区发展规划
2009 年 1 月	珠江三角洲地区改革发展规划纲要	2009 年 5 月	海峡西岸经济区
2009 年 6 月	关中—天水经济区发展规划	2009 年 6 月	江苏沿海地区发展规划
2009 年 7 月	辽宁沿海经济带发展规划（辽宁沿海"五点一线"经济发展规划）	2009 年 8 月	中国图们江区域合作开发规划纲要
2009 年 8 月	横琴总体发展规划	2009 年 8 月	长吉图开发开放先导区发展规划
2009 年 11 月	黄河三角洲高效生态经济区发展规划	2009 年 12 月	鄱阳湖生态经济区规划
2009 年 12 月	海南国际旅游岛	2010 年 1 月	皖江城市带承接产业转移示范区规划
2010 年 3 月	青海柴达木循环经济试验区总体规划	2010 年 4 月	沈阳经济区国家新型工业化综合配套改革试验区
2010 年 5 月	长江三角洲地区区域规划	2010 年 12 月	山西省国家资源型经济综合配套改革试验区
2010 年 12 月	甘肃省循环经济总体规划	2010 年 12 月	成渝经济区区域规划
2011 年 1 月	山东半岛蓝色经济区发展规划	2011 年 2 月	浙江海洋经济发展示范区发展规划

续表

时间	区域规划	时间	区域规划
2011 年 6 月	浙江舟山群岛新区	2011 年 9 月	沈阳经济区（国家新型工业化综合配套改革试验区）
2011 年 11 月	平潭试验区	2012 年 4 月	珲春国际合作示范区
2012 年 6 月	赣南等原中央苏区振兴发展规划	2012 年 7 月	云南瑞丽国家重点开发开放试验区
2012 年 7 月	东兴国家重点开发开放试验区	2012 年 7 月	满洲里国家重点开发开放试验区
2012 年 11 月	中原经济区发展规划	2014 年 6 月	二连浩特国家重点开发开放试验区
2017 年 4 月	雄安新区		

资料来源：根据网络资料收集整理。

二、京津冀协同发展战略

（一）京津冀协同发展战略

京津冀协同发展的核心是京津冀三地作为一个整体协同发展，要以疏解非首都核心功能、解决北京"大城市病"为基本出发点，调整优化城市布局和空间结构，构建现代化交通网络系统，扩大环境容量生态空间，推进产业升级转移，推动公共服务共建共享，加快市场一体化进程，打造现代化新型首都圈，努力形成京津冀目标同向、措施一体、优势互补、互利共赢的协同发展新格局。2015 年 4 月 30 日，中共中央政治局审议通过《京津冀协同发展规划纲要》。《京津冀协同发展规划纲要》对京津冀做出了整体定位，充分体现了京津冀在全国区域发展格局中的定位和作用。

（二）京津冀协同发展战略的意义

京津冀协同发展的主要目标是在我国南高北低的背景下，在京津冀地区形成北方增长极，驱动环渤海湾经济共同发展，进而以辽宁中南部地区辐射带动东北、山东半岛辐射带动沿黄地区、京津冀驱动华北地区的发展。因此，京津冀协同发展战略的背景主要有这样几个方面。

1. 京津冀协同发展引领北方经济增长以化解南高北低问题

改革开放之后，南方的珠三角和长三角先后在国家的改革开放政策带动下获得经济快速发展，导致南方各省份的经济发展水平明显高于北方各省份，即存在所说的南高北低现象。传统意义上，我国北方地区包括东北的辽宁、吉林、黑龙江，华北的北京、天津、河北、山东、山西、内蒙古、河南，以及西北的陕西、青海、宁夏、甘肃、新疆等 15 个省份，其余省份为南方地区。除此之外，还可以将我国划分为东北地区，包括辽宁、吉林、黑龙江 3 个省份；北方地区包括北京、天津、河北、山东、山西、内蒙古、河南 7 个省份；南方地区包括上海、江苏、浙江、安徽、江西、福建、广东和海南 8 个省份；其他省份为西部地区。无论是按照南北两分法，还是南、北、东北和西部四分法，北方和南方都有不小的差距。

首先，从经济规模和经济发展水平来看，北方和南方经济发展存在较大差距。按照传统意义的南北二分法，到 2021 年，北方地区的人口数量为 57024 万人，地区生产总值合计为 401039.20 亿元，人均地区生产总值为 70328 元，而南方地区的人口数量为 84036 万人，地区生产总值合计为 736703.90 亿元，人均地区生产总值为 87665 元，北方地区人口、地区生产总值和人均地区生产总值分别只有南方的 67.86%、54.44% 和 80.22%。而按照南、北、东北和西部四分法，北方地区的人口数量为 36943 万人，地区生产总值合计为 281443.50 亿元，人均地区生产总值为 76183 元，而南方地区的人口数量为 58507 万人，地区生产总值合计为 581404.90 亿元，人均地区生产总值为 99374 元，北方地区人口、地区生产总值和人均地区生产总值分别只有南方的 63.14%、48.41% 和 76.66%①。显然，无论是人口总额、经济总量还是人均 GDP，南方地区都高于北方。

其次，从城市发展来看，北方和南方也存在较大差距。从城市人口规模来看，按照 2020 年城市市辖区常住人口计算，全国人口规模前十位的城市中，北方只有北京、天津和西安，而重庆、上海、广州、深圳、武汉、成都、杭州 7 个城市均为传统意义上的南方城市；全国城市市辖区人口规模 500 万人以上的城市中，北方城市只有 10 个，南方城市则有 15 个。从城市 GDP 规

---

① 依据《中国统计年鉴（2022）》中的相关数据计算得到。

模来看，2020 年市辖区地区生产总值排前十位的城市中，北方城市只有北京和天津，分居第二和第十位，其余 8 个城市均为南方城市，城市市辖区地区生产总值超过 5000 亿元的 27 个城市中，南方城市有 18 个，而北方城市只有 9 个；按照市辖区人均地区生产总值排名的前十位城市中，北方城市也只有 2 个，为北京和克拉玛依，而市辖区人均地区生产总值在 10 万元以上的 55 个城市中，南方城市有 39 个，北方城市只有 16 个，不到 1/3。

第三，从百强县域经济对比看，南方同样强于北方。在 2022 年版我国综合竞争力百强县市中，北方百强县市数量为 31 个，只占 31%。而综合竞争力排名前十位的县市，北方只有山东省的龙口市[①]。而在之前历年我国综合竞争力百强县市排名中，也多与此种情况相类似。2021 年全国百强县市中，北方县市数量为 38 个，排名前十位的同样只有山东省的龙口市[②]；2020 年全国百强县市中，北方县市数量为 29 个，排名前十位的没有来自北方省份的县市[③]；2019 年全国百强县市中，北方县市数量为 33 个，排名前十位的县市只有来自辽宁的海城市[④]；2018 年全国百强县市中，北方县市数量为 33 个，排名前十位的县市只有来自山东的龙口市[⑤]。由此可见，从近几年的百强县市排名情况来看，北方县市只占 30%，而在前十位的县市中则难觅一席。

2. 京津冀协同发展以实现彼此优势互补

一是从经济总量和发展水平看，北京日益强化在京津冀地区的经济中心地位。如图 7 - 2 所示，1978 ~ 2020 年，从人口方面看，北京与天津的人口规模优势在不断扩大，而与河北省的人口规模相比则差距不断缩小；从地区生产总值来看，天津与北京的比值由改革开放初期接近于 1.0，降低到 2020 年的 0.4 左右，而河北省对北京的比值则从 20 世纪 90 年代中期 1.8 左右下降到 2020 年的 1.0；从人均 GDP 看，河北省的人均 GDP 不到北京的 1/3，天津也只有北京的约 60%。因此，从人口规模、地区生产总值规模和经济发展水平

---

① 2022 年中国百强县排行榜，https：//www. maigoo. com/news/651182. html.
② 2021 中国县域综合竞争力百强排行榜，http：//www. zztongyun. com/article/.
③ 2020 中国县域综合竞争力百强排行榜，https：//top. askci. com/news/20201202/1101001299418. shtml.
④ 2019 中国县域综合竞争力百强排行榜，https：//baijiahao. baidu. com/s? id = 16468893238496 14509&wfr = spider&for = pc.
⑤ 2018 中国县域综合竞争力百强排行榜，https：//baijiahao. baidu. com/s? id = 161890148326434 9362&wfr = spider&for = pc.

等指标看，北京在京津冀地区的经济中心地位日益突出。

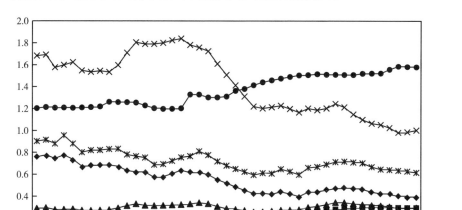

图7-2 1978~2020年京津冀经济和人口主要指标对比演变趋势

资料来源：依据京津冀3个省份2021年统计年鉴中的数据计算制作。

二是从3个省份工业产业结构看需要优化各自的产业布局。从2018年全国经济普查情况看，北京市的主要制造业是汽车制造业和计算机、通信和其他电子设备制造业，分别占全市制造业营业收入的27.19%和20.79%，医药制造业（7.21%）和专用设备制造业（5.03%）也占有较重要的地位；天津市的主要制造业是黑色金属冶炼和压延加工业、汽车制造业和计算机、通信和其他电子设备制造业，分别占全市制造业营业收入的16.84%、13.90%和11.38%，其他占比较高的还包括化学原料和化学制品制造业（7.81%）、石油、煤炭及其他燃料加工业（6.66%）和电气机械和器材制造业（5.53%）；河北省的制造业则是黑色金属冶炼和压延加工业占绝对主导地位，占全省制造业营业收入的36.60%，其他占比较高的产业包括汽车制造业（7.58%）、石油、煤炭及其他燃料加工业（6.54%）、金属制品业（6.23%）、化学原料和化学制品制造业（5.43%）均在10%以下。由此可见，京津冀3个省份的制造业产业都存在少数产业占优势但优势产业互有差别，而其他产业发展相对薄弱的现象。与此同时，京津冀区域内3个省份的产业梯度落差相对较大，北京和天津依靠其地缘、政治、经济、政策等优势，各种产业的定位较高且发展较快，而河北省产业发展则相对滞后，由此形成的产业梯度落差①，为京津地区向河北省各地进行产业转移或发挥辐射带动作用创造了有利条件。

三是从第三产业结构看各自的功能定位。2021年，北京三次产业增加值为111.30亿元、7268.60亿元、32889.60亿元，三次产业结构为0.30∶18.00∶81.70；天津三次产业增加值为210.18亿元、4804.08亿元、9069.47亿元，三次产业结构为1.49∶34.11∶64.39；河北三次产业增加值为3880.01亿元、13597.20亿元、18729.60亿元，三次产业结构依次为10.72∶37.55∶51.73。可见，北京的产业重心已经实现向第三产业转化，城市定位功能侧重于其发达的生产性服务业为地区经济发展提供专业性的服务支持，而天津和河北，尤其是河北，第二产业在本省乃至地区经济发展中都占有更加重要的地位。

从3个省份第三产业的行业分布看，北京第三产业中，服务于地区乃至全国经济发展的知识性、生产性服务行业占有更高的比重，比如金融业（22.28%）、信息传输、软件和信息技术服务业（17.18%）、科学研究和技术服务业（9.25%）、租赁和商务服务业（6.81%）。天津第三产业占比超过5%的依次是金融业（18.74%），房地产业（11.78%），批发和零售业（11.35%），交通运输、仓储和邮政业（7.43%），教育（6.14%），科学研究和技术服务业（5.60%），信息传输、软件和信息技术服务业（5.05%），为地区经济发展服务的知识性、生产性服务业占比明显较低。而河北第三产业则主要以服务本地居民消费需求为主，占比较高的行业依次是交通运输、仓储和邮政业（14.11%），批发和零售业（14.10%），房地产业（12.90%），金融业（12.69%），公共管理、社会保障和社会组织（9.60%），教育（7.01%）。

三、粤港澳大湾区战略

（一）粤港澳大湾区

粤港澳大湾区包括中国香港特别行政区、中国澳门特别行政区和广东省

---

① 孙玉娟，李倩楠. 构建京津冀分工协作、优势互补的产业发展链条［J］. 河北联合大学学报（社会科学版）2015, 15（1）：35-39.

广州市、深圳市、珠海市、佛山市、惠州市、东莞市、中山市、江门市、肇庆市（以下称珠三角九市），总面积 5.60 万平方千米，2019 年末常住人口8498.40 万人[①]，地区生产总值116610.65 亿元[②]，人均地区生产总值13.66 万元，是中国开放程度最高、经济活力最强的区域之一。建设粤港澳大湾区，既是新时代推动形成全面开放新格局的新尝试，也是推动"一国两制"事业发展的新实践。2019 年，党中央、国务院印发《粤港澳大湾区发展规划纲要》。按照规划纲要，粤港澳大湾区不仅要建成充满活力的世界级城市群、国际科技创新中心、"一带一路"建设的重要支撑、内地与港澳深度合作示范区，还要打造成宜居宜业宜游的优质生活圈，成为高质量发展的典范。以香港、澳门、广州、深圳四大中心城市作为区域发展的核心引擎。

《国民经济和社会发展第十四个五年规划和 2035 远景目标纲要》提出要加强粤港澳产学研协同发展，完善广深港、广珠澳科技创新走廊和深港河套、粤澳横琴科技创新极点"两廊两点"架构体系，推进综合性国家科学中心建设。粤港澳大湾区与美国纽约湾区、旧金山湾区、日本东京湾区并称为世界四大湾区。

（二）粤港澳大湾区战略的背景

1. 珠三角地区在我国改革开放以来的对外开放窗口地位

依托于改革开放后临近港澳带来的区位优势，以及国家给予的先行先试政策优势，珠三角地区的经济快速发展。1980 年 8 月，深圳和珠海设立了我国最早的两个经济特区，随后外资大量进入珠三角，从而大大提高了珠三角在全球产业链价值链中的地位，加上邻近国际金融中心中国香港从而更加便利地进入国际市场以发现国际经济形势的变化，和世界各国、跨国公司经中国香港进入珠三角对我国相关政策的尝试，都凸显了广东，尤其是珠三角

---

① 2021 年《广东统计年鉴》，珠江三角洲常住人口 7683.95 万人。2021 年《国际统计年鉴》，2020 年中国香港和中国澳门的人口分别为 748.20 万人和 64.90 万人，并分别比上一年增长 -0.3% 和1.4%，由此推算 2019 年中国香港和澳门分别为 750.45 万人和 64.00 万人。因此 2019 年粤港澳大湾区人口加总为 8498.4 万人。

② 中国香港和中国澳门的地区生产总值为 2021 年《国际统计年鉴》中的数据，乘以该年鉴中公布的人民币对美元年中汇率，转换成人民币计算的地区生产总值。

"两个重要窗口",即向世界展示我国改革开放成就的重要窗口,和国际社会观察我国改革开放的重要窗口的地位①。

2. 近年来的国际国内形势的变化需要珠三角继续发挥其"两个重要窗口"的作用

2016 年以来,西方国家的贸易保护主义和逆全球化逐步抬头。但世界经济发展的历史表明,贸易保护主义和逆全球化,不利于世界经济的发展,当然也不利于我国的经济发展。因此,从构建人类命运共同体的理念,以及维护我国经济持续稳定发展的角度来看,都需要我国承担起促进世界经济开放和推动全球化继续向前演进的历史责任。这种情况下,继续发挥并进一步强化珠三角在我国对外开放中的窗口作用,向世界各国表明我国的对外开放政策是可持续的,各国企业在中国投资以利用我国庞大的市场规模获得投资收益是可靠的,世界各国人民分享我国发展的成果是有利的。在这种形势下,基于世界各国无论是政府部门、企业、学术界还是普通大众对于珠三角地区在我国改革开放以来"两个重要窗口"的长期认识,设立粤港澳大湾区就成为向世界宣示未来将会长期坚持对外开放政策的最佳选择。

3. 将香港和澳门纳入国家的一体化发展战略

基于香港和澳门特别行政区的地位,尤其是香港在国际经济政治体系中的特殊地位,中央政府采取相应的政策措施将港澳纳入国家一体化的发展战略之中,保障港澳在未来依托于祖国的持续发展和繁荣。

四、长江三角洲区域一体化发展战略

(一) 长江三角洲地区

传统意义上的长江三角洲地区,一般是指上海和江苏 8 个地市、浙江 8 个地市构成的区域,包括上海,江苏省南京、无锡、常州、苏州、南通、扬州、镇江、泰州,浙江省杭州、宁波、湖州、嘉兴、绍兴、舟山、台州、金

---

① 舒建华. 以"两个重要窗口"为指引推动广东改革开放再出发 [J]. 岭南学刊, 2019 (2): 10 - 15.

华，地区总面积达 9.93 万平方千米①。而按照《长江三角洲区域一体化发展规划纲要》，长江三角洲区域一体化的规划范围包括上海市、江苏省、浙江省、安徽省全域（面积 35.8 万平方千米）。以上海市，江苏省南京、无锡、常州、苏州、南通、扬州、镇江、盐城、泰州，浙江省杭州、宁波、温州、湖州、嘉兴、绍兴、金华、舟山、台州，安徽省合肥、芜湖、马鞍山、铜陵、安庆、滁州、池州、宣城 27 个城市为中心区（面积 22.5 万平方千米)②。

（二）长三角一体化的背景

1. 长三角一体化在增强我国全球竞争力中的意义

长江三角洲地区是我国经济总量最大、经济集约化程度较高的跨行政经济区域，在增强我国全球经济竞争力中占有重要的地位和作用。2021 年，长江三角洲地区国土面积 35.80 万平方千米，占全国的 3.73%；总人口 2.36 亿人，占全国的 16.40%；地区生产总值 27.61 万亿元，占全国国内生产总值的 24.14%；工业增加值 9.55 万亿元，占全国的 25.62%；人均地区生产总值 116739.54 元，是全国人均 GDP 的 1.44 倍。

长江三角洲地区不仅是我国经济发展水平最高的地区之一，在世界各大城市群地区也占有相当重要的地位。2021 年，上海市的 GDP 总值为 43214.90 亿元，在世界排名第四，约相当于纽约的 60%、东京的 65%、洛杉矶的 83%③，高于世界其他所有城市；人均地区生产总值折合 18095 美元，是 2020 年中等偏上收入国家人均 GDP 标准的大约 2 倍④；长江三角洲地区的地区生产总值折合 4.28 万亿美元，只低于世界前三大经济体（美国、中国和日本）；2021 年，长江三角洲地区的工业增加值达到 9.55 万亿元，折合 1.48 万亿美元，相当于美国 2019 年工业增加值 2.34 万亿美元（当年价）⑤ 的 63.26%，

---

① 姚士谋等著. 中国城市群［M］. 合肥：中国科学技术大学出版社，2001.

② 长江三角洲区域一体化发展规划纲要［Z］. 新华社，2019 – 12 – 01，http：//www. gov. cn/zhengce/2019 – 12/01/content_5457442. htm? tdsourcetag = s_pcqq_aiomsg.

③ 2021 年度全球城市 GDP 总量 TOP20 榜单，https：//www. 163. com/dy/article/HEQBG6OD0553DGG4. html.

④ 依据 2021 年《国际统计年鉴》，2020 年中等偏上收入国家人均 GDP 标准为 9192 美元。

⑤ 2022 年世界银行发布的世界发展指标数据库。但该数据库中没有美国 2020~2021 年的工业增加值数据。

日本 2019 年工业增加值 1.04 万亿美元的 1.41 倍，德国 2020 年工业增加值 0.70 万亿美元的 2.11 倍，印度 2020 年工业增加值 0.35 万亿美元的 4.22 倍，法国 2020 年工业增加值 0.25 万亿美元的 5.92 倍，英国 2020 年工业增加值 0.24 万亿美元的 6.17 倍，由此可见长江三角洲地区在全球产业链中的价值。

长江三角洲地区 2021 年进口、出口和进出口贸易总值分别为 9067.60 亿美元、12761.60 亿美元和 21829.20 亿美元，分别占全国的 33.74%、37.95% 和 36.08%，长江三角洲地区的进出口总额分别相当于同年美国的 56.77%、德国的 85.09%、日本的 170.31%、法国的 203.74%、英国的 209.62%、印度的 335.38%。除了进出口贸易以外，长江三角洲地区还以在上海举办的"中国国际进口博览会"为标志成为各国商品探寻进入中国市场途径和获取消费需求信息的"窗口"，以义乌小商品交易中心成为国内各地小商品走向世界市场的集散中心，以长三角地区强大的高技术产业制造业生产能力成为全球产业链价值链中不可或缺的环节。

长江三角洲地区还拥有 26 家世界 500 强企业，包括上汽集团、中国宝武、交通银行、绿地控股、中国太保、浦发银行、中远海运、中国船舶集团、上海建工集团、上海德龙钢铁、苏商建设和上海医药集团[①]，浙江的阿里巴巴、物产中大、吉利控股、青山控股、海亮集团、浙江省交通投资集团、杭钢集团、荣盛控股和恒逸集团，江苏的恒力集团、盛虹集团、沙钢集团，安徽的海螺集团、铜陵有色[②]。

2. 长三角一体化对带动长江经济带发展的重要作用

长三角的一体化发展，还可以形成强大的辐射力，梯次带动安徽—江西的经济发展，进而在长江沿岸地区的经济高地武汉都市圈—长株潭、成渝双城经济圈的衔接下，驱动贯穿我国中部的长江经济带的整体发展。按照《长江经济带发展规划纲要》，长江经济带覆盖上海、江苏、浙江、安徽、江西、湖北、湖南、重庆、四川、贵州、云南 11 个省份，面积约 205.23 万平方千米，重点将依托"一轴"即长江黄金水道，"两翼"即沪瑞和沪蓉南北两大

---

① 上海世界 500 强企业名单，https：//m.maigoo.com/news/479340.html.

② 世界 500 强出炉，浙江 9 家，安徽 2 家，江苏 3 家都在苏州，https：//export.shobserver.com/baijiahao/html/514370.html.

运输通道，打造"三极"即长江三角洲城市群、长江中游城市群和成渝城市群，同时发挥三大城市群以外地级城市的"多点"支撑作用，推动经济由沿海溯江而上梯度发展①。长江三角洲地区占长江经济带总人口的1/3，地区生产总值的50%以上。而以上海为中心向南形成的上海—嘉兴（和湖州）—杭州—绍兴—宁波、向北形成的上海—苏州—常州—镇江—南京两条超强城市经济带，使得长江三角洲地区成为长江经济带发展最强大的引擎。

3. 长江三角洲地区在世界主要城市群中的地位

与世界主要城市群相比，长江三角洲地区仍然在一些关键指标上存在较大的差距。如表7-2所示，与美国和日本的部分城市群相比，长江三角洲地区面积超过了东京湾区和纽约湾区，人口超过了表中三个城市群的总和，地区生产总值也超过表中所示三个城市群在2016年的数据②，但人均GDP只有东京湾区的一半、纽约湾区的1/4、旧金山湾区的不到30%。也就是说，在总量规模上，长江三角洲地区无论是国土面积、人口，还是GDP总值，在世界主要城市群地区中都占据优势，但在经济发展水平上则仍有较大差距。

表7-2　　　　　　　2016年部分世界城市群的主要经济指标

指标	东京湾区	纽约湾区	旧金山湾区
面积（万平方千米）	1.20	17.60	42.40
人口（万人）	3590	3230	3930
GDP（万亿美元）	1.40	2.30	2.60
人均GDP（万美元）	3.80	7.20	6.60
世界500强企业	本田、日立、软银、索尼等38家	摩根大通、IBM、强生、辉瑞制药等26家	苹果、谷歌、英特尔、脸书等16家

资料来源：沈坤荣，赵倩. 世界级城市群国际比较与区域高质量发展路径选择——以江苏为例[J]. 江海学刊，2018（2）：102-107，238.

---

① 长江经济带发展规划纲要[Z]. http://jx. people. com. cn/GB/377944/.
② 尽管与东京湾区、纽约湾区和旧金山湾区2016年的数据相比，但鉴于2016～2021年美国和日本的整体经济增长速度与我国的差距，长江三角洲地区后续的GDP超过该三大城市群GDP仍然是完全可能的。

五、成渝地区双城经济圈

（一）成渝地区双城经济圈

成渝地区双城经济圈是 2020 年 1 月 3 日习近平总书记主持召开中央财经委员会第六次会议，作出推动成渝地区双城经济圈建设、打造高质量发展重要增长极的重大决策部署。按照《成渝地区双城经济圈建设规划纲要》，成渝地区双城经济圈的范围包括重庆市的中心城区及万州、涪陵、綦江、大足、黔江、长寿、江津、合川、永川、南川、璧山、铜梁、潼南、荣昌、梁平、丰都、垫江、忠县等 27 个区（县）以及开州、云阳的部分地区，四川省的成都、自贡、泸州、德阳、绵阳（除平武县、北川县）、遂宁、内江、乐山、南充、眉山、宜宾、广安、达州（除万源市）、雅安（除天全县、宝兴县）、资阳 15 个市，总面积 18.50 万平方千米，2019 年常住人口 9600 万人，地区生产总值近 6.30 万亿元，分别占全国的 1.90%、6.90%、6.30%[①]。

（二）成渝双城经济圈的背景

1. 经济发展水平相对落后的西部地区需要形成经济增长极以集聚更多资源促进西部地区的经济发展

自 20 世纪末实施西部大开发战略以来，西部地区的发展加快，并在一定程度上缩小了与东部地区之间的差距。如本书第五章关于我国区域经济协调发展中的实证检验得到的结果显示，西部大开发之后，西部地区无论是经济增长率还是人均地区生产总值，与全国整体水平差距的缩小趋势都呈现出高度的显著性。但尽管如此，西部地区与东部地区相比，仍然存在较大的差距。统计数据显示，2021 年，东部地区多个省市的人均地区生产总值已经超过 10 万元，而西部地区最高的重庆也只有 86879 元，最低的甘肃人均地区生产总值 41406 元，只有东部地区最高的北京、上海的不到 1/4，江苏、天津、浙江

---

① 中共中央 国务院印发《成渝地区双城经济圈建设规划纲要》［Z］. 中央政府网，2021 – 10 – 21，http：//www.gov.cn/xinwen/2021 – 10/21/content_5643875.htm.

和福建的 1/3。2021 年，西部地区的城镇居民人均可支配收入和农村居民人均纯收入均只有东部地区的 70%。西部地区占全国利用外资的比例仅为 5.4%，而东部地区则超过了 80%。

西部地区与东部地区之间除了经济发展水平仍存在较大差距外，地区经济发展引擎的缺失，则让西部地区无力聚集来自其他地区的资金、技术和人才等资源，从而无法形成集聚—辐射的螺旋上升发展模式。成都和重庆在 1997 年分省市之后，经济联系由于行政区划归属不同而必然减少。西安因为周边城市的缺少而无法承担起西部地区经济增长极的地位与作用。加上无论是成都、重庆还是西安，城市本身的人口规模和经济规模、经济发展水平，都无法独自发挥如东部地区的广州、深圳、上海、北京等城市对区域经济发展的带动作用。因此，成渝双城经济圈的规划发展，无疑是在西部地区形成了一个类似于东部地区的广州、深圳、北京和上海等作为区域增长极的区域经济中心。

2. 全国区域经济发展战略需要成渝经济圈与我国其他区域经济发展战略共同促进我国经济的整体发展

近年来，我国先后出台了华北的京津冀协同发展战略、华东的长三角一体化发展、华南的粤港澳大湾区发展战略，而在我国西部地区出台的成渝双城经济圈发展战略，则正是与上述三个区域经济发展战略相呼应，形成共同驱动我国经济发展区域经济体系的有机组成部分。

事实上，成渝双城经济圈能够在以下两个方面推动我国的区域经济发展。一是成渝经济圈的发展有利于通过长江经济带与华中的武汉都市圈—长株潭都市圈、华东的长江三角洲地区共同形成中国中部地区的高水平经济带，并与南部的福厦地区—珠三角地区—北部湾地区，和北部的关中地区—中原地区—京津冀地区—山东半岛地区，作为三条引领我国区域经济东西走向的经济带，通过对经济带中间地区的双向辐射带动，促进我国区域经济的全方位发展。二是成渝经济圈的发展，还可以通过西部陆海新通道，贯通丝绸之路经济带和 21 世纪海上丝绸之路，使得西部地区获得对外开放过程中货物进出口所缺少但又不可或缺的海港资源，又使得西部地区内部的区域分工与协调发展，从而形成西部地区发展的自身内动力成为可能。

3. 成渝相似性有利于发挥双城合力促进地区经济发展

成都和重庆无论是城市规模还是经济结构，都具有高度的相似性。2020年，重庆和成都的市辖区人口分别为 2542 万人和 1543 万人，均为超千万人口的超大城市，在我国城市规模中分别排第一、第六位；市辖区地区生产总值分别为 21712 亿元和 14511 亿元，在全国城市中分别排第 5 位和第 9 位[①]。工业制造业中行业分布比例的相似系数为 0.93，呈高度相似，其中营业收入占比最高的均为计算机、通信和其他电子设备制造业，分别为 24.86% 和 28.51%；排第二位的也同样为汽车制造业，分别为 17.56% 和 10.70%；排第三位的同为非金属矿物制品业，分别占 7.23% 和 6.66%。高度相似性意味着，如果重庆和成都两城展开竞争，则可能面临此消彼长的问题。而如果两城展开合作，则易于形成合力，带动地区相关产业的规模化、集群化和产业链价值链一体化发展，提升两城在产业发展和区域经济中共同的竞争力。

第三节 "一带一路"倡议与我国区域发展战略演变

一、"一带一路"倡议

"一带一路"本身是作为我国加强与沿线国家或地区经济联系，提供全球治理中国方案而提出的。但"一带一路"倡议的提出，对我国区域经济发展战略产生了重大的影响。

（一）"一带一路"的历史演变

1. "一带一路"的构成

丝绸之路是古代中国与他国政治经济文化往来通道的统称。其中包括西汉张骞出使西域的通道即后来不断拓展形成的"西北丝绸之路"，北向蒙古国高原再西行天山北麓进入中亚的"草原丝绸之路"，从西安到成都再到印度的

---

① 中国城市统计年鉴（2021）.

"西南丝绸之路"，以及从中国东南沿海出发，穿过南中国海，进入太平洋、印度洋、波斯湾，远及非洲、欧洲的"海上丝绸之路"等①。而"一带一路"倡议中所涉及的陆上丝绸之路经济带即为古代从长安经乌鲁木齐，往西经过中亚、西亚，到达欧洲的"西北丝绸之路"，而"21世纪海上丝绸之路经济带"则主要指从我国东南沿海港口出发经南中国海到东南亚、印度和非洲、欧洲的"海上丝绸之路"。

2. "一带一路"倡议

"一带一路"倡议提出的标志是2013年9月7日，中国国家主席习近平出访哈萨克斯坦时在纳扎尔巴耶夫大学发表演讲，"为了使各国经济联系更加紧密、相互合作更加深入、发展空间更加广阔，我们可以用创新的合作模式，共同建设'丝绸之路经济带'，以点带面，从线到片，逐步形成区域大合作"。并且提出了"丝绸之路经济带"的基本发展模式，即加强政策沟通协商制定区域合作规划和措施、加强道路联通形成彼此相连的交通运输网络、加强贸易畅通推动贸易和投资便利化、加强货币流通增强抵御金融风险能力、加强民心相通增进相互了解和传统友谊②。

2013年10月3日，国家主席习近平在印度尼西亚国会演讲时提出，"中国愿同东盟国家加强海上合作，使用好中国政府设立的中国—东盟海上合作基金，发展好海洋合作合办关系，共同建设21世纪'海上丝绸之路'③"。

由此，在哈萨克斯坦提出"丝绸之路经济带"之后一个月的时间，我国在印度尼西亚提出"海上丝绸之路"的新构想。两者遥相呼应，共同构成了"一带一路"倡议。

（二）"一带一路"的时代意义

全球化要求各个国家在全球分工体系中，找到自己的定位，全球范围内的商品流通、文化交流以及人员流动都达到了前所未有的规模。伴随着这个

① 袁新涛."一带一路"建设的国家战略分析［J］.理论月刊，2014（11）：5-9.
② 魏建华，周良.习近平在哈萨克斯坦纳扎尔巴耶夫大学发表重要演讲［EB/OL］.中央政府门户网站，2013-9-7，http：//www.gov.cn/ldhd/2013-09/07/content_2483425.htm.
③ 习近平在印度尼西亚国会的演讲［EB/OL］.中央政府门户网站，2013-10-3，http://www.gov.cn/ldhd/2013-10/03/content_2500118.htm.

过程，就需要打通货物等生产要素的运输通道，既包含有形的，也包含无形的。这是"一带一路"诞生的深刻时代背景。以欧亚大陆桥为例，它东起中国连云港，经郑州、西安，到莫斯科、华沙、柏林，终点是荷兰鹿特丹。一头是太平洋，另一头是大西洋，把货物从东到西的运输，这就是经济发展的实际需求。"一带一路"实现了这样的互联互通。与古代丝绸之路相比，尽管现在的"一带一路"走向相同，范围相同，但是由于运输技术的发展，使更加高效、便捷的运输通道建设成为可能。同时，互利共赢的理念与和平发展的外交政策促进了更加安全的商品运输环境。这是一个质的飞跃。

"一带一路"作为新时代的丝绸之路，对中国发展的意义巨大。从中国的区域经济来看，现在已经形成了多个重要战略，包括"一带一路"倡议、长江经济带战略、京津冀协同发展战略、长三角区域一体化战略、粤港澳大湾区战略、成渝地区双城经济圈战略。这些战略是互相作用和影响的。通过京津冀、长三角、粤港澳及成渝双城经济圈等四个经济区域的协调发展，与"一带一路"倡议结合在一起，就可以促进内外协同发展，使中国经济布局更加合理，推动经济更加均衡发展，创造更好的发展动能，保持经济中高速增长。区别于长江经济带战略、长三角一体化战略、京津冀协同发展战略、粤港澳大湾区战略、成渝双城经济圈战略等主要面向国内的战略，"一带一路"倡议则是国内外一身二任，所以是中国新一轮对外开放战略的首选。

因此，"一带一路"倡议作为新时代的丝绸之路，其重要意义至少有以下三个方面：一是为经济全球化条件下人流、物流、商贸活动的开展，提供了更加便捷的运输通道。比如欧亚大陆桥就是典型的例子，体现了人类发展对经济合理性的不断追求和更高效率的现实要求。二是为中国经济发展提供了新的发展空间，为中国的和平崛起提供了平台。三是为沿线各个国家和地区的合作提供了新的范式，为世界经济的再平衡发展提供了新的途径[①]。

（三）"一带一路"倡议提出的国内背景

《中共中央关于制定国民经济和社会发展第十三个五年规划的建议》认为，我国物质基础雄厚、人力资本丰富、市场空间广阔、发展潜力巨大，经

---

① 陈甫军. 一带一路经济读本 [M]. 北京：经济科学出版社，2017：78.

济发展方式加快转变，新的增长动力正在孕育形成，经济长期向好基本面没有改变。但同时，我国经济发展不平衡、不协调、不可持续问题仍然突出，主要是发展方式粗放，创新能力不强，部分行业产能过剩严重，企业效益下滑，重大安全事故频发；城乡区域发展不平衡；资源约束趋紧，生态环境恶化趋势尚未得到根本扭转；基本公共服务供给不足，收入差距较大，人口老龄化加快，消除贫困任务艰巨等。

因此概括起来，中国经济的双重任务就是转型与增长。增长就是要在"十三五"时期继续保持经济向上的发展，完成全面建设小康社会的任务。转型则是解决好过去发展中的问题，如发展结构的问题、发展动能的问题，通过创新实现经济的升级。而且转型和增长需要结合，在时间与空间上互补。2015年，党中央提出了进行供给侧结构性改革的重大思路，年底的中央经济工作会议上提出"去产能、去库存、去杠杆、减成本、补短板"的具体政策，针对的就是突出的产能过剩、效益不高的问题。这些都是"一带一路"倡议形成的重要因素。而"一带一路"倡议一旦实施，实际上可以通过以空间换时间，助推转型与增长双重任务的完成。

二、我国各省份在"一带一路"倡议中的发展策略

（一）"海丝"沿线省份

1. 福建省

福建省于2015年出台了《福建省21世纪海上丝绸之路核心区建设方案》，提出福建省要成为21世纪海上丝绸之路核心区、21世纪海上丝绸之路经贸合作的前沿平台和21世纪海上丝绸之路人文交流的重要纽带。而在合作方向上则指出，"重点合作方向是打造从福建沿海港口南下，过南海，经马六甲海峡向西至印度洋，延伸至欧洲的西线合作走廊；从福建沿海港口南下，过南海，经印度尼西亚抵达南太平洋的南线合作走廊；同时，结合福建与东北亚传统合作伙伴的合作基础，积极打造从福建沿海港口北上，经韩国、日本，延伸至俄罗斯远东和北美地区的北线合作走廊"。同时拟定支持泉州市建设21世纪海上丝绸之路先行区，支持三明、南平、龙岩等市建设海上丝绸之

路腹地拓展重要支撑①。

在《福建省 21 世纪海上丝绸之路核心区建设方案》的指引下，泉州提出要建设 21 世纪海上丝绸之路先行区，滚动推进一批示范带动项目，加快实现早期收获，致力打造推动"海丝"海陆统筹互联互通的重要枢纽、面向"海丝"民营经济开放创新的重要门户、促进"海丝"多元文化交流展示的重要纽带、增进"海丝"国际交流合作的重要平台，在福建省 21 世纪海上丝绸之路核心区建设中发挥先行作用和重要支撑作用，建成 21 世纪海上丝绸之路基点城市和开放门户②；福州作为中国古代"海上丝绸之路"的重要起泊地之一，从发展海丝文化产业的角度强化海丝合作的战略支点作用，以两岸经贸合作为核心加强对台投资、贸易、航空、金融、旅游、农业等方面的先行先试，强化港口经济带动作用向周边省份拓展更经济腹地③；厦门则是 21 世纪海上丝绸之路的战略支点城市，在基础设施领域加强与海上丝绸之路沿线国家和地区之间的海、陆、空互联互通和向内陆腹地的辐射能力，在海洋经济领域打造中国—东盟海上合作中心，在财政扶持方面从立项、用地、税收、建立示范、奖励补助等方面推动"一带一路"项目加快实施④。

"十四五"期间，福建省要在提升互联互通水平、加强经贸产业合作、深化人文交流的基础上，深化与区域全面经济伙伴关系协定（RCEP）成员国在基础设施联通、科技创新和经贸产业合作以及能源、海洋、数字经济、生态环保、卫生健康、人文等领域合作交流，把握中欧投资协定带来的机遇，推进政策、规则、标准三位一体"软连通"，积极拓展与欧洲、南亚、西亚、中亚、非洲、拉美等地区合作。启动"丝路伙伴计划"，积极发展"一带一路"沿线重点国家伙伴关系⑤。

2. 广东省

2015 年 12 月，广东省出台《广东省参与丝绸之路经济带和 21 世纪海上丝绸之路建设实施方案》，提出要围绕政策沟通、设施联通、贸易畅通、资金

---

①② 泉州市建设 21 世纪海上丝绸之路先行区行动方案.

③ 政协委员畅言海丝核心区建设：打造海丝枢纽城市［N］. 福州晚报，2016 - 2 - 17.

④ 崔昊. 厦门出台落实"一带一路"建设行动方案［N］. 中国海洋报，2014 - 11 - 12.

⑤ 福建省国民经济和社会发展第十四个五年规划和二〇三五年远景目标纲要［EB/OL］. http：//www. pthj. gov. cn/zwgk/zcjd/gjjszcjd/202104/P020210408338026795588. pdf.

融通、民心相通的要求，以互利共赢为目标，联手港澳台和周边省区，务实推进与"一带一路"沿线国家合作，将广东建设成为与沿线国家交流合作的战略枢纽、经贸合作中心和重要引擎。其重点任务则包括促进重要基础设施互联互通、加强对外贸易合作、加快投资领域合作、推进海洋领域合作、推动能源领域合作、拓展金融领域合作、深化旅游领域合作、密切人文交流合作、健全外事交流机制等九个方面。并成立广东省推进"一带一路"建设工作领导小组，由省政府主要领导同志担任组长。

在全省加快推进"一带一路"倡议的背景下，广州提出要投资总额数以千亿元计的 93 个重大项目正筹划推进，涵盖基础设施、双向经贸、产业合作、平台建设等关键领域，建成 21 世纪海上丝绸之路核心枢纽、对外交往中心、国际区域合作新模式的试验区①，并围绕 21 世纪海上丝绸之路经济带建成南沙新区"国际航运枢纽"、白云"国际航空枢纽"和羊城"国际科技创新枢纽"；深圳提出要打造 21 世纪海上丝绸之路枢纽城市，依靠自身"区位＋地位"的双重领先优势、"模式＋创新"的双重示范优势、"金融＋实体"的双重牵引优势、"基地＋制造"的双重聚合优势，建设南海服务基地、太平洋岛国支点、沿、高端技术引进中心、沿线国家人员培训中心、金融创新中心，建设中华文化"走出去"的桥头堡②。

"十四五"期间，广东省深入参与"一带一路"倡议主要是，构建内接周边省区和内陆腹地、外联沿线国家和地区的综合交通体系，着力提升国际海港枢纽功能；积极谋划"丝路海运"，推进沿海主要港口与"一带一路"沿线国家和地区重要港口合作，提高集装箱班轮运输国际竞争力，加强与中欧班列、西部陆海新通道等高效衔接；加强空中丝绸之路建设，提升以骨干机场为重点的国际航空枢纽能力；推进数字丝绸之路务实合作，加快信息基础设施互联互通建设，推进空间信息走廊建设与应用；支持企业结合自身优势对接沿线国家产业和资源，开展国际产能合作，带动广东省装备、技术、品牌、服务、标准"走出去"；推进中国—东盟现代海洋渔业技术合作与产业

---

① 穗推进 21 世纪海上丝路建设三年行动计划（2015－2017）出炉［EB/OL］. http：//www. gd. gov. cn/tzgd/gdtzdt/201510/t20151027_220393. htm.

② 林毓瑾. 蓝海弄潮创伟业 丝路杨帆谱新章［N］. 深圳特区报，2014－7－18.

化开发示范项目，鼓励在境外建设一批特色渔业产业园区和综合性远洋渔业基地；发挥广东侨务大省优势，逐步构建与对外开放深度融合、相互促进的人文交流新格局，推动与沿线国家开展文化、旅游、教育、人才、科技、医疗、体育等多领域人文交流；积极参与健康丝绸之路建设，帮助沿线国家改善医疗卫生条件；推进绿色丝绸之路建设，加强在应对气候变化、海洋合作、荒漠化防治等方面的国际交流合作①。

3. 浙江省

相关研究表明，浙江省历史上就是海上丝绸之路的重要组成部分，占有重要地位，特别是宁波港和泉州港、广州港一道，被公认为海上丝绸之路的三大启运港和目的港，杭州、温州、绍兴、舟山等城市也曾经是海上丝绸之路的交汇处②。正因为如此，尽管并未出台针对"21世纪海上丝绸之路"的专项规划或行动方案，但在浙江省的"十三五"规划中，提出要"积极参与'一带一路'和长江经济带建设""大力推进海港、海湾、海岛'三海联动'，打造覆盖长三角、辐射长江经济带、服务'一带一路'的港口经济圈，推动海洋经济发展上新台阶""加快建设海峡两岸（温州）民营经济创新发展示范区，在温台沿海区域建设若干民外合作产业发展大平台，争当民企民资参与'一带一路'建设的开路先锋""扩大国际优势产能和装备制造合作，以'一带一路'沿线国家为重点，充分发挥沿线国家浙籍侨商的作用，加快境外经贸合作区全球布局，建设境外产业集聚区，推动优势产能在境外集群发展③"。

在浙江省建设"一带一路"总体思路下，宁波发挥宁波—舟山港口优势，持续织密海向"一带一路"集装箱航线网络，并通过海丝港口国际合作论坛提升"海丝指数"影响力；高规格办好中东欧博览会，成立中东欧商品采购联盟，打造面向"一带一路"的重大平台，创新推出"采购贷""采购保"

① 广东省国民经济和社会发展第十四个五年规划和二〇三五年远景目标纲要［EB/OL］. http：//www. gd. gov. cn/zwgk/gongbao/2021/12/content/post_3367177. html.

② 朱李鸣，浙江在21世纪海上丝绸之路建设中的战略定位与合作建议［EB/OL］. http：//www. zdpri. cn/sanji. asp？ id =224233.

③ 关于制定浙江省国民经济和社会发展第十三个五年规划的建议［EB/OL］. http：//leaders. people. com. cn/n/2015/1204/c58278 – 27889612. html.

"品质保"金融产品，启动建设中东欧"数买通"，构建进口贸易、通关物流、双向投资等全链路数字化服务体系；深化与中东欧国际人文交流行动计划，连续举办中国（宁波）—中东欧国家旅游合作交流周，中东欧青年文化交流营，中国（宁波）—中东欧国家教育合作交流活动，建设中国—中东欧国家教育交流网，全力打造中国—中东欧国家教育交流合作数据中心和信息枢纽[①]。杭州的重点则放在数字贸易和国际产能合作，努力形成面向世界、引领未来、辐射"一带一路"的数字贸易、数字创新和数字金融功能，成为21世纪的"数字丝绸之路"门户枢纽；以国际技术和服务输出为核心，推进双向贸易和国际产能合作水平全面提升，更高水平利用"两个市场、两种资源"，形成深度嵌入"一带一路"的国际产能合作新局面[②]。

"十四五"期间，浙江省重点是建设"一带一路"十大标志性工程的基础上，加快打造"一带一路"重要枢纽：打造数字经济合作高地，高水平建设杭州数字丝绸之路经济合作示范区、乌镇世界互联网创新示范区、联合国大数据全球平台中国区域中心、德清联合国地理信息知识和创新中心等国际化平台，推动"城市大脑"、移动支付等走向"一带一路"；深化国际产能合作，扩大双向贸易投资和对外承包工程，加快构建境内境外园区链式合作体系；做强宁波舟山港海上战略支点，强化杭州国际门户机场功能，推动中欧班列（义新欧）提质增效，打造内外融合互通的浙欧物流大通道；构建海外浙商服务网络，积极推进中国（温州）华商华侨综合发展先行区建设[③]。

4. 广西壮族自治区

国家实施"一带一路"倡议及批准实施珠江—西江经济带发展规划、左右江革命老区振兴规划、广西北部湾经济区发展规划修编，实现了国家战略规划对广西的全覆盖。习近平总书记对广西发展的战略定位则指出，"发挥广西与东盟国家陆海相邻的独特优势，加快北部湾经济区和珠江—西江经济带

① 宁波参与共建"一带一路"成果丰硕［EB/OL］. 国家发改委，2021 - 12 - 30，https：//www. ndrc. gov. cn/fggz/qykf/xxjc/202112/t20211230_1310984_ext. html.

② 关于印发《杭州市推进"一带一路"建设和城市国际化"十四五"规划》的通知［EB/OL］. 杭州市人民政府门户网站，2022 - 5 - 11，http：//drc. hangzhou. gov. cn/art/2022/5/11/art_1229545271_4035895. html.

③ 浙江省国民经济和社会发展第十四个五年规划和二〇三五年远景目标纲要［EB/OL］. https：//www. zj. gov. cn/art/2021/2/5/art_1229463129_59083059. html？ ivk_sa = 1024320u.

开放发展，构建面向东盟的国际大通道，打造西南中南地区开放发展新的战略支点，形成'21 世纪海上丝绸之路'与'丝绸之路经济带'有机衔接的重要门户"。

在 2015 年由国家发改委、外交部和商务部联合发布的《推动共建丝绸之路经济带和 21 世纪海上丝绸之路的愿景与行动》中，明确指出要"发挥广西与东盟国家陆海相邻的独特优势，加快北部湾经济区和珠江—西江经济带开放发展，构建面向东盟区域的国际通道，打造西南、中南地区开放发展新的战略支点，形成 21 世纪海上丝绸之路与丝绸之路经济带有机衔接的重要门户①。"

《广西参与建设丝绸之路经济带和 21 世纪海上丝绸之路实施方案》围绕建设"一带一路"有机衔接的重要门户这一定位要求，提出八个方面的合作重点。一是推进互联互通合作。打造"一枢纽一中心五通道六张网"。二是推进商贸物流合作。建设商贸物流园区，完善保税物流体系、创新发展传统贸易，发展跨境电子商务等新业态、建设中国（北部湾）自由贸易试验区、着力提高投资贸易便利化水平，促进贸易畅通。三是构建跨境产业链。推广中马"两国双园"国际合作新模式，与沿线国家共建更多合作园区、产能合作重点基地；加强农业、能源资源等领域合作，推进企业"走出去引进来"，促进产业互融。四是推进跨境金融合作。深入推进沿边金融综合改革试验区建设，推动国际投资、保险等业务创新，充分发挥中国—东盟金融领袖论坛平台作用，健全完善中国—东盟金融交流合作沟通对话机制，促进资金融通。五是密切人文交流。推进共建中国—东盟联合大学、中国—东盟医疗保健合作中心、中国—东盟传统医药交流合作中心、中国—东盟技术转移中心、中国—东盟减贫中心等重大项目（事项），深化教育、医疗卫生、文化体育、科技、旅游、友城等领域合作，夯实民心基础。六是开展海上合作。建设中国—东盟港口城市合作网络，推进海上产业、科技、环境、海上安全等领域合作。七是加强生态环保合作。搭建中国—东盟环境合作示范平台，建设中国—东盟生态文化产业先行区、中国—东盟环保技术交流合作基地等，共建绿色丝绸之路。八是构建重大合作平台。重点实施中国—东盟博览会升级计划，打造泛北

---

① 推动共建丝绸之路经济带和 21 世纪海上丝绸之路的愿景与行动［EB/OL］. 中国一带一路网，https：//www.yidaiyilu.gov.cn/info/iList.jsp? tm_id=126&cat_id=10006&info_id=604.

部湾经济合作论坛升级版，构建完善中国—中南半岛经济走廊合作机制①。

"十四五"期间，广西重点是全面加强与"一带一路"沿线国家和地区以及国内省（区、市）合作，加快推进北部湾国际门户港、南宁空港经济示范区建设，加强铁路、公路、港口、机场、电力、通信等基础设施互联互通合作对接，有机衔接"一带一路"和长江经济带，加快建成连接中国与东盟时间最短、服务最好、价格最优的陆海新通道②。

5. 海南省

海南省参与"21世纪海上丝绸之路"的规划表明，海南首先是加快构建陆海空立体交通体系，建设琼中经五指山至乐山、文昌至琼海等高速公路以及美兰机场扩建二期，谋划高速公路与相关市县的连接线工程。其次，海南将争取建设海南自由贸易园区，以海口综合保税区、洋浦保税港区为平台，争取国家支持建立自贸。最后，建设临空产业园区，依托美兰机场和三亚国际机场，建设海口临空产业园，启动三亚临空经济区建设，打造国际旅游岛③。"十四五"期间，海南省的重点是推动"一带一路"沿线国家和地区深化在南繁、深海、航天、港航、贸易、金融、教育、科技、文化、康养、创新创业等领域合作，加大农产品加工原料和市场海外布局；围绕旅游、环境保护、海洋渔业、人文交流、创新创业、防灾减灾等领域，加强南海周边国家和地区合作；办好中国（海南）国际热带农产品冬季交易会、岛屿观光政策论坛④。

（二）丝绸之路经济带沿线省份

1. 新疆维吾尔自治区

按照国家发改委等部门于2015年发布的《推动共建丝绸之路经济带和21

---

①　广西参与建设丝绸之路经济带和21世纪海上丝绸之路实施方案［EB/OL］. 广西壮族自治区人民政府网，http：//www. gxzf. gov. cn/xwfbhzt/gxcyjsydylssfaxwfbh/xwdt_26325/t969855. shtml.

②　广西壮族自治区国民经济和社会发展第十四个五年规划和2035年远景目标纲要（桂政发〔2021〕11号）［EB/OL］. 广西壮族自治区政府网，2021 - 4 - 19，http：//www. gxzf. gov. cn/zfwj/zxwj/t8687263. shtml.

③　姜隅琼，周鹏峰. 海南参与"21世纪海上丝绸之路"建设已有初步规划［EB/OL］. http：//news. xinhuanet. com/2015 - 03/28/c_127630980. htm.

④　海南省国民经济和社会发展第十四个五年规划和二〇三五年远景目标纲要［EB/OL］. 海南省政府网，2021 - 3 - 31，https：//www. hainan. gov. cn/hainan/qjcqhghqw/202104/3ecc6cf2792d4cf190bc0b6258cafa58. shtml.

世纪海上丝绸之路的愿景与行动》，新疆要"发挥独特的区位优势和向西开放重要窗口作用，深化与中亚、南亚、西亚等国家交流合作，形成丝绸之路经济带上重要的交通枢纽、商贸物流和文化科教中心，打造丝绸之路经济带核心区。"在国家对新疆作为丝绸之路经济带核心区的定位下，新疆提出要从基础设施互联互通、国际商贸物流体系建设、与周边国家经贸合作、对外开放平台建设、与周边国家人文交流、金融对外合作与交流等六个方面加快推进丝绸之路经济带核心区建设①。在新疆"十四五"规划中，则提出要加快建设丝绸之路经济带核心区、打造我国内陆开放和沿边开放高地，并且要围绕"集货、建园、聚产业"，构建乌鲁木齐国际陆港区现代物流、国际商贸、先进制造、高端服务协同发展的开放型现代产业体系，将乌鲁木齐国际陆港区建设成丝绸之路经济带核心区标志性工程；通过霍尔果斯西出东进产业集群和喀什劳动密集型产业发展和服务贸易发展，打造核心区南北两个重要支点；加快推进商贸物流中心、交通枢纽中心、文化科教中心、医疗服务中心、区域金融中心等"五大中心"建设；以"一岸一城（镇、团）一特色"为主导的"口岸经济带"规划建设全面启动；不断提升对外开放水平以吸引各类要素向新疆汇聚、产业向新疆转移②。

2. 陕西省

陕西省于 2017 年发布了《陕西省推进建设丝绸之路经济带和 21 世纪海上丝绸之路实施方案（2015～2020 年）》，并且自 2015 年起每年发布"一带一路"建设行动计划，提出要全面形成陕西与沿线国家的合作交流网络，广泛开展经贸往来、人文交流、能源合作，建设"一带一路"交通商贸物流中心、国际产能合作中心、科技教育中心、国际旅游中心和区域金融中心，建成内陆改革开放新高地③。"十四五"期间，陕西在"一带一路"建设中，则

① 新疆. 加快推进丝绸之路经济带核心区建设的意见［EB/OL］. 中国一带一路网，2017 - 10 - 13，https：//www. imsilkroad. com/news/p/69239. html.

② 新疆维吾尔自治区国民经济和社会发展第十四个五年规划和 2035 年远景目标纲要［EB/OL］. 新疆维吾尔自治区人民政府，2021 年 8 月，http：//sjt. xinjiang. gov. cn/sjt/zcfg/202108/d7cfbaf37fed44 c9ab6cc04cd6c6406c. shtml.

③ 陕西省推进"一带一路"建设办公室. 陕西省推进建设丝绸之路经济带和 21 世纪海上丝绸之路实施方案（2015 -2020 年）［EB/OL］. 陕西"一带一路"网，2017 - 2 - 15，http：//snydyl. shaanxi. gov. cn/article/2508. html.

增加了面向中亚、南亚、西亚国家通道建设方面的内容，提出"加快形成面向中亚、南亚、西亚国家的通道""到 2025 年，内陆改革开放高地建设取得新突破，建成内陆地区效率高成本低服务优的国际贸易通道"，并加强"一带一路"数字、健康、绿色领域共建①。

3. 甘肃省

按照国家关于"一带一路"建设的总体战略布局，甘肃省提出要"打造丝绸之路经济带甘肃黄金段"，重点推进以兰州新区为重点的向西开放经济平台、以丝绸之路（敦煌）国际文化博览会和华夏文明传承创新区为重点的文化交流合作平台、以中国兰州投资贸易洽谈会为重点的经济贸易合作平台三大战略平台建设，积极建设面向六大国际经济走廊多国为重点的经贸合作与人文交流的对外窗口，进一步提升兰（州）、白（银）、平（凉）、庆（阳）等重要节点城市的支撑能力，促进基础设施互联互通、经贸产业合作、人文交流、生态建设、金融创新支持等五个方面的重大工程建设②。在"十四五"规划和 2035 年远景目标中，甘肃省将参与"一带一路"建设融入了创新、产业转型发展、数字化转型、对外开放等各个领域，并提出要重点以兰州白银国家自主创新示范区和丝绸之路国际知识产权港为重点，加快重点领域先进技术的产业化进程，打造知识产权保护、交易高地；加快建设丝绸之路信息港，形成面向中西亚、南亚等地区的信息走廊；主动参与新亚欧大陆桥、中国—中亚—西亚经济走廊建设、中巴经济走廊建设和西部陆海新通道建设③。

4. 宁夏回族自治区

宁夏根据国家"一带一路"倡议的战略要求，提出要推进国际航线网络建设，充分发挥宁夏在我国与阿拉伯国家合作中的重要作用；打造面向中亚、西亚，辐射华北、西北和东北市场的进出口产品加工和集散基地；提升中阿

---

① 陕西省人民政府办公厅关于印发"十四五"深度融入共建"一带一路"大格局、建设内陆开放高地规划的通知（陕政办发〔2021〕26 号）［EB/OL］.陕西"一带一路"网，2021 - 11 - 3，http：//snydyl.shaanxi.gov.cn/article/49475.html.

② 甘肃省出台推进丝路经济带甘肃段建设实施方案［EB/OL］.国务院新闻办公室网站，2015 - 12 - 8，http：//www.scio.gov.cn/ztk/wh/slxy/31213/Document/1458445/1458445.htm?t = 1482394715280.

③ 甘肃省国民经济和社会发展第十四个五年规划和二〇三五年远景目标纲要（甘政发〔2021〕18 号）［EB/OL］.http：//m.law-lib.com/law/law_view.asp?id = 714708&page = 16.

博览会办会水平及实效，将中阿博览会打造成为与"一带一路"国家政策沟通、共商合作的重要平台；支持区内企业与"一带一路"沿线国家企业合作新建境外营销网络、备件基地和海外仓，巩固和提高宁夏特色产品在"一带一路"沿线国家的市场份额；协调推进境外产业园区建设，主动融入和服务"一带一路"建设为重点，创新对外投资方式；围绕现代农业、新能源、新材料、先进装备制造、生物医药、现代服务业等产业，开展精准招商活动①。而在"十四五"期间，在融入"一带一路"方面，重点是葡萄及葡萄酒产业开放发展综合试验区成为中国葡萄酒全方位融入世界的窗口，中阿博览会服务共建"一带一路"国家级国际性平台功能凸显，开放平台和开放园区成为引领开放型经济发展的重要驱动力②。

（三）其他省份

除上述丝绸之路经济带核心省份和 21 世纪海上丝绸之路经济核心省份大力推动参与"一带一路"建设之外，国内其他各省（自治区、直辖市）都积极响应国家的"一带一路"倡议，纷纷在前期出台参与"一带一路"倡议行动方案，提出各省份参与"一带一路"建设的战略定位、主要领域和政策措施，并在各省《国民经济和社会发展第十四个五年规划和 2035 年远景目标纲要》中，专门针对"十四五"期间融入"一带一路"提出具体的行动计划，如表 7 - 3 所示。

表 7 - 3　　　国内有关省份"十四五"期间参与"一带一路"倡议措施

省份	参与"一带一路"倡议措施
四川	成都建设国际门户枢纽城市；完善"蓉欧＋"班列、"欧洲通"运营模式；加强与"一带一路"沿线国家经济发展战略和政策规则标准对接；培育外贸发展
重庆	依托中新（重庆）战略性互联互通示范项目、西部陆海新通道，参与构建国际经济走廊和国际多双边合作机制，加强与东盟全方位合作，发展总部贸易、转口贸易

---

① 银川经济技术开发区管委会.《自治区商务厅关于主动融入和服务"一带一路"建设实施方案》政策解读 ［EB/OL］. 银川市政府网，2019 - 7 - 22，http：//www. yinchuan. gov. cn/xxgk/bmxxgkml/jjkfqgwh/xxgkml/zcjd_1798/201907/t20190722_1622636. html.

② 宁夏回族自治区人民政府办公厅. 宁夏回族自治区推进"一带一路"和内陆开放型经济试验区建设"十四五"规划（宁政办发〔2021〕54 号）［EB/OL］. 宁夏政府网，2021 年 9 月，https：//www. nx. gov. cn/zwgk/qzfwj/202109/t20210924_3044941. html.

续表

省份	参与"一带一路"倡议措施
贵州	建设绿色丝路；推进跨境数据处理应用，打造数字丝路重要节点；以西部陆海新通道推进与东盟、南亚合作；推动贵州企业到中亚、非洲开展合作
云南	面向南亚东南亚和环印度洋地区开放的大通道和桥头堡；国内市场与南亚东南亚国际市场之间的战略纽带；面向南亚东南亚开放合作的核心纽带
内蒙古	引导企业设立海外数据中心，为"一带一路"合作提供云服务。支持本区学校与俄蒙等沿线国家知名高校开展合作交流。开展"一带一路·光明行"蒙古国行动
青海	建设绿色创新文明丝绸之路。开展与沿线国家在绿色发展领域合作。参与"一带一路"生态环保大数据服务平台建设，推动绿色丝路使者计划长期落地青海
山东	深化国际产能合作，构筑互利共赢的产业链供应链合作体系。建设丝路高科技园区联盟，提升境外园区建设水平。高水平建设"一带一路"省级综合试验区
山西	建设内陆国际邮件互换中心。推进晋非经贸合作区、马拉维物贸园区、"一带一路"（祁县）中小企业特色产业合作区建设。加快布局晋品境外营销网点
河南	推进面向中亚地区现代农业技术集成与示范国际科技合作重大专项。高水平建设郑州"四条丝绸之路"，做大做强枢纽经济、航空经济、口岸经济、临港经济
河北	发挥中东欧（沧州）中小企业合作区平台作用，深化中东欧合作。主动融入数字丝绸之路、创新丝绸之路、绿色丝绸之路、健康丝绸之路
北京	提升服务"一带一路"建设国际合作平台能级。支持领军企业与沿线国家开展合作，带动"北京标准""北京智造"和"北京服务"走出去。深度融入数字丝绸之路建设。共建绿色丝绸之路。参与健康丝绸之路建设。深化人文交流合作
天津	融入中蒙俄、中巴经济走廊建设。深化津蒙经贸合作。推动与巴基斯坦产能合作。拓展与沿线国家干支中转业务。加快境外产业园区建设
江西	建设"一带一路"内陆腹地。强化与沿线国家产业联系，推进产业链供应链合作。依托南昌、赣州和景德镇等"一带一路"节点城市，深化与重点国别交流合作
安徽	打造"一带一路"与长江经济带、淮河生态经济带、长三角一体化融合的战略支点。引导企业参与沿线国家基础设施建设。鼓励企业在境外建立科研平台
湖北	推动与俄罗斯伏尔加河沿岸联邦区合作。在比利时、俄罗斯、哈萨克斯坦、菲律宾等国家的产业园区创新发展。探索与新疆共建丝绸之路经济带核心区重要支点
湖南	深度参与"一带一路"倡议，主攻东盟市场，开拓非洲市场，拓展中亚、西亚、中东欧等新兴市场，推动农业、工程机械、承包工程、轨道交通等"走出去"
辽宁	推动东北亚深度合作，向东联动日本、韩国、朝鲜，向北深入参与中蒙俄经济走廊建设，向西对接新欧亚大陆桥，向南拓展东南亚国家，建设合作开放新高地
吉林	共建穿越北极圈，连接北美、东亚和西欧的"冰上丝绸之路"。形成北向俄罗斯、南向环渤海、西向蒙古国和欧洲、东向东北亚的畅通"丝路吉林"大通道枢纽

续表

省份	参与"一带一路"倡议措施
黑龙江	对俄贸易扩量提质、打造跨境产业链和产业聚集带、强化对俄科技创新合作、打造对俄合作服务高地、加强对俄人文交流合作，强化对俄开放合作第一大省地位
江苏	实施"一带一路"交汇点建设"五大计划"。打造"一带一路"建设综合改革开放试验区。支持在沿线重要节点布局加工组装基地和物流枢纽
上海	优化提升"一带一路"桥头堡服务功能。推进空港、海港互联互通。建设"一带一路"投融资中心。深化沪仰地方合作、沪新全面合作
西藏	建设面向南亚开放的重要通道。建设"一带一路"面向南亚开放生态文明建设先行区、环境保护模范区

资料来源：依据各省份《国民经济和社会发展第十四个五年（2021～2025年）规划和2035年远景目标纲要》归纳整理。

从表7-3所示有关省份"十四五"期间参与"一带一路"建设措施来看，大多结合自身在地理区位、产业发展、文化传承、基础设施等方面的优势，制定自身融入"一带一路"建设的重点领域或措施，因而为"一带一路"的未来发展打下了良好的基础。

三、"一带一路"与构建我国区域紧密联系网络

"一带一路"倡议提出之后，我国国内各地区除了积极响应国家战略，纷纷展开与沿线国家或地区之间的国际合作之外，国内各地区也通过多种形式，依托于交通、文化、古迹等，构建起了紧密的地区联系网络。

（一）中欧班列下的地区联系与合作

1. 中欧班列

中欧班列是由中国铁路总公司组织，按照固定车次、线路、班期和全程运行时刻开行，运行于中国与欧洲以及"一带一路"沿线国家间的集装箱等铁路国际联运列车[1]。中欧班列的开行，以其运距短、速度快、安全性高的特征，以及绿色环保、受自然环境影响小的优势，成为国际物流通道的骨干方

---

[1] 张宁."一带一路"倡议下的中欧班列：问题与前景［J］.俄罗斯学刊，2018，8（2）：90-104.

式，为欧亚物流提供了新的解决方案，沿线国家经贸交往日趋活跃①，开行密度不断增加。

2. 中欧班列运行情况

自 2011 年 3 月 19 日首列中欧班列（重庆—杜伊斯堡）成功开行以来，中欧班列开行数量逐年增长，如图 7 - 3 所示。到 2021 年，中欧班列开行数量累计将近 5 万列，仅 2021 年即达到 15181 列，运送货物超过 146 万标箱（TEUs），达到 3.2 亿吨。

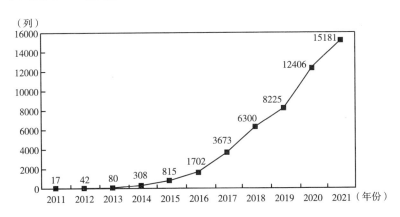

图 7 - 3 2011 ~ 2021 年中欧班列开行数量变化趋势

资料来源：根据网络收集资料制作。

而从各地区的中欧班列运行来看，如表 7 - 4 所示，开行中欧班列数量最多的地区主要是成渝、西安、浙江、郑州、江苏、山东和乌鲁木齐，从 2020 年开始这些地区开行的中欧班列数量均已超过 1000 列。其中作为西部地区经济两个主要中心的成渝经济圈和西安经济圈开行的中欧班列数量最多，接近 50%。

表 7 - 4 　　　　　　　2018 ~ 2021 年开行中欧班列主要地区及其数量 　　　　　　单位：列

地区	2018 年	2019 年	2020 年	2021 年	地区	2018 年	2019 年	2020 年	2021 年
成渝	3029	3100	5000	4800	石家庄			105	212
西安	1235	2133	3700	3800	山西		100	206	
浙江	300	500	1399	1877	长沙	163	411	509	1021

---

①　李佳峰．"一带一路"战略下中欧班列优化对策研究［J］．铁道运输与经济，2016，38（5）：41 - 45．

续表

地区	2018 年	2019 年	2020 年	2021 年	地区	2018 年	2019 年	2020 年	2021 年
郑州	752	1000	1126	1508	粤港澳			262	385
江苏	971	433	1191	1800	哈尔滨		157	213	457
山东		1000	1500	1800	厦门			273	
乌鲁木齐	1002	800	1068		赣州		351	238	277
合肥	182	368	568	688	南昌		118		111
武汉	417	423	215	411	天津				461
沈阳		200	376	446	内蒙古		112		

注: 如网络关于中欧班列的报道或统计资料显示,各地开行中欧班列的具体情况有所不同,有的地区由省里牵头组织 (如江苏、山东、山西等),有的地区由城市牵头组织 (如西安、武汉、厦门等),因此表中数据并非全以省或全部以城市为单位统计。

资料来源: 根据网络资料收集整理。部分地区的数据为不完全统计。

3. 中欧班列下的地区联系与合作

中欧班列形成了从南到北、自东向西,以"一带一路"沿线贸易为目标的列车流。如表 7-4 所示,除了西部地区的成渝、西安、乌鲁木齐开行的中欧班列外,还有大量从江苏、厦门、粤港澳、天津等地开行,横跨我国南北、东西的中欧班列。这些班列的开行,也事实上成为了以"一带一路"为主题的贸易流,将国内各个地区的商品,沿着"一带一路"通道,经过阿拉山口、霍尔果斯、满洲里和绥芬河等口岸输送到欧亚各地。

中欧班列按照固定车次、线路、班期和全程运行时刻开行,即在起点站组织货源后形成货流,根据运输生产计划将货流通过装卸变为车流,再根据编组计划将车流编组为中欧班列形成列流,班列通过列车运行计划通过调度指挥运行到出入境口岸通关换轨后,抵达目的地[①]。依据这种运营方式,中欧班列还可能通过以下三个环节构建起国内各地的"一带一路"联系网络:一是起点城市的货物组织,可能通过组织不同地区但面向同一目的地的货源,运送至起点城市组成同一班列的货物运输,从而完成地区间的合作;二是在列车编组形成列车流的环节,在不同地区难以单独编组一次班列的情况下,可以将来自不同地区的车厢编组至同一班列,实现地区间的合作;三是在班

---

① 张雪琪. 中欧班去程运输组织优化策略与模型研究 [D]. 成都: 西南交通大学硕士论文,2019.

列返程的过程中，由于尚未能形成吸纳大量回程货物的能力①，因而可能通过地区间的合作提升返程列车的货物投送能力。

中欧班列还促进了国内的地区间合作。典型例子是成渝合作开行中欧班列。川渝共建的中欧班列品牌，综合竞争力一直位居全国前列。川渝共建中欧班列，大致分为共建中欧班列（成渝）品牌、探索高效的运行机制、围绕"通道带物流、物流带经贸、经贸带产业"理念深化多个通道合作等三个步骤②。成都和重庆在中欧班列的合作，为成渝经济圈的建设注入了新的活力。除了成渝共建中欧班列外，2022 年 11 月 24 日，苏州班列公司和无锡班列公司签署"无锡—苏州"中欧班列接续班列合作协议，以推动江苏省内中欧班列的稳定开行，扩大班列的辐射覆盖范围。以此为契机，苏州班列公司和无锡班列公司还将开展更加紧密、更加深入、更加广泛的合作，共同打造立足地方、支撑产业、服务经济的班列运营产品，树立交通运输现代化示范区建设的典型示范③。

（二）西部陆海新通道下西部地区"带、路"相连

1. 西部陆海新通道

西部陆海新通道位于我国西部地区腹地，北接丝绸之路经济带，南连 21世纪海上丝绸之路，协同衔接长江经济带，在我国区域协调发展格局中具有重要的战略地位。西部陆海新通道海铁联运主干线的陆路运营中心设在重庆，海运终点为新加坡港。从重庆往南经贵州、南宁到钦州港转船到新加坡港至东盟各国；或在云南、广西边境实现跨境公路、跨境铁路运输，连通与中国毗邻的越南等中南半岛国家；而由钦州港向北经南宁、贵阳、重庆等市，连通西部昆明、成都、兰州、西安、西宁、乌鲁木齐等地，与"一带"相连通向中西亚、中东欧各国，形成跨区域的国际大联动通道④。

---

① 王姣娥，景悦，王成金. "中欧班列"运输组织策略研究［J］. 中国科学院院刊，2017，32（4）：370－376.

② 杨骏. 川渝联手打造内陆改革开放新高地［N］. 重庆日报，2022－1－12，第004版.

③ 陶丽颖. "无锡—苏州"中欧班列接续班列签署合作协议［EB/OL］. 人民政协网，2022－11－24. http：//www.rmzxb.com.cn/c/2022－11－24/3246255.shtml.

④ 傅远佳. 中国西部陆海新通道高水平建设研究［J］. 区域经济评论，2019（4）：70－77.

2. 西部陆海新通道的运行情况

2021 年，西部陆海新通道铁海联运班列、跨境公路班车、国际铁路联运三种运输方式共运输箱量 327019 标箱，较 2020 年增长 18.2%；运输货值 476.5 亿元，增长 56%。其中，铁海联运班列开行 6347 列，运输集装箱 317409 标箱，运输货值 426.7 亿元；跨境公路班车（重庆）共开行 3347 车次，运输箱量 7446 标箱，运输货值 20.3 亿元；国际铁路班列（重庆、广西）开行 434 列，运输集装箱 12240 标箱，运输货值 29 亿元①。

2021 年西部陆海新通道铁海联运班列的运营情况如表 7 - 5 所示。表 7 - 5 中的数据显示，通过西部陆海新通道开行铁海联运班列的地区主要是重庆、云南、四川、广西和贵州，其中贵州和云南除经过北部湾港开行铁海联运班列外，还通过湛江港开行铁海联运班列。上述五个省（自治区、直辖市）利用西部陆海新通道开行的铁海联运班列数、运输量、运输货值、内外贸箱量均占总额的 93% 以上，其中仅重庆就占表 7 - 5 中各项数值的 30% 左右。此外，从表 7 - 5 中的数据看，总体上经由西部陆海新通道展开铁海联运班列的运输货值仍然不高，2021 年总计运输货值仅 429.07 亿元，而平均每列铁海联运班列的运输货值也只有 654.07 万元。

表 7 - 5　　　　　2021 年西部陆海新通道铁海联运班列开行情况

线路	开行列数 （列）	运输量 （标箱）	运输货值 （亿元）	重载率 （%）	内贸箱量 （标箱）	外贸箱量 （标箱）
重庆—北部湾港	2059	102846	137.8	98	54640	48206
云南—北部湾港	1323	66190	106.5		52725	13465
四川—北部湾港	1084	54242	85.6		24099	30143
广西—北部湾港	991	49569	51.4	82	42373	7196
贵州—北部湾港	510	25510	29.3	100	18726	6784
甘肃—北部湾港	188	9366	6.8	100	3524	5842
贵州—湛江港	203	10134	2.6	55	1017	9117
青海—北部湾港	152	7614	7.6	100	7614	0

---

① 西部陆海新通道物流和运营组织中心. 西部陆海新通道 2021 年 1～12 月运行情况 [EB/OL]. 2022－11－3，http://www.xibulhxtd.cn/html/2022/11/293.html.

续表

线路	开行列数（列）	运输量（标箱）	运输货值（亿元）	重载率（%）	内贸箱量（标箱）	外贸箱量（标箱）
云南—湛江港	20	1016	0.1	100	1016	0
陕西—北部湾港	19	960	0.6	100	920	40
内蒙古—北部湾港	8	416	0.7	100	416	
宁夏—北部湾港	1	56	0.06	100	50	
新疆—北部湾港	2	110	0.01	100	110	
合计	6560	328029	429.07		207230	120793

资料来源：西部陆海新通道 2021 年 1～12 月运行情况 ［EB/OL］. 西部陆海通道门户网，2022－11－3，https://www.xibulhxtd.cn/html/2022/11/293_h5.html.

3. 西部陆海新通道构建的西部地区"带、路"联结纽带

西部陆海新通道的规划开通，对于没有出海口的西部内陆省份间展开多种形式的合作，利用北部湾地区的优良港口资源走向东南亚、走向全世界，具有重要的意义。

首先，如重庆、四川、云南、贵州等省市与北部湾港口的距离并不远，通过班列运行到北部湾港口的距离大多在 800～1400 千米，运行时间也只有 1～2 天，相比于上述四省市到东部沿海地区港口的距离和运行时间都大大缩短。

其次，北部湾港口集团的优良港口，也需要通过西部陆海新通道成为西部各省（自治区、直辖市）进出口货物贸易的集散地，提高优质港口资源的利用率。正是在西部陆海新通道的带动下，北部湾港、湛江港、洋浦港整体呈增长发展态势。2021 年，港口货物吞吐量共计完成 52390 万吨，集装箱吞吐量共计完成 853 万标箱，同比增长 16.8%。其中北部湾港、湛江港、洋浦港货物吞吐量分别完成 35822 万吨、11000 万吨、5568 万吨；集装箱吞吐量分别完成 601 万标箱、122 万标箱、130 万标箱[1]。

再次，如表 7－5 中的数据所示，虽然陕西、青海、宁夏、新疆等丝绸之路经济带核心省区目前开行的西部陆海新通道海铁联运班列数量和运输箱量

---

[1] 西部陆海新通道物流和运营组织中心. 西部陆海新通道 2021 年 1～12 月运行情况 ［EB/OL］. 2022－11－3，http://www.xibulhxtd.cn/html/2022/11/293.html.

仍然较少，运输货值也较低，但由于广西是 21 世纪海上丝绸之路经济带的核心省份，北部湾（合浦港）、湛江（徐闻港）也是古代海上丝绸之路的重要始发港，因而西部陆海新通道事实上成为了"带""路"的重要连接线路。数据显示，2021 年，西部陆海新通道铁海联运班列与中欧班列国际中转运输共 2288 标箱①，成为"一带一路"相连的重要起点。

最后，西部陆海新通道的运营，也在事实上成为地区间内贸的重要通道。如表 7 - 5 中的数据显示，2021 年，西部陆海新通道的铁海联运班列，运输的内贸箱量为 194596 标箱，占全部运输箱量的 62.87%，可见地区间的内贸占西部陆海新通道运量的比重更大。通过西部陆海新通道的内贸运输，也必然成为地区间产业分工协作的重要渠道，并对地区间构建更加紧密的产业分工协作体系具有重要的意义。

由于西部陆海新通道南部连通了 21 世纪海上丝绸之路，向北与丝绸之路经济带相连，中部则通过成渝经济区与长江经济带相连，因而形成了一条促进西部、西部与东部展开区域合作的纽带。

（三）其他方面的地区联系与合作

1. "丝绸之路"国际电影节

2014 年由国家新闻出版广电总局创办了"丝绸之路"国际电影节，由福州与西安轮流举办。"丝绸之路"国际电影节以海陆丝绸之路沿线国家为主体，旨在以电影为纽带，促进丝路沿线各国文化交流与合作，传承丝路精神，弘扬丝路文化，为"一带一路"倡议创造良好的人文条件。"丝绸之路"国际电影节同时也是作为"海丝"核心区中心城市福州，与作为古代丝绸之路起点和"丝绸之路经济带"核心区新疆与"21 世纪海上丝绸之路"核心区福建中间重要支点城市西安，展开"一带一路"方面合作的良好平台。由此，福建和陕西在多个领域展开了深入的合作，包括两省签订《关于推进"一带一路"建设战略合作框架协议》，以促进两省产业互补协作、使旅游人文领域

---

① 西部陆海新通道物流和运营组织中心. 西部陆海新通道 2021 年 1～12 月运行情况［EB/OL］. 2022 - 11 - 3，http：//www.xibulhxtd.cn/html/2022/11/293.html.

联动发展、促进城市园区协同发展①，并在随后开展了福州和西安旅游经济②、陕西和福建投资贸易③等方面的合作。

2. 万里茶道

"万里茶道"又被称作"中俄茶叶之路"，它特指从 17 世纪后半叶起至 20 世纪二三十年代中国茶叶经陆路输出至俄罗斯等国的贸易路径④。万里茶道是在特殊自然、人文历史背景下，传统经中亚到欧洲的丝绸之路被中断，而形成的以茶商为依托、从事茶叶、香料等贸易的北向丝绸之路。"万里茶道"起于福建武夷山下梅村，经江西、湖南、湖北、河南、山西、河北、内蒙古向北延伸，经蒙古国戈壁草原、中俄边境口岸恰克图后向西延伸，到达莫斯科和圣彼得堡以及欧洲各国，全程 1.3 万千米⑤。自 2013 年之后，沿线各省份充分利用这一构建省际联系的新纽带，开发万里茶道的经济文化价值，万里茶道沿线省份合作申遗，更有学者建议山西省应以复兴万里茶道文化为纽带主动融入"一带一路"倡议⑥。

3. 口岸经济带动下的国内区域合作

东兴、凭祥、瑞丽、霍尔果斯、满洲里、绥芬河等边境口岸，都是"一带一路"沿线的重要口岸。边境口岸的建设和发展，需要通过口岸的功能带动区域乃至全国的经济发展。正因为如此，各口岸都在利用其自身的政策优势、通道优势实现口岸经济发展的区域扩散与辐射作用。以霍尔果斯为例，作为丝绸之路经济带的重要支点，具备"东来西去、西来东往"的便利和"两种资源、两个市场"的优势。霍尔果斯拥有国家级经济开发区、世界首个

---

① 潘园园. 闽陕签订"一带一路"建设战略合作框架协议 [EB/OL]. 国务院新闻办公室网站，2015 – 9 – 10，http：//www. scio. gov. cn/dfbd/dfbd/Document/1447562/1447562. htm.

② 张志滨. 以"一带一路"为契机 福州西安共推旅游经济 [EB/OL]. 国务院新闻办公室网站，2015 – 7 – 2，http：//www. scio. gov. cn/31773/35507/35513/35521/Document/1532704/1532704. htm.

③ 赵随. "丝路双起点 共推双循环"：陕西—福建投资贸易合作推介会在福州举办 [EB/OL]. 西安新闻网，2021 – 12 – 10，https：//www. xiancn. com/content/2021 – 12/10/content_6425965. htm.

④ 宋奕. 文化线路遗产视角下的"万里茶道"申遗 [J]. 华中师范大学学报（人文社会科学版），2014，53（6）：76 – 83.

⑤ 杨永生，李永宠，刘伟. 中蒙俄文化廊道——"丝绸之路经济带"视域下的"万里茶道" [J]. 经济问题，2015（4）：15 – 18.

⑥ 范维令. 山西融入"一带一路"建设的纽带——万里茶道 [J]. 文史月刊，2019（2）：70 – 72.

跨境自由贸易区—中哈霍尔果斯国际边境合作中心，以及综合保税区、两式进口口岸、自治区级高新技术产业园区等发展平台。在世界上唯一的跨境自由贸易区中哈合作中心内，实行"一线放开、二线管理"的管理模式和"境内关外的优惠政策"。这些为霍尔果斯口岸对外辐射中亚、对内辐射直到长三角、环渤海湾、珠三角等华南各地创造了良好的条件。因此，霍尔果斯开辟了农产品进出口快速通关"绿色通道"，实行"快检、快验、快放"7×24小时预约通关机制，促进了内地果蔬向中亚地区的出口。与霍尔果斯相类似，东兴、凭祥、瑞丽、满洲里和绥芬河都拥有作为对外对内辐射的重要平台，因而在东兴和凭祥以边境小额贸易和东南亚红木贸易、满洲里和绥芬河以俄罗斯农产品进口加工和内地果蔬出口贸易、瑞丽以缅甸翡翠和水果进口贸易等为基础实现向内向外辐射，带动了国内各地区之间的经济贸易联系，加强了区域之间的合作。

四、"一带一路"背景下我国区域发展战略的演变趋势

（一）形成了跨地区的经济区域

在"一带一路"倡议提出之前，我国经济区域的设立和规划，大多以地区自身的产业特色、在全国或地区的区域定位为基础，经济区域之间大多体现为全国区域经济体系下的独立经济单元个体。但在"一带一路"倡议提出之后，其作为国家对外开放和参与全球治理中国方案的重要组成部分，却对国内区域经济体系产生了深刻的影响。这种影响最重要的体现就是跨地区的经济区域出现，比如长江经济带、沿黄九省区经济协同发展、珠江—西江流域经济带等。

长江经济带是一个典型的跨地区经济带，其横跨长江中游和下游，包含了成渝经济圈、武汉经济圈、长株潭城市群、江西鄱阳湖经济圈和长三角城市群，并梯次以上海、武汉和重庆为各段核心城市，与作为西部陆海新通道中心城市重庆交汇，形成了长江经济带与"一带一路"深度融合的发展格局。沿黄九省区经济协同发展涵盖了山东、山西、内蒙古、河南、四川、陕西、甘肃、青海、宁夏等省区，与作为丝绸之路经济带起点西安交汇，形成了沿

黄九省区经济协同发展与"一带一路"交互融合的局势。珠江—西江经济带横贯广东、广西，上联云南、贵州，下通香港、澳门，既拓展了珠三角地区经济发展的腹地，也与作为丝绸之路经济带和21世纪海上丝绸之路联结纽带的西部陆海新通道在南宁等地交汇，大大提升了广东省，尤其是珠三角地区对全国系统性建设"一带一路"的参与度。

这些经济带或区域协同发展，与丝绸之路经济带、21世纪海上丝绸之路的国内核心省份、核心城市的相互交汇，将国内各独立的经济区域单元串联起来，形成了一个以融入"一带一路"倡议为主题的、完整并各具独特功能和作用的区域经济体系。

（二）构建全国区域经济的互联互通体系

从前述关于我国区域经济政策和区域经济单元的分析中可见，我国在不同的历史时期，从不同政策角度考虑，制定和实施了诸多的区域经济规划并布局了众多的区域经济单元，比如有基于国际形势从产业安全角度的"三线"建设的区域经济政策，从改革开放角度的经济特区、沿海开放城市、国家级新区建设、自由贸易试验区，从城市群、都市圈角度的长江三角洲、珠江三角洲、环渤海湾地区等，从区域梯度发展和区域平衡发展的东部沿海地区率先发展、西部大开发、促进中部崛起、振兴东北老工业基地，以及基于局部地域经济政治需求的珠海横琴经济开发区、东北图们江区域合作、海峡西岸经济区、广西北部湾经济区，等等。但由于制定和实施区域经济规划的政策角度各不相同，因而各个区域经济单元难以形成有机的区域经济体系，因而无法形成有效的区域分工协作体系。但在新常态下，构建我国区域经济的互联互通体系成为我国双循环尤其国内大循环的必然要求。

正因为如此，通过"21世纪海上丝绸之路经济带"在沿海地区，以福建"海丝"核心区为中心，向南北两个方向构筑"海丝"廊道；在"陆上丝绸之路经济带"以新疆为核心区，沿着甘肃、陕西向东部地区延伸，并通过长江经济带实现"一带"与"一路"在我国华中到华北地区互联互通；在我国西部地区构建以成渝—广西为轴线的西部陆海新通道，形成西部地区"一带"与"一路"连通纽带；依托的绥芬河—满洲里第一亚欧大陆桥建设的中蒙俄经济走廊，在我国华北、东北地区形成"一带"与"一路"的连通桥梁；

加上全国各地多个城市开通的中欧班列，从多个角度、多个层次沟通着"一带"与"一路"。正是由于"一带一路"将我国原来从不同政策角度制定的离散型区域经济规划，串联成有机的区域经济体系，从而为我国在经济新常态下，面对复杂的国际政治经济形势，通过国内区域经济分工协作体系形成以国内大循环为主体的国际国内双循环经济发展模式，奠定了坚实的基础。

（三）我国从政策性对外开放转变为参与型对外开放

改革开放以来，我国的对外开放是政策性的对外开放，即通过国家赋予某些地区特殊的对外开放政策，以打破旧体制对于经济发展的约束，从而促进了局部进而带动全国的经济发展。比如作为开放探索实验产物的经济特区，作为全面开放下普遍管理模式的开发区，开放初期为加快出口发展鼓励"三来一补"经济发展模式，按照资本结构制定针对外资优惠的促进外资引进政策[①]等。但政策性开放带来的问题是，特殊的开放政策只能赋予特殊的地区，其他地区则因为不具备该特殊政策的实施条件而不能被政策所覆盖。正因为如此，改革开放后至今，我国不同地区的经济对外开放程度差异较大，也在客观上加剧了区域发展的不平衡。而"一带一路"倡议的提出与实施，首先通过全国"一盘棋"的整体规划，制定了促进"一带一路"发展的原则、目标和相关政策体系，然后通过在国内构建横向和纵向互联互通通道，使得各地区都可以通过参与"一带一路"的建设，共享"一带一路"框架下扩大对外开放带来的发展红利。正因为如此，在"一带一路"倡议提出并实施之后，国内各地区、各区域经济单元，都将自身的发展置于"一带一路"框架下，寻求新的发展方向与途径。

（四）强化了我国经济区域间的对内开放

如前所述，改革开放后，我国主要是通过赋予各个地区特殊政策的政策性对外开放。因此，各个地区为获得特殊政策以扩大对外开放，促进自身的

---

① 张幼文. 从政策性开放到体制性开放——政策引致性扭曲在发展中地位的变化［J］. 南京大学学报（哲学社会科学版），2008（4）：14－23.

经济发展，展开了对外开放的政策竞赛。由此带来的结果就是各个经济区域虽然对外开放程度高，但对内开放程度却较低，各地区的行政机关思想僵化，地方保护主义盛行，巧立名目地设置各种显性和隐性的地区壁垒，使得地区间贸易难度甚至要大于对外贸易，从而制约了各地区的协同发展①，也无法构建基于全国整体的区域经济分工协作体系。"一带一路"倡议的提出和实施，使得我国各个经济区域在面临基于全国整体的建设原则、目标和政策体系下，尽管需要各个地区从自身的特殊地理区位、历史文化积淀、产业比较优势制定参与"一带一路"倡议的措施，但也必然要通过相互协作来共同实现在扩大对外开放的过程中促进自身经济社会的更好发展。因此，在"一带一路"融合了我国区域经济体系，并实现我国由政策性对外开放转向参与型对外开放的基础上，也将加快我国经济区域间的对内开放，从而有利于我国构建完善国内区域分工协作体系。

---

① 余淼杰，王宾骆. 对外改革，对内开放，促进产业升级［J］. 国际经济评论，2014（2）：49 - 60.

第八章 我国区域经济发展措施

第一节 区域发展目标一体化与转变市场主体行为模式

改革开放后，我国东部地区在承接国际产业转移促进地方经济发展过程中，其产业发展模式所导致的产业升级难、资源与环境压力日益加大等问题是在政府、企业和消费者等三方市场主体共同作用下形成的。事实上，政府、企业和消费者在参与市场经济活动的过程中，其目标行为模式都偏离了长期社会效益的最大化、长期利润的最大化和长期个人效用的最大化。因此，我国区域经济发展过程中，要促进区域产业发展进而促进地方经济发展，应当注重实现政府、企业和消费者行为目标模式的转变。

一、我国区域发展目标一体化

面对当前国际国内新形势，我国区域经济的发展需要服从整体国家战略，以一体化的区域发展目标形成整体强大的竞争力。因此，我国的区域发展目标一体化包含以下几个方面的内容。

一是我国经济新常态下，经济从高速增长转向高质量增长。在经历了改革开放以后40多年的快速发展之后，我国经济的总体规模已经达到世界第二位，人均GDP折算成美元也已经超过了上中等收入国家的水平。尽管距离富裕国家的收入水平仍然有较大的差距，但从结构上调整我国的经济增长路径，以开放下的自主增长增强经济的整体竞争力，以经济一体化增强经济的内聚力，是我国未来经济增长更应关注和解决的问题。

二是新形势下我国总体经济发展格局的需要。面对国际形势的巨大变革，百年未有之大变局，需要市场主体深刻领会以国内大循环为主体的双循环经济发展格局。国内大循环要求国内区际开放，形成全国统一大市场。而从国内形势来看，党和国家提出的"两个一百年"奋斗目标，以及应对全球气候变化提出的碳达峰和碳中和目标，都需要我国区域经济发展的各级各类市场主体，采取与国家总体经济发展格局相一致的战略策略，以利于国家经济社会发展目标的实现。

三是市场主体要有全国经济一体化的大局意识和合作意识，实现微观主体，即经济行为人从个体理性转向合作理性。在全国经济总体格局下，要实现各级各类市场主体采取与国家总体经济发展战略相一致的策略性行为，需要实现微观市场主体的行为理念，从传统基于个体利益最大化的个体理性，转向基于集体利益最大化的群体理性。也就是说，市场主体的行为既要满足资源有限性以实现有限资源获得最大收益之目标，又要满足个体利益服从集体利益采取合作共利的集体理性行为。

四是在我国已经完成脱贫的情况下，实现共同富裕目标的要求。脱贫是我国建设社会主义现代化国家，实现中华民族伟大复兴的坚实基础。而实现共同富裕，则是走中国式现代化必须实现的目标。脱贫后的防止返贫和实现共同富裕的目标，都需要作为市场参与各方的经济行为主体做出共同的努力。这就对市场主体各方的行为目标，以及在经济社会建设和发展实践中不断寻求新的解决思路和方法提出了更高的要求。

二、政府行为目标转变

（一）政府的行为目标由短期 GDP 增长率转向融入全国区域经济体系实现长期社会福利最大化

改革开放之初，我国的经济发展水平低，在"效率优先兼顾公平"的经济发展方针指引下，以迅速做大经济规模为目标，东部各地区在制定政策促进地方经济发展的过程中，对地方经济增长率赋予了更高的权重。因此，获得更多的资源，通过政府主导的公共投资以促进地方经济的快速增长成为地方政府的主要行为目标。地方政府的行为目标函数可以由式（8-1）来表示：

$$\max g_Y \quad \text{s.t.} \quad I = E \qquad\qquad (8-1)$$

其中，g_Y 为 GDP 增长率，I 和 E 分别表示财政收入和财政支出。

在式（8-1）中，财政支出是地方政府拉动地区经济增长的主要动力源泉，而财政收入则是地方政府财政支出能力的衡量指标。在改革开放之后相当长的一段时期内，在债务收入占有地方政府财政收入较低份额的情况下，在中央和地方分税制下获得更多的地方性税收收入和从中央政府获得更多的中央财政支持就成为地方政府增加财政收入的主要来源。事实上，如式（8-1）所示的地方政府行为目标模式中，目标变量 g_Y 和约束变量 I 之间是相互促进的：一方面，更多的财政收入提高了地方政府的财政支出能力，从而有利于提升地方经济增长率；另一方面，较高的地区经济增长率则能够让地方政府获得更多的税收，并提升了其获得中央财政支持的能力，从而财政收入更多，财政支出能力也就更强。

但在地方政府如式（8-1）所示的行为目标函数下，扩大物质产品生产以最大化 GDP 增长率的经济增长方式带来了地方经济发展过程中面临的诸多问题。比如，为了获得快速经济增长，在看重企业物质或非物质产品生产对于地方经济增长贡献的条件下，企业生产过程中将内部成本外部化的行为监管不力或监管缺位，因而带来了严峻的资源利用和环境保护方面的可持续性发展问题；在 20 世纪 90 年代中后期，东部地区地方政府在注重短期经济增长率的目标条件下，未能及时通过产业转移或产业淘汰等方式促进地方产业升级，从而导致东部地区的经济增长方式不能适时地实现结构性转变；在分税制条件下，由于地方本位主义的作用，对区域内外商品实行差异化的财税政策以图增加地方财税收入，从而造成了国内迄今仍然严重的地方保护和市场分割，极大地延缓了国内市场一体化和区域经济一体化进程。这些问题的存在，对地方经济发展带来了较为严重的产业升级压力、资源与环境压力、区域分工与协作压力，都严重地影响着我国整体和地方经济的可持续发展。

但事实上，地方政府的行为目标函数应当是着眼于全国经济整体，以作为全国区域经济体系下单个区域经济单元的社会福利最大化，进而实现全国整体社会福利最大化为目标。因此，地方政府的行为目标函数应当是综合了

GDP 增长率、促进社会公平、构建社会保障体系、确保资源和环境的可持续性利用、促进社会科技文化进步等在内的社会福利最大化，并以实现全国社会福利最大化的行为目标函数，如式（8-2）所示：

$$\max \sum_i W_i \quad \text{s. t.} \quad I = E \qquad (8-2)$$

其中，W_i 为经济区域 i 的社会福利水平，依据道德或价值取向采取不同的福利函数形式。I 和 E 仍如式（8-1）所示，代表地方政府的财政收入和财政支出。

这意味着，政府从关注经济短期增长率转向注重经济的长期可持续发展，并主动融入全国经济增长路径，促进全国整体经济的一体化发展，进而在实现地方长期福利最大化的同时实现全国整体的长期社会福利最大化。唯有如此，地方政府的目标行为模式才能实现全国区域经济的一体化发展。

（二）行为目标模式转变下的我国区域产业发展措施

政府行为目标模式的转变，意味着各经济区域的地方政府在面对区域产业发展问题时，地区经济增长率将不再是唯一或主要的行为目标，而是融合了以资源可持续利用和环境保护为核心的地区经济可持续发展、服从全国经济发展的总体格局，以及构建完善社会公平和社会保障体系等在内的社会福利最大化。为此，地方政府在促进区域产业发展问题时应注意以下两点。

首先，对于在东部发达地区不再具备比较优势的产业应加快转移和淘汰进程，而非在短期经济增长和就业目标条件下通过财政和税收等政策的支持，继续维持这些产业在困境中的生存。事实上，在面对产业转移以促进东部地区产业升级的过程中，基于短期经济增长目标的考虑，对于在本地区已经不具备比较优势的产业，东部地区的地方政府更多的是采取财政和税收支持措施以维持这些产业的现实生产力，从而为地区的短期经济增长和就业作出贡献。相对之下，基于长期经济增长目标的产业升级和结构转换所需要的财政和税收支持力度要大得多，而且对地区经济增长的作用也不能在短期内（或者在地方官员任期内）得到体现。两相比较，短期绩效往往决定了东部发达地区的实际政策措施，是将更多财政资源用于支持本应被淘汰的比较劣势产业，而非基于地区长期经济增长的产业升级和结构转换。而这正是基于式

（8−1）的政府行为目标函数的结果。

基于式（8−2）的政府行为目标函数则要求东部发达地区，将当前基于短期经济增长目标的财政和税收资源转向用于支持产业升级和结构转换，从而促进地区经济的长期增长。这要求东部地区，应跳出地方本位主义的视角，从全国产业布局角度寻求在东部地区已经由比较优势转向比较劣势产业的最佳转移区位；面对当前国际国内新形势，以国内大循环为主的双循环发展模式，对东部地区的政府行为模式提出了新的要求。这就是着眼于我国建设创新型国家、以破解大国竞争中我国面临的卡脖子问题为目标，通过加大对技术创新的财政和税收支持力度，促进东部地区产业结构向技术密集型和知识密集型转变，促进东部核心地区、核心城市功能型产业的发展促进东部地区在产业结构服务化、软化的基础上，形成驱动我国区域乃至全国整体经济新的增长极，并在不断极化、扩散的过程中，实现我国经济的螺旋向上增长。

其次，对于中部、西部和东北地区而言，在承接东部地区产业转移以促进优势产业发展的过程中，不应以短期经济增长率为目标，从而承接不适合本地区产业发展趋势定位，或者不服从于本地区资源与环境可持续利用目标的产业。事实上，在西部地区承接东部产业转移的过程中，由于一些地区的经济规模本身较小，承接东部地区的产业转移可能在短期内迅速将本地区的产业和经济规模做大，从而在短期内实现地区经济增长率的快速提升。但由于承接产业游离于自身的优势产业体系和长期产业发展定位，从而承接产业在后续发展过程中与地区经济发展目标、地区的资源与环境利用目标相冲突。这同样是基于式（8−1）的政府行为目标函数的结果。而基于式（8−2）的政府行为目标函数，要求西部地区的地方政府，一是要在自身产业、资源基础上探索地区优势产业，并以此为基础制定地方经济发展、产业发展—产业升级的长期路径，并以此为基础制定承接东部产业转移的战略策略；二是由于东部地区向外转移的产业，多以环境不友好产业为主，因而要求西部地区的地方政府跳出短期经济增长目标，在考量承接产业转移时应以地区经济长期增长为目标，综合自身环境保护成本、从技术角度寻求降低环境污染的技术成本、从公众效益角度考虑社会成本等因素；三是承接产业转移要以地区区位优势、人文优势、资源优势为基础，比如广西北部湾经济区因临海带来的海运成本优势，成渝经济区、西安因高水平大学密集带来的技术人才优势，内蒙古、新疆因资源密集带来的资源优势等。

三、企业行为目标转变

（一）企业的短期利润最大化与长期利润最大化目标函数

企业作为市场经济活动的主体之一，其行为目标是在成本约束条件下的利润最大化，如式（8-3）所示：

$$\max \pi \quad \text{s. t.} \quad C = WL + rK \qquad (8-3)$$

其中，π 为企业利润，C 为成本预算，L 和 K 分别为劳动力和资本投入量，W 和 r 分别为劳动力工资和资本的利率。

式（8-3）的利润最大化如图 8-1 所示。

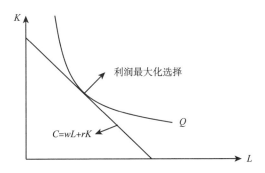

图 8-1 企业成本约束条件下的短期利润最大化

但实际上，式（8-3）仅仅是企业的短期利润最大化目标函数，而对于企业长期利润最大化目标函数，则应当是：

$$\max \Pi = \sum_t \pi_t \quad \text{s. t.} \quad C_t = W_t L_t + r_t K_t \qquad (8-4)$$

在式（8-4）所示的企业长期利润最大化目标函数中，最理想的目标是既实现了如式（8-3）所示的短期利润最大化，即每一期的利润 π_t 均最大化，并且最终的长期利润 Π 最大化。如图 8-2 所示。

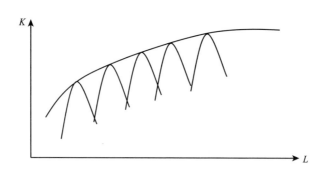

图8-2 企业短期利润最大化与长期利润最大化（包络线）

但这一目标往往是难以实现的，更多的是在短期利润 π_t 并未实现或并非全部实现最大化的基础上，实现长期利润 Π 的最大化。这意味着，企业为实现长期利润的最大化，可能面临短期的利润损失。两种类型企业在利润最大化战略选择方向的不同，从而导致其在基于式（8-4）的长期利润最大化过程中，企业的发展历程存在巨大的差异，如图8-3所示。其中，S 为基于短期利润最大化条件下的企业长期利润函数曲线，L 为基于长期利润最大化条件下的企业长期利润函数曲线，两条曲线与横轴间的面积积分为长期利润总量。显然，与 S 曲线相比，L 曲线在 T_1 时期之前的单期利润均较小，但之后则高于 S 曲线，并且长期利润总量远高于 S 曲线。

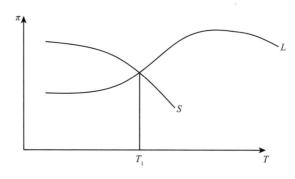

图8-3 企业长期利润函数曲线

注：T 为企业经营时期，π 为企业各时期的利润。

（二）企业行为目标模式转变的方向

企业的短期利润最大化属于西方经济学典型的个体理性行为模式，即追求个体利益最大化。追求个体利益最大化的行为模式，最主要的体现是企业可能采取内部成本外部化的行为，即释放负的外部经济性。而当所有的企业都释放负的外部性作为主要的决策方向时，则意味着无法获得共同利益最大化的更优解，即陷入囚徒困境，即使是可能的短期合作，也会因为有限次重复博弈无法实现共同利益最大化而导致合作无法实现。而长期利润最大化则意味着打破了有限次重复博弈不能实现共同利益最大化的困境，从而使得企业可能采取内部利益外部化的行为，即释放正的外部经济效应。

作为企业的行为目标演变，至少在两个方面应当做出调整。一是正视企业边际扩大和资本边际设限的问题。企业边际扩大是信息网络时代，大数据和人工智能发展的必然结果。但企业边界的扩大不等于资本的无限制扩张。强势的资本力量在摧毁一些经济个体的同时，会导致社会财富的高度集聚。而这是与我国建设共同富裕社会的目标背道而驰的。二是在传统西方经济学基于欧拉方程的要素分配体制下，看似优先保障劳动者收入的边际理论，通过资本的剩余分配而加剧了财富分配的不公平。因而需要企业在实践中寻求风险、公平的收入分配和企业经营决策主导权三者之间的平衡解决方案。

四、消费者行为目标转变

（一）消费者个人效用函数中增加社会效益变量

消费者作为市场经济活动的主体之一，其行为目标函数为如式（8-5）所示的个人效用最大化：

$$\max\ U(\boldsymbol{x}) \quad \text{s. t.} \quad Y = \sum Px \qquad (8-5)$$

其中，U 为效用函数，$\boldsymbol{x}$ 为商品向量，P 为商品价格，Y 为消费者收入。

式（8-5）中，支出最小化和效用最大化是消费者的行为目标。但其中的商品向量"$\boldsymbol{x}$"则仅仅包括可用于直接提升消费者效用水平的物质消费品、娱乐消费品等。但消费者的这种行为目标对于国内一些具有技术和品牌自主化产品的发展带来严重的阻碍作用。以节能环保产品为例，其在国内市场的推广能够在让消费者效用水平不降低的情况下通过节能减排而有效改善我们的居住环境，同时还能够促进企业技术进步和地区乃至全国产业升级。但在如式（8-5）所示的消费者行为目标函数作用下，节能环保产品由于价格偏高而导致消费者放弃将其纳入商品向量"**x**"之中。以空调为例，目前市场上所销售的节能环保型空调能够大大地降低电能的消耗，但节能环保空调本身的销售却并不如意。原因就在于其价格大大超过非节能环保空调，因此导致通过节省电费的方式来弥补价格差的时间可能就已经接近于空调的使用年限。由于节能空调价格大大超过传统的空调，在消费者个人效用最大化的目标下，往往会给消费者的消费决策带来较大的门槛值效应而导致其选择非节能空调。

尽管全社会效用最大化应当是政府的行为目标，但从社会效用等于个人效用加总的角度，消费者通过增强自身环保意识来促进社会效用最大化是其应尽的义务。因此，从消费者行为目标转变的角度，应当在式（8-5）中增加由社会效益带来消费者效用最大化的变量，如式（8-6）所示：

$$\max \quad u(x_1, x_2) \quad \text{s. t.} \quad y = p_1 x_1 + p_2 x_2 \qquad (8-6)$$

其中，x_1 为物化的商品，消费该物化商品能够给消费者带来效用的增加；x_2 为促进社会效益的行为。

如式（8-6）所示的消费者行为目标函数，将消费者促进社会效益提升的行为内生化于消费者选择问题之中，有助于消费者行为目标由单纯关注自身效用最大化转向更多关注社会效益的提升以促进社会整体福利的最大化。

（二）消费者目标行为模式的转变

消费者作为市场参与者最主要组成部分的微观个体，其在关注社会效益的提升以促进社会整体福利最大化的过程中，要树立构建人类命运共同体的共利合作集体理性行为，这就需要：

一是注重价值导向。良好的、正确的价值导向是实现公众个体采取共利合作集体理性行为的基础。正如西方经济学经典模型囚徒困境所描述的，如果以囚徒为分析对象，即使囚徒采取合作而减少了他们坐牢的时间，看似两个囚徒的更优策略选择，但却偏离了普通大众的价值观认识，因为普通大众一般都认为，囚徒理应相互坦白并获得其罪有应得的惩罚，尽管这对于两个囚徒而言是不好的结果，但这一纳什均衡，即非合作博弈的结果却与普通大众的价值观认识是一致的。但如果我们在分析经济社会问题的时候，以良好的、正确的价值观为导向构建分析模型，则得出的合作博弈结果与普通大众的价值观认识可能就会一致，从而引导公众基于共利合作集体理性做出行为选择。

二是要树立公众可认知的共同理想。对于社会主义建设，共产主义所描述的均富、共同富足的生活，是公众可认知的共同理想，因而易于形成公众基于共利合作集体理性做出行为选择。但这是对于社会主义建设长期目标而言的。而对于短期，或者基于某一领域，同样需要树立公众可认知的共同理想作为目标。比如面对新冠肺炎（COVID – 19）带来的疫情，我国通过"应收尽收、应治尽治"确保每一个人的生命健康，即是公众，无论男女老少、文化程度高低、贫穷或富裕，都可以并且能够认知的共同理想目标，因而公众会基于共利合作集体理性做出其行为选择。反之，在西方国家，由于在生命健康、经济发展、个体自由三者之间摇摆不定，甚至为了个体自由可以放弃生命健康，因而难于引导公众基于共利合作集体理性作出行为选择。

三是要在道德和法律两个层面形成人类的行为规范。仅仅依靠法律来约束个体行为显然是不够的。因为法律不可能尽善尽美，而且一些个体轻微的违法行为监管成本太大，但却可能因为模仿效应而导致社会整体利益受到极大的损害。那么这种情况下就需要道德层面的行为约束，就如儒家思想主张义利无法兼顾则取义而舍利，就是对人们行为明确的道德约束。

第二节　区域产业布局与中小城镇发展

一、城镇发展路径分化与区域产业布局一体化

（一）新型城镇化道路下我国大中城市与中小城镇的经济增长方式分化

在我国城镇化战略发生重大转变的情况下，中小城镇在我国城市体系中地位的提升，释放了中小城镇在我国经济发展中的作用。由此，我国经济将出现层次化的增长方式分化：在中等规模以上（地级以上）城市尤其是大城

市，经济发展增长将逐渐转向主要依赖于知识和技术，产业结构也将因此软化；而在中小城镇则主要依赖于资本、劳动力和土地等要素的投入，经济结构则趋向于实体化。

这种分化有其必然性。1979～2020 年，中国的城市化率实现了从 18.96% 到 63.89% 的快速增长。每年增速超过 1 个百分点，这在人类历史上是绝无仅有的。但我国城市化进程进一步发展面临着若干突出需要解决的问题。

第一，城市化的快速发展与经济结构的调整形成矛盾。经济转型以来，中国城市化水平的提高，伴随史无前例的经济腾飞。但这种高速的经济增长和经济结构转换没有给潜伏的诸多矛盾留下足够的缓冲时间和空间。改革开放之初，中国城市化率仅为 17.9%。根据联合国《世界城市化展望 2009》的预测，中国城市化将在 2045 年超过 70%。但从目前我国的城镇化进程来看，我国达到 70% 的人口城镇化率的时间将大大提前。这意味着，中国城市化进程将只用 50 年左右的时间完成达到 70% 的飞跃。同一阶段，美国用了 90 年（1870～1960 年），日本用了 40 年（1930～1970 年），而巴西则用了 60 多年。对于中国这一人口众多、幅员辽阔的大国，较短时间内实现城乡结构调整具有举足轻重的意义。但是持续高速的经济发展，较快的城乡结构变迁以及短时间内城市化增长，容易造成产业结构调整滞后、收入不平等、忽视城市化质量等问题，引发诸如城乡收入差距和地区收入差距等矛盾冲突。这些矛盾急需平衡解决。

第二，城市化面临着前所未有的外部生态环境和资源环境约束的"紧箍咒"。随着农村人口不断涌入城市，食物、水、电、能源消耗需求呈几何级数增长，中国城市化面临资源短缺、生态环境脆弱的刚性约束。中国人均水资源总量仅为世界平均值的 1/4，而且分布极端不平衡，南多北少，城市缺水现象严重，制约着经济活动发展；中国人均耕地面积仅仅是世界平均水平的一半。水资源与土地资源空间分布上的错位，约束了土地生产率提高，长江流域及其以南地区，水资源占全国 80% 以上，而耕地仅占全国 38%；淮河流域及其以北地区，水资源不足 20%，但耕地却占全国 62%。这种情况不仅体现在自然资源，煤电、石油、天然气等能源约束也越来越突出。此外，全国水土流失面积已经达到国土面积的 38%；荒漠化土地面积不断扩大，约占国土面积的 27%，并以每年 2460 平方千米的速度扩张；草地退化、沙化和碱化面积逐年增加，约占草地总面积 1/3。城市内部固体废弃物、工业废水、废气排放，气候变暖等环境压力越来越紧迫。城市人口的爆炸式增长和城市工业的繁荣，逐渐造成越来越重的生态环境负担，空气污染、水污染、噪声污染程度与日俱增。中国城市化正面临着前所未有的外部生态环境约束和资源集约利用的考验。

第三，城市化面临发展模式重大转变的挑战。中国过去十几年的城镇化主要是一种以土地为核心的粗放式扩展模式，依靠农业用地与非农用地的价差以及极低的要素资源成本进行城市建成区扩展，而大量的农村进城务工人员却长期在工作的城镇不能落户，在创造大量经济价值的同时不能享受当地的社会保障和公共服务。伴随着这种城镇化模式，一方面，由于资源和要素投入快速增长，政府从土地财政中获得巨大利益；另一方面，由于户籍、社会保障、公共服务等体制因素制约，抑制了人力资本和劳动报酬的提升，包括农民工的居民部门获益比例明显下降。这就产生两个方面的效应。一方面，导致过去十余年消费对经济增长的贡献不断下行，结构失衡持续存在；另一方面，由于这种城市化模式的机制驱动，数以亿计农民工的状况长期得不到根本性的改变，不符合建立"以人为本"的和谐社会的要求。因此，迫切需要实现城市化发展模式，实现土地为核心的粗放式扩展模式向"以人为核心"的集约式发展模式的重大转变。

第四，需要进一步贯彻落实"坚持大中小城市和小城镇协调发展，走中国特色的城镇化道路"的方针，特别是城市体系中的小城市和城镇的发展需要加强。进入 21 世纪以后，中国城市化进入快速发展阶段。根据国情并吸收学界从 20 世纪 90 年代开始进行的对中国城市化发展道路讨论中形成的"小城镇论"以及与之对立的"大城市论"和"中等城市论""多元城市论"等主要观点，2001 年党的十五届五中全会通过的《中共中央关于制定国民经济和社会发展第十个五年计划的建议》中，明确把"积极稳妥地推进城镇化"作为"十五"期间必须着重研究和解决的重大战略性、宏观性和政策性问题。2002 年在党的十六大报告中，第一次正式把中国特色城镇化道路与发展方针确定为："坚持大中小城市和小城镇协调发展，走中国特色的城镇化道路"。党的十七大、十八大报告继续坚持和发展了这一方针和具体内容。

（二）区域产业布局一体化

经济区域在吸纳产业资本、产业技术和产业人才以促进自身产业发展的过程中，面临两个问题：一是产业落足点的选择问题。产业落足点的问题从根本来说就是优势产业的布局问题，即经济区域在工业化与城市化互动发展的过程中，是沿袭之前将产业主体布局于大中城市，从而造成城市功能和结构趋同化、城市产业发展成本不断攀升、产业发展空间日益受到挤压等问题，还是寻求新的发展道路，将产业主体向中小城镇分散，在以产业实体夯实中小城镇发展基础的同时，为地区产业拓展更大的发展空间。二是产业发展所需功能配套的问题。产业发展的功能配套问题，从根本上来说就是要解决区域产业发展过程中所需的生产者服务业问题。在2014年5月14日国务院总理李克强主持召开的国务院常务会议中，明确提出"要更多依靠市场机制和创新驱动，重点发展研发设计、商务服务、市场营销、售后服务等生产性服务"，以实现其"引领产业向价值链高端提升，实现服务业与农业、工业等在更高水平上有机融合，推动经济提质增效升级"的功能。但生产者服务业的发展需要一定的市场规模，因而在中小城镇发展生产者服务业并不现实。但在中小城镇产业实体化的基础上，作为区域中心城市却可以在产业服务的过程中，加快生产者服务业的发展，从而为中小城镇实体化的产业提供重要的功能配套。

由此，区域产业在由不同层级城市构成的城市体系中，将形成如图8-4所示的发展模式。

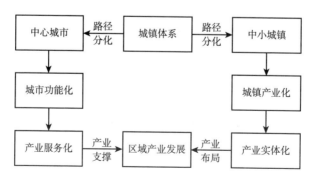

图8-4　城镇发展路径分化与区域产业布局一体化模式

图 8-4 中，在当前我国经济增长阶段下，城镇体系内的中心城市与中小城镇之间的发展路径分化导致不同层级的城市或城镇将分别沿着城市功能化和城镇产业化两条路径发展；在中心城市实现城市功能化的过程中，其产业结构将日益趋向服务化，即在第三产业快速发展的带动下，城市三次产业结构中第一、第二产业所占比例将逐渐减少，而第三产业所占比重则会不断升高并逐渐占主导地位；作为中小城镇则将改变目前产业结构中主要是消费性第三产业为主导的局面，在城镇产业化的过程中逐渐发展成为实体产业的主要布局地，其在三次产业结构中，第二产业尤其是工业制造业将逐渐占据主导地位；在中心城市和中小城镇的不同路径分化中，中心城市在城市功能化和产业服务化的发展路径下，将通过服务业尤其是生产者服务业的发展为西部地区优势产业的发展提供重要的产业支撑，而中小城镇在城镇产业化和产业实体化的发展路径下，则将作为区域产业发展的重要布局地。

二、我国主要的中小城镇发展模式

（一）村镇产业发展型中小城镇发展模式

珠三角的村镇产业发展型城镇化模式遍布于南自湛江、北至汕头的广东省沿海地区，但尤以珠三角 8 个市最为显著。这种城镇化模式有两个显著的特点：一是这种模式并不严格依赖于大城市或中心城市的产业辐射，而是在改革开放之后通过侨资尤其是家族式侨资的引入（资本外部引入）、并在吸引来自中西部省区动迁劳动力的基础上（劳动力外部迁移）而逐渐发展起来的，其产业发展与中心城市的产业发展几乎是独立的。二是在村镇产业发展模式下，原始意义上的乡村地区几乎消失，而与中心城区连在一起（中小城镇土地价值和土地产值与中心城市之间存在同步梯度），形成一个大都市区。这种中小城镇发展模式的土地价值和产值梯度如图 8-5 所示。

珠三角在这种发展模式下，村镇将会由于产业非农化而模糊村镇行政界限，最终发展为村镇联合体。但这种发展模式存在的问题是，村镇联合体的产业发展、消费方式、城镇建设都与城市相同，但缺乏城市的规划有序发展，其产业发展、居民消费、城镇建设都可能存在盲目性。

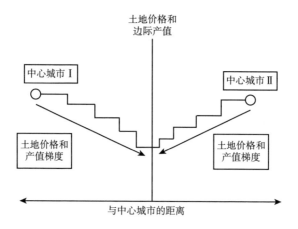

图 8-5　村镇产业发展模式下土地利用模式

（二）中心城市扩散产业的轴线型中小城镇发展模式

长三角中心城市产业扩散模式的城镇化道路下，中小城镇主要依赖于中心城市的产业扩散，并在产业扩散的过程中在中小城镇集聚了大量的资本（产业携带式的资本集聚）、劳动力要素（产业驱动劳动力蔓延式的集聚）从而推动了中小城镇的城镇化发展。在长江三角洲的一些小城镇，通过承接上级城市的产业扩散而形成其在整个城市群中的单一功能（土地价格和产值梯度呈轴线 W 型，如图 8-6 所示），比如江苏的昆山等作为主要生产基地、浙江的义乌作为小商品商贸中心，以及一些块状经济的专业化发展道路。

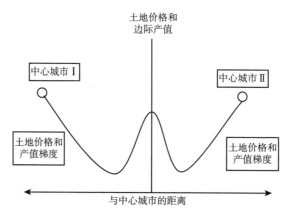

图 8-6　轴线型中小城镇土地利用模式

长三角的中小城镇发展模式有以下特点：一是由于中小城镇的发展主要依赖于中心城市的产业扩散，因此城镇的发展呈明显的中心城市轴线发展模式，并在轴线地区形成突出的次级城镇中心，如图 8-6 所示。二是由于中心城市向中小城镇扩散的产业大多有一定的规模，因而中小城镇的发展规划导向性和有序性更强。这种中小城镇发展方式有助于形成区域经济的一体化发展模式。但存在的问题是，中小城镇可能成为中心城市污染产业的迁移目的地，从而在中心城市的污染转移过程中削弱了中心城市腹地对中心城市发展的支撑功能。

（三）商贸型中小城镇发展模式

商贸型中小城镇发展模式主要是一些中小城镇利用其便利的地理区位优势，通过发展商贸业促进中小城镇的发展。在这种中小城镇发展模式中，商贸型中小城镇一般带有明显的交通指向性、原发性市场指向性、政府引导下产销配套性等特征。商贸型中小城镇发展模式中，资本和劳动力集聚、土地利用都体现出明显的贸易导向性。这种中小城镇发展模式主要有以义乌小商品批发基地为代表的对内商贸型中小城镇，山东寿光以蔬菜和农产品商贸为代表的商贸型中小城镇发展模式等。这种中小城镇发展模式如果没有良好的政策引导，在完全的市场主导下则可能出现替代性的兴衰发展历程，或者出现周期性的商贸中心转移。

（四）外部资金汇回促进消费拉动型中小城镇发展模式

成渝地区由于人口密度高，在改革开放之后成为东部地区经济发展过程中重要的劳动力输出源。在东部地区就业的劳动力通过资金汇回、资本积累后回家创业等方式间接推动了本地区的城镇化进程（外援式资本集聚）。但这种城镇化进程是消费性的，其产业基础也是消费性的产业基础，因而劳动力也主要集中在消费性产业（消费指向性劳动力集聚）。至于这种中小城镇的土地利用，其土地价值和产值梯度分布与中心城市并无太大的关联性，而取决于其在东部地区团队式发展的竞争力。由于中小城镇的发展没有产业基础，因而中小城镇土地价值呈点状突起并明显地大大高于周边地区（点状分布式土地利用），如图 8-7 所示。而且，这种中小城镇发展模式中，土地价值与产值梯度是相分离的。

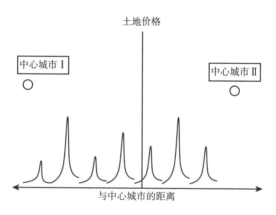

图 8-7　消费拉动型中小城镇土地利用模式

但这种城镇化发展模式可能会造成断代性城镇衰落。这种城镇化模式出现断代性的城镇衰落原因就在于，由于年轻一代的人口向东部沿海地区转移，当前的资金汇回和资本积累后回家创业等促进中小城镇发展的基础在于这些迁移人口的父母并不愿意离开其世代居住的地方，而迁移人口也仍然将这些小城镇所在地作为其最终的归属地而回归。因而这种城镇化发展模式下，中小城镇的人口数量、消费等都呈现出明显的季节性，即农忙季节（主要是秋收季节）、重大节假日（主要是中秋节、春节）的人口数量和消费量呈峰值状态，而其他时节则明显回落。但显然，当前这一代迁移人口的子辈、孙辈则由于出生和成长于东部沿海地区，因而并不存在如当前这一代迁移人口的回归根源。因而，这种城镇化模式下的中小城镇，将可能随着当前这一代迁移人口的逐渐老去、病故而走向衰落，最终沦落为空城、鬼城。

（五）旅游线路辐射型中小城镇化发展模式

主要是桂林、云南等旅游资源富集地区。这些地区的中小型城镇发展重点是以中心城市为依托，构建围绕中心城市的辐射型或环绕型旅游线路，通过旅游资源的开发促进中小城镇的发展。在旅游线路辐射型中小城镇化发展模式中，其资本、劳动力的集聚和土地价值、产值都紧紧围绕旅游项目开发与关联产业的发展（项目导向型资本、劳动力集聚和土地利用模式）。这种中小城镇发展模式存在的主要问题是，由于受经济周期、自然环境因素（如疾病、自然灾害等）影响大，因而中小城镇可能存在局部区域和时间发展过快、局部区域和时间发展停滞甚至倒退等问题。而且，由于旅游资源富集区可能存在国家政策约束（比如对国家级风景名胜区的保护政策），导致旅游资源富集区工业化进程减慢，因而发展速度可能总体上较慢。

（六）矿产资源开发型中小城镇发展模式

在矿产资源富集区，中小城镇的发展是随着矿产资源的开发而发展起来的，因而中小城镇的发展明显地体现出因矿而生、因矿而落的趋势。这种中小城镇发展模式在我国山西、内蒙古体现比较明显。这种中小城镇的发展，其资本、劳动力的集聚以及土地利用与矿产资源的开发周期相一致（资源导向型资本、劳动力集聚和土地利用模式）。矿产资源型中小城镇发展模式存在的主要问题是受国家宏观调控政策的影响，可能导致中小城镇的发展出现停滞、衰退或衰落；随着矿产资源的逐渐枯竭，如果不能成功实现产业转型，则中小城镇将必然走向衰落。

（七）中小城镇发展模式对产业发展的意义

从前述东部、西部地区中小城镇发展模式的分析可以发现，东部地区的三种中小城镇发展模式中，主体上都已经逐渐演变为地区产业发展的重要布局模式，而西部地区的中小城镇发展模式则仍然游离于地区产业发展布局模式之外。在东部地区，主要体现在珠三角地区的村镇产业发展型中小城镇发展模式中，正是由于改革开放之后通过侨资等方式在村镇布局了大量的实体产业，从而形成了中心城市—卫星城镇的都市连绵区发展态势；而主要体现在长三角的中心城市扩散产业轴线型中小城镇发展模式中，则是在中心城市由于面临发展空间制约的条件下，实体产业向卫星城镇扩散（比如上海和苏州产业向昆山和太仓扩散），从而提升了中小城镇在区域产业发展中的地位与作用。至于商贸型中小城镇发展模式，其对区域产业发展的重要作用也是不可忽视的。比如义乌，作为"国际小商品的流通、研发、展示中心"，其对周边的东阳木雕红木家具产业、永康五金产业、嵊州纺织服装（领带）产业等的发展都有重要的推动作用。而在西部地区，外部资金汇回促进消费劳动型中小城镇发展模式中，中小城镇的产业结构构成中主体上是消费性的服务业，而实体产业则相当缺少；旅游线路辐射型中小城镇发展模式则由于发展重点是旅游业，一方面该模式不具备普遍适用性，另一方面也由于围绕旅游业的实体产业发展不足而使得这类中小城镇没有成为西部地区产业布局的重点。至于矿产资源开发型中小城镇，则由于矿产资源的粗放开发模式对中小城镇环境的极大破坏而影响了中小城镇的可持续发展，并且由于矿产资源的逐渐枯竭而面临着资源型城镇发展模式转型的问题。

因此，总体而言，东部地区的中小城镇发展模式对于地区产业尤其是实体产业的发展具有重要的推动作用，而西部地区的中小城镇发展模式则未能体现出其对西部地区产业尤其是优势产业发展布局方面的重要地位。

三、要素集聚促进区域中小城镇发展

（一）中小城镇发展面临的问题

首先，我国经济增长方式分化下面临投资供需不对称。在经济增长方式分化下，大中城市经济增长转向依赖于知识和技术、结构的软化，以及中小城镇经济实体化，都需要大量的资本投入。但自改革开放以来，我国政府主导的公共投资面临这样的困境：公共投资向自主技术创新的知识生产部门倾斜，导致物质生产部门面临投资不足；中小城镇经济实体化转变也会导致知识生产部门面临投资不足。但与之相对应的是，我国居民长期积累的财富，因为游离于经济增长进程之外而无法分享经济增长的成果。因此，在我国经济增长方式分化的条件下，投资供需不对称问题凸显。

其次，刘易斯转折背景下我国劳动力的有效供给不足。我国经济增长进程已经面临刘易斯转折点。即使是在我国地域范围宽广、人口众多、区域梯度差异较大的情况下，对刘易斯转折点的缓冲作用也会大大降低。因为东部地区同类企业的劳动力工资已经成为公众信息，从而形成西迁企业雇用劳动力的工资预期而不会造成名义工资支出的大幅度下降。因此，在我国经济增长方式分化的情况下，大中城市产业主体由劳动密集型→资本密集型→知识和技术密集型演变过程中，由于劳动力技能水平和学习能力低下造成知识生产部门劳动力有效供给不足。与之相伴随的是，由于劳动力成本攀升（刘易

斯转折），导致中小城镇经济实体化的过程中，物质生产部门劳动力也将有效供给不足。

最后，20世纪90年代中后期以来，我国的城市土地利用面临两个相互矛盾的趋势。一是由于农村人口向城市的快速迁移，加上居民财富在逐利性行为中集中于土地产品，导致对城市土地形成刚性需求；二是由于我国人口众多，为解决"吃饭问题"形成的18亿亩耕地红线带来的土地政策约束也是刚性的。两个刚性的叠加极大地推升了大中城市土地及相关产品的价格，由此带来两个后果：一是在推升了大中城市的生活成本，进一步提升了进城劳动力对工资收入预期的同时，间接加剧了我国在面临刘易斯转折点的情况下劳动力趋紧的趋势；二是导致居民财富形成的民间资本扭曲性地投向土地及相关产品，大大地影响了资本在其他领域的集聚，加剧了资本投资供需不对称的问题。

而对于中小城镇，在人均用地均等化和单位土地面积产值差异化条件下，从人均土地占用面积并不低的角度看，中小城镇土地的使用存在着土地用途的随意性（没有中小城镇土地利用的长远规划），因而导致中小城镇土地使用缺乏有效的规划控制；从单位土地面积所形成的GDP与中等规模以上城市的差距来看，则意味着中小城镇土地的生产性用途所占比例极低，而居住等非生产性用途所占比例过高。由此，在中小城镇经济实体化的过程中，面临着土地用途生产化、土地利用方式集约化等问题。

（二）新型城镇化道路下中小城镇的发展趋势

1. 中小城镇发展的特点导致其在我国区域经济政策中被政策性地忽视

与大中城市的发展不同，中小城镇的发展有以下两个最主要的特点。一是从功能上看，在国家农业占有较大比重的情况下，中小城镇由于更加接近农村地区，因而在国家经济发展政策中，中小城镇更多承担了农业发展的功能。二是从产业发展上看，由于中小城镇的交通运输等基础设施水平相对较差，加上相对远离城市现代文明，因而中小城镇一般都缺乏具有较高知识和技能水准的高素质劳动力。因此，中小城镇非农产业中资本、技术密集型工业较少，主要是小规模的农产品加工，或者与本地传统手工业、特色产品密切相关的小型、劳动密集型产业。

由于中小城镇的上述发展特点，改革开放后，在国家总体上以迅速做大经济规模主导的发展战略下，占有全国城镇最大数量的县级及以下城镇，在我国城市和区域分工体系中被政策性地忽视，从而导致我国城市和区域分工体系中在结构和功能上都是不健全的。这带来两个主要的后果。一是由于作为小城市的中小城镇在政策上被忽视，从而以地级城市为基础的中等城市体系，在行政功能、产业布局功能、区域中心功能等多重功能叠加下，在发展目标、产业、城市功能、城市定位、城市规划等方面严重趋同。二是由于以县级城镇为基础的中小城镇在政策上被忽视，导致其在事实上吸纳了一定农村人口的条件下，却因为没有产业支撑而产业结构严重畸形，土地利用也出现严重偏差。

2. 我国区域分工协作体系新趋势下的新型城镇化道路

在面临经济增长方式转变条件下，党的十八届三中全会提出了新型城镇化道路。新型城镇化道路重点在于，在我国城市化进程中，无论是在吸纳农村人口进城还是作为区域产业发展，都增强了中小城镇的地位与作用。这意味着，首先，中小城镇将取代目前的中等规模以上城市成为未来吸纳农村居民进城的主体；其次，中小城镇将转型为有产业基础、能够提供进城农民非农就业的生产型城镇；最后，中小城镇将改变其原来游离于全国城市和区域分工体系之外的格局，而将与中等规模以上城市（地级城市）、大城市和超大城市一起构成我国的城市体系，并在产业发展、集聚与扩散的过程中形成基于全国城市体系的专业化分工模式，从而完善了我国城市和区域分工的结构体系和功能体系。

由此，我国的区域分工体系将呈现新的变化。首先，地区之间由行政隶属关系确立的行政指令传达将退居次要地位。在市场由基础性作用向决定性作用转变过程中地区经济发展自主性的增强，意味着上级经济发展规划将由指令性转变为引导性。其次，经济发展中对于区域边界的认识从行政地理转变为经济地理，从而地区之间基于行政隶属关系的纵向联系逐渐减弱，而基于经济联系的横向联系、多向联系逐渐增强，地区之间的分工协作体系网络也将转变为如图8-4所示的城市和区域分工体系网状图。

（三）要素集聚促进中小城镇发展

1. 降低机会成本与提升中小城镇资本盈利能力并重下促进投资主体的转变

降低机会成本意味着要扩充促进我国经济增长的资本供给量，从而降低资本在大中城市或东部发达地区的边际产出，即投资于中小城镇资本的机会成本。提升中小城镇资本盈利能力则意味着要缩小中小城镇与大中城市相比在基础设施、公共服务、政策效应等方面的差距。要实现这两个目标，就需要促进投资主体的转变以解决投资供需不对称问题。具体路径为：

第一，居民收入在财富积累与现实消费之间进行合理分配，以均等化人生各个阶段的效用水平，并进而实现一生效用的最大化。其最优决策问题为：

$$\max \sum_{t=1}^{n} U_t(\boldsymbol{x}) \, \text{s.t.} \, \sum I + \sum \left((I_t - \boldsymbol{P}_t \boldsymbol{x}_t) \right.$$

$$\left. \times \left(\prod_{\tau=t}^{n} (1 + r_\tau) - 1 \right) \right) = \sum \boldsymbol{P}_t \boldsymbol{x}_t + W \tag{8-7}$$

其中，I_t 为 t 期的居民收入，$\boldsymbol{P}_t \boldsymbol{x}_t$ 为 t 期居民的消费支出，W 为居民生命周期终了财富（或称留给其后代的财富余值），$\sum \left((I_t - \boldsymbol{P}_t \boldsymbol{x}_t) \times \left(\prod_{\tau=t}^{n} (1 + r_\tau) - 1 \right) \right)$ 为 t 期居民收入中减去当期消费后的增值部分，$U_t(x)$ 为 t 期居民的效用水平。

第二，居民财富在一国经济增长中的"蓄水池效应"体现为：当经济不景气，居民收入低于其预期的效用水平支出时，就会动用其末期财富 W 来保持该时期的效用达到一定的水平。而当经济发展状况良好，$I_t > \boldsymbol{P}_t \boldsymbol{x}_t$，则居民会将收入中的 $\sum (I_t - \boldsymbol{P}_t \boldsymbol{x}_t) \times (1 + r)^{n-t}$ 部分形成财富 W。

第三，我国居民财富对经济增长的"扰动效应"。我国居民财富量 $\sum W$ 不断加大，但一方面受到改革开放之后厚利惯性的作用，另一方面由于居民对于未来不可预期的界定，因而在"羊群效应"作用下使得居民财富被主要用于寄望得到高于社会平均利润的投资渠道，并因此对我国经济增长造成了事实上的"扰动效应"。

第四，居民财富的"稳定器"与"加速器"效应。居民财富的"蓄水池效应"有助于一国经济在面临困境时尽快恢复到正常的增长轨道上来，表现为经济增长的"稳定器"；而"扰动效应"则可能使得一国经济常常偏离正常经济增长轨道，并出现在过热状态下加剧过热趋势、在经济衰退状态下加剧衰退的现象，表现为"加速器"。

第五，发挥居民财富"蓄水池效应"促进我国技术自主化阶段投资主体由政府向民间资本的转变。公共投资在我国经济处于技术模仿和追赶型发展阶段有明显优势。在技术自主化阶段，产业转型与升级理应在市场导向下充分发挥民营资本的作用，即应充分发挥居民财富对我国经济增长的"蓄水池效应"。要让居民财富发挥"蓄水池效应"，则居民财富的存在形式应当是促进我国经济增长的固定资本以分享经济增长的成果，而非目前以投机性资本的形式存在并独立于经济增长进程之外。

2. 缩小公共服务差异性与提升就业人员工资待遇并重下进一步释放我国的人口红利

公共服务差异性是造成中小城镇在工资水平大大低于大中城市、而消费支出却与大中城市相差不大的主要原因。由于在中小城镇无法享受到大中城市的公共服务，而大中城市的现代文明在已经传播到中小城镇的条件下，中小城镇居民只能到大中城市获取相应的公共服务，其在这方面的支出显然要高于大中城市的居民，并抵消了中小城镇日常生活消费支出的优势。提升就业人员工资待遇则意味着缩小中小城镇就业人员与大中城市之间名义工资的差异。在大中城市或东部地区名义工资水平已经成为公众信息的情况下，名义工资的差异事实上导致了中小城镇缺乏为其发展所需的高素质人才。

第三节 区域产业转移与优势产业发展

一、区域产业转移与优势产业发展机制

（一）产业转移与区域优势产业发展的作用机制

在如图 8-8 所示的产业转移与区域优势产业发展机制模型中，关键在于

以下方面：

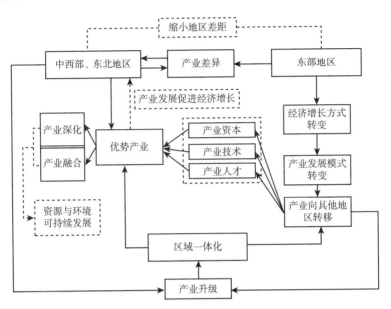

图8-8　产业转移与区域优势产业发展机制

第一，区域之间的产业梯度差异。如本书第三章关于我国区域产业发展部分内容中，对我国各省（自治区、直辖市）的工业制造业梯度差异数据分析所示，总体上我国呈现出东部地区—中部地区—西部地区—东北地区的产业梯度差异。而且，在第六章关于我国区域产业相似性分析中也表明，东部地区与中部、西部和东北地区之间的相似系数相对较低，即东部发达地区与其他地区之间存在较大的产业分布差异。较大的产业分布差异形成的区域分工协作，和较大的梯度差异形成的区域产业流动势能，为我国东部地区向中部、西部和东北地区的产业区域转移创造了有利的条件。

第二，在产业转移与区域优势产业发展的过程中，比单纯将东部地区已经不具备比较优势的产业或企业转移至其他地区更加重要的是，向其他地区优势产业注入其发展所需的产业资本、产业技术和产业人才。因为事实上，将在东部地区已经不具备比较优势的产业或企业转移到中西部或东北地区，意味着其在转入地区也没有其所需的产业发展基础，甚至可能面临原材料输入和产品输出过程中的运输成本劣势（因为距离廉价运输方式的海洋运输港口距离更远）。因此，在产业转移与区域优势产业发展的过程中，东部地区迁移出去的应当是产业资本、产业技术和产业人才，对自身而言是实现产业升级；其他地区则在引入优势产业发展所需的产业资本、产业技术和产业人才，在促进优势产业发展的同时实现了本地区的产业升级。

第三，区域一体化战略是产业转移与区域优势产业发展的核心。在改革开放以来出口导向型外生经济增长方式下，经济增长进程日益受到国际经济环境的变化而波动。作为大国经济体的我国，要扭转目前过于依赖外部技术引进和外部产品需求的局面，构建自身一体化的区域经济体系，通过区域之间的分工协作实现经济增长方式向内生化转变就显得尤其重要。因此，在产业转移与区域优势产业发展的过程中，要基于国家一体化的区域经济发展战略，在产业转移的过程中，形成经济区域之间的差异化、互补性产业发展模式，从而有力地推动我国一体化区域经济体系战略的实施，在构建国内价值链的基础上以国民经济整体融入全球价值链，从而增强我国经济在世界经济中的竞争力。

（二）产业转移与区域优势产业发展的目标

在图 8 - 8 所示的产业转移与区域优势产业发展机制模型中，中西部地区需要达到的目标包括：

第一，从东部地区获得用于促进自身优势产业发展的产业资本、产业技术和产业人才。事实上，中西部和东北地区优势产业发展的制约因素，主要是产业资本、产业技术和产业人才等生产要素。而东部地区的产业，无论是为东部地区所淘汰的产业还是东部地区鼓励发展的产业，转移到其他地区都不现实，因为前者是其他地区不愿意承接的，而后者则是东部地区不愿意转移出去的。在这种情况下，获得东部地区的产业资本、产业技术和产业人才，并将这些生产要素嵌入其他地区的优势产业，就成为促进区域优势产业发展的最主要目标。

第二，促进经济增长，缩小与东部地区的差距，并增强经济的自我发展能力。在获得东部地区的产业资本、产业技术和产业人才以促进中西部地区优势产业发展的过程中，中西部地区优势产业规模的扩大（横向扩张）和产业链的延伸（纵向深化）对中西部地区而言，既能够将经济总量迅速做大，又能够增加产业附加值，从而促进中西部地区经济以更快的速度增长。这一方面有利于缩小中西部地区与东部地区之间的经济发展差距；另一方面也增强了中西部地区经济的自我发展能力。

第三，通过优势产业的深化融合发展，转变产业发展方式，实现资源与环境的可持续发展。中西部地区当前的产业发展模式中，资源采集和加工业的发展对本就脆弱的生态环境带来了不利的甚至是不可逆的影响。这就要求中西部地区在承接东部产业转移以促进自身优势产业发展的过程中，充分利用从东部地区获得的产业资本、产业技术和产业人才转变产业发展方式，走低碳发展道路，在保护生态环境的同时增强自身资源与环境的可持续发展能力。

（三）产业转移与区域优势产业发展机制中目标差异

第一，在产业转移与区域优势产业发展过程中，东部地区和中西部等地区的发展目标是不同的。东部地区的目标是通过产业转移在寻求自身经济增长方式转变的过程中从根本上转变改革开放至今的产业发展模式；而中西部等地区则是通过获得促进自身优势产业发展所需的产业资本、产业技术和产业人才，在产业深化和产业融合的基础上做大其经济规模和产业可持续发展能力。

第二，在产业升级方面，东部地区的产业升级主要体现为产业更替和产业发展方式的转变，而中西部地区的产业升级则体现为优势产业的深化发展。东部地区在产业升级的过程中，其面临的是替换当前不符合东部地区长期经济发展战略的产业，并将东部地区依赖于外部技术和外部市场的外向型产业发展方式，转变为主要依赖于自主技术创新和国内市场的内生化产业发展方式。与之相比，中西部地区在承接东部地区产业转移的过程中，并不是要将东部地区的淘汰产业转入西部地区以替换当前的优势产业或主导产业，而是获得产业资本、产业技术和产业人才以促进自身优势产业的发展，因而是对当前优势产业的规模扩张和产业链延伸基础上的深化发展。

第三，在区域经济一体化过程中，东部与中西部等地区扮演的地位和角色不同。事实上，区域经济一体化是我国东部与中西部等地区在产业转移与产业承接过程中的基础，其目标是构建完善国内价值链以实现我国经济整体向内生化增长方式的转变。在这个过程中，东部地区的地位和角色是在提升自身整个产业构成中知识和技术密集型产业比例的基础上，作为我国融入全球价值链体系的主导者参与全球竞争。而中西部等地区，则主要是作为我国产业体系中特色优势产业的布局地，发挥其作为国内价值链支撑体系的角色和地位，支撑我国经济增长方式的转变。

二、注重解决产业技术发展中面临的问题

（一）产业技术发展中面临的制约因素

1. 全球低碳经济发展与我国现阶段工业化背景下产业发展之间的矛盾

2009 年联合国气候变化大会尽管仅仅达成不具法律约束力的《哥本哈根协议》，但在全球气候变化趋势加剧的情况下，经济增长中低碳排放已经成为世界各国的共识。在我国，按照《国民经济和社会发展第十二个五年规划纲要》，到 2015 年，单位国内生产总值能源消耗降低 16%，单位国内生产总值二氧化碳排放降低 17%。但我国目前仍处于工业化初期到中期阶段。在此阶段，重化工业和重加工工业应当是我国工业产业的发展重点。而重化工业和重加工工业均是能耗和碳排放高的行业。因而，经济增长与减少碳排放之间的矛盾十分突出。与此同时，由于我国人口众多，在城市化进程中还将有数亿人由农村进入城市，由此带来的为创造就业机会而加快非农产业发展、城市人口激增情况下的消费扩张，都将增加我国经济增长中的碳排放总量，从而加剧我国产业发展与全球低碳经济发展之间的矛盾。

2. 制造业外向型经济发展模式受到国际经济环境的严重影响

出口和外商直接投资对中国经济的成功至关重要，而且出口的快速增长使中国经济能够吸收更多的外商直接投资并保持稳定和良好（没有扭曲）的外汇市场。由此，推动出口、外商直接投资和稳定的外汇市场就为我国高速稳定的经济增长创造了良好的外部环境[1]。事实上，考察我国改革开放以来的经济增长路径，越来越受到国际经济形势影响。改革开放后，经历 1983 年之前蹒跚的经济增长之后，当我国的经济增长率可以稳定在 10% 甚至以上的时

① 姚树洁，韦开蕾. 中国经济增长、外商直接投资和出口贸易的互动实证分析 [J]. 经济学（季刊），2007（10）：151－170.

候，1989 年、1990 年我国经济增长率从 1987 年、1988 年均超过 11% 下跌到 4% 。之后，东南亚金融危机再次使我国的经济增长率从超过 10% 下跌到 7% 。始于 2008 年的全球金融危机也使得之前 13% ~ 14% 的 GDP 增长率下跌 到 9% 。究其原因，都与国际经济形势不佳导致我国出口和外商直接投资金额 锐减有明显的关系。在我国经济增长的"三驾马车"中，目前出口的贡献虽 然不及投资与消费，但在投资与消费的贡献几乎恒定的情况下，却往往因为 出口不利恶化了国内市场形势，进而导致我国经济增长率的严重下降。

3. 国际知识产权保护的加强对我国产业技术进步的不利影响

由于产业基础薄弱，自改革开放后我国实施的以市场换技术战略，在外 商直接投资大量涌入中国后，通过 FDI 的技术外溢效应极大地提高了我国产 业发展的技术水平，这在相当程度上是通过反向工程和模仿来取得的。事实 上，日本和韩国等东亚新兴工业化国家和地区在第二次世界大战之后经济快 速增长，与他们能够大量实施反向工程和技术仿制，并且能够以较低代价获 得外国技术许可是密切相关的[①]。但在我国加入 WTO 以后，要全面执行 WTO 的一系列协议，TRIPs 就是其中十分重要的一个协议。在 TRIPs 体制下，知识 产权保护与国家贸易直接挂钩，而知识产权保护的加强意味着我国企业要么 支付高额的技术许可费引进技术，要么投入巨资自主研发新技术。但无论如 何，都将极大地提高企业生产成本，降低其在国际市场上的竞争力。

（二）化解产业技术发展制约因素的主要途径

1. 注重从基础研究到应用基础研究的转变

第二次世界大战期间美国科学研究发展局局长布什在研究报告《科学：永无止境的前沿》中指出，基础研究是不考虑应用目标的研究，它产生的是 普遍的知识和对自然及其规律的理解。应用研究是有目的地为解决某个实用 问题提供方法的研究[②]。按照布什的理解，这两种研究分别由两个不同的机构 来承担，大学主要从事基础研究；企业或政府设立的实验室主要从事应用研究。

但在我国目前高等院校科研院所的科研体制下，大多要求科研人员走向

---

① 文礼朋. TRIPS 体制与中国的技术追赶［M］. 北京：社会科学文献出版社，2010.
② 成素梅，孙林叶. 如何理解基础研究和应用研究［J］. 自然辩证法通讯，2000（4）：50 – 56.

企业，瞄准企业需求做应用研究，也就是解决企业发展中的实际需求问题。但实际出现的结果却是，诸多走向企业做应用研究的，应用研究没有做好，原来的研究体系和路径又在应用研究的高收入面前受到严重冲击。事实上，基础研究仍然是应用研究最重要的基石。如果以大学水平与其基础研究能力成正比关系来考量，经验的观察可以发现，大量委托给高校科研院所完成的企业应用研究，尤其是那些对研究人员技术含量要求极高的应用研究，仍然流向了高水平大学。这表明，企业对于应用研究能力的认识，仍然是基于基础研究水平的。因此，片面强调应用研究，对于研究机构基础研究的冲击是不利于我国产业发展中对技术进步和技术创新需求的。

而在基础研究与应用研究之间，还有一种应用基础研究，其所寻求的是为开发新技术而进行的应用研究所必需的科学知识，它更直接地为应用研究提供基础。从应用基础研究到应用研究，始于应用而终于应用，才可能完成从认识自然到改造自然、从科学创新到技术进步的重要过程[①]。如何通过应用基础研究之"始于应用、终于应用"的特征，沟通融合基础研究和应用研究实施主体的成果，成为如何通过基础研究促进应用研究的关键。

2. 规避"技术代工"现象

"代工"现象主要是指大型跨国公司将其在发达国家业已成型的技术装备或生产流水线，整体搬移到发展中国家，从国外进口核心配件在发展中国家利用其廉价的劳动力及为吸引外资给予的土地、税收等政策，完成产品装配再将产品出口到发达国家的生产过程。总的来说，"代工"企业是在没有自己的品牌、没有自己的技术、没有自己的市场情况下单纯地从事加工贸易生产。但在近年来我国技术研发过程中，"技术代工"现象也有所体现。比如在一些高校中，为了吸引海外人才，开出了高额的人才引进待遇，结果却是所引进人才在国外所完成的几篇论文，而论文的知识产权甚至都不归我国所有。也就是说，在整个过程中，国内人才载体所支付的高额费用并没有得到所预期的研发成果，而是这些海外人才以其在国外研究过程中的核心成果为基础，挂名国内人才载体发表署名论文，而论文核心成果的知识产权仍属国外。这

---

① 李大东，何鸣元. 从应用基础研究到应用研究 [J]. 世界科技研究与发展，1998（4）：18 - 20.

就好比跨国公司到我国来生产汽车，虽然名义上汽车是中国产的，但发动机、底盘、变速箱却是引进的。这种现象的延伸就会出现"技术代工"现象，其过程与加工贸易中的"国际代工"现象是一致的。"技术代工"现象不仅不利于我国掌握某些领域核心技术，甚至对国内相关研究人员的研发积极性也是沉重的打击。因此，西部地区在解决优势产业发展中的技术进步问题时，应着力规避"技术代工"现象，力争在技术领域的投资能真正发挥其促进西部地区优势产业发展的作用。

3. 提升技术开发层次及与中西部等地区优势产业发展技术需求结合程度

每年我国都授权数量众多的专利，但专利的有效性却不高。依据历年《中国科技统计年鉴》，在1991～2020年，我国共授权发明专利2106.08万件，但到2020年，有效发明专利为1123.69万件，有效发明专利比例仅为53.35%。从图8-9所示每一年新增有效专利对新增发明专利比值来看也大多在50%左右，而且从2011年之后，每年新增失效专利均高达数十万件甚至上百万件。这意味着，很可能有相当一部分的专利，从专利授权的那一刻起，就已经没有经济价值。

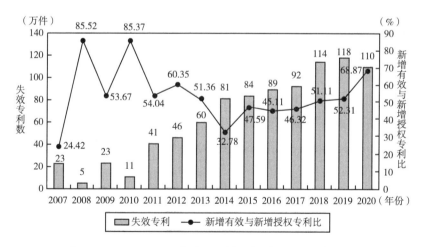

图8-9　2007～2020年我国新增有效对新增授权专利比
与新增失效专利数演变趋势

而且，即使是企业的研发所产生的专利，专利产生经济效益的能力也相对较弱。发明专利授权量增加 1%，仅仅导致企业新产品销售收入增加 0.51%。这表明企业的很多专利并没有带来市场上的高额回报①。此外，依据《2010 中国有效专利年度报告》中的数据，截至 2010 年底，我国国内有效专利中，实用新型专利和外观设计专利分别占到国内有效专利总量的 46.50% 和 39.30%，而创造水平及科技含量较高的发明专利比重相对较低，只有 14.20%。即使到了 2021 年，我国的专利申请中，发明专利申请量为 158.60 万件，使用新型专利申请量为 285.20 万件，外观设计专利申请量为 80.60 万件，发明专利申请量也仅仅占 30.24%，而使用新型专利则占到了 54.39%②。而国外有效专利则是以发明专利为主，其占到国外有效专利总量的 78.60%，外观设计专利占 19.30%，实用新型专利所占比重仅有 2.10%③。这种情况表明，我国的专利技术研发人员大多停留在低层次技术水平上，而且技术研发工作与经济现实需求在相当程度上是脱节的。因此，提升技术开发层次及其与西部地区优势产业发展技术需求的结合程度，提升解决西部地区优势产业发展中技术问题的针对性，对于西部地区优势产业发展具有重要的意义。

三、推动优势产业配套服务业的发展

(一) 当前我国服务业发展趋势

第一，服务业已经成为我国吸纳劳动力就业的主力。服务业，尤其是传统的批发零售、住宿餐饮、交通运输、社区、社会个人服务等行业都是典型的劳动密集型产业。因此，服务业的发展对于提供非农就业岗位，促进我国城市化进程中农村劳动力的转移具有重要意义。我国第三产业在就业中的比重自 1994 年起就已经超过第二产业。到 2020 年，我国三次产业就业结构为 23.60∶28.70∶47.70，第三产业占全社会从业人员的比重已经接近 50%。随着我国城市化进程的进一步推进，工业产业重心向重化工业、重加工工业、

---

① 张传杰，冯春晓. 我国大中型企业专利产出及其经济效益的实证分析 [J]. 科技和产业，2009 (4)：43-46.

② 国家知识产权局 2021 年度报告，https://new.qq.com/rain/a/20220607A08WBX00.html.

③ 国家知识产权局规划发展司. 2010 中国有效专利年度报告 [R]. 2011：5.

知识和技术密集型产业转移，工业产业对劳动力的吸纳能力势必将会延续
2012 年（占全部从业劳动力的 30.40%，为历史最高）以来的下降趋势，而
目前仍占我国总人口 1/3 左右的农业农村人口中仍然有相当大的比例将会转
移到城市，其中转移到城镇的农业劳动力大部分也将转移到城市服务业从事
非农劳动。因此，在仍有庞大的农村劳动力向城镇非农产业转移，以及工业
产业转型而释放工业劳动力等两方面的就业压力下，加快发展第三产业至关
重要。

　　第二，生产性服务业的地位日益提高。传统的生产服务业包括金融业、
保险业、房地产业和商务服务业。现代新兴的生产服务业则包括广告、市场
调查、会计师事务所、律师事务所和管理咨询等服务业[1]。生产性服务业具有
高智力、高集聚、高成长、高辐射特点，是当代经济良性发展必要条件[2]。在
发达国家的服务业内部，以金融、保险、房地产和商务服务为主的现代服务
业占有越来越重要的地位，1987 年，金融、保险、房地产和商务服务业对美
国 GDP 的贡献率就达到 25.50%，到 1997 年进一步提高到 28.60%，提高 3.1
个百分点。同期美国第三产业占 GDP 的比重仅仅从 70.30% 提高到 74.20%。
这意味着，第三产业对美国 GDP 贡献的增量有 3/4 来自金融、保险、房地产
和商务服务业。此外，金融、保险、房地产和商务服务业在 1997 年英国、法
国、意大利、澳大利亚、荷兰、新西兰等国家 GDP 中所占比重也接近或超过
1/4[3]。与之相比，如图 8 - 10 所示，2010 ~ 2020 年，我国第三产业占 GDP 的比
重从 43.73% 上升到 53.95%，提高了 10.22 个百分点。同期，包括信息传输、
软件和信息服务业、金融、房地产、租赁和商务服务业、科学研究和技术服
务业等在内的生产性服务业占我国 GDP 的比重从 17.45% 上升到 24.85%。虽
然生产性服务业占 GDP 的比重仍然低于欧美发达国家，但 2010 ~ 2020 年生产
性服务业的增加值增量已经占第三产业增加值增量的 49.06%。而从 2011 ~
2020 年生产性服务业对第三产业增加值增量的贡献来看，尽管不稳定，但均
在 40% 以上，2013 年和 2020 年更是分别达到了 72.14% 和 101.10%。上述数

① 李江帆，毕斗斗. 国外生产服务业研究述评 [J]. 外国经济与管理，2004 (11)：16 - 20.

② 马春. 世界生产性服务业发展趋势分析 [J]. 江苏商论，2005 (12)：87 - 88.

③ The Service Economy. OECD, Paris, 2000.

据表明，生产性服务业在我国第三产业中的地位在不断上升，对我国经济发展的作用也在不断增强。

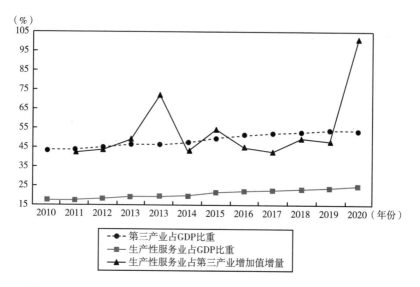

图 8 – 10　2010 ~ 2020 年我国第三产业和生产性服务业占 GDP 的比重

第三，生活性服务业转向关注民生和经济安全问题。民生服务业涉及养老、就业、医疗、家庭、休闲等领域，是连接经济增长与社会发展的重要社会"软性"基础设施[①]。2000 年，我国人口预期寿命已经超过 70 岁。按照联合国的相关标准，我国在 2000 年就已经达到老龄化社会的临界值，即 65 岁及以上人口比例占总人口的 7.00%。这一比例到 2020 年进一步提高到 13.50%，十年间几乎翻了一番，而且这一比例未来还会继续增加。老年人口比例的增加，在我国由于人口政策所产生的老年人问题特殊性，以及农村劳动力在城市非农产业就业带来的空巢老年人问题，都迫切需要我国服务业的发展日益转向对民生问题，尤其是对养老、社会保险和社会保障等领域的关注。此外，信息技术带来人们生产和生活方式的变革，由此产生的网络购物环境下金融服务安全问题，信息网络下个人与经济安全问题也将是我国今后服务业发展的重点领域。

---

① 徐占忱．"十二五"期间民生服务业发展的动力和机制［J］．宏观经济与管理，2011（3）：32 – 34.

（二）区域优势产业发展中的配套服务业发展措施

1. 建立和完善科技融资平台

通过资金注入、资产整合、业务拓展和金融创新等手段，打造具有国内知名度和影响力的创新投资担保公司，并加快与各商业银行达成资金放大及紧密合作协议，引进国内外担保公司及投资公司，为企业尤其是产业承接和优势产业企业的发展提供了良好的金融服务平台。基于该平台吸引民间资本，发起设立产业基金管理公司，对于运作成熟业绩良好的投资管理公司募资给予支持。创新科技投融资服务产品，探索科技银行、境内外上市、代办股份转让、统贷统还、集合债券、信托计划、信用保险、贸易融资和设备租赁等金融产品和服务，满足各类、各层次资金和服务需求。根据不同阶段优势产业企业的发展需要，提供不同种类的金融服务。搭建由投资人、投融资机构、券商和科技型企业等在内的投融资合作对接平台。

2. 培育发展专业中介服务体系

以发展生产性中介服务业为重点，积极培育新兴的科技、创意、网络等具有创新性的中介服务业，丰富区域性中介服务的类型和内涵，逐步形成具有区域和行业特色的中介服务业体系，不断增强各地区中介服务业发展的吸引力和影响力。大力引进和促进发展管理咨询、科技投融资、产权交易、专利代理和科技评估等中介服务机构，逐步完善支撑服务体系；选择专业能力强、信誉好的中介机构，并与之建立长期、稳定的合作关系，借助这些机构的专业力量，用较低的成本为优势产业企业提供成长所急需的有关税收、法律、财务、人力资源管理、企业战略策划、市场服务等，解决企业成长中遇到的各种问题；加大政策优惠和扶持力度，进一步营造鼓励发展中介服务业的良好氛围，让它们更快、更好地成长，成为中介服务业发展的后备力量。

3. 积极发展科技中介服务业态

以国家法规、地方规章为基础，政府政策为调控措施，行业规范为自律准则，企业服务资质标准为指导，建立完善包括创业孵化、生产力促进、公共技术服务、咨询评估、科技信息、技术转移与产权交易、风险投资、科技人才、技术监督与标准、知识产权保护等在内的科技中介服务功能系统。建设科技中介体系的功能集成平台；以优化配置科技资源为目的、技术转移及产权交易和融资服务为内容的交易集成服务平台；以信息化网络技术支撑创新为目的、数据库建设和信息咨询服务为内容的科技信息平台；以共享社会科技条件和专业技术服务为目的、协调利用各类科技基础设施和共性技术服务为内容的公共技术服务平台；以培育科技创新企业为目的、提供优势产业企业技术扶持为内容的创业孵化平台。

四、打破地方保护与市场分割建设全国一体化市场

（一）我国的区域市场化进程

改革开放以后我国的经济体制改革，到 1993 年党的十四届三中全会通过《中共中央关于建立社会主义市场经济体制若干问题的决定》，最终确立了社会主义市场经济体制的基本框架、战略部署和社会主义市场经济理论体系，标志着我国经济正式迈入市场化进程。我国市场化改革的进展推动了经济增长，为经济持续稳定增长奠定了可靠的新体制依托（卢中原，胡鞍钢，1993）。新中国成立尤其是改革开放以后，我国市场化水平的提高，其结果是资本从低效行业撤资、往高效领域增资的投资弹性系数也随之增加，资本配置进一步优化（方军雄，2006）。而在"探索适合我国国情的经济建设道路"过程中实施的社会主义市场经济体制改革本身就是一种制度变迁，将其纳入经济增长模型的结果证明，这样一种制度变迁本身可以作为我国经济增长的引擎（舒元，徐现详，2002）。但是在我国市场化改革进程中，各地区之间的市场化改革进程却各不相同，如表 8-1 所示。1997~2007 年，我国各省份的市场化指数都在不断提高，表明我国各地区的市场化程度都在不断提高。但直到 2016 年，各地市场化指数差异仍然较大。市场化指数最高的上海、浙江和广东已经超过 11；而市场化程度较低的贵州、西藏、陕西、甘肃、宁夏、青海、新疆等省份的市场化指数仍然低于 5。正是由于我国各地区市场化水平的差异，东部地区在改革开放后通过优惠政策获得了一个先发的优势，在市场化机制的作用下东部地区的先发优势得到了强化，使得东部地区与中西部地区之间的差距逐渐扩大（孙海刚，2007）。

表 8 - 1   **1997~2016 年我国各省份市场化指数**

省份	1997 年	1999 年	2001 年	2003 年	2005 年	2007 年	2010 年	2012 年	2014 年	2016 年
北京	5.15	3.95	6.17	7.50	8.48	9.55	7.94	8.75	9.37	9.14
天津	4.53	4.71	6.59	7.03	8.41	9.76	7.06	9.02	9.29	9.78
河北	4.98	4.66	4.93	5.59	6.61	7.11	4.98	5.44	6.03	6.42
山西	3.34	3.32	3.40	4.63	5.28	6.23	4.51	4.79	5.15	5.66
内蒙古	2.55	3.41	3.53	4.39	5.74	6.40	4.46	5.19	4.96	4.80
辽宁	4.58	4.47	5.47	6.61	7.92	8.66	6.24	6.53	6.88	6.75
吉林	3.51	3.97	4.00	4.69	6.06	6.93	5.42	6.06	6.27	6.70
黑龙江	2.73	3.57	3.73	4.45	5.69	6.27	4.78	5.94	6.16	6.14
上海	5.00	4.70	7.62	9.35	10.25	11.71	8.79	8.70	9.77	9.93
江苏	5.25	5.73	6.83	7.97	9.35	10.55	8.59	9.94	9.64	9.26
浙江	6.17	5.87	7.64	9.10	10.22	11.39	8.18	9.28	9.73	9.97
安徽	4.42	4.67	4.75	5.37	6.84	7.73	6.12	6.25	7.40	7.09
福建	5.43	5.79	7.39	7.97	8.94	9.45	6.72	7.33	8.09	9.15
江西	3.93	3.90	4.00	5.06	6.45	7.29	5.61	5.68	6.74	7.04
山东	4.80	5.15	5.66	6.81	8.44	8.81	6.75	7.24	7.76	7.94
河南	4.82	4.05	4.14	4.89	6.73	7.42	6.08	6.34	6.85	7.10
湖北	4.24	4.01	4.25	5.47	6.86	7.40	5.50	6.21	7.16	7.47
湖南	4.73	3.98	3.94	5.03	6.75	7.19	5.47	5.70	6.78	7.07
广东	6.29	5.96	8.18	8.99	10.18	11.04	7.73	8.33	9.30	9.86
广西	4.22	4.39	3.93	5.00	6.04	6.37	5.13	6.19	6.48	6.43
海南	4.60	4.70	5.66	5.03	5.63	6.88	4.68	5.46	5.87	5.28
重庆	4.28	4.57	5.20	6.47	7.35	8.10	6.22	6.94	7.80	8.15
四川	4.24	4.07	5.00	5.85	7.04	7.66	5.75	6.03	6.52	7.08
贵州	2.89	3.29	2.95	3.67	4.80	5.57	3.53	4.33	4.81	4.85
云南	2.70	3.47	3.82	4.23	5.27	6.15	4.94	4.39	4.81	4.55
西藏			0.33	0.79	2.64	4.25	0.39	0.02	0.71	1.02
陕西	3.03	2.94	3.37	4.11	4.81	5.36	3.92	5.11	6.29	6.57
甘肃	3.01	3.61	3.04	3.32	4.62	5.31	3.28	3.26	3.86	4.54
青海	1.29	2.15	2.37	2.60	3.86	4.64	2.37	2.55	2.53	3.37
宁夏	1.69	2.86	2.70	4.24	5.01	5.85	3.83	4.28	5.15	5.14
新疆	1.77	1.72	3.18	4.26	5.23	5.36	2.81	2.87	3.45	4.10

资料来源：（1）樊纲，王小鲁，朱恒鹏. 中国市场化指数——各地区市场化相对进程 2009 年报告 [M]. 北京：经济科学出版社，2010.（2）樊纲，王小鲁，朱恒鹏. 中国分省份市场化指数报告 (2018)[M]. 北京：社会科学文献出版社，2019.

（二）我国的地方保护与市场分割问题

正是由于我国区域经济发展差距，从而导致了我国迄今在诸多方面仍然存在较多的地方保护与市场分割问题。比如跨地域的电力交易存在一定的壁垒从而造成资源分配不均等问题①；新能源汽车品牌要到某地销售就得被迫在"市场换投资"的要求下在当地设立法人单位并建立工厂，以超国标的指标或特定的技术要求设立地方标准和目录，强制车企采购本地企业生产的电池电机等零部件，出台不公平的地方非补贴性政策给本地企业优惠，限制或变相限制消费者购买外地及某类新能源汽车等②；地方在政府项目招标、政府采购中，设置倾向本地企业的条件，通过投标资格限定，排除外地企业；公共服务向本地居民倾斜，某些项目只对本地居民提供③，等等。地方保护阻碍了商品和要素在全国范围内的自由流动，削弱了市场机制优化资源配置的有效性，不利于发挥地区比较优势和形成专业化分工，也不利于获得规模效益，往往还是市场无序竞争的根源之一④。具体来说，地方保护与市场分割对我国区域经济的影响表现在以下几个方面：

第一，地方保护导致区域产出损失。根据劳动力、固定资产净值、存货、其他流动资产等生产要素的研究结果表明，在不需要增加任何要素投入的条件下，如果消除各种扭曲，中国国有及规模以上非国有制造业 2000 年的增加值，可以增长到实际水平的 1.05 倍。而分地区计算产出配置结构效率的算术平均数得到的结果显示，产出配置结构效率西部 11 个省份最低，东北 3 个省份次之，中部 6 个省份更高一些，沿海 10 个省份最高⑤。这表明，中国中西部地区经济发展水平落后的原因，与其产出结构扭曲，地方保护加剧了市场的分割程度有一定的关系。

① 陈威，王圣洁，尚雅茹，白春光. 基于地方保护的碳限额与交易机制下电力供应链企业的低碳技术投资研究 [J]. 电子科技大学学报（社科版），2022，24（5）：73 - 87.

② 杨忠阳. 破除新能源汽车地方保护主义 [N]. 经济日报，2022 - 7 - 1.

③ 苏剑. 建设"全国统一大市场"，先要打破地方保护 [J]. 中国经济周刊，2022（8）：102 - 103.

④ 李善同，侯永志，刘云中，陈波. 中国国内地方保护问题的调查与分析 [J]. 经济研究，2004（11）：78 - 85.

⑤ 刘培林. 地方保护和市场分割的损失 [J]. 中国工业经济，2006（4）：69 - 76.

第二，地方保护分割了市场、弱化了竞争、降低了产业与企业竞争力的提升。地方市场分割几乎渗透到市场体系的各个组成部分，本应统一的国内市场被行政界线按条块分割开来，市场在资源配置中的决定性作用得不到充分的发挥，并进而妨碍建设公平竞争、规范有序的市场体系进程。由于市场分割的存在，人为地阻碍了相邻区域产业的直接竞争，区域内企业受市场规模限制，没有压力也没有动力投入大量资金进行 R&D 活动，从而延缓了企业技术创新与技术进步的速度。同时，市场分割割断了本地与相邻区域学习效应、技术创新的溢出效应、技术转移与吸收、熟练劳动力的转移等，最终影响区域内产业竞争能力的提升。而在市场分割背景下，企业行为很难完全按照市场运作，往往要受限于地方政府的不规范操作。当企业经营遇到困难时，往往不是改进经营方式，投资于研发活动，致力于加快产品升级换代，而是"找政府"。事实证明，对外地有竞争力的产品流入限制越严重的省份，本地企业改进生产经营的积极性越低，生产率提高越为缓慢[1]。

第三，地方保护降低了财政收入。市场分割并没有如预期那样会带来地方财政收入的增长，反而抑制了地方财政收入的增长[2]。无论是预算内收入、预算外收入还是预算内外收入角度的考量都表明，市场分割对经济发达地区财政收入的负面影响最高；其次是中部地区；西部地区最低。具体来看，对发达地区而言，市场分割对预算外财政收入负面影响最大，其次是预算内财政收入；对落后地区而言，市场分割对预算内财政收入负向影响最大，其次是预算外收入。

第四，地方保护阻碍了区域市场一体化。以东北地区为例，自 20 世纪 90 年代末期以来，东北 3 个省份总体呈现出区域市场一体化发展趋势，但同时受到地方市场分割的反向作用，一定程度上削弱了这一趋势。尽管 2002 年之前，在我国进行国有企业改制的关键阶段，东北地区作为我国国有经济最为集中的地区，由于工业企业本身比较缺乏竞争力，因而地方保护给改制后的地方企业创造了一个缓冲时期，有利于本地经济的发展。但 2002 年之后，东

---

① 赵树宽，石涛，鞠晓伟. 区际市场分割对区域产业竞争力的作用机理分析 [J]. 管理世界，2008（6）：76 – 77.

② 刘小勇. 市场分割对地方财政收入增长影响的跨地区和跨时效应：1986 – 2008 [J]. 财贸研究，2011（2）：73 – 79.

北地区基本完成国企改制工作，改制后存留的国有独资或国有控股企业，都是按照国际现代管理模式构建，已经具有了相当竞争力，同时企业自身也有进一步扩大市场的需求。但东北3个省份，尤其是在黑龙江省与辽宁省、黑龙江省与吉林省之间，由于工业产业同构性，导致黑龙江省与辽宁省、黑龙江省与吉林省之间在地方利益驱使下，实行的地方保护，出现了较强的市场分割，对地区经济一体化发展起到了阻碍作用[①]。

（三）打破地方保护与市场分割的主要措施

为此，要打破地方保护与市场分割建设全国一体化市场，应采取的主要措施包括：

首先，要逐步剔除妨碍经济区域之间人员、物资自由流动的物理障碍。比如目前仍广泛存在于我国各地区设置于经济区域之间的收费关卡，交通体系的连接障碍，以及针对区域内与区域外人员、物资运输的政策性歧视。

其次，加强信息基础设施建设，消除经济区域之间贸易往来的信息不对称问题。比如在产品市场方面，提供市场信息公开平台，提高区域间信息的流动性，实现市场信息的资源共享，为区域内产业分工、转移和优化提供基础。

最后，加强配套政策破解体制性障碍。促进双轨利率向单一市场利率并轨，打破垄断和深化国有企业改革，放宽市场准入，营造多种所有制经济平等竞争的市场环境；推进土地制度改革，建立统一土地市场；实施结构性政策，加大结构性减税力度等。更好地发挥市场对配置资源的决定性作用，破除制约经济社会发展的体制障碍，增强发展的内生动力。

五、构建产业转移促进区域优势产业发展的政策体系

（一）财政支持政策

1. 设立优势产业发展专项财政资金

各地区财政每年拿出一定的专项资金，用于设立自主创新与转方式、调

---

① 马秀颖. 市场分割对东北地区经济一体化的影响分析［J］. 当代经济研究，2011（2）：84－88.

结构科技引导专项资金，补助优势产业企业关键技术研发、重大投资项目贷款贴息、支持企业上市等，扶持加快各地区优势产业的发展。

2. 重大项目支持基金

各地区财政每年专项财政资金，用于支持优势产业以单个企业为主体的重大项目，或以主体企业或主体产品为主的产业集群项目。对以单个企业为主体的项目，以主体企业或主体产品为主的产业集群项目，按照批次给予单个项目一定的支持额度。对特别优秀的项目，还可以在各地区政府批准后另行安排资金给予特殊支持。

（二）税收优惠政策

1. 围绕"形成优势产业先发优势"，给予相应税收政策支持

对高新技术企业，按优惠税率征收企业所得税。对经认定的技术先进型优势产业企业，按优惠税率征收企业所得税。对经认定的技术先进型新兴产业企业，对企业职工教育经费按照一定的比例据实在企业所得税税前扣除，超过部分准予在以后纳税年度结转扣除。

2. 围绕"培育自主知识产权、自主品牌和创新型企业"，大力支持技术创新

企业为开发新技术、新产品、新工艺发生的研究开发费用，未形成无形资产计入当期损益的，在按照规定据实扣除的基础上，按照研究开发费用的一定比例加计扣除；形成无形资产的，按照无形资产成本的相应比例摊销。对经认定确有巨大发展前景的优势产业企业，其在技术研发和产品生产初期，实行增值税即征即退政策，所退还的税款不作为企业所得税应税收入。

3. 围绕"构建资源节约型、环境友好型社会"，大力扶持环保、节能节水等企业以及"低碳经济"发展

企业从事符合条件的环境保护、节能节水项目的所得，自项目取得第一笔生产经营收入所属纳税年度起，第一年至第三年免征企业所得税，第四年至第六年减半征收企业所得税。企业以《资源综合利用企业所得税优惠目录》规定的资源作为主要原材料，生产国家非限制和禁止并符合国家和行业相关标准的产品取得的收入，降低一定比例后计入收入总额。企业购置并实际使

用《环境保护专用设备企业所得税优惠目录》《节能节水专用设备企业所得税优惠目录》和《安全生产专用设备企业所得税优惠目录》规定的环境保护、节能节水、安全生产等专用设备的，该专用设备投资额的一定比例可以从企业当年的应纳税额中抵免；当年不足抵免的，可以在以后一定纳税年度结转抵免。

4. 围绕"全面优化行政服务环境、促进产业转型升级"，切实提高纳税服务的水平和质量

全面推行一窗多能、一窗通办，打造便捷高效的办税服务体系，在优势产业的各类企业中率先对纳税申报、税款缴纳、发票领购、代开发票等涉税业务实行同城通办，拓宽"服务平台"。构建针对优势产业的结对帮扶、问税直通制度，定期上门服务，将相关税收优惠政策梳理配送到企业。实现优势产业重点企业专人联系、重点项目全程跟踪、重点园区定制服务。联合工商、国税、科技等部门开展"组团服务"，利用政府平台及时向企业传递各个地区的发展政策、信息资源，全力助推优势产业发展。

（三）土地利用政策

1. 加大优势产业企业用地支持措施

经主管部门批准的新建优势产业项目用地，可优先使用全区年度用地指标。督促各地政府解决优势产业企业发展、重大项目的"落地"问题。加快传统制造业企业搬迁、旧厂区改造等措施，最大限度地服务于优势产业的项目规划和土地审批。

2. 用地优惠措施

新设立的优势产业企业，由地方政府在土地审批、各项地方收费、工商注册等方面给予优惠。重点优势产业企业新建重大产业项目的用地保障，优先纳入年度土地供应计划。优势产业企业用地土地出让金一次全额缴纳有困难的可采取分期或分年缴纳。对固定资产投资在 1 亿元以上、按项目投资合同约定建成投产的项目，其土地出让金按规定地价预缴后，由各地财政给予等额奖励，用于配套基础设施建设。

3. 给予厂房建设中的差额补助，提高土地集约利用水平

按项目投资合同约定建成投产、企业厂房建筑面积在 5000 平方米以上的项目，给予厂房建设补助。具体补助标准可以按照单层工业厂房、多层厂房等标准按建筑面积给予一次性的补助。

（四）投融资政策

1. 融资担保政策

出台大幅度降低优势产业企业融资成本的融资担保扶持政策。设立"优势产业企业融资担保扶持资金"，对获得担保贷款并按期还款的企业按照担保金额的一定比例在一定期限内给予企业担保费补贴扶持；同时与合作银行约定对资信情况良好的企业实行贷款基准利率；对符合条件的企业简化贷款担保手续以缩短贷款担保办理时间；通过与银行协作，在授信额度内采取"一次授信、分次使用、循环担保"的方式，提高审保和放贷效率；对年总收入在一定范围内的新兴产业企业以及重点扶持的企业，经审核批准在一定年限内给予融资担保扶持。

2. 建立和完善科技融资平台

通过资金注入、资产整合、业务拓展、金融创新、吸引民间资本等手段，打造具有国内知名度和影响力创新投资担保公司，并加快与各商业银行达成资金放大及紧密合作协议，引进区内外担保公司及投资公司，为优势产业企业尤其是中小企业的发展提供良好的金融服务平台。创新科技投融资服务产品，探索科技银行、境内外上市、代办股份转让、统贷统还、集合债券、信托计划、信用保险、贸易融资和设备租赁等金融产品和服务，满足各类、各层次资金和服务需求。搭建由投资人、投融资机构、券商和科技型企业等在内的投融资合作对接平台。

3. 鼓励企业上市的政策

出台《关于鼓励和促进优势产业企业上市的若干意见》等政策措施，大力培育拟上市企业群体。在资金、土地、人才等方面扶持以企业上市为目的的股份有限公司。对培育上市的优势产业企业建立经常联系制度，对企业实施全过程引导服务。对拟上市的后备企业，也可以享受补办相关权证、税费减免、政策性资金的申报以及投资项目用地等多项优惠措施。推动上市公司利用资本市场再融资和收购兼并其他企业，实现上市公司的规模扩张和质量提高。

（五）人才政策

1. 加强人才培养

重点建设科技型企业家人才、高层次领军人才、基层年轻科研人才、高技能人才等"四支队伍"；依托高校、科研院所和骨干企业，以重点学科、重大项目、重点产业的实施和管理为载体，有针对性地培养适应优势产业发展需要的复合型、创新型专业人才队伍。鼓励和支持高新技术企业，特别是中小型和民营高新技术企业的员工培训工作。与国内外著名院校和科研院所合作创办产学研基地、培训中心和博士后流动工作站。

2. 推动人才引进

加大引进优势产业发展所急需人才的鼓励力度，给予高层次人才补贴奖励；给予企业补贴用于高层次人才引进的寻访费用；对于在人才引进中做出贡献的人才机构给予相关补贴、补助，鼓励人才中介机构和猎头公司为高新区企业引进高层次人才。营造吸引人才促进西部地区优势产业发展的良好氛围。

3. 加强建设海外高层次人才创新创业基地

多种渠道吸引海外高层次人才，积极引进领军型海归创业人才。制定实施降低创业启动成本、提供融资担保、设立项目风投资金等配套政策措施，从决策、协调、执行三个层面有力、有序推进人才基地建设。与区内主要高等院校签订相关合作框架协议，借助高校的学科、研发团队等优势吸引海外人才，努力形成工作合力，并加强与高校校友会、海外联谊会、区域留学人员机构的沟通合作，吸引海外高层次人才入驻。

参考文献

[1] 阿瑟·奥沙利文. 城市经济学（第4版，英文影印版）[M]. 北京：中信出版社，2002.

[2] 埃德加·M. 胡佛，王翼龙译. 区域经济学导论（中译本）[M]. 北京：商务印书馆，1990.

[3] 安虎森. 区域经济学通论 [M]. 北京：经济科学出版社，2004.

[4] 彼得·尼茨坎普主编，安虎森等译. 区域和城市经济学手册（第 I 卷：区域经济学）[M]. 北京：经济科学出版社，2001.

[5] 蔡之兵，张可云. 中国标准区域体系划分研究 [J]. 学术界，2014 (12)：63 - 84.

[6] 陈瑞莲，谢宝剑. 回顾与前瞻：改革开放30年中国主要区域政策 [J]. 政治学研究，2009 (1)：61 - 68.

[7] 陈熙琳. 国家战略嬗变记——建国以来国家区域政策变迁历程 [J]. 中国西部，2010 (9)：80 - 85.

[8] 陈熙，徐有威. 落地不生根：上海皖南小三线人口迁移研究 [J]. 史学月刊，2016 (2)：106 - 118.

[9] 陈秀山，张若. 中部地区省际产品贸易流量估算与空间分析 [J]. 华中师范大学学报，2007 (5)：36 - 42.

[10] 陈炎斌. 论社会主义市场经济体制形成和发展的四个阶段 [J]. 党的文献，2009 (1)：50 - 58.

[11] 陈甬军. 一带一路经济读本 [M]. 北京：经济科学出版社，2017.

[12] 陈勇勤，旭超. "一五"计划与50年代共和国经济 [J]. 甘肃省经济管理干部学院学报，2002 (1)：3 - 9.

[13] 陈章喜. 我国大型城市群发展现状与对策分析 [J]. 经济前沿, 2006 (1): 11 – 14.

[14] 成素梅, 孙林叶. 如何理解基础研究和应用研究 [J]. 自然辩证法通讯, 2000 (4): 50 – 56.

[15] 储成仿. 中国工业化起点探析——"一五"计划的实施及其影响 [J]. 天津商学院学报, 1997 (6): 17 – 23.

[16] 崔昊. 厦门出台落实"一带一路"建设行动方案 [N]. 中国海洋报, 2014 – 11 – 12.

[17] 崔凌云, 肖玉香. 我市六户企业将迁出城区 [N]. 兰州日报, 2008 – 3 – 27 (001).

[18] 戴宾. 城市群及其相关概念辨析 [J]. 财经科学, 2004 (6): 101 – 103.

[19] 戴桂英. 十年计划体制改革大事记 (二) (1978 年 12 月—1988 年) [J]. 计划经济研究, 1989 (11): 83 – 90.

[20] 丁宋涛, 刘厚俊. 垂直分工演变、价值链重构与"低端锁定"突破——基于全球价值链治理的视角 [J]. 审计与经济研究, 2013, 28 (5): 105 – 112.

[21] 董辅礽. 中华人民共和国经济史 (上卷) [M]. 北京: 经济科学出版社, 1999.

[22] 董贺轩, 卢济威. 作为集约化城市组织形式的城市综合体深度解析 [J]. 城市规划学刊, 2009 (1): 54 – 61.

[23] 董志凯. "一五"计划与 156 项建设投资 [J]. 中国投资, 2008 (1): 108 – 111.

[24] 都沁军. 第三产业与城市化协调发展的对策研究 [J]. 城市发展研究, 2005 (5): 72 – 75.

[25] 段会娟, 梁琦. 地方化知识溢出的影响因素分析 [J]. 经济论坛, 2009 (10): 20 – 22.

[26] 段伟. 安徽宁国"小三线"企业改造与地方经济腾飞 [J]. 当代中国史研究, 2009 (5): 85 – 92.

[27] 对我国利用外资工作的若干政策建议 [J]. 经济研究参考, 1992 (Z4): 697 – 718.

[28] 发展研究所赴泰"正大"考察团.利用现代企业制度组织农产品生产——泰国"正大集团"考察报告 [J].管理世界,1988 (2):157 – 165.

[29] 樊纲,王小鲁,朱恒鹏.中国分省份市场化指数报告 (2018) [M].北京:社会科学文献出版社,2019.

[30] 樊纲,王小鲁,朱恒鹏.中国市场化指数——各地区市场化相对进程 2009 年报告 [M].北京:经济科学出版社,2010.

[31] 范恒山.十八大以来我国区域战略的创新发展 [N].人民日报,2017 – 6 – 14,第 07 版.

[32] 范剑勇.市场一体化、地区专业化与产业集聚趋势——兼谈对地区差距的影响 [J].中国社会科学,2004 (6):39 – 53.

[33] 范少言,刘建华.深圳城市空间结构对房地产价格影响的初探 [J].城市规划,1995 (4):4 – 6.

[34] 范维令.山西融入"一带一路"建设的纽带——万里茶道 [J].文史月刊,2019 (2):70 – 72.

[35] 方远平,闫小培,毕斗斗,林彰平.转型期广州市服务业区位演变及布局特征 [J].经济地理,2009 (3):370 – 376.

[36] 冯天顺.我国的对外开放政策和利用外资工作的基本情况 [J].管理现代化,1985 (2):29 – 32.

[37] 冯振环,赵国杰.我国区域投资中的问题及其对策 [J].中国软科学,2001 (7):108 – 111.

[38] 傅远佳.中国西部陆海新通道高水平建设研究 [J].区域经济评论,2019 (4):70 – 77.

[39] 高汝熹,罗明义.世界城市圈域经济发展态势分析 [J].经济问题探索,1998 (10):5 – 8.

[40] 高汝熹,张建华.论大上海都市圈——长江三角洲区域经济发展研究 [M].上海:上海社会科学院出版社,2004.

[41] 高延芳."一带一路"背景下中缅边境区金融合作研究——以瑞丽国家重点开发开放试验区为例 [J].商业经济研究,2017 (23):135 – 138.

[42] 顾朝林,邱友良,叶舜赞.建国以来中国新城市设置 [J].中国地理,1998 (4):320 – 327.

［43］顾春．块状经济是如何长大的——浙江调查［N］．人民日报，2010-8-9，第010版．

［44］郭飞．中国国有企业改革：理论创新与实践创新［J］．马克思主义研究，2014（4）：40-52．

［45］郭万达．现代产业经济学词典［M］．北京：中信出版社，1991．

［46］郭晓静，实习生，童超．"十一五"末我市将有上百户工业企业搬出主城［N］．重庆日报，2007-8-8，第001版．

［47］何椿霖．中国经济特区与沿海经济技术开发区年鉴（1980—1989）［M］．北京：改革出版社，1991．

［48］何广顺，周秋麟．蓝色经济的定义和内涵［J］．海洋经济，2013，3（4）：9-18．

［49］何明俊，应联行，高洁．杭州主城区工业企业合理搬迁的难题及对策研究［C］．2005城市规划年会论文集，663-667．

［50］何胜友．推进中小企业向园区集中的实践与探索［J］．上海农村经济，2005（1）：17-20．

［51］何树平，戚义明．中国特色新型城镇化道路的发展演变及内涵要求［J］．党的文献，2014（3）：104-112．

［52］洪银兴．指令性计划和指导性计划的划分范围新探［J］．南京师大学报（社会科学版），1983（4）：16-19．

［53］侯雨，毛岚，罗华伟．精准扶贫中基础设施建设问题研究［J］．当代农村财经，2017（9）：31-33．

［54］胡加祥．国际投资准入前国民待遇法律问题探析——兼论上海自由贸易试验区负面清单［J］．上海交通大学学报（哲学社会科学版），2014（1）：65-73．

［55］胡燕妮，尚平．广东全力支持"三来一补"企业转型升级［N］．中国市场监管报，2009-8-6，第A01版．

［56］胡永平，张宗益，祝接金．基于储蓄—投资关系的中国区域间资本流动分析［J］．中国软科学，2004（5）：130-135．

［57］黄汉江．投资大辞典［M］．上海：上海社会科学院出版社，1990．

［58］黄奇帆．浦东开发：一盘大棋中的重要一步［J］．中国经济周刊，

2018（50）：67－71.

[59] 黄天其. 城市交通问题的社会学思考 [J]. 改革，1990（4）：67－70.

[60] 黄勇. 浙江"块状经济"现象分析 [J]. 中国工业经济，1999（5）：58－60.

[61] 纪玉俊，刘英华. 产业集聚与扩散背景下的区域分工形成及演变 [J]. 重庆大学学报（社会科学版），2015（3）：8－14.

[62] 季崇威. 中国吸收外资的情况和政策 [J]. 世界经济，1981（5）：26－29.

[63] 季任钧，范磊. 一条有中国特色的城镇化道路——试论依靠乡镇企业发展小城镇 [J]. 城市经济，1995（6）：37－42.

[64] 贾康. 推动我国主体功能区协调发展的财税政策 [J]. 经济学动态，2009（7）：54－58.

[65] 江世银. 论区域产业政策 [J]. 天津行政学院学报，2002（3）：44－47.

[66] 江世银，杨伟霖. 论区域财政政策对区域经济发展的影响 [J]. 贵州财经学院学报，2003（6）：65－69.

[67] 姜爱林. 论对中国城镇化水平的基本判断 [J]. 江苏社会科学，2002（6）：55－60.

[68] 姜鑫，罗佳. 从区位理论到增长极和产业集群理论的演进研究 [J]. 山东经济，2009（1）：19－25.

[69] 姜隅琼，周鹏峰. 海南参与"21世纪海上丝绸之路"建设已有初步规划 [EB/OL]. http：//news. xinhuanet. com/2015－03/28/c_127630980. htm.

[70] 金碚. 中国经济发展的新常态研究 [J]. 中国工业经济，2015（1）：5－18.

[71] 景普秋，孙毅，张丽华. 资源型经济的区域效应与转型政策研究——以山西为例 [J]. 兰州商学院学报，2011，27（6）：40－47.

[72] 雷风行. 中国地铁建设的概况及发展思路 [J]. 世界隧道，1996（1）：1－6.

[73] 黎峰. 全球价值链下的国际分工地位：内涵及影响因素 [J]. 国际

经贸探索, 2015, 31 (9): 31 - 42.

[74] 黎青平. 对党和国家利用外资政策的历史考察 [J]. 中共党史研究, 1989 (2): 74 - 79.

[75] 李博群. 我国电子商务发展现状及前景展望研究 [J]. 调研世界, 2015 (1): 15 - 18.

[76] 李彩华, 姜大云. 我国大三线建设的历史经验和教训 [J]. 东北师大学报 (哲学社会科学版), 2005 (4): 85 - 91.

[77] 李大东, 何鸣元. 从应用基础研究到应用研究 [J]. 世界科技研究与发展, 1998 (4): 18 - 20.

[78] 李慧君. 民营经济对全区 GDP 贡献率近七成 [N]. 南方日报, 2011 - 1 - 7.

[79] 李佳峰. "一带一路" 战略下中欧班列优化对策研究 [J]. 铁道运输与经济, 2016, 38 (5): 41 - 45.

[80] 李江帆, 毕斗斗. 国外生产服务业研究述评 [J]. 外国经济与管理, 2004 (11): 16 - 20.

[81] 李江涛. 产业深化理论——一个新理论框架 [D]. 北京: 中共中央党校博士论文, 2004.

[82] 李金叶. 新疆农业优势特色产业选择研究 [J]. 农业现代化研究, 2007 (3): 181 - 184.

[83] 李具恒. FDI 的区位选择与中国区域经济发展——兼论中国西部地区的对策选择 [J]. 中国软科学, 2004 (6): 112 - 117.

[84] 李廉水等. 都市圈发展——理论演化; 国际经验; 中国特色 [M]. 北京: 科学出版社, 2006.

[85] 李善民. 中国自由贸易试验区的发展历程及改革成就 [J]. 人民论坛, 2020 (9): 12 - 15.

[86] 李善同, 侯永志, 刘云中, 陈波. 中国国内地方保护问题的调查与分析 [J]. 经济研究, 2004 (11): 78 - 85.

[87] 李曙新. 三线建设的均衡与效益问题辨析 [J]. 中国经济史研究, 1999 (4): 108 - 117.

[88] 李万茂. 中国东中西部地区投资发展及其比较 [J]. 调研世界,

1997（5）：15 - 18.

［89］李为．关于我国轻纺工业区位选择因素的探讨［J］．地理学报，1983（9）：273 - 283.

［90］厉无畏．产业融合与产业创新［J］．上海管理科学，2002（4）：4 - 6.

［91］林刚.176个搬迁改造项目翘首以待［N］．青岛日报，2008 - 10 - 10，第011版.

［92］林森木，徐立．政策和制度因素对引进外资的影响［J］．经济研究，1986（12）：14 - 21.

［93］林善浪，张惠萍．通达性、区位选择与信息服务业集聚——以上海为例［J］．财贸经济，2011（5）：106 - 115.

［94］林巍，廖伟．跨国公司区位选择的产业集群导向［J］．经济纵横，2007（2）：17 - 20.

［95］林毓瑾．蓝海弄潮创伟业丝路扬帆谱新章［N］．深圳特区报，2014 - 7 - 18.

［96］凌澍．指令性计划、指导性计划、市场调节的范围和界限［J］．财贸经济，1983（1）：58 - 59.

［97］刘冲，吴群锋，刘青．交通基础设施、市场可达性与企业生产率——基于竞争和资源配置的视角［J］．经济研究，2020，55（7）：140 - 158.

［98］刘辉群．中国保税区向自由贸易试验区转型的研究［J］．中国软科学，2005（5）：114 - 110.

［99］刘培林．地方保护和市场分割的损失［J］．中国工业经济，2006（4）：69 - 76.

［100］刘琦．商品经济发展形势下的城市交通问题及其对策［J］．中山大学学报（自然科学）论丛，1990（4）：99 - 104.

［101］刘强．区位理论、区位因子与中国产业集群形成机理［J］．河南社会科学，2008（1）：64 - 66.

［102］刘群．我国工业园区发展现状及建议［J］．中国国情国力，2011（5）：27 - 29.

［103］刘世锦．产业集聚及其对经济发展的意义［J］．改革，2003（3）：64 - 68.

[104] 刘小勇. 市场分割对地方财政收入增长影响的跨地区和跨时效应：1986—2008 [J]. 财贸研究, 2011 (2)：73-79.

[105] 刘勇. 关于我国"新三大地带"宏观区域格局划分的基本构想 [J]. 经济研究参考, 2005 (24)：2-12.

[106] 刘志彪, 张杰. 从融入全球价值链到构建国家价值链：中国产业升级的战略思考 [J]. 学术月刊, 2009 (9)：59-68.

[107] 龙玲. 外资零售业在中国的发展状况及其影响分析 [J]. 财贸经济, 2001 (11)：54-56.

[108] 卢荻. 谷牧与广东改革开放 (上) [J]. 广东党史, 2010 (2)：9-14.

[109] 陆大道等. 中国区域发展的理论与实践 [M]. 北京：科学出版社, 2003.

[110] 马春. 世界生产性服务业发展趋势分析 [J]. 江苏商论, 2005 (12)：87-88.

[111] 马秀颖. 市场分割对东北地区经济一体化的影响分析 [J]. 当代经济研究, 2011 (2)：84-88.

[112] 马宗国. 我国城市综合体发展途径探讨 [J]. 城市发展研究, 2011, 18 (6)：138-140.

[113] 麦肯锡全球研究院. 全球化转型报告：贸易和价值链的未来 [EB/OL]. (Mckinsey Global Institute. 2019. 1), https：//www. mckinsey. com/featured-insights/innovation-and-growth.

[114] 闵继红. 论区域金融政策 [J]. 广东金融, 1989 (3)：6-9.

[115] 宁越敏. 上海市区生产服务业及办公楼区位研究 [J]. 城市规划, 2000 (8)：9-13.

[116] 潘园园. 闽陕签订"一带一路"建设战略合作框架协议 [EB/OL]. 国务院新闻办公室网站, 2015-09-10, http：//www. scio. gov. cn/dfbd/dfbd/Document/1447562/1447562. htm.

[117] 彭秀涛, 荣志刚. "一五"计划时期工业区规划布局回顾 [J]. 四川建筑, 2006 (12)：44-46.

[118] 彭正银. 天津利用外资的产业结构分析及对策 [J]. 现代财经——

天津财经大学学报, 1991 (5): 39-44.

[119] 祁苑玲, 王缉慈, 任宝. 关于老工业基地淄博市工业区位变化的地理学思考 [J]. 地理学报, 2006 (1): 7-12.

[120] 乔榛, 路兴隆. 新中国70年东北经济发展: 回顾与思考 [J]. 当代经济研究, 2019 (11): 5-13.

[121] 秦兴俊, 郑淑蓉. 中国外资零售业30年发展 [J]. 山西财经大学学报, 2008 (6): 45-50.

[122] 丘舜平. 广东利用外资引进技术的政策——回顾与展望 [J]. 国际贸易问题, 1986 (1): 5-11.

[123] [日] 藤田昌久, [比] 雅克-弗朗科斯·蒂斯著, 刘峰等译. 集聚经济学——城市、产业区位于区域增长 [M]. 成都: 西南财经大学出版社, 2004.

[124] 桑百川, 钊阳. 中国利用外资的历史经验与前景展望 [J]. 经济问题, 2019 (3): 1-7.

[125] 申琳. 南京工业企业大搬迁启动 [N]. 人民日报, 2005-8-25, 第006版.

[126] 沈传亮. 中国对外开放战略的历史演进 [J]. 辽宁师范大学学报 (社会科学版), 2014 (3): 155-163.

[127] 沈立人. 指导性计划: 计划经济与市场调节相结合的基本形式 [J]. 改革, 1991 (1): 66-71.

[128] 沈志远, 高新才. 用韦伯的区位论方法对新中国制造业工业区位的思考 [J]. 社科纵横, 2011 (10): 22-24.

[129] 石忆邵. 从单中心城市到多中心城市——中国特大城市发展的空间组织模式 [J]. 城市规划汇刊, 1999 (3): 36-39, 26.

[130] 舒建华. 以"两个重要窗口"为指引推动广东改革开放再出发 [J]. 岭南学刊, 2019 (2): 10-15.

[131] 宋涛. 逐步全面实行指导性计划 [J]. 经济研究, 1985 (6): 36-37.

[132] 宋奕. 文化线路遗产视角下的"万里茶道"申遗 [J]. 华中师范大学学报 (人文社会科学版), 2014, 53 (6): 76-83.

［133］孙宝奇．我国一些地区对外资的优惠政策比较［J］．现代情报，1991（Z1）：46－47．

［134］孙东升．我国经济建设战略布局的大转变［J］．党的文献，1995（3）：42－48．

［135］孙国利，张蕊．中心城区工业企业在腾挪中强健［N］．焦作日报，2008－3－31，第001版．

［136］孙玉娟，李倩楠．构建京津冀分工协作、优势互补的产业发展链条［J］．河北联合大学学报（社会科学版），2015，15（1）：35－39．

［137］唐龙．从"转变经济增长方式"到"转变经济发展方式"的理论思考［J］．当代财经，2007（12）：5－10．

［138］唐小飞，刘伯强，王春国，鲁平俊．我国房地产行业发展趋势影响因素研究［J］．宏观经济研究，2014（12）：59－66，93．

［139］陶丽颖．"无锡—苏州"中欧班列接续班列签署合作协议［EB/OL］．人民政协网，2022－11－24，http：//www.rmzxb.com.cn/c/2022－11－24/3246255.shtml．

［140］陶良虎等．区域经济学［M］．北京：国家行政学院出版社，2012．

［141］田智慧，林琳．基于GIS的基础教育资源空间不均衡性及其对住宅价格的影响研究［J］．安徽师范大学学报（自然科学版），2013，36（4）：376－380．

［142］汪海波．最新城市规划编制办法实施手册［M］．北京：中国建筑科技出版社，2006．

［143］王翠．特色产业发展在精准扶贫中的优势、问题及对策［J］．当代农村财经，2019（3）：24－27．

［144］王洪波．产业技术进步在IT产业融合中的作用探究［J］．华东经济管理，2009（3）：149－153．

［145］王缉慈．解读产业集群［A］．载于顾强主编，中国产业集群第1辑［C］．北京：机械工业出版社，2005．

［146］王健．市场导向经济体制改革的六个发展阶段［J］．人民论坛，2018（33）：21－23．

［147］王姣娥，景悦，王成金．"中欧班列"运输组织策略研究［J］．

中国科学院院刊，2017，32（4）：370 – 376.

［148］王君．珠三角专业镇经济崛起之谜［J］．现代乡镇，2003（7）：41 – 43.

［149］王立．福州：二环路工业企业要迁出市区［N］．中华建筑报，2006 – 4 – 1，第 002 版.

［150］王硕．生产性服务业区位与制造业区位的协同定位效应——基于长三角 27 个城市的面板数据［J］．上海经济研究，2013（3）：117 – 124.

［151］王兴昌．关于武汉城市群发展的若干问题［J］．湖北社会科学，2004（5）：18 – 20.

［152］魏建华，周良．习近平在哈萨克斯坦纳扎尔巴耶夫大学发表重要演讲［EB/OL］．中央政府门户网站，2013 – 9 – 7，http：//www. gov. cn/ldhd/2013 – 09/07/content_2483425. htm.

［153］魏礼群，韩志国．近年来关于指令性计划、指导性计划和市场调节三种管理形式讨论综述［J］．经济学动态，1984（1）：31 – 38.

［154］温秋根，谢万贞．珠三角产业集群发展状况［A］．载于邱海雄，王珺．珠三角产业集群发展模式与转型升级［M］．北京：社会科学文献出版社，2013.

［155］文礼朋．TRIPS 体制与中国的技术追赶［M］．北京：社会科学文献出版社，2010.

［156］吴金明，邵昶．产业链形成机制研究——“4 + 4 + 4”模型［J］．中国工业经济，2006（4）：36 – 43.

［157］吴利学，魏后凯，刘长全．中国产业集群发展现状及特征［J］．经济研究参考，2009（3）：2 – 15.

［158］吴象，包永红，陆文强．珠江三角洲“三来一补”发展考察［J］．改革，1988（6）：87 – 92.

［159］伍洪祥．探索福建振兴之路［J］．福建党史月刊，2008（2）：18 – 20.

［160］萧冬连．国门是如何打开的——中国对外开放的起步过程［J］．中共党史研究，2018（4）：25 – 41.

［161］肖浩辉．邓小平的对外开放理论与实践探析［J］．湘潭大学学报（社会科学版），2000（5）：24 – 29.

［162］肖建勇，郑向敏．模块化与产业融合：耦合、机理及效应［J］.

科技管理研究，2012（14）：13-16.

[163] 肖敏，孔繁敏．三线建设的决策、布局和建设：历史考察 [J]．经济科学，1989（2）：63-67，40.

[164] 谢培菡，汪淑群，聂乐龄，李连英．精准扶贫视角下特色产业发展问题及对策研究 [J]．当代农村财经，2020（7）：51-54.

[165] 辛小柏．建立现代企业制度必须解决"企业办社会" [J]．经济理论与经济管理，1997（2）：20-26.

[166] 新望．解读浙江"块状经济" [J]．中国改革，2003（8）：65-68.

[167] 徐康宁，王剑．自然资源丰裕程度与经济发展水平关系的研究 [J]．经济研究，2006（1）：78-89.

[168] 徐寿春．我国利用外资结构的实证分析及政策建议 [J]．经济理论与经济管理，1993（4）：64-65.

[169] 徐维祥．浙江"块状经济"地理空间分布特征及成因分析 [J]．中国工业经济，2001（12）：55-60.

[170] 徐晓慧．新经济地理学框架下的跨国厂商位置选择研究 [D]．济南：山东大学博士论文，2007.

[171] 徐有威，陈熙．三线建设对中国工业经济及城市化的影响 [J]．当代中国史研究，2015（4）：81-93.

[172] 徐占忱．"十二五"期间民生服务业发展的动力和机制 [J]．宏观经济与管理，2011（3）：32-34.

[173] 许和连，亓朋，祝树金．人力资本与经济增长研究进展述评 [J]．财经理论与实践，2007（1）：86-90.

[174] 雅各布·明塞尔，张凤林译．人力资本研究 [M]．北京：中国经济出版社，2001.

[175] 阎小培，翁计传．现代化进程中大城市的辐射作用和实现现代化的战略 [J]．现代城市研究，2003（1）：22-27.

[176] 杨建荣．论中国崛起世界级大城市的条件与构想 [J]．财经研究，1995（6）：45-51.

[177] 杨君昌．论国有企业从计划经济走向市场经济 [J]．财经研究，1997（12）：3-11.

[178] 杨骏. 川渝联手打造内陆改革开放新高地 [N]. 重庆日报, 2022 - 1 - 12, 第 004 版.

[179] 杨立勋. 城市化与城市发展战略 [M]. 广州：广东高等教育出版社, 1999.

[180] 杨树珍. 国土政治与经济区划 [J]. 地理学报, 1983 (6)：105 - 112.

[181] 杨武. 我国城市化的历史回顾与道路选择 [J]. 安徽大学学报 (哲学社会科学版), 1997 (5)：119 - 123.

[182] 杨颖. 企业集群与工业园区的组织关联机理分析 [J]. 长江论坛, 2004 (4)：32 - 37.

[183] 杨永生, 李永宪, 刘伟. 中蒙俄文化廊道——"丝绸之路经济带" 视域下的 "万里茶道" [J]. 经济问题, 2015 (4)：15 - 18.

[184] 姚士谋. 中国城市群 [M]. 合肥：中国科学技术大学出版社, 2001.

[185] 姚树洁, 韦开蕾. 中国经济增长、外商直接投资和出口贸易的互动实证分析 [J]. 经济学（季刊）, 2007 (10)：151 - 170.

[186] 叶昌东, 周春山. 近 20 年中国特大城市空间结构演变 [J]. 城市发展研究, 2014, 21 (3)：28 - 34.

[187] 因地制宜发挥四大区域板块对高质量发展的基础性支撑作用—— 2020 年我国区域发展进展和 2021 年发展展望（下）[EB/OL]. 国家发展和改革委网站, 2021 - 5 - 7, https：//www. ndrc. gov. cn/xxgk/jd/wsdwhfz/202105/t20210508_1279351. html？code = &state = 123.

[188] 殷广卫. 新经济地理学视角下的产业集聚机制研究 [D]. 天津：南开大学博士论文, 2009.

[189] 应望江. 利用外资中几个热点问题的再探索—— "利用外资规模与政策研讨会" 观点综述 [J]. 外国经济与管理, 1991 (6)：9 - 11.

[190] 余淼杰, 王宾骆. 对外改革, 对内开放, 促进产业升级 [J]. 国际经济评论, 2014 (2)：49 - 60, 5.

[191] 郁鸿胜. 崛起之路——城市群发展与制度创新 [M]. 长沙：湖南人民出版社, 2005.

[192] 喻晓明. "三来一补"企业的转型 [J]. 国际经济合作, 1992 (6): 9-10.

[193] 袁莉. 聚集效应与西部竞争优势的培育 [M]. 北京: 经济管理出版社, 2002.

[194] 袁新涛. "一带一路"建设的国家战略分析 [J]. 理论月刊, 2014 (11): 5-9.

[195] 张传杰, 冯春晓. 我国大中型企业专利产出及其经济效益的实证分析 [J]. 科技和产业, 2009 (4): 43-46.

[196] 张二勋. 试论中国的城市化道路 [J]. 地域研究与开发, 2002 (1): 27-30.

[197] 张辉. 全球价值链理论与我国产业发展研究 [J]. 中国工业经济, 2004 (5): 38-46.

[198] 张珂, 张立新, 朱道林. 城市基础教育资源对住宅价格的影响——以北京市海淀区为例 [J]. 教育与经济, 2018 (1): 27-34, 96.

[199] 张可云. 区域经济政策 [M]. 北京: 商务印书馆, 2005.

[200] 张宁. "一带一路"倡议下的中欧班列: 问题与前景 [J]. 俄罗斯学刊, 2018, 8 (2): 90-104.

[201] 张仁开. 我国外资 R&D 机构区位研究 [J]. 科学决策, 2009 (3): 38-44.

[202] 张世永, 刘光中, 王瑶. 东部、中西部利用外资的对比和建议 [C]. 中国运筹学会第六届学术交流会论文集 (下卷), 2001: 169-175.

[203] 张文尝. 工业波沿交通经济带扩散模式研究 [J]. 地理科学进展, 2000 (4): 335-342.

[204] 张文忠. 经济区位论 [M]. 北京: 科学出版社, 2000.

[205] 张喜, 王巨铮. 我国城市交通问题自议 [J]. 经济地理, 1990 (1): 61-65.

[206] 张晓平. 我国经济技术开发区的发展特征及动力机制 [J]. 地理研究, 2002 (5): 656-666.

[207] 张雪琪. 中欧班去程运输组织优化策略与模型研究 [D]. 成都: 西南交通大学硕士论文, 2019.

[208] 张幼文. 从政策性开放到体制性开放——政策引致性扭曲在发展中地位的变化 [J]. 南京大学学报 (哲学社会科学版)，2008 (4)：14-23.

[209] 张幼文. 自由贸易试验区试验的战略内涵与理论意义 [J]. 世界经济研究，2016 (7)：3-14.

[210] 张志滨. 以"一带一路"为契机 福州西安共推旅游经济 [EB/OL]. 国务院新闻办公室网站，2015-7-2，http：//www. scio. gov. cn/31773/35507/35513/35521/Docu ment/1532704/1532704. htm.

[211] 赵蓓文，李丹. 从举借外债、吸收外资到双向投资：新中国70年"引进来"与"走出去"的政策与经验回顾 [J]. 世界经济研究，2019 (8)：3-11.

[212] 赵炳新，肖雯雯，佟仁城，张江华，王莉莉. 产业网络视角的蓝色经济内涵及其关联结构效应研究——以山东省为例 [J]. 中国软科学，2015 (8)：135-147.

[213] 赵晶晶. 区域产业政策的制度基础、实施路径与效果测度研究 [D]. 天津：南开大学博士论文，2012.

[214] 赵树宽，石涛，鞠晓伟. 区际市场分割对区域产业竞争力的作用机理分析 [J]. 管理世界，2008 (6)：76-77.

[215] 赵随. "丝路双起点 共推双循环"：陕西——福建投资贸易合作推介会在福州举办 [EB/OL]. 西安新闻网，2021-12-10，https：//www. xiancn. com/content/2021-12/10/content_6425965. htm.

[216] 赵祥. 产业集聚、区域分工与区域经济差距——基于我国经验数据的实证分析 [J]. 江汉论坛，2013 (12)：71-78.

[217] 赵勋. 退二转三设立工业园区以人为本改善城市环境——今年城内工业企业迁出 [N]. 西安日报，2004-3-22.

[218] 郑京淑. 跨国公司地区总部职能与亚洲地区总部的区位研究 [J]. 世界地理研究，2002 (1)：8-14.

[219] 郑智，叶尔肯·吾扎提，梁宜，张若琰，刘卫东. 经济技术开发区建设对中国经济格局的影响 [J]. 经济地理，2019，39 (6)：26-35.

[220] 政协委员畅言海丝核心区建设：打造海丝枢纽城市 [N]. 福州晚报，2016-2-17.

［221］中共中央关于全面深化改革若干重大问题的决定［N］. 光明日报，2013 - 11 - 16.

［222］中共中央文献研究室. 十二大以来重要文献选编［M］. 北京：人民出版社，1986.

［223］中共中央文献研究室. 十四大以来重要文献选编（上）［M］. 北京：人民出版社，1996.

［224］中共中央文献研究室. 十一届三中全会以来党的历次全国代表大会中央全会重要文件选编（上）［M］. 北京：中央文献出版社，1997.

［225］中国城市养老服务需求调查课题组. 中国城市居民养老服务需求调查报告（2021）［R］. 2022.

［226］中国宏观经济研究院国土开发与地区经济研究所. 发挥"3 + 2 + 1"六大区域重大战略对高质量发展的重要引领——2020 年我国区域发展进展和 2021 年发展展望（上）［EB/OL］. 国家发改委网站，2021 - 5 - 7，https：//www. ndrc. gov. cn/xxgk/jd/wsdwhfz/202105/t20210507 _ 1279334. html？code = &state = 123.

［227］中国社会科学院，中央档案馆. 1949—1952 中华人民共和国经济档案资料选编：工业卷［M］. 北京：中国物资出版社，1996.

［228］中国社会科学院，中央档案馆. 1953—1957 中华人民共和国经济档案资料选资产投资和建筑业卷［M］. 北京：中国物价出版社，1998：331.

［229］钟惠英. 两型社会综改试验区构建的动力机制［J］. 求索，2010（10）：98 - 99，78.

［230］钟健英. 60 年代福建的"小三线"建设［J］. 福建党史月刊，1998（5）：23 - 25.

［231］周玲强. 长江三角洲国际性城市群发展战略研究［J］. 浙江大学学报（理学版），2002（2）：201 - 204.

［232］周武英. 美国多头推进贸易投资谈判［N］. 经济参考报，2013 - 7 - 15，第 A04 版.

［233］周振华. 产业融合：产业发展及经济增长的新动力［J］. 中国工业经济，2003（4）：46 - 52.

［234］朱敏. 浙江"块状经济"发展特征、成因及启示［EB/OL］. 国

家信息中心经济预测部, http：//www. sic. gov. cn/News/455/5992. htm.

[235] 朱铁臻. 中国城市化的历史进程和展望 [J]. 经济界, 1996 (5)：14 - 16.

[236] 朱同. 优化外资地区分布结构的思路 [J]. 财会研究, 1997 (9)：47 - 48.

[237] 朱英明. 产业集聚研究述评 [J]. 经济评论, 2003 (3)：117 - 121.

[238] 作者未知. "三来一补" 十六年 [J]. 广东大经贸, 1995 (5)：10 - 14.

[239] Adam Barone. Free Trade Agreement (FTA) Definition：How It Works, With Example [EB/OL]. https：//www. investopedia. com/terms/f/free-trade. asp.

[240] Humphery, J. and Schmitz, H., How Does Insertion in Global Value Chains Affect Upgrading in Industrial Cluster? [J]. Regional Studies, 2020 (a), 36 (9)：1017 - 27.

[241] J., Gottmann. Megalopolis or the urbanization of the Northeastern Seaboard [J]. Economic Geography, Vol. 33, No. 3. (Jul. 1957), 189 - 200.

[242] Khalid Nadvi, Collective Efficiency and Collective Failure：The Response of the Sialkot Surgical Instrument Cluster to Global Quality Pressures [J]. World Development, 1999, 27 (9)：1605 - 1626.

[243] Moheb Ghali, Masayuki Akiyama, Junichi Fujiwara. Factor Mobility and Regional Growth [J]. The Review of Economics and Statistics, 1978, 60 (1)：78 - 84.

[244] Richard Baldwin and Philippe Martin. Agglomeration and Regional Growth [Z]. CEPR Discussion Paper No. 3960, July 2003.

[245] Wang, S. J., Hao, F. L., Jiang, L. L., Locations and their determinants of large-scale commercial sites in Changchun, China [J]. Acta Geographica Sinica, 2015, 70 (6)：893 - 905.

后　记

改革开放以来，我国经济快速发展。2010 年，我国 GDP 超过日本跃居世界第二位。到 2018 年，我国 GDP 达到 13.61 万亿美元，相当于美国的 66.20%。在美国的固有霸权主义思想下，于 2018 年发起对华贸易战，以强化美国的对华战略遏制。2021 年，美国大选之后的政党更迭则进一步加强了美国联合其盟国的对华战略遏制。国际形势的百年变局给我国面临的国际政治经济形势带来了的剧烈变化。在这种形势下，以习近平总书记为核心的党中央先后提出并实施了一系列战略策略，以规避国际形势的剧烈动荡可能对我国持续稳定发展造成的不利影响。而"逐步形成以国内大循环为主体、国内国际双循环相互促进的新发展格局"则是我国面对新的国际形势下做出的重要战略抉择。适应以内循环为主体的双循环格局，同样是我国区域经济协调发展的必然要求。

正因为如此，笔者在 2011 年作为主编之一参与编写《区域经济学》教材（甘肃人民出版社，2012 年 8 月）的基础上，结合区域经济学相关理论，对我国区域经济发展问题展开了深入的研究，并不断将我国最新区域经济政策和区域规划战略融入对我国区域经济发展问题的研究，最终得到了本书所呈现的研究成果。

本书的研究完成经历了三年多的时间，充满了诸多的艰辛和欢愉。其中最艰难的是本书关于我国区域产业集聚与相似性检验所作的数据分析。在寻求区域产业集聚与相似性检验路径的过程中，笔者也曾寻求不同于一般按省区数据展开分析的新路径，但却囿于数据可获得性而不得不回归传统的省区数据分析方法。在这一路径下，收集尽可能长时间序列的各省区制造业二位数分类产业数据和工业产品产量数据，其数据录入和整理就是一项漫长而艰辛的工作。但笔者仍然克服了种种困难，完成了 1985~2018 年我国除西藏外其他 30 个省份（其中海南为 1988~2018 年，重庆为 1997~2018 年）加上全国的工业制造业二位数分类产业的产值结构数据和工业产品产量数据，并经过数值转换和 Python 编程计算，得到省区之间的制造业结构相似系数矩阵和工业产品产量相似系数矩阵，最终完成了本书关于区域产业发展所需的区域产业集聚趋势分析和区域分工协作所需的区域产业相似性演变趋势分析。

本书研究过程中得到了福建商学院传媒与会展学院陈华老师在 Python 编程方面的帮助。在此表示感谢！

秦敬云

2023 年 3 月